Bürgernaher aktiver Staat

Public Management und Governance

Studien und Berichte

Helfried Bauer / Elisabeth Dearing

Bürgernaher aktiver Staat

Public Management und Governance

ÖGB VERLAG

Die Sachverhalte in diesem Buch wurden von den Autorinnen und Autoren und dem Verlag sorgfältig erwogen und geprüft, dennoch kann keine Garantie übernommen werden. Eine Haftung der Autorinnen/Autoren bzw. des Verlages und seiner Beauftragten für Personen-, Sach- und Vermögensschäden ist ausgeschlossen.

Umschlaggestaltung: Kurt Schmidt
Layout und Grafik: Dietmar Kreutzberger

Medieninhaber: Verlag des Österreichischen Gewerkschaftsbundes GesmbH, Wien

Hersteller: Verlag des ÖGB GesmbH, Wien
Verlags- und Herstellungsort: Wien
Printed in Austria
ISBN 978-3-7035-1527-9

Inhaltsverzeichnis

Tony Judt, Ill fares the land, 2010

„Incremental improvements upon unsatisfactory circumstances are the best that we can hope for, and probably all we should seek. Others have spent the last three decades methodically unraveling and destabilizing them: this should make us much angrier than we are.“

Vorwort

Die hier gebotenen Texte fußen auf langjähriger Beschäftigung im und mit dem öffentlichen Sektor. Sie wurden in meist engagierten Auseinandersetzungen mit Reformwilligen von Bund, Ländern und Gemeinden sowie mit Studierenden verschiedener Universitäten, FH's und Verwaltungsakademien angereichert. Wir setzten uns gern diesen Erfahrungen aus, da wir immer wieder Erstaunliches gelernt haben: Wie ein Tiroler Beamter Forstwirtschaft und Naturschutz zu verknüpfen weiß, wie einzelne Führungskräfte aus Politik und Verwaltung kleine und große Organisationen beflügeln und auf neuen Kurs bringen können, wie engagiert und lernwillig auch langjährige Bedienstete sein können, wenn sie mit Freiraum und strategischen Vorgaben Innovationen voranbringen und auch deprimierendem Desinteresse und Budgetkürzungen etwas abgewinnen können, nämlich für die Bürgerinnen und Bürger da zu sein.

Wie so manche andere stehen wir dem Staat ambivalent gegenüber. Was wir vom Staat z.B. nicht brauchen sind Privatisierungen, die an mangelnder Konkurrenz und Qualitätseinbußen scheitern oder zu korruptionsanfälligen Verflechtungen zwischen öffentlichen Auftraggebern und privaten Auftragnehmern führen (so eine empörte Analyse des Nobelpreisträgers P. Krugman über die Privatisierung von Gefängnissen in den USA in „El Pais" vom 24.6.2012). Wir brauchen auch nicht die aufgeblasene und unkoordinierte Wirtschaftsförderung der diversen staatlichen Stellen oder die Seilschaften in den Ministerbüros hierzulande. Dagegen braucht unsere Gesellschaft eine staatliche Mindestsicherung, mit der in Armut Befindlichen das anständige Überleben ermöglicht wird, braucht Fairness im Umgang mit den Zugewanderten. Wir alle brauchen kluge öffentliche Reformerinnen und Reformer, die überfällige Strukturreformen voranbringen und damit nicht nur der Wirtschaft dienen, sondern auch Ermutigung für das tüchtige öffentliche Personal bieten.

Wir sind froh, die Inhalte unserer Vorlesungen, Seminare, Berichte, Kritiken aus den Hörsälen, Besprechungs- und Konferenzräumen in dieser Form anderen Interessierten zugänglich machen zu können. Denn schließlich kommt es darauf an, dass sich möglichst viele mit den Strategien und Konzepten der Modernisierung von Politik und Verwaltung auseinandersetzen. Mit der Erläuterung von

Public Management und Governance verfolgen wir das Ziel, die teils diffusen, in der Theorie mehrdeutigen Begriffe und die manchmal komplizierten Zusammenhänge von Zielen, Strategien und Instrumenten so zu erläutern, dass sie den Bürgerinnen und Bürgern, den Studierenden verständlich werden, dass sie die Mitarbeiterinnen und Mitarbeiter sowie die Führungskräfte des politisch-administrativen Systems beflügeln. Dazu schien es angebracht, die Konzepte für und Diskurse über die öffentlichen Verwaltungen mit der Praxis von Bund, Ländern und Gemeinden zu verknüpfen. Damit kann gezeigt werden, dass auf allen staatlichen Ebenen bereits vielfältige Verbesserungen im Gange sind, dass jedoch die Koppelung einzelner Reformelemente miteinander und das Einbauen von „Reformmotoren" weitere Effizienz- und Effektivitätspotenziale freisetzen könnten. Die Aufarbeitung nationaler und internationaler Studien und Erfahrungen war uns auch deshalb ein Anliegen, da wir für eine verstärkte Kultur des Lernens voneinander eintreten.

Als produktiv empfanden wir die Auseinandersetzungen zwischen einer Juristin und einem Ökonomen im Autorenteam und mit den Freundinnen und Freunden. Gern hätten wir von ihnen auch mehr sozialwissenschaftliche Kompetenz, historisches Wissen, mehr von ihren Erfahrungen und Einschätzungen der Zukunft eingebaut. Einigen fehlte dazu die Zeit, andere sind selbst stark in Reformaktivitäten eingebunden. Denjenigen jedenfalls, die uns unterstützten, sagen wir unseren Dank. Dies gilt insbesondere für Peter Alberer, Rosmarie Drexler, Eva Friedler, Josef Probst, Bruno Rossmann und Margit Schratzenstaller-Altzinger sowie für die Betreuerinnen und Betreuer im ÖGB-Verlag. Es versteht sich von selbst, dass wir hier ausschließlich unsere persönlichen Standpunkte vertreten.

Wien und Waidhofen/Ybbs, April 2013
Elisabeth Dearing und Helfried Bauer

Zum Geleit

Im modernen Staat ist die Verwaltung ein zentraler Bereich der Gestaltung politischer und gesellschaftlicher Verhältnisse. Das Verhältnis zwischen Politik und Verwaltung prägt das Erscheinungsbild unserer Demokratie und ist ein Indikator für die Leistungsfähigkeit politischer Systeme. Es ist einem stetigen Wandel unterworfen. Der gegenwärtige Verwaltungsstaat ist das Ergebnis langfristiger Veränderungen. Er folgt heute nicht mehr nur dem Leitbild der Rechtmäßigkeit, sondern bietet seinen Bürgerinnen und Bürgern umfangreiche und vielfältige Leistungen. Zahlreiche Verwaltungsfelder wandelten sich in marktbestimmte Bereiche, in die der Staat regulierend eingreift. Die öffentliche Verwaltung entwickelte sich zu einem kooperativen und verhandelnden System, in dem Fachleute aus verschiedenen Disziplinen agieren. Dieser Änderungsprozess hat eine immer größere Verselbständigung der Verwaltung gegenüber der Politik zur Folge.

Alle diese Phänomene werden in dem vorliegenden Buch sichtbar und erklärbar, das aus einer Zusammenarbeit zweier erfahrener und engagierter Fachleute entstanden ist. Eine höchst qualifizierte Juristin und ein anerkannter Ökonom, beide über eine lange Zeit mit Problemen der öffentlichen Verwaltung befasst, sind berufene Autoren einer Publikation, die einerseits hohen theoretischen Ansprüchen genügt, andrerseits aber eine große Zahl von Überlegungen und Reflexionen enthält, die für eine zeitgemäße Verwaltungspolitik notwendig und wertvoll sind. Dies gilt im Besonderen für die zentralen Steuerungskonzepte, die durch das New Public Management und nunmehr der New Public Governance entwickelt wurden. Die Verfasser des Buches vermitteln in verständlicher und illustrativer Weise die Perspektiven einer Gesamtreform des politisch-administrativen Systems, die mit der Idee und dem Konzept der Public Governance verbunden sind und die zu einer neuen Verantwortungs- und Aufgabenteilung zwischen Staat, Zivilgesellschaft und Markt führen.

Das Verhältnis von Politik und Verwaltung ist dadurch vor neue Herausforderungen gestellt, die zu geänderten Rollenbildern in Politik und Verwaltung führen werden. Die Kategorie der Governance eröffnet für Politik und Verwaltung die Möglichkeit neuer Richtungsentscheidungen, die die Verwaltungspolitik in eine neue Dimension führen werden. Ob im Besonderen die Politik diese Chancen erkennt und wahrnimmt, bleibt offen. Es ist zu hoffen, dass nicht zuletzt durch einen Dialog mit Expertinnen und Experten auf politischer Seite ein neues Problembewusstsein entsteht. Das vorliegende Buch leistet für diesen Prozess einen wertvollen Beitrag. Es ist für die österreichische verwaltungswissenschaftliche Literatur, die sich nicht durch besondere Reichhaltigkeit auszeichnet, eine Bereicherung. Es ist sowohl als Bestandsaufnahme als auch als Quelle von zukunftsorientierten Ideen und Anregungen bedeutend. Den beiden Autoren ist für eine innovative Leistung zu danken, deren Lektüre eine neue Dynamik in die schleppende Reformdiskussion über den Verwaltungsstaat bringen sollte.

Dr. Heinrich Neisser
Bundesminister für Föderalismus
und Verwaltungsreform a.D.

Abkürzungsverzeichnis

AMS	Arbeitsmarktservice
ASFINAG	Autobahnen- und Schnellstraßen-Finanzierungsaktiengesellschaft
BBC	British Broadcasting Corporation
BDG	Beamten-Dienstrechtsgesetz
BGBl.	Bundesgesetzblatt
BH	Bezirkshauptmannschaft
BHG	Bundeshaushaltsgesetz
BIG	Bundesimmobiliengesellschaft
BIP	Bruttoinlandsprodukt
BKA	Bundeskanzleramt
BmaA	Bundesministerium für auswärtige Angelegenheiten
BmeiA	Bundesministerium für europäische und internationale Angelegenheiten
BMASK	Bundesministerium für Arbeit, Soziales und Konsumentenschutz
BMBWK	Bundesministerium für Bildung, Wissenschaft und Kunst
BMF	Bundesministerium für Finanzen
BMG	Bundesministerium für Gesundheit
BMG	Bundesministerien-Gesetz
BMI	Bundesministerium für Inneres
BMJ	Bundesministerium für Justiz
BMLV	Bundesministerium für Landesverteidigung
BMLVS	Bundesministerium für Landesverteidigung und Sport
BMUKK	Bundesministerium für Unterricht, Kunst und Kultur
BMWFJ	Bundesministerium für Wirtschaft, Familie und Jugend

BRZ	Bundesrechenzentrum
BSC	Balanced Score Card
bspw.	beispielsweise
BVA	Bundesvoranschlag
B-VG	Bundesverfassungsgesetz
CAF	Common Assessment Framework
CBO	Comunity-based Organization
DeGEval	Deutsche Gesellschaft für Evaluation
EAP	Einheitlicher Ansprechpartner
ebd.	ebenda
EIPA	European Institute of Public Administration
ELAK	Elektronischer Akt
EPSA	European public sector award
ESVG 1995	Europäisches System Volkswirtschaftlicher Gesamtrechnungen
EU	Europäische Union
EW	Einwohner
EWWU	Europäische Wirtschafts- und Währungsunion
EUGH	Europäischer Gerichtshof
Eurostat	Statistisches Amt der Europäischen Union
FA	Finanzausgleich
FAG	Finanzausgleichsgesetz
FIV	Forum Innovative Verwaltung
GÖD	Gewerkschaft öffentlicher Dienst
GP	Gesetzgebungsperiode
hhf.	haushaltsführende Stellen
IKT	Informations- und Kommunikationstechnologie
INTOSAI	International Organisation of State Audit Institutions
IWF	Internationaler Währungsfond
KDZ	Zentrum für Verwaltungsforschung

KGSt	Komunalwissenschaftliche Gemeinschaftsstelle
KLR	Kosten-/Leistungsrechnung
LOLF	loi organique relative aux lois de finances (= Gesetz über die Organisationsgrundsätze zur staatlichen Budgetierung)
LDG	Lehrerdienstrechtsgesetz
LoS	(im BMF) Leistungsorientierte Steuerung
MA	Mitarbeiterinnen und Mitarbeiter
MAG	Mitarbeitergespräch
MbO	Management by objectives
MPI	Max Planck Institut
MS	Mitgliedsstaaten
NGO	Non Governmental Organisation
NÖ	Niederösterreich
NPM	New Public Management
OCDE	Organisation de coopération et de développement économiques
OECD	Organisation for Economic Co-operation and Development
OÖ	Oberösterreich
ÖB	Öffentlichkeitsbeteiligung
ÖGPP	Österreichische Gesellschaft für Politikberatung und Politikentwicklung
ÖVP	Österreichische Volkspartei
ÖREK	Österreichisches Raumentwicklungskonzept
ÖROK	Österreichische Raumordnungskommission
ÖV	Öffentlicher Verkehr
PE	Personalentwicklung
PG	Public Governance
PM	Public Management
PVA	Pensionsversicherungsanstalt

RH	Rechnungshof
RZLP	Ressourcen-Ziel- und Leistungsplan
SN	Salzburger Nachrichten
SV	Sozialversicherung
UG	Untergliederung
u.U.	unter Umständen
v.a.	vor allem
UNO	United Nations Organization
UVP	Umweltverträglichkeitsprüfung
Vbg	Vorarlberg
Verf.	die Verfasserin/der Verfasser
VfGH	Verfassungsgerichtshof
VwGH	Verwaltungsgerichtshof
VBG	Vertragsbedienstetengesetz
VIP	Verwaltungs-Innovations-Programm
VRV	Voranschlags- und Rechnungsabschlussverordnung
VZÄ	Vollzeitäquivalente
WOV	Wirkungsorientierte Verwaltung
WU Wien	Wirtschaftsuniversität Wien

I. Worum geht es bei der Politik- und Verwaltungsreform?

1. Erwartungen und Defizite aus Sicht von Betroffenen und Beteiligten

So vielfältig die Erwartungen der Menschen an Verwaltung und Politik sind, so vielfältig sind auch die Vorstellungen von Politik- und Verwaltungsreform. Für die einen geht es um Einsparungen, für die anderen um eine neue Kompetenzverteilung, für wieder andere um möglichst viel E-Government. Sehr treffend hat dies Heinrich Neisser, ein Kenner der öffentlichen Verwaltung, ausgedrückt: „Bevor man daran geht, die Verwaltung zu reformieren, sollte klargestellt werden, was unter Reform der Verwaltung zu verstehen ist."

Dort, wo Erwartungen nicht erfüllt werden, besteht Reformbedarf und ergeben sich unterschiedliche Reformvorstellungen. Die Komplexität der Themenstellung wird deutlich, wenn man Politik und Verwaltung mit ihren Mängeln und Defiziten aus den unterschiedlichen Perspektiven der Betroffenen bzw. Beteiligten betrachtet.

1.1. Die Bürgerinnen und Bürger...

... erwarten von der Verwaltung korrekte Aufgabenerfüllung und Professionalität im Umgang mit den Bürgerinnen und Bürgern, den Kundinnen und Kunden. Dies bedeutet u.a. faire Verfahren, ein Ernstnehmen ihrer Anliegen und Entscheidungen, die rechtsrichtig, nachvollziehbar und verständlich sind. Sie erwarten sich somit hohe Leistungsqualität und ein Eingehen auf ihre Bedürfnisse. Im Gegensatz dazu erleben sie die Verwaltung aber oft als undurchschaubare Organisation, die durch die enge Bindung an ein komplexes Rechtssystem gekennzeichnet ist. Regelungen sind schwer verständlich, die Verwaltungsabläufe sind wenig transparent und nachvollziehbar, Zuständigkeiten sind unklar. Nach einer GFK-Umfrage aus dem Jahr 2011 halten 50 Prozent der Befragten eine Verwaltungsreform für „sehr dringlich" und weitere 27 Prozent für „eher dringlich".[1]

[1] http://www.gfk.at/imperia/md/content/gfkaustria/data/press/2012/folien_gesundheitswesen.pdf.

Im Rahmen der jüngsten Verwaltungsreformbemühungen der Arbeitsgruppe „Verwaltung Neu“[2] hat die Vorbereitungsgruppe[3] im Bereich „Pflege“ in ihrem Expertenpapier die zersplitterten Finanzierungs- und Organisationsstrukturen als wesentliches Problem genannt. Im Zuge einer Prüfung hat der Rechnungshof festgestellt, dass für die rund 330.000 Personen, die Pflegegeld nach dem Bundespflegegeldgesetz bezogen, insgesamt 23 Entscheidungsträgerinnen und Entscheidungsträger bei Bund und Ländern zuständig waren. (Reihe Bund 2010/3) Die Anzahl der vollziehenden Stellen für das Landespflegegeld war noch erheblich höher, allein in Wien waren damit drei Behörden mit vier Bescheid ausstellenden Einheiten befasst. Die durchschnittliche Verfahrensdauer lag zwischen 40 und 137 Tagen – für die Betroffenen und ihre Angehörigen in einer ohnehin schwierigen Situation zusätzlich belastend. Die Pflegegeldeinigung zwischen Bund und Ländern vom März 2011 sieht hier inzwischen Verbesserungen vor. Auf Länderebene gibt es nur mehr eine vollziehende Stelle – die PVA. Der Bund übernimmt die Gesetzgebungs- und Vollziehungskompetenz von den Ländern. Auf Bundesebene werden die bisher 23 Stellen auf 8 reduziert.

Die Bürgerinnen und Bürger erwarten sich auch einen wirksamen und sparsamen Einsatz von Steuergeldern. Die Doppelgleisigkeit von Förderungen (z.B. werden Solaranlagen im ungünstigsten Falle vom Bund, dem Land und der betreffenden Gemeinde gefördert), überteuerte Investitionen in schlecht geplanten Projekten oder lang dauernde Verfahren, die viele Stellen beschäftigen, sorgen u.a. oft für Unverständnis.

So praktisch und hilfreich es sein kann, über E-Government, etwa in help.gv.at, Informationen abzurufen oder Amtswege elektronisch zu erledigen, so sehr zwingt jedoch das Internet auch zur „Selbstbedienung“ und belastet dadurch Teile der Bürgerschaft bei ihren behördlichen Kontakten. Wenn man erkennt, dass nach Statistik Austria mit Stand vom 18.10.2011 nur knapp 61 Prozent der 55- bis 64-Jährigen das Internet nutzen und dieser Prozentsatz bei den 65- bis 74-Jährigen auf knapp 31 Prozent sinkt, so kann sich das Beschaffen von Informationen insbesondere für ältere Men-

---

2 Diese tagte ab 2008 und setzt sich zusammen aus politischen Entscheidungsträgern (Bundeskanzler, Finanzminister, den Landeshauptleuten von Wien und NÖ) sowie den Experten (Präsident des RH, den Leitern von WIFO, IHS und KDZ);die Gruppe der Experten erarbeitet die Problemanalysen und Folgewirkungen.

3 Die Vorbereitungsgruppe (erweiterter fachbezogener Expertenkreis) wurde von der Arbeitsgruppe eingesetzt mit dem Auftrag, Lösungsvorschläge zu erarbeiten und zu bewerten.

schen als mühsam herausstellen. Teilweise sind auch die Informationen auf diversen Homepages wenig benutzerfreundlich gestaltet. Die Informationen werden häufig aus der Sicht der anbietenden Institution dargestellt. Bürgerinnen und Bürger, die eine spezielle Frage haben, finden die Antwort darauf nur schwer oder gar nicht, so z.B. wenn man wissen möchte, welche Leistungen die gewerbliche Sozialversicherung im Krankheitsfall abdeckt. Es entsteht dort sogar der Eindruck, dass eine persönliche Kontaktaufnahme gar nicht erwünscht ist.

Im Projekt „Verwaltungskosten senken für Bürgerinnen und Bürger" wurde festgestellt, dass in 100 untersuchten Verwaltungsverfahren von den jährlich rund 22 Mio. Anträgen, Ansuchen, Erklärungen noch immer rund 12,5 Mio. persönlich, 7,7 Mio. per Post und nur 1,6 Mio. über elektronische Verfahren eingebracht werden.[4] Im Durchschnitt fallen für eine Bürgerin/einen Bürger pro Jahr rund vier Behördenkontakte an mit knapp vier Stunden gesamter Bearbeitungszeit. Es geht also um einiges an bürokratischen Lasten für die Bürgerinnen und Bürger. In einer Studie des KDZ aus dem Jahr 2008 wurde festgestellt, dass z.B. Menschen mit Behinderung jährlich rund 12 Stunden allein mit der Beschaffung von Informationen über mögliche Unterstützungen und Förderungen belastet sind. Dies liegt insbesondere an der Vielfalt von Zuständigkeiten, der zumindest eine ebensolche Vielfalt an Beratungsstellen von Bund und Ländern entspricht. Insgesamt lassen sich für den Lebensbereich „Menschen mit Behinderung und pflegebedürftige Personen" etwa die in Tabelle 1 gezeigten administrativen Belastungen und Entlastungsmöglichkeiten feststellen. Dabei geht es um knapp 400.000 Fälle pro Jahr, die insgesamt einen Zeiteinsatz von rund 6,3 Mio. Stunden ausmachen, die meisten davon, nämlich rund 4,7 Mio. Stunden, für allgemeine Information und Beratung.[5]

---

[4] Siehe dazu den Bericht „Verwaltungskosten senken für Bürger/innen und Unternehmen", 2012. Online verfügbar unter: https://www.bmf.gv.at/BUDGET/budgets/2012/Beilagen/Verwaltungskosten_senken.pdf.

[5] KDZ-Studie „Administrative Belastungen von BürgerInnen in Österreich, 2008. Online verfügbar unter: https http://bka.gv.at/DocView.axd?CobId=31496.

Tabelle 1: Administrative Be- und Entlastung für den Lebensbereich „Menschen mit Behinderung und pflegebedürftige Personen“

Lebensbereich "Menschen mit Behinderung"						
Aktivitäten/Behördenwege	**Fallzahl**	**Gesamtstunden**	**Gesamtkosten (Euro)**	**Optimierungspotential pro Fall (Stunden)**	**Optimierungspotential Gesamt (Stunden)**	**Erläuterung**
Allgemeine Information und Beratung	392.820	4.713.840	0	5	1.964.100	Zentrale Anlaufstelle für Agenden von Menschen mit Behinderung.
Antrag Pflegegeld	358.700	143.480	0	0	0	
Antrag Sozialhilfe	358.700	107.610	0	0	0	
Antrag Hilfsmittel	358.700	355.113	0	0,5	179.350	Zentrale Anlaufstelle für Agenden von Menschen mit Behinderung. Rechtsanspruch.
Antrag Behindertenausweis	23.336	23.103	0		0	
Antrag Ausweis für gehbehinderte Personen	5.000	9.150	164.700	1	5.000	Zusammenlegung von Behindertenausweis und Ausweis für gehbehinderte Personen. Persönliche Anwesenheitspflichten reduzieren.
Ausfüllen Steuererklärung	392.820	687.435	0	0,5	196.410	Bessere Informationen.
Beihilfen	358.700	236.742	0	1	358.700	Zentrale Anlaufstelle, Serviceleistung beziehungsweise Angebotsbündelung.
Administrative Belastung		**6.276.473**	**164.700**		**2.703.560**	
Administrative Belastung optimiert		**3.572.913**				

Quelle: KDZ 2008

Auch wenn z.B. Anregungen oder Beschwerden in komplexen Organisationen einfach „versickern“, sorgt das bei den Bürgerinnen und Bürgern für Unverständnis und Unmut. Erfolgsmeldungen über rückläufige Beschwerden in Ämtern können daher in zweierlei Hinsicht interpretiert werden: entweder haben sich Leistung und Service tatsächlich verbessert oder sind die Bürgerinnen und Bürger nicht mehr motiviert, sich mit der Behörde über Qualitätsmängel oder Defizite auseinanderzusetzen.

Von der Politik erwarten sich die Bürgerinnen und Bürger insbesondere die Lösung anstehender Probleme, Transparenz über die Entscheidungsvorgänge und Ehrlichkeit in der Kommunikation. Viele aktuelle Probleme weisen zudem Querschnittscharakter auf, d.h. etwa Klimaschutz als oft globale und fachübergreifende Herausforderung, die nur von allen Beteiligten gemeinsam bearbeitet werden kann. Dazu bedarf es einer strategischen Gestaltungskraft, die die internationale Abstimmung vorantreibt. Auch auf nationaler Ebene sollten strategische Konzepte entwickelt und zwischen den Gebietskörperschaften koordiniert werden. Die strategische Kompetenz scheint aber oft zu wenig entwickelt.

Transparenz über Entscheidungsvorgänge bedeutet eine klare Definition der Problemstellung, die Darstellung von Lösungsalternativen und die Darlegung der Gründe, warum eine Entscheidung so und nicht anders gefallen ist. Eine ehrliche Kommunikation macht deutlich, was Ziel und Aufgabenstellung war, was erreicht werden konnte und wo noch Handlungsbedarf besteht. Berichte von Bundesministerinnen und Bundesministern vermitteln häufig den Eindruck, dass alles zur vollen Zufriedenheit gelungen ist und alle Ziele erreicht werden konnten. So haben die Erfahrungen mit den Leistungsberichten[6] gezeigt, dass Ministerien ihre Berichte bei einer Verschlechterung der Leistungsdaten sofort wieder aus dem Leistungsbericht der Bundesverwaltung herausnahmen. Transparenz war damit nur eingeschränkt gewährleistet, Nachteile oder negative Effekte von Maßnahmen wurden verschwiegen.

Die überwiegend nur positive Darstellung der Leistungen der politischen Arbeit verliert auch dann an Glaubwürdigkeit, wenn die Realität zeigt, dass etwa angekündigte Vorhaben nach Jahren noch immer nicht entsprechend funktionieren. So wurde ab dem Jahr 2001 immer wieder von den zuständigen Politikerinnen und Politikern der endgültige Durchbruch der elektronischen Signatur kommuniziert. De facto ist die angekündigte breite Ausdehnung der elektronischen Signatur in die Fläche bis heute nicht gelungen. Im Ministerratsvortrag Nr. 111/9 vom 26.8.2011 ist wieder die große Verbreitung der „Handy Signatur" als geplante Maßnahme vorgesehen. Auch die Einführung der Kosten- und Leistungsrechnung in der Bundesverwaltung wurde nach einer großen Ankündigung am Anfang des 21. Jahrhunderts bald nur mehr halbherzig betrieben; derzeit wird sie lediglich in wenigen Ministerien genutzt. Und im neuen Haushaltsrecht des Bundes ist die Rolle der Kosten- und Leistungsrechnung überhaupt noch nicht ausreichend geklärt.

Aus diesen beispielhaft angeführten Mängeln und Defiziten aus der Sicht der Bürgerinnen und Bürger wird die Notwendigkeit für Verwaltungs- und Politikreformen deutlich. Diese sollten u.a. in Richtung einer Vereinfachung von Strukturen, mehr Transparenz über Ziele, die Alternativen der Zielerreichung, über Verfahren und Leistungen gehen. Dazu zählen auch Qualitätsstandards, an denen sich die Bürgerinnen und Bürger orientieren können, und eine Verwaltungskultur, die die Bürgerinnen und Bürger als Souverän, dem es ehrlich zu berichten gilt und als Partnerinnen und Partner auf Augenhöhe versteht und sie entsprechend behandelt.

---

[6] Leistungsberichte der Bundesverwaltung wurden von 1996 bis 2004 vom BKA veröffentlicht.

1.2. Die Mitarbeiterinnen und Mitarbeiter…

… erwarten sich von ihren Vorgesetzten bzw. vom Dienstgeber u.a. klare Ziele und Vorgaben für ihre Leistungen, die Möglichkeit zur beruflichen Weiterentwicklung und eine entsprechende Bezahlung. Ebenso erwarten sie sich, etwa in Projekte der Organisationsentwicklung eingebunden und mit ihren Anregungen und Vorschlägen ernst genommen zu werden sowie eine entsprechende Wertschätzung ihrer Leistungen. In den letzten Jahren ist insbesondere in den Ministerien ein Trend zu beobachten, wonach z.B. Fachexpertise, etwa die Ausarbeitung eines Gesetzesentwurfes oder die Durchführung von Vergabeverfahren, von externen Expertinnen und Experten zugekauft wird, obwohl dies zu den Kernaufgaben der Mitarbeiterinnen und Mitarbeiter eines Ministeriums zählt. Diese Ignoranz gegenüber dem Wissen und den Erfahrungen von Ministerialbeamtinnen und -beamten lässt vorhandene Ressourcen ungenutzt und führt daher zu Ineffizienzen und bei den Betroffenen zu Frustrationen.

Unklare Ziele und Aufgabenstellungen

Aus Sicht der Mitarbeiterinnen und Mitarbeiter sind oft die Ziele der Organisation oder auch die Aufgabenstellung des eigenen Arbeitsplatzes nicht klar. So hat sich bei der Entwicklung von Wirkungszielen im Zuge der Vorbereitung auf das neue Haushaltsrecht herausgestellt, wie schwierig die Konkretisierung der Ziele ist und wie unterschiedlich die Vorstellungen der einzelnen Akteure dazu sein können.

Eine Mitarbeiterbefragung in der Bundesverwaltung im Jahr 2011 hat ergeben, dass zwar deutlich mehr Befragte (71,9 Prozent im Vergleich zu 54,6 Prozent im Jahr 2007) angaben, im vergangenen Jahr mit ihrem bzw. ihrer Vorgesetzten ein (formelles) Mitarbeitergespräch geführt zu haben. Die Mitarbeitenden sehen aber eher selten einen klaren Nutzen für sich (42,7 Prozent), der Beitrag der eigenen Arbeit zur Gesamtleistung des Ressorts wird oft nicht ausreichend klar (66 Prozent).[7] Dies und der Umstand, dass trotz einer Verankerung des verpflichtenden Mitarbeitergesprächs im BDG diese Gespräche noch immer nicht flächendeckend geführt werden oder dass die gemäß BHG 2013 zu definierenden Wirkungsziele der Ressorts nicht selbstverständlich an alle Mitarbeiterinnen und Mit-

7 Siehe dazu näher: www.bka.gv.at.

arbeiter kommuniziert werden, zeigt Defizite bei der Transparenz der Ziele und entsprechenden Reformbedarf auf.

Solche Unklarheiten führen zu vermehrten Recherche- und Abstimmungsprozessen mit Vorgesetzten sowie Kolleginnen und Kollegen. Dies kann die Qualität der Arbeitsergebnisse und damit die Kundenzufriedenheit erheblich beeinträchtigen.

Einsparungen nach der „Rasenmähermethode"

Immer wiederkehrende Aufnahmestopps und die Vorgabe, dass nur jede zweite oder dritte freiwerdende Planstelle nachbesetzt werden kann, führen im Bundesdienst zu einer Reduktion des Personalstandes nach der „Rasenmähermethode", also weitgehend undifferenziert und damit auch unabhängig von der Entwicklung der Aufgaben. So kann es etwa geschehen, dass in Bereichen mit aktuell steigenden Anforderungen das Personal ebenso gleichbleibt bzw. reduziert wird wie in jenen Aufgabenfeldern, die leistungsmäßig reduziert wurden.

Aber auch in qualitativer Hinsicht können geänderte Aufgaben, Abläufe oder Rahmenbedingungen zu Problemen für die Mitarbeiterinnen und Mitarbeiter führen. So müssen sich etwa Juristinnen und Juristen bei legistischer Arbeit auch ökonomischen Fragen stellen (etwa bei der Gesetzesfolgenabschätzung), internationale Zusammenhänge erfordern wiederum Sprachkenntnisse und interkulturellen Dialog. Während früher noch ein Übersetzungsdienst „Speaking Notes" für Politikerinnen und Politiker in internationalen Gremien im Vorfeld übersetzt hat, wird dies, zumindest in Englisch, heute unmittelbar von den Fachleuten erwartet. In manchen Bereichen haben Dienstreisen etwa nach Brüssel signifikant zugenommen, was bei entsprechender Frequenz auch zu körperlichen Belastungen führt, insbesondere wenn die Bediensteten aus Einsparungsgründen gezwungen sind, Tagesrandflüge zu buchen, was Arbeitstage von 5 Uhr früh bis 23 Uhr abends zur Folge hat.

Wenn sich Aufgaben und Anforderungen also in quantitativer und qualitativer Hinsicht ändern, das Personal aber zahlenmäßig und von seiner Qualifikation her gleich bleibt, kann dies zu Defiziten und Problemen sowohl bei den einzelnen Bediensteten als auch bei der Organisation selbst führen. Förderliche Rahmenbedingungen und entsprechende Qualifikationsangebote seitens der Organisation sind ebenso unerlässlich wie die Bereitschaft der einzelnen, sich weiterzubilden und die neuen Aufgaben zu übernehmen.

Umgang mit Leistungsträgerinnen, Leistungsträgern und innovativen Mitarbeiterinnen und Mitarbeitern

Weiters ist zu beobachten, dass Leistungsträgerinnen und -träger von Vorgesetzten zunehmend belastet werden, weil sie professionell und verlässlich arbeiten und die Leistungsvorgaben in hoher Qualität erfüllen. Somit wird exzellente Leistung oft mit noch mehr Aufgaben „belohnt“, was letztlich zu permanenter Überlastung und Burn-out führen kann. Diejenigen Mitarbeiterinnen und Mitarbeiter hingegen, die nur durchschnittliche oder sogar unterdurchschnittliche Leistungen erbringen und wenig Engagement an den Tag legen, tragen zur Überlastung der Leistungsträger bei. Wenn sie auch noch gleichviel verdienen wie die engagierten Kolleginnen und Kollegen, sorgt dies zusätzlich für Unlust und bewirkt einen ineffizienten Einsatz der Personalressourcen. Das dienstrechtliche Instrument der Leistungsfeststellung erweist sich in der Praxis oft als zahnlos, Führungskräfte setzen keine Maßnahmen bzw. erhalten auch wenig Unterstützung, um zumindest einen Wechsel des Arbeitsplatzes für wenig Leistungswillige zu erwirken.

Defizite zeigen sich in der öffentlichen Verwaltung auch im Umgang mit Innovationen und innovativen Mitarbeiterinnen und Mitarbeitern. Kommissionen für betriebliches Vorschlagswesen oder sonstige „Innovationskomitees“ erweisen sich als bürokratisch und schwerfällig. Reaktionen auf Vorschläge dauern wochenlang, die Umsetzung von Vorschlägen scheitert teilweise an mangelnder Veränderungsbereitschaft oder am Willen zur ernsthaften Auseinandersetzung mit den Vorschlägen. Visionäre und innovative Mitarbeiterinnen und Mitarbeiter sehen sich oft mit Unverständnis und sogar Anfeindungen konfrontiert. Während auf internationaler Ebene neue Vorschläge in einer ersten Reaktion stets positiv gewürdigt werden und den Personen, die sie einbringen, eine höfliche Wertschätzung entgegengebracht wird, werden neue Ideen in der österreichischen Bürokratie zuerst einmal kritisiert. Ein solch innovations- und veränderungsfeindliches Klima entmutigt Mitarbeiterinnen und Mitarbeiter und vergeudet Innovationspotenziale.

1.3. Führungskräfte aus Politik und Verwaltung

Sie sind zwar auch Mitarbeiterinnen und Mitarbeiter, ihre Sichtweise der Defizite und Probleme ist jedoch spezifischer im Unterschied zu den Mitarbeitenden. Zu den Führungskräften zählen neben den Sektionschefinnen und Sektionschefs auch die Leiterinnen und Leiter großer Abteilungen oder nachgeordneter Dienststellen sowie verwandter Organisationseinheiten in Ländern und Gemeinden. Nach dem Einkommensbericht des Rechnungshofes 2012 waren im Jahr 2011 von insgesamt 542.300 Verwaltungsbediensteten (Bund, Länder, Gemeinden) 36.200 in Führungsfunktionen tätig.[8]

Die Führungskräfte erwarten sich „Mitarbeitergespräche" mit den Vorgesetzten, zu denen auch Politikerinnen und Politiker zählen. Sie erwarten sich weiters einen ernsthaften Sachdialog mit den Vorgesetzten, bei dem sie mit ihren Erfahrungen und Einschätzungen auch gehört werden und sie verlangen entsprechende Rahmenbedingungen, die ihnen eigenverantwortliche Sachentscheidungen ermöglichen. Der Gestaltungsspielraum im eigenen Verantwortungs- bzw. Fachbereich ist jedoch in der Praxis vielfach eingeschränkt: etwa durch Präsidialsektionen, die in Personal- und Budgetangelegenheiten die Letztentscheidung haben, weiters durch straffe Durchgriffe von Politikerinnen und Politikern und Ministersekretärinnen und -sekretären oder durch fehlende Gesamtplanung und ausbleibende strategische Ausrichtung der Arbeit.

Ziel von Reformen sollte es daher sein, den Führungskräften ihrer Verantwortung gemäße Gestaltungsfreiräume zu gewähren, ebenso noch stärkere Zielfestlegungen und gemeinsame Evaluierungen der Zielerreichung. Damit könnten ihre Potenziale besser genützt werden.

Zur Gruppe der Politikerinnen und Politiker zählen neben den Parlamentarierinnen und Parlamentariern u.a. die Mitglieder der Bundes- und Landesregierungen. Insbesondere letztere erwarten sich von der Verwaltung die Umsetzung der politischen Vorgaben und die Beseitigung allfälliger Hindernisse. Für diese Politikerinnen und Politiker bestehen die Defizite der Verwaltung darin, dass eher die Hindernisse als die Möglichkeiten für Umsetzungen gesehen werden und die Maschinerie der Verwaltung aufgrund ihrer Regelgebundenheit langsam arbeitet. Auch der Wissensvorsprung der öffentlich Bediensteten – aufgrund ihrer meist langjährigen Tätigkeit in der Verwaltung – wird nicht von allen Politikerinnen und Politikern als Vorteil gesehen. Vielmehr steht man dieser „Macht" teilweise reserviert bis feindlich gegenüber. Um die Gestaltungsmacht zu behalten, wünscht sich die Politik daher oft eine Durch-

---

[8] Rechnungshof 2012, S. 80.

griffsmöglichkeit auf die Verwaltung, um sie besser kontrollieren und in der Aufgabenerfüllung steuern zu können.[9]

Durch die Kontinuität der Mitarbeiterschaft bestehen wohl teilweise auch Zweifel an der Loyalität der Mitarbeiterinnen und Mitarbeiter insbesondere dann, wenn diese auch schon Politikerinnen und Politikern anderer Couleurs zugearbeitet haben. Entscheidungen, die aus politischen Gründen getroffen werden, können einer Sache auch zuwider laufen, was wiederum bei den Fachexpertinnen und -experten der Verwaltung auf Unverständnis stoßen kann. Aus all diesen Gründen umgeben sich die Ministerinnen und Minister von heute gerne mit großen Stäben an Ministersekretärinnen und -sekretären, denen sie vertrauen und die ihnen den vielleicht oft mühsamen Dialog mit der Verwaltung abnehmen.

Nach Gratz definieren die Bundesministerinnen und -minister „die Verwaltung zumindest implizit als ein Problemsystem, dem sie nicht angehören und sehen sich selbst allenfalls als Teil der Lösung, nicht aber als Teil des Problems."[10]

1.4. Die Wirtschaft

Die Wirtschaft im weitesten Sinne ist eine wichtige Partnerin für die öffentliche Verwaltung. Als Kunde erwartet sich ein Unternehmen rasche Verfahren, die wenig kosten und ein hohes Maß an Verlässlichkeit und Rechtssicherheit. Als Auftragnehmer sieht sich das Unternehmen wohl eher als Partner bei der Aufgabenerfüllung und rechnet mit klaren Aufträgen und Zielsetzungen, einer geordneten Kontrolle und eindeutigen Verantwortlichkeiten von Auftraggeber und Auftragnehmer. De facto klagen Wirtschaftstreibende jedoch über unübersichtliche Zuständigkeiten, langwierige Verfahren, mühselige Meldepflichten, unklare Aufträge und lange Entscheidungswege. Innovationsfreude und Risikobereitschaft sowie Unternehmergeist seitens der Wirtschaft treffen auf ein oft streng ausgelegtes Legalitätsprinzip, Verfahrensorientierung und Inflexibilität in der Verwaltung. Dies führt zu Vorbehalten der Wirtschaft gegenüber der Verwaltung. Nach Oberndorfer „bewirkt das administrativ-bürokratische Handeln mit seiner strikten Regelhaftigkeit … in der Wirtschaft Missverständnisse und Kritik." Die Verwaltung wird oft als

[9] Vgl. Biegelbauer in einem Gastkommentar in „Die Presse" vom 4.10.2011.

[10] Gratz 2011b, S. 159.

„Verhinderungsinstitution" gesehen, die die Bedürfnisse der Wirtschaft missachte. Oberndorfer lehnt diese verallgemeinernde Sichtweise ab und wendet sich auch gegen die vielfach geäußerte Meinung der Wirtschaft, dass ein Staat umso wirtschaftsfreundlicher sei, je geringer die sogenannte Staatsquote sei.[11]

Reformpotenzial liegt wohl in einem Aufweichen der Grenzen beider Systeme (etwa Innovationsfreude versus Inflexibilität), was bis zu einem gewissen Grad seitens der Verwaltung dadurch geschieht, dass die Reformen der letzten Jahre privatwirtschaftliche Methoden – z.B. Ausgliederungen, Kosten/Leistungsrechnung, Führungsfunktionen auf Zeit – in die Verwaltungen gebracht haben. Aber auch Unternehmen engagieren sich zunehmend mit kostenlosen Arbeitseinsätzen, stellen Infrastruktur und ihre Geschäftsverbindungen für soziale oder ökologische Projekte und gemeinwesenbezogene Initiativen zur Verfügung. Sie tun dies nicht allein aus ethischen Motiven, sondern möchten damit gesellschaftspolitische Verantwortung mitübernehmen und staatliche Defizite bei Gemeinschaftsaufgaben ausgleichen.[12]

1.5. Internationale Organisationen

Diese erwarten sich, dass Österreich seine nationalen Politiken und Programme mit den internationalen Vorgaben abstimmt und diese umsetzt. Ebenso wird aktive Mitarbeit in den Fachgremien erwartet. Die Bindungswirkung internationaler Vereinbarungen und Empfehlungen ist unterschiedlich, je nachdem, ob es sich etwa um EU-Richtlinien oder lediglich um mehr informelle Vereinbarungen handelt.

Österreich als Mitglied der Europäischen Union

Besonders enge *Bindungen bestehen zur EU* und zu den gemeinsam verfolgten Politiken. Als ein Beispiel gilt die neue wirtschaftspolitische Strategie der EU, die EU-2020-Strategie. Diese sieht fünf Kernziele vor, die die Mitgliedsstaaten auf nationaler Ebene umzusetzen haben:

[11] Vgl. Oberndorfer 2006, S. 75.

[12] Vgl. Oppen 2005, S. 342f.

- 75 Prozent der Menschen im Alter zwischen 20 und 64 Jahren sollen in Arbeit stehen.
- 3 Prozent des BIP sollen in Forschung und Entwicklung investiert werden.
- Die 20/20/20-Klima- und Energieziele müssen verwirklicht werden.
- Der Anteil der Schulabbrecherinnen und -abbrecher muss auf unter 10 Prozent zurückgehen und 40 Prozent der jungen Menschen sollen eine Hochschulausbildung absolvieren.
- 20 Mio. Menschen weniger als bisher sollen von Armut bedroht sein.

Im Nationalen Reformprogramm 2011[13] sieht Österreich etwa für die Beschäftigungsquote einen angestrebten Prozentsatz von 77-78 Prozent vor. Im Vergleich dazu liegen die Zielwerte von Finnland bei 78 Prozent, von Dänemark und den Niederlanden bei 80 Prozent. Die Erwerbstätigenquote der 15- bis 64-Jährigen liegt nach Statistik Austria für das Jahr 2010 jedoch bei 71,7 Prozent, das Ziel 2020 scheint daher ambitioniert.

In ihren Empfehlungen vom Juli 2011 gibt die EU-Kommission Anregungen, wie dies zu erreichen ist. So liegt die Erwerbstätigenquote älterer Arbeitnehmerinnen und Arbeitnehmer in Österreich noch immer weit unter dem EU-Schnitt, 72 Prozent aller Pensionistinnen und Pensionisten gingen im Jahr 2010 vor dem Erreichen des gesetzlichen Pensionsalters in den Ruhestand. Auch im niedrigeren gesetzlichen Pensionsantrittsalter von Frauen sowie in einer Verbesserung der Rahmenbedingungen für ältere Arbeitnehmerinnen und Arbeitnehmer sieht die EU-Kommission einen Änderungsbedarf, wenn das Ziel 2020 erreicht werden soll.

[13] Für 2012 gelten ähnliche Werte (vgl. Nationales Reformprogramm 2012, www.bka.gv.at).

Recommendations of the EU-Commission:

The employment rate of older workers in Austria is still well below the EU average in spite of a sharp rise in the last decade. Early retirement schemes and disability pensions are still widely used. Altogether 72 Prozent of all new pensions in 2010 were granted before the statutory retirement age was reached. Another factor contributing to the low employment rate of older workers is the still relatively low statutory retirement age for women (60). Given the demographic developments in Austria, raising the effective retirement age and improving the framework enabling older workers to stay longer in the labour market are important in the context both of ensuring sustainability of public finances and of boosting the labour supply, which is forecast to start shrinking from 2020 onwards. (Council Recommendation on the National Reform Program of Austria 2011)[14]

So wirkt die EU über Richtlinien, Empfehlungen und auch durch Urteile des EUGH normierend auf die nationale Politik und Verwaltung und erwartet sich eine fristgerechte Umsetzung der Vorgaben in den Mitgliedsstaaten – und zwar auf allen staatlichen Ebenen.

Aber auch im nicht-rechtlichen Bereich der informellen Zusammenarbeit zwischen den EU-Mitgliedsstaaten wird von Österreich eine Umsetzung von Vereinbarungen erwartet. So haben etwa die Generaldirektoren für den öffentlichen Dienst im Herbst 2005 beschlossen, den Common Assessment Framework – CAF, ein gemeinsames europäisches Qualitätsbewertungssystem für öffentliche Verwaltungen, in den MS breit anzuwenden und bis zum Jahr 2010 „2010 CAF-User“ in Europa zu erreichen. Mit Hilfe dieses Systems können Stärken und Schwächen einer Organisation deutlich gemacht und Entwicklungspotenziale der Organisation aufgezeigt werden. Regelmäßig angewendet unterstützt es einen kontinuierlichen Verbesserungsprozess und bietet vergleichendes Lernen voneinander.[15] Österreich hat den CAF in unterschiedlicher Intensität umgesetzt. Insbesondere die Finanzverwaltung des Bundes, die Bezirkshauptmannschaften einiger Bundesländer und die Stadt

---

[14] European Commission, Brussels, 7.6.2011 SEC(2011) 801 final. Online verfügbar unter: http://ec.europa.eu/europe2020/pdf/recommendations_2011/csr_austria_en.pdf.

[15] Näheres zum CAF unter: http://www.bka.gv.at/site/6361/Default.aspx.

Wien haben dieses Qualitätsbewertungssystem breit genutzt. Entwicklungspotenzial besteht jedoch weiter.

Die Zusammenarbeit Österreichs mit der OECD

Auch die OECD erwartet sich von ihren Mitgliedern aktive Mitwirkung in den Fachkomitees und zumindest eine ernsthafte Auseinandersetzung mit Studienergebnissen. Wie schon in den vergangenen Jahren fordert etwa der OECD-Economic Survey auch 2011 von Österreich mehr Reformanstrengungen, um das Wirtschaftswachstum und das Bestehen in der internationalen Standortkonkurrenz zu sichern. Ansatzpunkte sieht die OECD insbesondere bei der Eindämmung der Frühpensionen, beim Ausbau von Einrichtungen zur Kinderbetreuung und von Ganztagsschulen, in der Bildungsreform und bei Zugangsbeschränkungen an den Universitäten. Als wesentlichen Beitrag zur Budgetkonsolidierung sieht die OECD eine Reform des Stabilitätspaktes und des Finanzausgleichs sowie Finanzreformen auf allen Gebietskörperschaftsebenen als unverzichtbar. All dies sind langjährige Reformforderungen, die Frage bleibt offen, wie lange sich Österreich noch einen Reformstillstand leisten wird können.

Allerdings werden in Österreich fachkundige Einschätzungen der OECD höchstens in Teilbereichen öffentlich diskutiert, meist aber verschwinden die Expertisen bald wieder in den Schubladen.

2. Gründe für die Mängel und Defizite

Ohne Anspruch auf Vollständigkeit werden einige Gründe für die Defizite öffentlicher Aufgabenerfüllung beschrieben. Diese sind vielschichtig und liegen teils in den historisch gewachsenen Strukturen, in der unterschiedlichen Kultur von Politik und Verwaltung und im diffusen Verhältnis zwischen diesen beiden Gruppen von Akteurinnen und Akteuren. Eine weitere Vertiefung der Problematik erfolgt in den Teilen II und III.

Das bürokratische System

Als eine Ursache wird von den Verfassern das bürokratische System gesehen. Die strenge hierarchische Gliederung und die zentralisierte Entscheidungsmacht an der Spitze behindert eigenverantwortliches Entscheiden auf den unteren Ebenen. Stark arbeitsteilig organisierte Binnenstrukturen begünstigen ein „Schrebergartendenken“

und behindern organisationsübergreifenden Wissensaustausch, Kooperationen und Lernen voneinander. Durch das Gebot der Objektivität wird es schwierig, auf besondere Bedürfnisse oder Lebensumstände von Bürgerinnen und Bürgern einzugehen und individuelle Problemlösungen zu finden. Wenn etwa Menschen mit Migrationshintergrund Schwierigkeiten haben, behördliche Informationen zu verstehen, kann es hilfreich sein, mehrsprachige Informationen zur Verfügung zu stellen oder überhaupt Menschen mit Migrationshintergrund in den öffentlichen Dienst aufzunehmen, wie dies etwa bei der Polizei bereits geschieht. Auch die beamtenspezifischen Anreizstrukturen (automatische Vorrückungen, schematische Karrieren etc.) bieten wenig Motivation für Eigeninitiative (nähere Ausführungen zu den Unterschieden zwischen dem Bürokratie- und dem New Public Management (PM)-Modell finden sich im Teil II).

Innovationsfeindlichkeit

Ein weiterer Grund für die Bestandskraft von Problemen liegt in der bereits konstatierten Innovationsfeindlichkeit der Verwaltung, die zu einer Verfestigung des Bestehenden beiträgt. Mit Oberndorfer ist diese nicht nur mit einer „konservativen Einstellung" des Verwaltungspersonals zu begründen, sondern systembedingt.[16] Auch die Politik ist gefordert, eine stetige Anpassung der Verwaltung an die sich wandelnden Aufgaben und Handlungsbedingungen der öffentlichen Aufgabenerfüllung voranzutreiben. Verwaltungsreform stellt somit eine politische Aufgabe ersten Ranges dar.[17] Wenn dieser Gestaltungsauftrag nicht wahrgenommen wird, bleiben die Probleme bestehen und/oder verstärken sich noch.

Innovation liegt aber auch in der Verantwortung der Verwaltung. Werden Innovationen umgesetzt, so können sie dazu dienen, das Service zu verbessern, Kosten zu reduzieren oder auch einen Beitrag zu mehr Lebensqualität zu leisten. Es ist daher Aufgabe des Verwaltungsmanagements, Innovation als integralen Bestandteil der Verwaltungsentwicklung zu etablieren und nicht als bloße Zugabe zur Politik- und Verwaltungsmodernisierung. Dies bedeutet aber auch, Innovationen nicht um der bloßen Innovation willen umzusetzen, sondern regelmäßig auch die Kosten von Innovation ihrem

---

16 Vgl. Oberndorfer 2006, S. 56.

17 Vgl. Oberndorfer 2006, S. 55.

Nutzen gegenüberzustellen und zu fragen, inwieweit die Innovation dazu beiträgt, öffentliche Leistungen zu verbessern oder sogar mehr Lebensqualität zu bewirken.[18]

Die Kluft zwischen Politik und Verwaltung – unterschiedliche Handlungslogiken

Die Handlungslogik der Verwaltung unterscheidet sich grundlegend von der politischen Logik. Die Verwaltungen fühlen sich primär dem Gesetz und der Verfassung verpflichtet und erwarten sich konkrete Vorgaben von der Politik. Die Entscheidungen sind bestmöglich objektiv und sachlich begründet. Die Verwaltung setzt auf Kontinuität, auf ihre Fachexpertise und Erfahrung und zeigt Beharrungstendenzen gepaart mit einem gewissen Ausmaß an Innovationsfeindlichkeit.[19]

Ministerinnen und Minister oder Landesrätinnen und Landesräte sehen sich überwiegend als Politikerinnen und Politiker, die in Legislaturperioden denken, planen und handeln und ihre Erfolge oft an der Zahl der Gesetze und an Wahlergebnissen messen. Entscheidungen sind das Ergebnis komplexer Aushandlungsprozesse. Ihre Ziele sind eher unbestimmt in Wahlprogrammen vorgegeben und dann in Regierungsprogrammen nur teilweise konkretisiert. Durch die Entscheidungen sollen die Wählerinnen und Wähler und die sogenannte „Klientel“ der jeweiligen Partei zufriedengestellt werden.[20] Rasche politische Erfolge können teilweise auch zulasten längerfristiger Lösungen gehen.

Deutlich wird diese unterschiedliche Handlungslogik zwischen Politik und Verwaltung auch auf Ebene der Gemeinden. Dort sind Bürgermeisterinnen und Bürgermeister neben ihrer Rolle als Vorgesetzte aller Mitarbeiterinnen und Mitarbeiter der Verwaltung insbesondere auch die erste Ansprechstelle für die Bürgerschaft und die verschiedenen Interessensgruppen. Bürgermeisterinnen und Bürgermeister kommunizieren direkt mit den Menschen und verwenden hierfür die Umgangssprache. Dagegen sprechen die Mitarbeiterinnen und Mitarbeiter der Gemeinde- und Stadtverwaltungen, insbesondere in behördlichen Angelegenheiten, tendenziell „Amtsdeutsch“. Politikerinnen und Politiker auf Gemeindeebene sind an

---

[18] Vgl. Bovaird 2011, S. 126 f.

[19] Oberndorfer 2006, S. 56.

[20] Buchinger/Lindner 2005, S. 94.

Problemlösungen für den Einzelnen interessiert und erwarten sich von der Verwaltung, dass Angelegenheiten möglichst rasch und im Sinne der Bürgerinnen und Bürger erledigt werden. Daher besteht auch eine Neigung zur Einmischung in die operativen Tagesgeschäfte, da sich Bürgermeisterinnen und Bürgermeister zuerst ihrer Wählerschaft und der Gesamtheit der Bürgerinnen und Bürger verpflichtet fühlen. Ein zentrales Ziel für Gemeindepolitikerinnen und -politiker ist die Wiederwahl und nicht unbedingt die Einhaltung komplizierter Vorschriften und bürokratischer Vorgangsweisen. Dies kann jedoch zu Vertrauenskrisen zwischen Politikerinnen und Politikern und den Verwaltungsbediensteten führen.

Auch die Beziehungen zwischen Politik, Ministerbüros und Verwaltung tragen generell zu den Mängeln und Defiziten der öffentlichen Aufgabenerfüllung bei. Gratz konstatiert dazu eine Erosion im Verhältnis zwischen Politik und Verwaltung, die von grundsätzlichen Fragen der Steuerung bis zu Praktiken bei Personalentscheidungen reicht.[21] Ministerkabinette üben eine eingriffsintensive Rolle aus, die Auftragsverhältnisse sind diffus. Obwohl sie selbst nicht weisungsbefugt sind, treten sie gegenüber Führungskräften und den Mitarbeitenden der Verwaltung oft als scheinbar weisungsberechtigt auf. In einem Gutachten führte der frühere Präsident des VfGH, Ludwig Adamovich, aus, dass „jedenfalls keine Rechtsvermutung in der Richtung besteht, dass vom Kabinett eines Bundesministers oder seinen Mitarbeitern ausgehende Willenskundgebungen als Weisungen des Bundesministers zu betrachten wären."[22]

Politik und Verwaltung bilden somit zwei Welten mit unterschiedlichen Denkmustern, Begrifflichkeiten und Sanktions- bzw. Honorierungsmechanismen. Während das Verwaltungsmanagement Sachentscheidungen – meist durch Interessensabwägung – fällt, ist die Politik auf Mehrheiten angewiesen, um ihre Anliegen durchzusetzen. Politik und Verwaltung sind zwar gleichermaßen zielorientiert, der Weg zum Ziel und die Qualität der Ziele sind aber jeweils unterschiedlich.[23]

---

[21] Gratz 2011a, S. 657.

[22] 1. Zwischenbericht der Evaluierungskommission für den Fall N. Kampusch vom Februar 2008.

[23] Vgl. Schedler/Pröller 2009, S. 64f.

Politische Personalbesetzungen

Als weitere Strategie gegen den wahrgenommenen Kontrollverlust nehmen politische Personalbesetzungen zu, die oftmals aus Ministerbüros oder den Büros der Landesräte heraus erfolgen. Insbesondere auf Ebene der Sektionsleitungen in der Bundesverwaltung, in Schlüsselfunktionen auf Abteilungsleiterebene in den Bundesministerien und teilweise auch in den Ämtern der Landesregierungen ist diese Praxis in den letzten zehn Jahren zunehmend zu beobachten. Dies hat u.a. Gratz herausgefunden; er beruft sich dabei auf die Antworten zu einer Reihe von parlamentarischen Anfragen.[24]

Weiter unten in der Verwaltungshierarchie, d.h. bei den Leitungsfunktionen in großen nachgeordneten Dienststellen (z.B. Landespolizeidirektionen, Finanzämter) greift dann die parteipolitische Ämterpatronage Platz. Sie führt dazu, dass die Karriere in der Verwaltung, wenn schon nicht an das Parteibuch, so doch häufig an die erkennbare politische Zuneigung gebunden ist. Obwohl der Eintritt in den öffentlichen Dienst durch Objektivierungsmaßnahmen versachlicht wurde, ist dennoch in Österreich eine bestimmte Präferenz für eine politische Richtung üblich.[25]

Hartmann sieht in der Politisierung des öffentlichen Dienstes „eine echte Gefahr für den Staat, wenn ein parteipolitischer Einfluss gepaart mit Ämterpatronage zu einer völligen Verschränkung (‚Verfilzung') von Politik und Verwaltung führt."[26] Ebenso betrachtet Gratz die in seiner Studie festgestellte zunehmende Politisierung der Verwaltung, insbesondere in Personalentscheidungen; als hemmend für eine optimale Aufgabenerfüllung.[27]

Zusammenfassend gesagt, behindert ein tendenziell starres, häufig innovationsfeindliches System Weiterentwicklungen in der öffentlichen Verwaltung. Durch die festgestellten Phänomene an der Schnittstelle zwischen Politik und Verwaltung vertieft sich die Kluft zwischen diesen beiden Gruppen von Akteuren weiter und untergräbt das Vertrauensverhältnis zwischen ihnen. Vertrauen ist aber unerlässlich für die Zusammenarbeit in einem so eng vernetzten System wie jenem von Politik und Verwaltung. Die Politik benötigt

---

[24] Seit 2006 haben die Ministerinnen und Minister gut drei Dutzend ihrer persönlichen Referentinnen und Referenten in Leitungsfunktionen ihrer Ressorts berufen, davon 7 zu Sektions- und 19 zu Abteilungsleiterinnen und -leitern (Gratz 2011b, S. 125).

[25] Vgl. Oberndorfer 2006, S. 53.

[26] Hartmann 2006, S. 317.

[27] Gratz 2011a, S. 655.

zur Umsetzung ihrer Ziele einen funktionsfähigen Verwaltungsapparat, was ein gewisses Maß an Eigenständigkeit und persönlicher Verantwortung der leitenden Bediensteten voraussetzt. Je weniger das fachliche Know-How der Verwaltungsbediensteten genutzt wird, je kleiner ihre Handlungsspielräume sind und je geringer das Vertrauen zwischen Politik und Verwaltung ist, umso schwächer wird auch die politische Führung, was wiederum die notwendige Gestaltungs- und Durchsetzungskraft gefährdet.

3. Bisherige Modernisierungspolitik im Überblick

Bund, Länder, Städte und Gemeinden haben während der letzten Jahrzehnte in unterschiedlicher Intensität Modernisierungen betrieben, im Rahmen derer – ab den frühen 1990er Jahren – auch Elemente von Public Management umgesetzt wurden. Herausragende Beispiele fanden immer wieder Eingang in die Literatur und wurden mit nationalen und internationalen Preisen ausgezeichnet. Ein Gesamtkonzept, das insbesondere gebietskörperschaftsübergreifend Reformen in Angriff nimmt und auch konkret umsetzt, fehlt jedoch noch immer.

Im Folgenden soll gezeigt werden, dass trotz der verschiedenen geschilderten Probleme durchaus auch Modernisierungserfolge erzielt wurden, auf denen künftig aufgebaut werden kann. Die Vielfalt der Reformaktivitäten auf Bundesebene seit den 1980er Jahren sowie im Bereich einzelner Länder und Städte wird in Umrissen dargestellt. Die Besonderheiten werden jeweils hervorgehoben und die Rolle und Verantwortlichkeiten von Politik und Topmanagement der Verwaltung beleuchtet. Die Auswahl erfolgte nach Bekanntheit und Stellenwert in der öffentlichen Diskussion, die Einordnung der Reformen in den Kontext des Public Management wird im Teil II geboten.

3.1. Bundesverwaltung – Reformetappen

Zu Beginn der 1980er Jahre waren Verwaltungsreformen auf einzelne, eher isoliert betriebene Schwerpunkte konzentriert. So gab es etwa mit einer Parlamentsenquête „Was kostet ein Gesetz?“ erste Bemühungen, betriebswirtschaftliches Denken in die juristisch dominierte Verwaltung einzuführen. Die Öffnung der Verwaltung zur Wirtschaft fand durch das Austauschprogramm „Mobilität zwischen Wirtschaft und Verwaltung" einen Niederschlag. Ende der 1980er Jahre wurde aufgrund eines signifikant gestiegenen Budgetdrucks – von 1980 bis 1987 war das Nettodefizit von jährlich 29,3 auf 69,8 Mrd. Schilling gestiegen – die Notwendigkeit für ein umfassendes Reformprojekt deutlich. Daher beschloss die Bundesregierung 1988 das Projekt „Verwaltungsmanagement".

Innovationsschub durch Projekt „Verwaltungsmanagement" (1988-1993)

Dieses Projekt galt im Kern dem Übergang vom Verwalten zum Managen (Einführen der Managementlogik – Ziele setzen, Ergebnisse messbar machen, Kosten erfassen und reduzieren, Aufbau von Controlling) und befasste sich mit zentralen Themen, wie Führung und Personalentwicklung, Haushaltswesen und Controlling oder einem neuen Raumkonzept. Es zeichnete sich durch eine starke politische Verankerung aus. Getragen durch die fachkundigen Verwaltungsreformminister Neisser und Weiss wurde der Bundesregierung regelmäßig über die Zwischenergebnisse berichtet und die getroffenen Ministerratsbeschlüsse gaben den Projektverantwortlichen den notwendigen Rückhalt beim Umgang mit Reformwiderständen. Zwischen 1988 und 1993 befasste sich die Bundesregierung 24 Mal mit diesem Projekt, hierbei wurden meist Projektergebnisse zustimmend von und für alle Ressorts zur Kenntnis genommen sowie Maßnahmen zur Umsetzung in unterschiedlichen Bereichen in Auftrag gegeben. Unter Wahrung des Prinzips der Ressorthoheit sollten durch diese Regierungsbeschlüsse die einzelnen Ministerinnen und Minister verstärkt zur Umsetzung verpflichtet werden.

Bemerkenswert waren auch die Zielsetzungen, die u.a. nicht Personaleinsparungen, sondern eine Steigerung der Produktivität von 20 Prozent innerhalb von 4 Jahren vorsahen.

Die Ergebnisse machen deutlich, dass betriebswirtschaftliche Ansätze (von Projektmanagement über Controlling bis zu einer gezielten Personalentwicklung) im Laufe dieses Projektes in den Bundesministerien verankert und damit das Management professionalisiert wurde. So hat etwa das BMJ begonnen, die Ergebnisse der Rechtsprechung (Urteilsfindung) zu messen, Leistungsvergleiche zu betreiben und den Personaleinsatz über den Auslastungsgrad von Gerichten zu steuern. Auch wurden Themen, die im öffentlichen Dienst bisher Tabu waren – z.B. Führungsfunktionen auf Zeit, Einführung einer Kostenrechnung –, offen diskutiert und bearbeitet.

Insgesamt hat das Projekt „Verwaltungsmanagement“ in einer vorwiegend juristisch geprägten Verwaltungskultur einen hohen Innovationsschub bewirkt, der den Boden für die nachfolgenden Reformprogramme aufbereitet hat. Noch nie hat es auch eine qualitativ so hochwertige Sammlung von Verwaltungsreformvorschlägen gegeben. Allerdings merkte der Projektbericht „Verwaltungsmanagement“ selbst[28] ebenso wie Strehl[29] kritisch an, dass es keine ausreichenden Rahmenbedingungen für den Umgang mit dem Personalabbau gab. Die notwendige Mobilität seitens der „abgebauten“ Mitarbeiterinnen und Mitarbeiter fehlte ebenso wie neue Perspektiven seitens des Dienstgebers. Weiters wiesen die Reformprojekte überwiegend eine Innenorientierung auf, d.h. es ging um die Einführung von Kostenrechnung, ein modernes Aktenwesen oder eine zeitgemäße IT-Unterstützung. Rückblickend betrachtet ist es durch das Projekt „Verwaltungsmanagement“ jedoch nicht gelungen, das Thema „Verwaltungsreform“ nachhaltig zu einem zentralen politischen Thema zu machen.

Vorbereitung auf den EU-Beitritt – das Perchtoldsdorfer Paktum (1992-1994)

Nach einer dynamischen Phase punktueller Verwaltungsmodernisierung von 1988 bis 1993 waren die Jahre 1994 bis 1996 geprägt von einer Stagnation in der Gesamtverwaltungsreform. Ein „Zwischenhoch“ fand noch durch das sogenannte „Perchtoldsdorfer Paktum 1992 bis 1994“ statt. Es wurde im Zuge der Vorbereitung der EU-Mitgliedschaft Österreichs verabschiedet und sollte die Länder für dieses Vorhaben gewinnen. Dazu bot der Bund den Ländern eine Reform der föderalen Strukturen an, die Maßnahmen mit drei Stoßrichtungen vorsah. Zuerst sollte die Zersplitterung der Kompetenzen beseitigt werden, indem die Verteilung der Zuständigkeiten in Gesetzgebung wie Vollziehung im Text der Verfassungsurkunde selbst ausgewiesen werden sollte. Die zweite Stoßrichtung lag in der Abschaffung der mittelbaren Bundesverwaltung. Wenn die Länder zukünftig die Bundesgesetze im Auftrag des Bundes vollziehen, sollten sie dies in eigenem Namen und in eigener Verantwortung besorgen. Das dritte Ziel betraf die Stärkung von Kooperationen etwa durch die Mitwirkung der Länder und der Gemeinden in Europa-

[28] Projektbericht „Verwaltungsmanagement“, S. 136.

[29] Vgl. Strehl 1997.

angelegenheiten.[30] Letztlich ist der Entwurf aus 1994 „fünf vor zwölf" gescheitert, nachdem er den Nationalrat schon passiert hatte. Im Dezember 1994 haben die Landeshauptleute in ihrer Konferenz ein Veto eingelegt, das, obwohl verfassungsrechtlich völlig unverbindlich, zur Folge hatte, dass der Entwurf im Bundesrat nicht mehr behandelt wurde.

Neustart mit Public Management – das VerwaltungsInnovations-Programm (1997 – 1999)

Auf politischer Ebene hat der Ministerrat erst wieder am 3.12.1997 ein klares politisches Bekenntnis zur Verwaltungsmodernisierung abgegeben: das VerwaltungsInnovationsProgramm (VIP) wurde gestartet. Im Sinne einer Reduktion der Komplexität konzentrierte sich das VIP auf drei Bereiche:

- Aufgaben- und Prozesskritik
- Personalmanagement
- Einsatz moderner Managementmethoden

In gewissem Sinne kann das VIP als Fortführung des Projektes „Verwaltungsmanagement" gesehen werden. Auch hier war eine der Zielsetzungen die jährliche Steigerung der Produktivität um 2-3 Prozent. Verstärkt wurde im VIP der Fokus der Außenorientierung durch das Ziel eines Umbaus vom Ordnungs- zum Dienstleistungsstaat, der dann in zahlreichen Projekten wie etwa dem „Musteramt Polizeikommissariat Liesing" und dem „Reisepass in 20 Minuten" ihren Niederschlag fand. Auch mit der Bürgerserviceplattform „help.gv.at" wurde die Bürgerorientierung betont.

Neu war weiters das Ziel der schrittweisen Einführung einer ergebnisorientierten Verwaltungsführung mit dem Kernprojekt „Leistungskennzahlen für die Bundesverwaltung". Im Schwerpunkt „Personalmanagement" sollte ein neues Führungsverständnis gefördert werden, das gekennzeichnet war von kundenorientiertem Denken, sowie durch Kompetenz und Mut zu eigenverantwortlichem Handeln im Sinne einer optimalen Zielerreichung.

Eine konzeptionelle Grundlage des VIP war auch das Element der Dezentralisierung von Verantwortung sowie der Ausbau von Verwaltungseinheiten zu Dienstleistungszentren. Das Führen mit

[30] Wiederin beschreibt dies bei der Auftaktkonferenz zur Zukunft der Demokratie am 6.5.2011. Online verfügbar unter: http://www.oefg.at/text/veranstaltungen/zukunft_demokratie_in_Oe/beitrag_wiederin.pdf.

Leistungsaufträgen und die Dezentralisierung von Verantwortung steckten damals noch in den Kinderschuhen. Erste Versuche gab es etwa in der Schulautonomie, im Rahmen derer die Schulen im Sachmittelbereich selbständig über ihre Gelder verfügen konnten. Weitere Dezentralisierungsprojekte wie etwa das Pilotprojekt „Flexiklausel“[31] sollten folgen. Auch im Personalmanagement des Bundes wurde durch den Abbau von Mitwirkungsbefugnissen die Ressortverantwortung der einzelnen Ministerien gestärkt; 87 der 123 Mitwirkungsbefugnisse der Personalsektion des Bundes wurden durch Generalermächtigungen ersetzt.

Während im Projekt „Verwaltungsmanagement“ der frühen 1990er Jahre noch das fehlende Marketing von Reformfortschritten und -ergebnissen kritisiert wurde, begleitete nun eine Marketingkampagne die Durchführung des VIP. Slogan war „Österreich bekommt die modernste Verwaltung Europas“ und die beiden Promotoren auf politischer Ebene, Staatssekretär Ruttenstorfer und Minister Molterer leiteten mit dem „Zurechtbiegen“ der Büroklammer eine breite Initiative für E-Government ein.

Aufgabenreform und Österreichkonvent

Betrachtet man die Projekte und Programme des Bundes seit dem Jahr 2000, wird deutlich, dass Verwaltungsreformen zumindest in jedem Regierungsprogramm einen fixen Platz hatten und dass verschiedene Gruppen aus Verwaltungsexpertinnen und -experten sowie Vertreterinnen und Vertreter von Politik, Wissenschaft und Wirtschaft ihre Ideen und Konzepte in die Reformvorschläge einfließen ließen. Die Aufgabenreformkommission arbeitete von September 2000 bis März 2001 mit dem Ziel, die staatlichen Aufgaben zu straffen und dadurch Einsparungen zu erzielen. Der Abschlussbericht enthielt 60 konkrete Vorschläge zu Deregulierungen, Reorganisationen und Neuregelungen. U. a. wird empfohlen, die öffentlichen Schulen als – im Rahmen staatlicher Vorgaben – zur selbständigen Geschäftsführung befugte und befähigte Dienstleistungseinrichtungen auszubauen. Die Schulen sollen auch über autonome Einnahmequellen verfügen und im Rahmen von Globalbudgets als Dienstgeber fungieren.

---

[31] Gemäß § 17a BHG konnte ausgewählten Dienststellen eine größere Flexibilität im Budgetvollzug eingeräumt werden. Durch mehrjährige Budget- und Leistungspläne bestand eine höhere Planungssicherheit, Rücklagenbildung war möglich. Zu den „Flexiklauseleinheiten“ gehörten u.a. 4 Strafvollzugsanstalten, das Zentrale Melderegister oder auch das Bundesamt für Wasserwirtschaft.

Der vorwiegend juristische Zugang wird darin deutlich, dass allein 44 der 60 Vorschläge gesetzliche Neuregelungen oder die Auflassung von Regelungen fordern. Die Vorschläge wurden in zahlreichen Gesprächsrunden auf politischer Ebene diskutiert und zu vergleichsweise kleinen Teilen im Verwaltungsreformgesetz 2002 umgesetzt.

In der Folge tagte ab Mai 2003 der Österreich-Konvent mit dem Ziel, einen neuen Verfassungstext zu schaffen, der „... eine zukunftsorientierte, kostengünstige, transparente und bürgernahe Erfüllung der Staatsaufgaben ermöglichen soll." Der 1.200 Seiten umfassende Bericht des Vorsitzenden befasste sich mit den Ergebnissen der Arbeitsgruppen u.a. zur Aufgabenverteilung zwischen Bund, Ländern und Gemeinden, mit einem Grundrechtskatalog oder auch mit demokratischen Kontrollen. Der Bericht[32] zeigt, dass nur in wenigen Bereichen (z.B. der Schaffung von Landesverwaltungsgerichten) Einigung erzielt werden konnte. Offen blieben weiter u.a. die Einigung über eine neue Kompetenzverteilung zwischen Bund und Ländern und die Zusammenführung der Einnahmen- und Ausgabenverantwortung.

Kontinuität der Modernisierung – Neuauflage des VIP

Im Jahr 2003 erfolgte ein Neustart des VerwaltungsInnovations-Programms-VIP.[33]

Ziele dieses Verwaltungsinnovationsprogramms waren, das Verwaltungshandeln bürgerfreundlicher, wirtschaftsfreundlicher und effizienter zu gestalten, Standortvorteile für Österreich durch qualitätsverbessernde Maßnahmen zu sichern und jährlich steigende Einsparungen bis zu insgesamt 1,3 Mrd. € im Jahr 2006 sowie insgesamt 10.000 Vollzeitäquivalenten von 2003 bis 2006 zu erzielen. Auch wurden Philosophie und Methoden des PM mit einer veränderten Steuerungsphilosophie (Ergebnissteuerung), dezentralen Organisationsstrukturen und dem Einsatz von Managementinstrumenten angesprochen. Das VIP umfasste 166 Projekte. Schwerpunkte lagen in

- einer E-Government-Offensive (z.B. diverse Register wie Adress-, Gebäude- und Wohnungsregister oder Vereinsregister gingen online, Amtswege per Mausklick wurden ausgebaut, elektronische Bezahlung und elektronische Zustellung umgesetzt)

---

32 Siehe: www.konvent.gv.at.

33 Vgl. Bundeskanzleramt, Bilanz 2006.

- umfassenden Restrukturierungen der Finanzverwaltung (bisher 80 Finanzämter wurden zu 41 Wirtschaftsräumen zusammengelegt), der Justiz (Zusammenlegungen und Reduktion der Bezirksgerichte um 52) und der Sicherheitsverwaltung (Zusammenlegung von Gendarmerie und Polizei); weiters Projekte, die gebietskörperschaftsübergreifende Kooperationen/Koordination erfordern wie z.B die gemeinsame Prüfung lohnabhängiger Abgaben durch Städte/Gemeinden, Finanzämter und Krankenversicherung
- Einführung von betriebswirtschaftlichen Instrumenten (z.B. Controlling im BMaA oder Qualitätscontrolling im Strafvollzug) und Personalentwicklung (z.B. Leadership Academy des BMBWK oder Elternkarenz und Wiedereinstieg im Bundesdienst)
- Reorganisation von Supportleistungen (z.B. Internet-Telefonie im BMaA) und verschiedenen Ausgliederungen (z.B. BundesbeschaffungsGmbH, Buchhaltungsagentur des Bundes)

Neuer Schwerpunkt Verwaltungsqualität und Fortsetzung der Staatsreform (2006 – 2008)

Ab 2006 legte die Verwaltungsqualitätsoffensive den Schwerpunkt wieder auf eine verstärkte Bürgerorientierung und auf ein hohes Tempo von Verwaltungsabläufen bei gleichzeitiger Wahrung der Rechtssicherheit. Erstmals wurden die Ministerinnen und Minister mit Reformverträgen zwischen ihnen und der Staatssekretärin Silhavy im Bundeskanzleramt zur Umsetzung bestimmter Qualitätsprojekte verpflichtet. Gemeinsam mit interessierten und innovativen Bezirkshauptmannschaften aus ganz Österreich wurden Qualitätsstandards für mehrere Verfahren, nämlich der „Betriebsanlagengenehmigung", für Bürgerbüros und für die Durchführung von Kundenzufriedenheitsbefragungen entwickelt.[34] Für die Erarbeitung dieser Standards wurden die Fachexpertinnen und -experten der Bezirksverwaltungsbehörden einbezogen. Das Ergebnis zeigt, wie hoch die Qualität von Reformprodukten sein kann, wenn die Erfahrungen und Ideen der konkret zuständigen Mitarbeiterinnen und Mitarbeiter genutzt werden. Die Fortsetzung der Arbeiten bzw. die flächendeckende Anwendung der Qualitätsstandards scheiterte bisher am fehlenden Bewusstsein, dass es notwendig ist, im Sinne der Bürgerinnen und Bürger bundesländerübergreifend zu denken und zu handeln.

---

[34] Für das Betriebsanlagengenehmigungsverfahren findet sich dort etwa die Zusage, dass monatlich ein Projektsprechtag durchgeführt wird oder dass 80 Prozent der Bescheide innerhalb von 6 Wochen erlassen werden.

Nach den Neuwahlen Ende 2006 wurde aufgrund des Regierungsprogramms 2007 im Bundeskanzleramt eine Staatsreformkommission eingerichtet, die insgesamt 3 Expertenentwürfe vorgelegt hat. Auf Grundlage dieser wurden 2007 unter anderem ein „Demokratiepaket" (94 d.B., XXIII. GP), die Bereinigung des Bundesverfassungsrechts, die Neuregelung weisungsfreier Behörden und die Einrichtung eines Asylgerichtshofs im Parlament (siehe dazu 94/ME und 314 d.B., XXIII. GP) beschlossen.

Reformimpulse durch den Rechnungshof – Arbeitsgruppe „Verwaltung Neu" (ab 2008)

Im Regierungsprogramm 2008 wurde eine Arbeitsgruppe „Verwaltung Neu" geschaffen mit der Aufgabe, Konsolidierungsmaßnahmen zu erarbeiten. Basis für die Arbeiten war ein Positionspapier des Rechnungshofes zur Verwaltungsreform aus 2007, das 2009 neu aufgelegt wurde. Zu vorgegebenen Themen wie etwa: Bildung, Gesundheit, Pflege, Förderungen, etc. sollten von einem Vorbereitungsgremium Problemanalysen durchgeführt und Lösungsvorschläge erarbeitet werden.

Eine Übersicht über den Stand der Arbeiten zeigt, dass lediglich in den Bereichen „Pensionen" und „Effizienz in der Verwaltung" bereits mit der politischen Umsetzung begonnen wurde. Zentrale Reformfelder wie etwa Finanzausgleich, Personal oder auch Bürgerorientierung wurden überhaupt nicht bearbeitet.

Obwohl im Jahr 2011 ein aktualisiertes Positionspapier des RH zur Verwaltungsreform veröffentlicht wurde[35], ist eine politische Umsetzung nicht in Sicht.

Das in der Abbildung 1 ausgewiesene Fehlen von Problemanalysen zum Thema Finanzausgleich ist durch die Fertigstellung mehrerer Gutachten von Expertinnen und Experten des IFIP der TU Wien, des IHS und des KDZ Ende des Jahres 2010 nicht mehr aktuell. Diese Gutachten wurden im Auftrag des BMF erstellt und sind auf der Website des BMF einzusehen.[36]

---

35 www.rechnungshof.gv.at.

36 https://www.bmf.gv.at/Budget/BesondereBudgetthemen/Finanzbeziehungenzu_658/5361/StudienzurReformdes_11884/_start.htm.
Für Kurzfassungen dieser Gutachten siehe die Beiträge in Wifo Monatsberichte 12/2012, S. 903ff.

Abbildung 1: Umsetzungsstand von Reformen nach Arbeitspaketen aus Sicht des Rechnungshofes

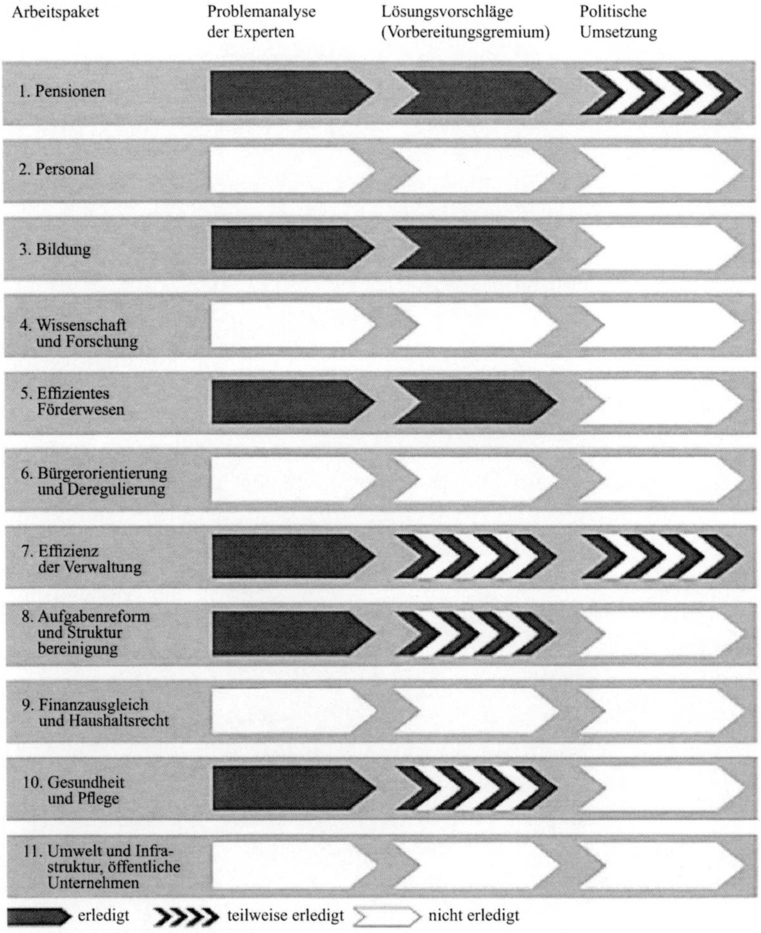

Quelle: Rechnungshof 2011, S. 56

Eine Auseinandersetzung mit den Ergebnissen und Vorschlägen der Expertinnen und Experten mit Vertreterinnen und Vertretern aus Politik und Verwaltung dürfte noch ausstehen.

3.2. Bisherige Reformen der Bundesländer

Fast alle Bundesländer bekennen sich grundsätzlich zu Reformen nach dem Modell von Public Management. Generell betrachtet haben einige Länder auch die wirkungsorientierte Steuerung als strategischen Überbau in ihre Reformprogramme aufgenommen (z.B. OÖ als Vorreiter, Stmk, Vbg, Tirol), E-Government stellt in fast allen Ländern einen Reformschwerpunkt dar, Produktkataloge und reformierte Arbeitsweisen der Bezirkshauptmannschaften haben die meisten Länder (z.B. Bgl. als Vorreiter, Sbg., OÖ, NÖ). Qualitätsmanagement ist jedoch nur in wenigen Ländern Thema bei den Bezirkshauptmannschaften (z.B. CAF in Tirol und Stmk). In den meisten Ländern gab es Gehalts- und Pensionsreformen sowie eine Straffung von organisatorischen Strukturen, indem Hierarchieebenen reduziert und Organisationseinheiten in Gruppen zusammengeführt wurden. Mit ihren Projekten zu mehr Gemeindekooperationen (Projekt „Regionext") sowie einzelner Zusammenlegungen von Gemeinden und Bezirkshauptmannschaften setzt die Steiermark aktuell wieder Akzente einer Organisationsreform. In NÖ und in Kärnten haben Gemeindezusammenlegungen bereits zu einem früheren Zeitpunkt stattgefunden.

Sich einen Überblick über den Stand der Reformen in den einzelnen Ländern zu verschaffen ist schwierig, da die Auskunftsfreudigkeit unterschiedlich ausgeprägt ist und systematische Darstellungen (RH-Bericht PM in den Ländern 2002, Staatsschuldenausschuss) wegen der Vielfalt historisch gewachsener Systeme der Länder (z.B. E-Government, Kosten-Leistungsrechnung, Produktkataloge) an Grenzen stoßen. Auch Bußjäger kritisiert, dass die Reformen in den Ländern zu wenig bekannt und daher zu wenig Beachtung finden. Er lässt daher in seiner Zusammenstellung über Verwaltungsmodernisierung in den Ländern 2000-2010 (mit Ausnahme Wien) u.a. die einzelnen Länder ihre verschiedenen Verwaltungsreformen anhand von Reformfeldern auszugsweise darstellen:

Tabelle 2: Verwaltungsreformen in den Bundesländern (ohne Wien)

Land	Reform-programm	Organisations-reform	Verwaltungs-steuerung	E-Government	Personal-management
Bgld.			Produktkataloge für BHen, Kosten-rechnung tlw.		Besoldungsreform inkl. neuer Stellenbewertung
NÖ		Reduktion v. Gruppen u. Abteilungen (1996)	Produktkatalog für BHen, Globalbudgets im Straßen- u. Wasser-bau		Besoldung Neu seit 2006, inkl. System d. Stellenbewertung
OÖ	WOV 2020	Neue Amtsorgani-sation: 7 Lebens-bereichs- u. 4 Querschnitts-direktionen, einheitl. Organi-sation bei BHen	Produktkatalog für BHen; einheitliche vergleichbare Leistungskenn-zahlen; KLR eingeführt	Ja; DORIS	Gehalts- und Pensionsreform
Sbg.	MOVE	Reduktion d. Führungs-positionen um 25 Prozent, organisatorische Homogenisierung der BHen	Produktkatalog für BHen; Globalbudgets für BHen u. Dienststellen; KLR insbes. in marktnahen Bereichen eingeführt	E-Government nach 50 Lebenssach-verhalten; online Formulare u. Verfahren, gemeinsamer Auftritt m. Gemeinden; ELAK	
Tirol	TIVES		Pilotprojekt f. Flexiklausel im TBI-Grillhof; Führungsinfo-system „FIS"; KLR eingeführt	Online-Amts-wege, Geo-DB „TIRIS", ELAK,	Besoldungsreform 2007; Abschlag v. 5 Prozent f. hohe Arbeitsplatzsicher-heit; leistungs-bezogene Gehaltsbestand-teile; Gender-aspekte berücksichtigt; Pensionsreform 2008

Vbg.	V auf Kurs; wirkungs-orientierte Steuerung	Reorganisation des Amtes	Steuerung über Ziele und Leistungsverein-barungen, Globalbudgets; Kostenrechnung seit 2000	120 Webformu-lare, ELAK	neues Gehaltssystem 2000, Abschaffung d. Pragmatisie-rung; neues Stellenbewer-tungssystem; neues Pensions-recht 2010
Ktn.	WOLV		Konzernrechnungs-wesen; Kostenrechnung seit 2003; Produktkataloge für BHen; BHen seit 2000 Budget-Centers (dezentr. Ressourcenverant-wortung)	Duale Zustellung; Projekt „GEMRISDO" (Gemeinde-verordnungs-gebung und aufsichtsbehörd-liches Genehmi-gungsverfahren)	Qualifikations-programm f. MA „Investors in People" (Qualitätsstandards für PE); Evaluierung von Führungs-kräften
Stmk.	Aufgaben-kritik		Outputorient. Steuerung, wirkungsorient. Steuerung als Überbau; Leistungskatalog der Verwaltung; Ausbau v. Controlling; Kostenrechnung eingeführt	ja	Personalplanung aufgrund v. Bedarfsermittlung, Erhöhung der Flexibilität / Mobilität; Gehaltsreform

Quelle: Bußjäger, 2011

Beispielhaft ergänzt wird diese Übersicht durch eine vertiefte Darstellung der Reformen der Länder Wien und Oberösterreich.

Wien blickt auf eine langjährige Reformtradition zurück. Der Wiener Weg der Verwaltungsmodernisierung begann im Jahr 2000 und sah die Umsetzung einer Verwaltungsreform auf Basis des „Neuen Steuerungsmodells" der KG vor. Strategische Ziele waren eine schrittweise Outputorientierung, ein strukturiertes Controllingsystem, Dezentralisierung der Ressourcenverantwortung und Nutzung der IKT im Interesse der Bürgerinnen und Bürger und der Wirtschaft. In der Folge wurde die Magistratsdirektion in Richtung einer Konzernzentrale – mit den Aufgaben planen, steuern und koordinieren – umstrukturiert, die Budgetverantwortung wurde auf die Geschäftsgruppenebene verlagert. Gleichzeitig wurde das Angebot an E-Government nach dem „Lebenslagenprinzip“ ausgebaut. In 39 strategischen Leitprojekten wurde die Modernisierung vorangetrieben. Sie reichten von einem transparenten und leistungsorientierten neuen Besoldungssystem über die Einführung einer Balanced Score Card bis zu Frauenförderungsprogrammen.[37] Heute stehen weiterhin Korruptionsprävention, Kundenorientierung und Diversitätsmanagement sowie der weitere Ausbau der IKT auf der Reformagenda.[38]

Auch Oberösterreich sieht Verwaltungsentwicklung als permanenten Prozess, der in den letzten 20 Jahren kontinuierlich vorangetrieben wurde. Aufbauend u.a. auf einer Aufgabenreform (1994-1996), einem Produktkatalog (1997/1998) und einem neuen Controllingkonzept (1999/2000) sollte das Land als Dienstleistungsunternehmen seine Aufgaben erfüllen. Im Jahr 2003 hat die Landesregierung das langfristige Management- und Unternehmenskonzept WOV 2015, zuletzt ausgedehnt auf WOV 2021, für eine wirkungsorientierte Landesverwaltung beschlossen. Betriebswirtschaftliche Steuerungsinstrumente wurden zu einem wirkungsorientierten Steuerungsprozess ausgebaut. Die Arbeiten geschahen in 7 Entwicklungsfeldern (z.B. Wirkungsorientierung, Planung und Steuerung, Mitarbeiterorientierung, Wettbewerb...). Bisher umgesetzt wurden etwa eine neue organisatorische Gliederung nach dem Prinzip von Lebensbereichen sowie regelmäßige Benchlearningprozesse auf Ebene der Bezirkshauptmannschaften (Optimierungsworkshops). Derzeit wird an der Definition der Wirkungsziele und Indikatoren gearbeitet, geplant ist weiters eine umfangreiche Befragung zur Kundengerechtigkeit der Leistungen und – im Lichte des neuen Haushaltsrechts des Bundes – eine Auseinandersetzung mit dem Instrument des Globalbudgets, um nur einige Beispiele zu nennen.[39]

Ähnlich wie auf Bundesebene zeigen sich in den Ländern Reformtreiber wie etwa E-Government, wofür auch eine gewisse strategische Abstimmung zwischen Bund und Ländern stattfindet. Meist setzten die Länder jedoch auf Eigenentwicklungen in der Meinung, nur so den Spezifika des jeweiligen Landes gerecht zu

---

[37] Aulehla 2003, S. 176 ff.

[38] Hechtner 2011, S. 623 f.

[39] Vgl. Gruber u. a. 2011, S. 183 ff.

werden (z.B. Geoinformationssysteme, Managementinformationssysteme). Eine Übernahme von Produkten, die ein Land entwickelt hat, durch ein anderes ist kaum zu finden. Eine Ausnahme bildet bspw. die Übergabe eines Personal- und eines Wasserinformationssystems von Salzburg an andere Bundesländer.

Als weiterer Treiber könnten Bemühungen um die Reduktion der Dauer von Betriebsanlagengenehmigungsverfahren gesehen werden. In einigen Bundesländern sind dazu isolierte Projekte gelaufen. Nach wie vor sind die Verfahrensdauern in diesem Bereich der Vollziehung der Gewerbeordnung höchst unterschiedlich, wie die Tabelle 3 zeigt:

Tabelle 3: Anlagenverfahrensdauer im Vergleich

Bundesland	Jahr/Dauer	Jahr/Dauer	Jahr/Dauer	Jahr/Dauer	Jahr/Dauer
Vbg.	1993: 160 Tage		2001: 84 Tage		heute: 80 Tage
Sbg		1997: 113 Tage		2008: 27,6 Tage	
OÖ.	1993: 210 Tage;	1997: 75 Tage	2001: 58 Tage	2008: 50 Tage (bei Vorliegen aller Unterlagen: 35 Tage)	
NÖ:	Ziel: 90 Prozent der Anlagenverfahren in 13 Wochen (91 Tage)				

Quelle: Bußjäger, 2011

Die deutlichste Verbesserung ist etwa in Salzburg eingetreten, wo diese Verfahren nur mehr 27,6 Tage dauern, in Vorarlberg hingegen dauern diese Verfahren auch heute noch 80 Tage. Dies wird zum Teil auf eine unterschiedliche Definition von „Verfahrensdauer“ zurückzuführen sein, aber auch das Land Oberösterreich benötigt für Verfahren bei Vorliegen aller Unterlagen 35 Tage. Jedenfalls wäre es interessant nachzufragen, wie die Salzburger Verwaltung auf 27,6 Tage kommt, um daraus u.U. zu lernen, wie Aufgaben effizienter abgewickelt werden können. Überhaupt konstatiert Bußjäger[40], dass vergleichendes Lernen zwischen den Landesverwaltungen noch wenig entwickelt ist.

3.3. Stadtverwaltungen im Modernisierungsprozess

Bereits in den 1980er Jahren sind in verschiedenen mittleren und größeren österreichischen Städten Ansätze zur Modernisierung von

[40] Bußjäger 2012, S. 6.

Politik und Verwaltung zu erkennen. Sie sind v.a. durch das kommunalpolitische Bemühen notwendig geworden, Dienstleistungen und Einrichtungen für die Bürgerschaft und für die lokale und regionale Wirtschaft auszubauen sowie kostengünstig vorzuhalten. Gleichzeitig stieg der Druck in Richtung einer Konsolidierung der städtischen Haushalte. Daher galt es, diese Einrichtungen stärker nach betriebswirtschaftlichen Grundsätzen, etwa kunden- und bürgerorientiert, effizient und mitarbeiterfreundlich zu führen und möglichst wenig nach bürokratischen Verfahren.

Zudem ging es um verstärkte Kontakte mit der lokalen und regionalen Wirtschaft, die durch gute Standortpolitik Voraussetzungen für Wachstum, Profitabilität und sichere Arbeitsplätze finden sollte. Man konnte dazu auf teils neu gewonnene Erkenntnisse der Betriebswirtschaftslehre der öffentlichen Verwaltung zurückgreifen, die anhaltende Modernisierungsimpulse auch für die öffentlichen Betriebe und Verwaltungsorganisationen brachten.

Vorrangig erschien bereits in den 1980er Jahren der Einsatz einzelner betriebswirtschaftlicher Instrumente, so zunächst der Kosten- und Leistungsrechnung. Diese wurden in den nach betriebswirtschaftlichen Grundsätzen zu führenden „Gebührenhaushalten", d.s. die städtischen Ver- und Entsorgungseinrichtungen, wie Wasserwerke, Abwasserbeseitigungsanlagen, sowie in den Stadtwerken (zu denen neben Energieversorgungsbetrieben etwa auch Verkehrsbetriebe zählten) als Grundlage der Gebühren- und Tarifkalkulation sowie zur Steuerung des Ressourceneinsatzes benötigt. Zu den betriebswirtschaftlichen Instrumenten zählten auch organisatorische Verbesserungen der oft schwerfälligen, extrem arbeitsteiligen Strukturen und Abläufe in den Stadtverwaltungen und Stadtwerken sowie die Trennung zwischen Auftraggeber und Auftragnehmer.

In einer Zeit der ideologischen Parolen von „mehr privat, weniger Staat" sowie nach mehr „unternehmerischem Handeln in der öffentlichen Verwaltung" haben sich Stadtpolitik und die beamteten Managerinnen und Manager der Stadtverwaltungen vor allem mit der Umsetzung der genannten praktischen Reformen befasst, die dann auch eine verbesserte Kommunikation vor allem nach außen einschloss.

Die von großen Privatkonzernen bereits im Frühstadium der Globalisierung schrittweise entwickelten umfassenden Systeme des Qualitätsmanagements schienen bereits in den 1990ern auch für öffentliche Einrichtungen wie Spitäler, Schulen, Verkehrsbetriebe sowie für diverse behördliche Dienstleistungen hilfreich.[41] Daraus resultierten besondere Anstrengungen in den Bereichen Bürgerservice, Kundenorientierung und öffentliches Marketing.[42] Die oft sehr breit gefächerten organisatorischen Strukturen der Stadtverwaltungen wurden gestrafft, marktnah agierende Betriebe und betriebsähnliche Einrichtungen teils mit größeren operativen Befugnissen ausgestattet, teils wurden sie aus dem Haushalt mehr oder weniger vollständig ausgegliedert. Projektmanagement, Kostenbewusstsein, Personalentwicklung, Bürgerservice und Kundenorientierung bestimmten den Reformkurs, der vor allem in einigen Landeshauptstädten schon in den 1980er Jahren einsetzte.[43]

Eine gegenüber früher stärker betriebswirtschaftlich ausgerichtete Aus- und Weiterbildung und Managementtrainings der Führungskräfte lieferten wenigstens teilweise die Wissensbasis für die Führungskräfte der Verwaltung, die meist als Juristinnen, Juristen, Technikerinnen und Techniker eingestellt worden waren. Ein Teil der Funktionäre und der Mitarbeiterschaft brachten jedoch nur wenig Verständnis für die anlaufenden Modernisierungsprojekte auf; so manches gescheiterte Projekt bestärkte diese wiederum in ihrem hinhaltenden Widerstand. Das Finanzmanagement blieb in einem Teil der Städte längere Zeit von diesen Reformen überhaupt unberührt; zentrale Steuerung, traditionelle Budgetierung und wenig Transparenz (z.B. bezüglich der Verschuldung) waren und sind wesentliche Kennzeichen.

Mit dem Beitritt Österreichs zur EU und dem darauf folgenden Übergang in die EWWU fand ein weiterer Veränderungsschub statt. Dieser sah durch Liberalisierungen und Verzicht auf traditionelle Prinzipien der Haushaltsführung und Steuerung eine weitere Ökonomisierung von Politik und Planung vor – mit bisher unbekannten Risiken und neuen Problemen.

---

[41] Die erste Auflage des CAF, eines von der EU produzierten Kriterienrasters für Qualitätsmanagement in öffentlichen Verwaltungen, stammt aus dem Jahr 2000.

[42] Siehe z.B. die Berichte von Hinterberger, 2000 sowie von Stenitzer-Koller 2000.

[43] Wolny, Magistratsdirektor der Stadt Linz, berichtete im Jahr 2002, dass in Linz bereits verschiedene Elemente des PM, wie z.B. Kontrakt-Management, Produkte und Controlling, Qualitätsmanagement und neue Budgetierung zunächst erprobt und bereits teilweise flächendeckend zum Einsatz gebracht worden sind (Wolny, 2003).

Zu den wichtigsten Steuerungskriterien der kommunalen Verwaltungen wurden Nettodefizit und Schuldenstand im hoheitlichen Bereich. Der Sektor der Betriebe und Unternehmungen war von diesen Restriktionen ausgenommen, was zu einer forcierten Politik der Auslagerung in rechtlich selbständige Unternehmungen führte. Diese waren im operativen Geschäft relativ autonom und konnten teils nur schwer an die kommunalpolitische Willensbildung sowie an Kooperationen untereinander gebunden werden.

Längerfristige Planung und nachhaltiges Gestalten der Lebens- und Arbeitsbedingungen für die Bevölkerung und Wirtschaft in Regionen, die einem nachhaltigem Veränderungsprozess ausgesetzt waren, konnten auch mit der auf Bürgerservice und Bedienung der verschiedenen Interessensgruppen ausgerichteten Kommunalpolitik und mit dem modernisierten, aber zu wenig ganzheitlich ausgerichteten Instrumentarium so mancher Stadt- und Gemeindeverwaltung nicht bewältigt werden. Auf die Globalisierung und auf die neuen Gegebenheiten im Binnenmarkt mit ihren lokalen und regionalen Konsequenzen, Risiken und Chancen waren Politik und Verwaltungen letztlich nicht ausreichend vorbereitet.

3.4. „Treiber" von Reformen

Der EU-Beitritt als Treiber von Reformen wurde und wird immer wieder in einzelnen Teilbereichen (z.B. EU-Dienstleistungsrichtlinie) angesprochen. Hier sollen nur jene Impulsgeber und Hebel auf nationaler Ebene beschrieben werden, die zu größeren Reformen führen können und teilweise auch geführt haben.

E-Government als Reformmotor 1. Ordnung

Im internationalen Vergleich gilt Österreich oft als Vorreiter. Help.gv mit seiner Orientierung an Lebenssachverhalten und Problemlagen der Bürgerinnen und Bürger und mit seinem gebietskörperschaftsübergreifenden Ansatz wurde 2002 mit dem E-Europe Award unter 357 Bewerbern ausgezeichnet und ist nach wie vor ein Vorzeigeangebot für die Bürgerinnen und Bürger. So haben sich die Anwendersitzungen von monatlich 19.778 (Jänner 1999) auf 791.709 (Februar 2012) gesteigert. Dies bedeutet, dass Interessierte im Februar 2012 knapp 800.000 mal Rat und Auskünfte in help.gv gesucht haben.

Abbildung 2: Entwicklung der Zahl der Zugriffe (Anwendersitzungen 2009 – 2012)

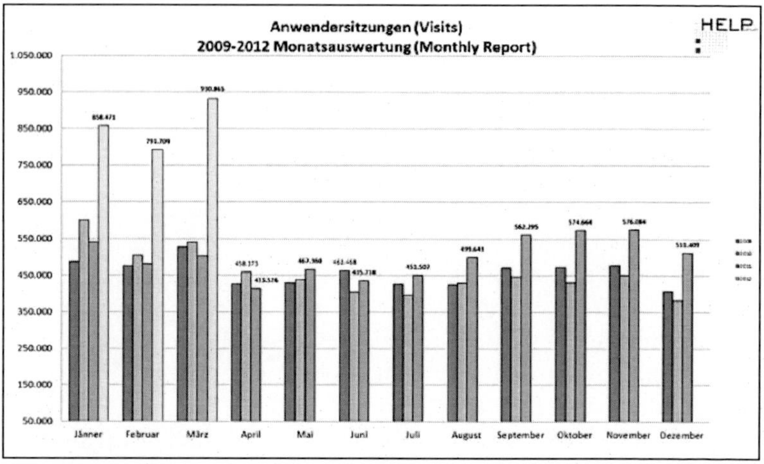

Quelle: help.gv.at

Die durchschnittliche Verweildauer auf den help.gv.at-Seiten beträgt rund 5,06 Minuten. Dies bedeutet, dass hinsichtlich der Zugriffe auf help.gv.at an die 280 Amtsschalter notwendig wären, die 24 Stunden am Tag, sieben Tage die Woche Anfragen zu je 15 Minuten servicieren würden. Die Seite „Formulare/Online-Amtswege" ist eine der am häufigsten aufgerufenen Seiten auf help.gv.at. Derzeit bietet help.gv.at Zugriff auf rund 1.000 Formulare. Die Formulare werden jährlich rund 2.687.933 mal aufgerufen. Die fünf am stärksten nachgefragten Themen sind „Geburt", „Führerschein", „Pension", „Kfz" und „Aufenthalt und Visum".[44]

Auch die Bundesländer bieten E-Government in unterschiedlicher Ausprägung an. So stellen etwa Wien oder auch Salzburg ebenso wie help.gv Informationen, Formulare und tlw. Amtswege nach dem Lebenslagenprinzip zur Verfügung. Insbesondere bei behörden- oder gebietskörperschaftsübergreifenden Verfahren – z.B. ist bei der Geburt eines Kindes mit der Gemeinde, dem Finanzamt und der Sozialversicherung Kontakt aufzunehmen – stellt sich die Kommunikation mit mehreren Behörden in derselben Sache noch als schwierig dar.

[44] Siehe:https://www.help.gv.at/Portal.Node/hlpd/public/content/impressum/Seite.731300.html.

Auch die Umsetzung der EU-Dienstleistungsrichtlinie hatte eine besondere E-Government- Komponente. In Art. 8 der Richtlinie ist vorgesehen, dass „alle Verfahren ... problemlos aus der Ferne und elektronisch abwickelbar ...“ sein sollen. Zudem ist eine einheitliche Ansprechstelle vorgesehen, die notwendige Information für potentielle Dienstleisterinnen und Dienstleister elektronisch zur Verfügung stellt und das Verfahren auch elektronisch abwickelt. Die Intention der Dienstleistungsrichtlinie ist somit geprägt vom Grundsatz der Verwaltungszusammenarbeit auch über Grenzen hinweg.

Die Umsetzung hätte bis Ende 2009 erfolgen sollen, das Dienstleistungsgesetz (DLG) wurde jedoch erst mit 21.11.2011 unter BGBl I 2011/100 kundgemacht. Trotz des nicht fristgerechten Inkrafttretens des DLG nahmen dennoch alle neun einheitlichen Ansprechpartner (EAP), die bei den Ämtern der Landesregierungen eingerichtet wurden, ihren Betrieb bereits Ende 2009 auf.[45]

Das Unternehmensserviceportal (http://www.usp.gv.at) enthält u.a. als Zusatzangebot einen Dienstleistungsassistenten. Dieser bietet detaillierte Informationen zu ausgewählten Berufen sowie die für diese Berufe erforderlichen Verfahren zur Aufnahme der Tätigkeit. Die Userinnen und User werden dabei durch Beantwortung von Fragen zur relevanten Information bzw. zum erforderlichen Formular geführt.

Neben Finanz online sind auch diverse zentrale Register (z.B. Melderegister, Gewerberegister, Vereinsregister, Sachverständigenregister) Teil der E-Governmentangebote.

Personalmanagement und Dienstrecht

Das Personalmanagement bildete seit dem Projekt „Verwaltungsmanagement“ einen Reformschwerpunkt. Ergebnisse daraus waren etwa

- ein umfassendes Personalentwicklungskonzept für die Bundesverwaltung, in dem z.B. Leitbilder für jedes Ressort und die Verknüpfung der Personalplanung mit den vorgegebenen Ressortzielen vorgesehen war,

---

[45] Die User können über das nationale Einstiegsportal (http://www.eap.gv.at) mit Hilfe einer Landkarte oder einer EAP-Liste die Seite des zuständigen EAP ausfindig machen. Am Portal des jeweiligen EAP steht eine Liste der Verfahren zur Verfügung, die mit einem Behördensucher verknüpft ist. Dies gewährleistet, dass der Antrag der örtlich zuständigen Verwaltungsbehörde zugeleitet wird. Außerdem stehen auf den EAP-Portalen der Länder wichtige Informationen für die Dienstleistungsanbietenden zur Verfügung.

- die Schaffung der Jobbörse zur Betreuung des verwaltungsinternen Arbeitsmarktes im Jahr 1993,
- eine Reform der Grundausbildung,
- flächendeckende Arbeitsplatzbeschreibungen und -bewertungen in den Ministerien,
- die Reduzierung der Mitwirkungsrechte des BKA und des BMF im Personalbereich,
- eine Besoldungsreform, die u.a. vorsah, erhöhte Verantwortung und die damit verbundene Leistung entsprechend abzugelten, die das Mitarbeitergespräch und Führungsfunktionen auf Zeit einführte und den Versetzungsschutz gelockert hat.

Das 1. Verwaltungsinnovationsprogramm der Bundesregierung (1999) brachte ein Leitbild für den Bundesdienst und den Wegfall von weiteren Mitwirkungsbefugnissen. Von den 123 Mitwirkungsbefugnissen wurden 55 gesetzlich und 32 de facto (durch generelle Zustimmungen) abgeschafft. Eine Novelle zum VBG aus dem Jahr 2000 sah u.a. gleiche Karrieremöglichkeiten für Vertragsbedienstete und ein leistungsgerechtes Entgelt durch die Verknüpfung des Entgelts mit der Verantwortung des Arbeitsplatzes vor. Die Aufgaben der Leistungsvereinbarung, die Bewertung der Arbeitsleistung sowie die berufliche Förderung der Mitarbeiterinnen und Mitarbeiter liegt in der Verantwortung der Fachvorgesetzten.

Im VIP der Jahre 2003 bis 2006 lag der Schwerpunkt in der „Aus- und Weiterbildung und in der Personalentwicklung“. Die Projekte betrafen jedoch keine umfassenden Reformen, sondern vielmehr punktuelle Ansätze aus den Ressorts, die von E-Learningprogrammen bis zur Reform der Lehreraus- und -weiterbildung reichten.

Für die Bundesverwaltung insgesamt spiegeln die Aus- und Weiterbildungsangebote der Verwaltungsakademie die Herausforderungen und Entwicklungen der Verwaltung gut wieder. Bereits seit Ende der 1980er Jahre wurde im Rahmen von Führungskräftelehrgängen betriebswirtschaftliches Wissen im Teil „Planung und Marketing“ unterrichtet, den betriebswirtschaftlich orientierten Reformen wurde damit Rechnung getragen.

Zu Beginn der 1990er Jahre wurden elementare Frauenrechte auf Initiative von Johanna Dohnal gesetzlich festgeschrieben und 1993 das Gleichbehandlungsgesetz für den öffentlichen Dienst beschlossen. In diese Zeit fiel auch der Start eines Lehrgangs für Frauen zum Thema „Karriere planen – mitgestalten“ an der Verwaltungsakademie, der mit einigen Adaptierungen bis heute besteht. Als Vorbereitung auf den EU-Beitritt wurde das Bildungsangebot der Verwaltungsakademie Mitte der 1990er Jahre durch den Schwerpunkt „Europa“ erweitert, der Themen der europäischen Integration und Fremdsprachentrainings enthielt. Mit dem zunehmenden Ausbau von E-Governmentangeboten sollten die Inhalte und Möglichkeiten von E-Government auch den Mitarbeiterinnen und Mitarbeitern näher gebracht werden, um gegenüber den Bürgerinnen und Bürgern auskunftsfähig zu sein und im Verwaltungsalltag die neuen Möglichkeiten besser nutzen zu können. Ein eigener E-Governmentschwerpunkt wurde an der Verwaltungsakademie geschaffen.

Jüngste Ausbaustufen der Aus- und Weiterbildung betreffen Lehrgänge zu Verwaltungsmanagement, die „Summerschool Public Management“ (allerdings nur bis 2011) und Schulungen zum Thema „Wirkungsorientierung“.

Offen ist nach wie vor ein neues Dienstrecht. In den kürzlich veröffentlichten „Perspektiven des öffentlichen Dienstes“[46] werden von den Expertinnen und Experten mehr Mobilität und Flexibilität gefordert, was sich auch in einem neuen Dienstrecht wird niederschlagen müssen.

Das neue Haushaltsrecht des Bundes

Seit einigen Jahren wird an einem neuen Haushaltsrecht gearbeitet, dessen erste Etappe bereits seit 2009 gilt, während die zweite Etappe mit 1.1. 2013 in Kraft getreten ist. Es basiert auf den Pilotprojekten der „Flexiklausel“, die den Dienststellen beim Budgetvollzug mehr Freiraum einräumte als bisher. Mehrjährige Finanz- und Leistungsplanung, ein verstärkter Bezug zwischen Budget/Personal und angestrebten Leistungszielen und die Möglichkeit, Rücklagen zu bilden, sind nur einige Beispiele aus dem „Flexi-Konzept“. So enthält auch das BHG 2013 u.a. eine mehrjährige Finanz- und Strategieplanung, eine integrierte Wirkungs-, Leistungs- und Budgetsteuerung und gendergerechte Budgets als wesentliche Eckpunkte der Reform. Sie wirkt sich auf die Aufbau- und Ablauforganisation von Ressorts erheblich aus und verändert die Steuerung der Aufgabenerfüllung.

Die Verwaltung befasste sich in den letzten Jahren teils sehr intensiv mit der Vorbereitung auf das neue Haushaltsrecht. In Work-

---

[46] Siehe unter www.reformdialog.at.

shops wurden Wirkungsziele für das jeweilige Ressort erarbeitet, Schulungen durchgeführt, Handbücher entwickelt und der rechtliche Rahmen für die Umsetzung in zahlreichen Verordnungen detailliert festgelegt. Der BVA 2013 enthielt erstmals Angaben zur Wirkungsorientierung, die im Budgetausschuss teils intensiv diskutiert wurden.

4. Resumé

Zuerst gilt es, die eingangs gestellte Frage – was unter Verwaltungs- und Politikreform zu verstehen ist – zu beantworten. Modernisierung kann als Abwendung von zentralen Merkmalen der traditionellen Organisation im öffentlichen Sektor verstanden werden. Zu den zentralen Merkmalen zählen – so Naschold – hohe vertikale Integration (Einheit von Programmierung, Implementierung und Finanzierung), breite horizontale Produktpalette, funktionale und hierarchische Binnenstruktur, konditionale Steuerung der Abläufe über Rechtsprogramme.[47] Es geht daher um einen Abbau der Bürokratie zugunsten von mehr Kundenorientierung, aber auch von mehr Eigenverantwortung der Mitarbeitenden und Führungskräfte. Weiters ist die wechselseitige Abstimmung der Leistungsziele und Leistungsangebote etwa im regionalen Kontext ein Thema von Verwaltungsmodernisierung. Unter Beibehaltung des Legalitäts- und Rechtsstaatsprinzips wird sich eine moderne Verwaltung zunehmend auch mit Leistungs- und Wirkungsorientierung auseinandersetzen müssen, da die überwiegend konditionale Steuerung durch das Recht etwa für die heutigen Anforderungen eines Klimaschutzes oder der Armutsbekämpfung nicht ausreichen wird.

Die Antwort auf die eingangs gestellte Frage ist daher vielschichtig, je nachdem, von welchem Standpunkt aus man die Sache betrachtet und welcher der verschiedenen Inhalte im Fokus steht.

- Jedenfalls geht es bei Verwaltungs- und Politikmodernisierung darum, die öffentliche Aufgabenerfüllung stärker darauf auszurichten, was die Bürgerinnen und Bürger brauchen und was sie auch bereit sind, über Steuern zu bezahlen. Gemeint ist hier etwa mehr Chancengleichheit zu gewährleisten, jedem und jeder gute Lebensqualität zu bieten, die sich u.a. in Bildung und Beschäfti-

[47] Naschold 1999, S. 15 ff.

gungsmöglichkeit ausdrückt, sowie faire Lösungen für heutige und künftige Generationen zu finden und umzusetzen. Die Transparenz von Zielsetzungen, Leistungsangeboten, Entscheidungsvorgängen ist zu verstärken, damit die Kommunikation zwischen Verwaltung und Bürgerschaft in wechselseitiger Richtung verbessert werden kann.

- Demokratische Vorgehensweisen sind weiterzuentwickeln, insbesondere auch durch ausreichende öffentliche Diskussion von Zukunftsfragen, durch das Einbinden jener Gruppen, die sich nicht artikulieren können oder wollen oder auch durch das Respektieren von Minderheitsmeinungen etc.
- Modernisierung erstreckt sich auch auf eine verbesserte Kooperation zwischen Politik und Verwaltung. Es geht um das Vertrauen in die Fähigkeiten des jeweils anderen und um die Meinung der Mitarbeiterinnen und Mitarbeiter. In strategischen Fragen kommt es, im Sinne von höherer Akzeptanz und einem besseren Umsetzungserfolg, auf die Qualität der Zusammenarbeit zwischen Politik und Verwaltungsführung an.
- Modernisierung aus Sicht der Verwaltung bedeutet zunächst, effizienter und wirkungsorientierter vorzugehen. Dafür ist v.a. das Arbeiten mit Zielen, die Suche nach den günstigsten Kosten/Nutzen-Relationen, Benchmarking und Lernen voneinander notwendig bzw. nützlich. Ebenso ist der Management-Kreislauf komplett zu durchlaufen, es sind daher auch die Planungen zu überprüfen, die erzielten Resultate hinsichtlich der Erreichung der ursprünglich gesetzten Ziele zu betrachten und daraus die richtigen Schlüsse zu ziehen. In der operativen Umsetzung wäre die Verantwortlichkeit möglichst dezentral auf die Ebene der Ausführung und Umsetzung zu verlagern.
- Gesamtstaatlich betrachtet ist die Zusammenarbeit zwischen den einzelnen Ebenen der Regierungsarbeit (supranational bis kommunal) besser zu koordinieren, indem z.B. eine Einigung über Ziele und Messgrößen herbeigeführt, die Leistungsangebote auf einander abgestimmt oder ein gemeinsames Berichtswesen etabliert werden.

Auch die Zielsetzungen von Verwaltungs- und Politikreformen haben sich im Laufe der Zeit weiterentwickelt. Noch im Jahr 1999 sah etwa Staatssekretär Ruttenstorfer die Hauptzicle in mehr Effizienz und Kundennähe. Er betonte dabei, wie wichtig es sei, auch die

Mitarbeiterinnen und Mitarbeiter als Stakeholder in den Mittelpunkt zu stellen, da die beiden genannten Ziele nämlich nur dann erreicht werden können, „wenn wir den Mitarbeitern im öffentlichen Dienst alles zur Verfügung stellen, damit sie auch gut arbeiten können."[48]

Heute besteht das Ziel größtmöglicher Effizienz nach wie vor, wird aber verknüpft mit dem Ziel von mehr Effektivität (Wirksamkeit). Das Ziel der Kundennähe wird durch mehr Demokratiequalität ergänzt, die notwendig wird, wenn das Vertrauen der Bürgerinnen und Bürger in die Problemlösungsfähigkeit des Staates sinkt.

Nur wenig Weiterentwicklung ist bei einer grundsätzlichen Staatsreform gelungen. Neben einer Entflechtung zu stark vermischter Aufgabenträgerschaft und -finanzierung bedarf es auch einer verstärkten horizontalen und vertikalen Koordination zwischen den Gebietskörperschaften. Sie wurde zwar in mehreren Anläufen angegangen, aber nicht entscheidend und nachhaltig verbessert. Dieser Teil der Politik- und Verwaltungsreform wird letztlich zu einer Neuordnung der föderalen Strukturen und Beziehungen führen müssen.

Die Unterschiede zwischen den Handlungs- und Entscheidungslogiken von Politik und Verwaltung haben sich tendenziell vertieft. Ein gutes Zusammenwirken beider Partner ist teils eine Frage des persönlichen Umganges miteinander, teils geht es um Regeln der Zusammenarbeit. Solche Regeln sollten sich nach dem Bild von Auftraggeber und Auftragnehmer richten und etwa Weisungszusammenhänge klären sowie die verschiedenen Verantwortlichkeiten in der strategischen Arbeit einerseits und bei der operativen Umsetzung andererseits festlegen. Ziel der Regeln ist es, Fachwissen und Erfahrung der Verwaltung mit der Fähigkeit zur politischen Einschätzung zusammenzuführen.

Die Kommunikation und Information im Verhältnis zwischen Politik und Verwaltung nach außen sowie auch im Innenverhältnis konnte verbessert werden. „Allerdings scheinen für die Demokratiequalität auf lokaler und auf staatlicher Ebene Verbesserungspotenziale zu bestehen z.B. bezüglich einer umfassenden Bürgerbeteiligung im Frühstadium diverser Infrastrukturprojekte oder über selbstbindende Qualitätsstandards, die auch den Leistungsempfängern kommuniziert werden …"[49]. So geht es bei einem Dialog mit

---

[48] Ruttenstorfer 1999, S. 11 ff.

[49] Bauer 1999, S. 72.

den Bürgerinnen und Bürgern um mehr Kontinuität, Offenheit und Verlässlichkeit, aber auch um das Einbeziehen jener Gruppen, die sich an der Auseinandersetzung über das öffentliche Handeln beteiligen wollen, aber nicht können, sowie jener, die zwar könnten, aber nicht unbedingt wollen. Auch im innerbetrieblichen Dialog zwischen den Führungskräften und den ausführenden Bediensteten zeigt sich ein gewisser Nachholbedarf etwa bei der Nutzung des Mitarbeitergesprächs.

Generell kann Verwaltungs- und Politikreform nicht bloß eine Symptomkur sein, sondern das System muss grundsätzlich verändert werden, etwa was die Beziehungen der Akteurinnen und Akteure zueinander, die Steuerungsmechanismen, aber auch die Werte der Aufgabenerfüllung betrifft. Ruttenstorfer unterstreicht dies, wenn er sagt: „Es geht um die Systemwirkungen. Wir sollten darauf achten, nicht nur an der Oberfläche irgendwelche Spuren zu hinterlassen, sondern versuchen, das System so zu ändern, dass Prozesse und Mechanismen eingebaut werden, die dafür sorgen, dass sich dann die Verwaltung selbst in Richtung Effizienz und Kundenorientierung verändert."[50]

Nachhaltige Modernisierung von Politik und Verwaltung braucht somit *Hebel und Treiber*. Solche sind, neben weitblickenden Personen, etwa mehr Transparenz und eine vereinfachte Kommunikation (E-Government), die Bürgerinnen und Bürger zur Mitwirkung an Entscheidungsprozessen befähigen.

Vielfach zu wenig erkannt wurde die Bedeutung von *Vergleichen und Lernen von einander*. Das Argument, wonach ein solcher Vergleich wegen unterschiedlicher Ausgangslagen und Entwicklungen nicht möglich ist, greift zu kurz, wenn man die gleichartigen Vollzugskompetenzen der Bezirkshauptmannschaften oder vergleichbarer Abteilungen in den Ämtern der Landesregierung betrachtet.

Ein wichtiger Treiber für Reformen kann eine motivierte und gut ausgebildete Mitarbeiterschaft sein. Zahlreiche Errungenschaften des *Personalmanagements* wie etwa ein Leitbild des Bundes oder die Mitarbeitergespräche sind jedoch entweder in Vergessenheit geraten oder werden nur halbherzig umgesetzt. Die Bereitschaft, Personalentwicklung ernst zu nehmen, ist wenig kontinuierlich, denn Personalentwicklungsprogramme werden etwa durch wiederholte Sparprogramme immer wieder reduziert bzw. konterkariert.

---

[50] Ruttenstorfer 1999, S. 14.

E-Government hat sich auf allen Gebietskörperschaftsebenen als Treiber von Reformen etabliert. Strategische Gesamtausrichtungen sind in Ansätzen vorhanden und zwischen den Gebietskörperschaften abgestimmt. Eine systematische Kundeneinbindung oder ein Eingehen auf spezielle Kundengruppen erfolgte jedoch kaum. Auch wurde E-Government nicht ausreichend genutzt, die dahinterliegenden Prozesse und Grundlagen zu hinterfragen und zu straffen oder Vereinheitlichungen, etwa der Produktkataloge auf Länderebene, herzustellen.

Das Zusammenwirken solcher Treiber wird u.a. in den Teilen II und III dargestellt. Diese integrativen Konzepte sind das Ergebnis von Erfahrungen mit gelebten Reformen, sind aber auch die Konsequenz geänderter wirtschaftlicher und sozialer Rahmenbedingungen und neuer Trends. Die öffentliche Verwaltung sieht sich mit neuen Anforderungen konfrontiert, die von einem sinkenden Vertrauen in die Problemlösungsfähigkeit des Staates über fehlende Strategien für langfristige Lösungen bis zur Erkenntnis reicht, dass eine Aufgabenerfüllung in Partnerschaften bessere Ergebnisse bringt. Der Weg, diesen gerecht zu werden, führt in Richtung von Public Governance.

Referenzen

Aiginger, Karl/Schratzenstaller, Margit: Budgetkonsolidierung unter schwierigen Rahmenbedingungen. Zehn Leitlinien und erste Erfahrungen in der EU. WIFO-Monatsberichte 12/2010, S. 941 – 954.

Alter, Rolf/Jacobzone, Stéphane: Public Management and Governance: an OECD Perspective. In: Bauer/Biwald/Dearing (Hrsg.): Gutes Regieren, Konzepte – Realisierungen – Perspektiven. Wien – Graz 2011, S. 96 – 113.

Aulehla, Elisabeth: Der Wiener Weg der Verwaltungsreform. In: Bauer/Biwald/Dearing (Hrsg.): Öffentliches Management in Österreich. Wien 2003, S. 169 – 190.

Bauer, Helfried/Biwald, Peter/Dearing, Elisabeth (Hrsg.): Gutes Regieren. Konzepte – Realisierungen – Perspektiven. Wien – Graz 2011.

Bauer, Helfried/Biwald, Peter/Dearing, Elisabeth (Hrsg.): Public Governance. Öffentliche Aufgaben gemeinsam erfüllen und effektiv steuern. Wien – Graz 2005.

Bauer, Helfried: Was lehren uns die skandinavischen Modernisierungserfahrungen? In: Beirat für Wirtschafts- und Sozialfragen (Hrsg.): Modernisierung des öffentlichen Sektors – Chancen und Grenzen von New Public Management. Band 77, Wien 1999, S. 68 – 74.

Biegelbauer, Peter: Warum zwischen Verwaltung und Politik das Misstrauen wächst. Gastkommentar. In: Die Presse online vom 4.10.2011.

Bovaird, Tony/Löffler, Elke: Innovation in Public Services: strategy, drivers and the role of competition. In: Bauer/Biwald/Dearing (Hrsg.): Gutes Regieren. Konzepte – Realisierungen – Perspektiven. Wien – Graz 2011, S. 114 – 127.

Buchinger, Erwin/Lindner, Peter: Steuern ohne Ziel – Ziele ohne Steuerung: die Mühen der politischen Zielsteuerung. In: Bauer/Biwald/Dearing (Hrsg.): Public Governance. Öffentliche Aufgaben gemeinsam erfüllen und effektiv steuern. Wien – Graz 2005, S. 85 – 100.

Bundeskanzleramt: Projektbericht „Verwaltungsmanagement". Wien 1994.

Bundeskanzleramt: Verwaltungsinnovationsprogramm der Bundesregierung, Bilanz. Wien 2006.

Bußjäger, Peter: Verwaltungsmodernisierung in den Ländern. Schriftenreihe Verwaltungsrecht. Innsbruck 2011.

Bußjäger, Peter: Verwaltungsreformen in den Ländern. In: Verwaltung Innovativ 2/2012, S.5 – 6.

Filzmaier, Peter: Der Zug der Lemminge. Wien 2010.

Gratz, Wolfgang (2011a): Die Zukunft des Verwaltungsmanagements. In: Bauer/Biwald/Dearing (Hrsg.): Gutes Regieren. Konzepte – Realisierungen – Perspektiven. Wien 2011, S. 653 – 663.

Gratz, Wolfgang (2011b): Und sie bewegt sich doch – Entwicklungstendenzen in der Bundesverwaltung, Wien 2011

Gruber, Paul/Kaltenbrunner, Gerold/Pesendorfer, Eduard: WOV 2021 – Konzept, Erreichtes, Ausblick. In: Bauer/Biwald/Dearing (Hrsg.): Gutes Regieren. Konzepte – Realisierungen – Perspektiven. Wien – Graz 2011, S. 183 – 194.

Hartmann, Klaus: Das Personal der Verwaltung. In: Holzinger/Oberndorfer/Raschauer (Hrsg.): Verwaltungslehre. 2. Auflage, Wien 2006, S. 299 – 343.

Hechtner, Erich: Public Management – der Wiener Weg. Erfahrungen und Ausblicke. In: Bauer/Biwald/Dearing (Hrsg.): Gutes Regieren. Konzepte – Realisierungen – Perspektiven. Wien – Graz 2011, S. 621 – 627.

Hinterberger, Klaus: Aufbruch zum Dialog – Kundenbefragung und weitere Maßnahmen zu mehr Bürgerorientierung in der Stadtverwaltung Salzburg. In: Bauer/Biwald/Prorok (Hrsg.): Bürgerservice – Strategien und Reformansätze. Wien – Graz 2000, S. 173 – 188.

Holzinger, Gerhart/Oberndorfer, Peter/Raschauer, Bernhard (Hrsg.): Österreichische Verwaltungslehre. 2. Auflage, Wien 2006.

Naschold, Frieder: Stand und Erfahrungen mit Modernisierungsprozessen im öffentlichen Sektor. In: Beirat für Wirtschafts- und Sozialfragen (Hrsg.): Modernisierung des öffentlichen Sektors. Chancen und Grenzen von New Public Management. Band 77, Wien 1999, S. 15 – 32.

Nowotny, Ewald/Zagler, Martin: Der öffentliche Sektor. Einführung in die Finanzwissenschaft. 5. Auflage, Berlin – Heidelberg 2009.

Oberndorfer, Peter: Die Verwaltung im politisch-gesellschaftlichen Umfeld. In: Holzinger/Oberndorfer/Raschauer (Hrsg.): Österreichische Verwaltungslehre. 2. Auflage, Wien 2006, S. 33 – 105.

Oppen, Maria: Local Governance und bürgerschaftliches Engagement von Unternehmen. In: Bauer/Biwald/Dearing (Hrsg.): Public Governance. Öffentliche Aufgaben gemeinsam erfüllen und effektiv steuern. Wien – Graz 2005, S. 342 – 361.

Pollitt, Christopher/Bouckaert, Geerd: Public Management Reform – a comparative analysis. 2. Auflage, Oxford – New York 2004.

Rechnungshof, Reihe Einkommen 2010/1.

Rechnungshof, Positionen zur Verwaltungsreform, 3. Auflage 2011.

Ruttenstorfer, Wolfgang: Eröffnungsstatement zur wissenschaftlichen Tagung des öffentlichen Sektors am 8. Juni 1999. In: Beirat für Wirtschafts- und Sozialfragen (Hrsg.): Modernisierung des öffentlichen Sektors. Chancen und Grenzen von New Public Management. Band 77, Wien 1999, S. 11 – 14.

Schedler, Kuno/Proeller, Isabella: New Public Management. 4. Auflage, Bern 2009.

Stenitzer-Koller, Barbara: Stadtmarketing Wolfsberg – Erste Gehversuche. In: Bauer/Biwald/Prorok (Hrsg.): Bürgerservice – Strategien und Reformansätze. Wien – Graz 2000, S. 189 – 197.

Strehl, Franz: Die Arbeitsweise der Verwaltung. In: Holzinger/Oberndorfer/Raschauer (Hrsg.): Österreichische Verwaltungslehre. 2. Auflage, Wien 2006, S. 237 – 265.

Strehl, Franz: Administrative Reforms in Austria. Projekt „Verwaltungsmanagement". In: Kickert, Walter J.M. (Hrsg.): Public Management and Administrative Reform in Western Europe. Cheltenham 1997, S. 103 – 122.

Strolz, Matthias: Systemische Spezifika des politischen Feldes. In: Thierry, Feri (Hrsg.): Politikberatung in Österreich. Wien 2011, S. 31 – 36.

UBS: UBS Outlook – Verwaltungsmanagement. Neuauflage, Zürich 2000.

Wimmer, Norbert: Dynamische Verwaltungslehre. 2. Auflage, Wien 2010.

Wiederin, Ewald: Föderalismus in Österreich, Probleme und aktuelle Diskussion. Vortrag der Auftaktkonferenz der ARGE Zukunft der Demokratie der Österreichischen Forschungsgemeinschaft am 6. Mai 2011.

Wolny, Erich: Neues Verwaltungsmanagement in der Praxis – am Beispiel der Stadt Linz. In: Bauer/Biwald/Dearing (Hrsg.): Öffentliches Management in Österreich. Wien 2003, S. 127 – 140.

Links:

Alle Internetadressen wurden am 20. September 2012 abgerufen.

Biegelbauer: http://diepresse.com/home/meinung/gastkommentar/698363/Warum-zwischen-Verwaltung-und-Politik-das-Misstrauen-waechst

BVA 2013: https://www.bmf.gv.at/Budget/BesondereBudgetthemen/Finanzbe ziehungenzu_658/5361/StudienzurReformdes_11884/_start.htm

CAF: http://www.bka.gv.at/site/6361/Default.aspx.

GFK-Umfrage: http://www.gfk.at/imperia/md/content/gfkaustria/data/press/2012/folien_gesundheitswesen.pdf

Help.gv: https://www.help.gv.at/Portal.Node/hlpd/public/content/impressum/Seite.731300.html

KDZ-Studie „Administrative Belastungen von BürgerInnen in Österreich, 2008: https://bka.gv.at/DocView.axd?CobId=31496

Mitarbeiterbefragung 2011: www.bka.gv.at

Nationales Reformprogramm 2012: www.bka.gv.at

Rechnungshof: www.rechnungshof.gv.at

Recommendations of the EU-commission Brussels, 7.6.2011 SEC(2011) 801 final: http://ec.europa.eu/europe2020/pdf/recommendations_2011/csr_austria_en.pdf

Reformdialog: www.reformdialog.at

Verwaltungskosten senken – Bericht: https://www.bmf.gv.at/BUDGET/budgets/2012/Beilagen/Verwaltungskosten_senken.pdf

Wiederin: http://www.oefg.at/text/veranstaltungen/zukunft_demokratie_in_Oe/beitrag_wiederin.pdf

II. (New) Public Management – Konzept und Umsetzung

1. Gesellschaftlicher Wandel erzeugt Modernisierungsdruck

Der nach dem Wiederaufbau schrittweise in den 1960er und 1970er Jahren geschaffene Wohlstand ist auch dem Sozial- und Wohlfahrtsstaat zu verdanken. Dieser hat neben den unverzichtbaren hoheitlichen Funktionen durch Ausbau der sozialen Sicherung und der Infrastruktur nicht nur das wirtschaftliche Wachstum gefördert, sondern auch das politische Umfeld der repräsentativen Demokratie gestärkt und positive Zukunftserwartungen gefördert. Hinsichtlich der beiden gegensätzlichen Staatskonzeptionen des 20. Jahrhunderts, nämlich die der neo-liberalen Marktwirtschaft und die des Sozialstaats, ist in Österreich viele Jahre lang ein tendenziell sozialstaatlich geprägter Kompromiss vertreten worden. Durch vielfältige staatliche Interventionen sollte zum Ausgleich sozialer Unterschiede, ebenso zu Wachstum und Beschäftigung und damit zur Sicherung von Lebensqualität und Wohlstand beigetragen werden. Auch neuen Herausforderungen für den Staat und die öffentlichen Verwaltungen musste man sich stellen, so etwa den pluralistischen und zunehmend anspruchsvolleren Erwartungen der Menschen, dem Wandel der demografischen und vor allem der wirtschaftlichen Strukturen.

Viele öffentliche Verwaltungen in der westlichen Welt stießen damit jedoch auch an die Grenzen ihrer Leistbarkeit und der Finanzierbarkeit. In Österreich zeigt sich seit den 1970er Jahren eine fast ungebrochene Zunahme der öffentlichen Ausgaben und Einnahmen bis zum Jahr 1995, dem Zeitpunkt des Beitritts Österreichs zur EU (siehe Abb. 3).

Abbildung 3: Entwicklung der österreichischen Staatsquoten (1976 bis 2016, in Prozent des BIP)

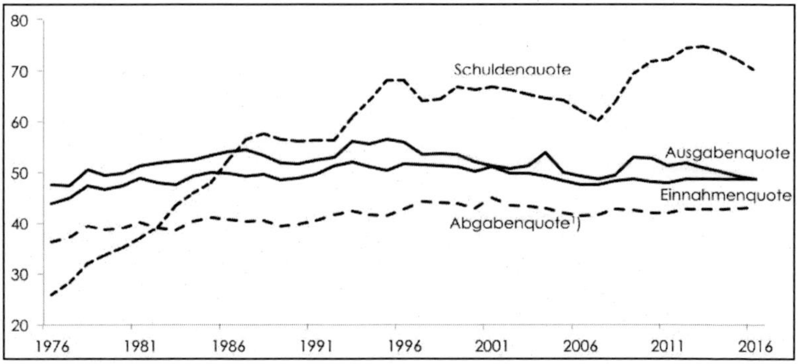

Quelle: Österr. Institut für Wirtschaftsforschung nach Angaben von Statistik Austria, BMF. - 1) Ohne imputierte Sozialbeiträge.

Die *Ausgabenquote* stieg von 47,5 Prozent des BIP (1975) auf einen Höchstwert von 56,3 Prozent im Jahr 1995; ähnlich entwickelte sich auch die *Einnahmenquote* – sie erreichte bereits im Jahr 1993 mit etwas weniger als 52 Prozent den bisher höchsten Anteil am BIP. Die kurzzeitigen Rückgänge der Ausgabenquote in den späten 1980er und dann ab der Mitte der 1990er Jahren hängen v.a. mit ersten Konsolidierungswellen des Bundeshaushaltes, meist über Ausgliederungen von Aufgaben, zusammen. Die *Abgabenquote* ist von rund 36 Prozent des BIP Mitte der 1970er Jahre kontinuierlich bis zum Jahr 2001 auf 44,9 Prozent gestiegen. Damit haben die Steuerzahlerinnen und Steuerzahler bereits eine große Last für den Ausbau der Dienstleistungen und für den Aufbau der modernen Infrastruktur auf allen staatlichen Ebenen geleistet. Die Schuldenquote hat sich in den Jahren von 1976 bis 1986 verdoppelt, nämlich von 26 auf 52,4 Prozent des BIP, was bedeutet, dass auch für die nachkommenden Generationen zunehmend Schulden aufgehäuft wurden. Allerdings erscheinen erst Schuldenquoten von über 60 Prozent als problematisch, was bis Ende der 1980er Jahre nicht der Fall war. Durch Ausgliederungen (u.a. der ASFINAG) und Verkäufe von wirtschaftlichen Unternehmungen des Bundes wurde für einige Jahre eine Stabilisierung der Quote der öffentlichen Schulden erreicht. Die „Maastricht-Grenze" der öffentlichen Verschuldung (60 Prozent des BIP) wurde im Laufe des Jahres 1993 überschritten, bis zum Jahr 1999 wurde ein Höchststand von 66,8 Prozent erreicht.

Durch neuerliche Bemühungen zur Konsolidierung der Staatsverschuldung konnte die Quote bis 2007 fast wieder bis auf 60 Prozent des BIP gesenkt werden. Die Bankenkrise, die Konjunkturstützung und die Ausgaben für den Europäischen Stabilitätsmechanismus bewirkten jedoch wieder einen deutlichen Anstieg der Schuldenquote, die 2013 mit 75,3 Prozent den höchsten Stand erreichen wird; in den Folgejahren soll wieder ein Rückgang der Schuldenquote (bis 2016 auf 70,6 Prozent) erreicht werden.

Die hier nur knapp erläuterte Entwicklung der Staatsquoten spiegelt die Ausweitung der Staatstätigkeit seit dem Modernisierungsschub in den 1970er Jahren. Rückblickend erscheint die Finanzierung der Staatstätigkeit erst ab dem Zeitpunkt besonders problematisch, zu dem die Abgabenquote politisch wieder gesenkt werden sollte, jedoch Effektivität und Effizienz des öffentlichen Handelns nicht ausreichend erhöht werden konnten. Ständig steigende Betriebsabgänge von Infrastruktur und Dienstleistungen, kaum koordiniertes Agieren der subnationalen Ebenen und der internationale Konkurrenzdruck hätten effektive Politik- und Verwaltungsmodernisierung erfordert. Die Politik schaffte meist nur vordergründig wirksame Rückführungen von Ausgaben durch Ausgliederungen, die jedoch nicht mehr im selben Ausmaß wie in den 1990er Jahren fortgesetzt werden konnten. Der Staat intervenierte nicht nur gegen „Marktversagen" und investierte in höhere Lebensqualität für große Bevölkerungsgruppen, sondern verursachte selbst auch Fehlentwicklungen. Diese werden häufig mit „Staatsversagen" umschrieben und bedeuteten nicht nur politische Schwäche der jeweiligen Regierungen gegenüber den Ansprüchen der verschiedenen gesellschaftlichen Gruppen und der diversen Lobbies mit ihren verdeckten Interessen, sondern ein methodisches Versagen von Politik und Verwaltung.[51]

Denn die Sozialwissenschaften haben im 20. Jahrhundert neue Hypothesen über das Funktionieren von Wirtschaft und Gesellschaft entwickelt und geprüft. Sie erzielten auch wesentliche Erkenntnisse über das politische System und seine Teilsysteme (Parlamente, Regierungen, Verwaltung im engeren Sinn, politische Parteien),

---

[51] Vgl. Nowotny/Zagler 2009, S. 97: Staatsversagen liegt in der Form von „allgemeinen Effizienzproblemen großer Organisationen (Bürokratieproblem) …und von Problemen (vor), die sich aus spezifischen Eigenschaften des öffentlichen Sektors (Hoheitsgewalt, Monopolstellung) und aus spezifischen Entscheidungsverfahren ergeben." Nowotny/Zagler (S. 100f.) verweisen hiebei u.a. auf die Probleme der öffentlichen Kontrolle, etwa hinsichtlich der Kontrollfunktion der Parlamente, die wesentlich von entsprechenden Minderheitsrechten der Opposition abhängen.

über das kollektive Handeln im „funktionalen Nebeneinander gleichrangiger Teilsysteme“[52], über Wirkungen von Politik und Verwaltung sowie über den Bedeutungsverlust der Politik als oberste Steuerungsinstanz. Daraus konnten normative Vorstellungen abgeleitet werden; so z.B. bezüglich einer verstärkten Koordinations- und Kooperationsaufgabe des Staates, über den Nutzen einer abgestimmten Konjunkturpolitik, einer präventiven Gesundheitspolitik oder Sicherheitsarbeit, oder was gute Mitarbeiterführung ausmacht und welche Vorteile aus zielorientiertem Management gezogen werden können.

Mit großer Verspätung im Vergleich zu anderen westlichen Staaten[53] erkannte man die mangelnde Eignung des tradierten, tendenziell unpolitischen „Bürokratiemodells“, mit dem öffentliche Dienstleistungen und komplizierte Infrastrukturen nicht effektiv erbracht werden können. Ebenso wenig reflektierte die Politik die Problematik des weitgehend statischen Finanzausgleichssystems, mit dem zwar Mittel verteilt wurden, die Entwicklung der öffentlichen Aufgaben jedoch außer Acht blieb. Lediglich „Budgetkosmetik“ über Ausgliederungen und einige – teils wenig erfolgreiche – Privatisierungen[54] und nur technische Anpassungen des Finanzausgleichs und der Budgetierung im Bereich des Finanzregimes ergaben keinen strategisch wirksamen Methodenwandel.

Vielleicht ist dieser auch deshalb unterblieben, da die Aufmerksamkeit in Österreich auf bedeutsame politische Entwicklungen außerhalb des Landes gerichtet war. Im Osten Europas erfolgte der politische und wirtschaftliche Niedergang der planwirtschaftlichen und undemokratischen politischen Regime. Er war keine Lehre für die herrschende Klasse hierzulande. In einigen führenden Marktwirtschaften des Westens war dagegen die ideologische Wende zum „Neoliberalismus“ voll im Gange.[55] Die zentrale neoliberale Strategie[56] galt „einer raschen Reduzierung staatlicher Intervention, Dere-

---

52 Neisser u.a. 1998, S. 30.

53 Die OECD befasste sich bereits Ende der 1970er Jahre mit Reformansätzen für den öffentlichen Sektor: „In the late 1970s, the concern became more urgent that public service should improve its responsiveness to political priorities.“ (Blum/Manning 2009, S. 43).

54 Siehe hiezu ausführlicher Teil III, Kap. 2.1.

55 Dies wurde im internationalen Diskurs oft mit dem Begriff „Washington consensus“ bezeichnet, weil er von mächtigen Institutionen mit Sitz in Washington (z.B. das US-amerikanische Finanzministerium, die Federal Reserve, die Weltbank und der Weltwährungsfonds) in der ganzen Welt verfochten wurde.

56 Der spätere österreichische Bundeskanzler Wolfgang Schüssel forderte bereits 1974 in einem Pamphlet „Mehr Privat – weniger Staat“.

gulierungen und Privatisierung öffentlichen Handelns".[57] Daraus resultierten Forderungen nach effizienterem Handeln der Regierungen und der öffentlichen Verwaltungen, nach mehr Kunden- und Bürgerorientierung, nach mehr wettbewerbsähnlichen Verfahren, nach einem „schlankeren" Staat.[58] Die Vorstellung, dass die in der Erwerbswirtschaft zunehmend angewendeten Management-Konzepte[59] auch für den öffentlichen Sektor – selbstverständlich bei anderen Zielen und Aufgaben – nützlich sein könnten, gewann international immer mehr Aufmerksamkeit. Es zeigten sich jedoch Unterschiede in der politischen Ausprägung des Modernisierungskurses zwischen „Wohlfahrtsstaaten" und „marktfreundlichen" Regimes.

2. Vom Ordnungs- zum Gewährleistungsstaat

Mit den geänderten Rahmenbedingungen und Anforderungen seitens Wirtschaft und Gesellschaft wurden den Parlamenten, Regierungen und Verwaltungen aller staatlichen Ebenen in den letzten Dekaden des 20. Jahrhunderts vielfältige Anpassungen abverlangt.

Die Auswirkungen auf das Selbstverständnis des Staates und der Politik waren weit reichend. Für den modernen demokratischen Staat genügte es nicht mehr, sich über die rechtlichen Normen (Verfassungsbestimmungen, Gesetze, Verordnungen) zu legitimieren und genuine öffentliche Güter – wie z.B. öffentliche Sicherheit – bereit zu stellen. Um die zahlreichen öffentlichen Sicherungs- und Versorgungsaufgaben optimal erfüllen zu können, brauchen Politik und Verwaltung auch die aktive Unterstützung, etwa durch Formen der Partizipation und der Mitarbeit seitens der Bürgerinnen und Bürger sowie der großen Interessensvertretungen. Diese Forderung erhob kürzlich auch Neisser:[60] „Die Regierung ist gefordert, dem

---

57 Stiglitz 2006, S. 57; Übers. durch d. Verf.

58 Der „schlanke Staat", auch als „lean management" bezeichnet, verlangt u.a. die Reduzierung der Fertigungstiefe und die Konzentration auf Kernaufgabem des Staates, weiters „contracting-out", „compulsory tendering" (wie es etwa in Grossbritannien verpflichtend war) sowie reduzierte Personalstände des Staates. Mitte der 1990er Jahre wurde dieser Ansatz teils als Modeerscheinung, teils als Vertiefung traditioneller Aufgabenkritik verstanden (siehe auch Damkowski/Precht 1995, S. 179 ff.).

59 Dazu zählten insbesondere Drucker („basic operations of management") und Peters und Waterman („Auf der Suche nach Spitzenleistungen"). Sie formulierten bereits in den 1970er und 1980er Jahren die „Schule des empirischen Managements" (Simon 2002, S. 50).

60 Heinrich Neisser ist Sprecher der „Initiative Mehrheitswahlrecht und Demokratiereform".

Thema Demokratie und Demokratiereform einen anderen Stellenwert zu geben".[61]

Weiters müssen als nützlich empfundene Leistungen in einer kundenorientierten Weise erbracht werden. Dazu war es für die Politik auch wichtig, die Verwaltungen besser zu steuern und zu kontrollieren sowie zu „flexibilisieren."

Diese ziemlich umstrittene Flexibilisierung bedeutete beispielsweise das Ausrichten der Betriebszeiten vorrangig an den Interessen der Leistungsempfängerinnen und Leistungsempfänger, Bereitschaft zu vermehrter Weiterbildung auch seitens der Mitarbeiterschaft, das Akzeptieren von Versetzungen, Abbau pragmatisierter Dienstverhältnisse.

In Österreich und einigen anderen europäischen Ländern waren im Vergleich zu den angelsächsischen Vorreiterstaaten teils unterschiedliche Muster der Veränderung zu beobachten. Dieser Wandel kann wie folgt skizziert werden:

- Während die *Ziele des Ordnungsstaates* v.a. auf Rechtmäßigkeit und Gleichbehandlung, aber auch auf Verhinderung von Korruption gerichtet sind, bestehen sie im *Leistungsstaat* v.a. hinsichtlich einer ausreichenden Versorgung von Bevölkerung und Wirtschaft. Es geht dabei nicht nur um öffentliche Güter, sondern auch um Dienste und Einrichtungen, welche die Marktwirtschaft nicht oder nicht ausreichend bereitstellt (z.B. öffentlicher Verkehr auch zu Zeiten geringerer Nachfrage, ausreichende Betreuung sozial und einkommensschwacher Bevölkerungsgruppen). Ein weiteres Ziel des Leistungsstaates besteht im Erreichen oder Erhalten der Wettbewerbsfähigkeit im Vergleich mit anderen Staaten, aber auch hinsichtlich des Vergleichs mit anderen Dienstleistungsproduzenten.
- Ähnlich haben sich auch die grundsätzlichen *Strategien des öffentlichen Handelns* verändert: im *Ordnungsstaat* geht es um die Durchsetzung der Hoheitsrechte, im *Leistungsstaat* um die Ausrichtung an den Erwartungen bzw. Notwendigkeiten der Leistungsempfängerinnen und Leistungsempfänger; pointiert gesagt dominiert im Ordnungsstaat *juristisches Denken*, im Leistungsstaat gewinnt dagegen *ökonomisches Denken und Handeln* erheblich mehr an Gewicht. Steuert der Ordnungsstaat über die Hierarchie, über rechtsstaatliche Verfahren, erfolgt dies im Kon-

---

[61] SN 29.09.2012, S. 3.

zept des Leistungsstaates mit mehr Planung, mit vielfältigen betriebswirtschaftlichen Instrumenten, mit marktähnlichen Anreizen, mit zeitnahem, begleitendem Controlling anstelle von ex-post-Kontrollen.

- Die politische Entscheidung über Ausmaß und Qualität des *Leistungsstaates* zeigt jedoch – wie bereits angemerkt worden ist – Spielräume zwischen einem breiten, ressourcenintensiven Sozialstaat auf der einen und einem schlanken, neoliberalen Wettbewerbsstaat auf der anderen Seite. Auch für die Verwaltungen kann der Einsatz zusätzlicher betriebswirtschaftlicher Instrumente nur begrenzt dazu beitragen, dass sie „in immer kürzerer Zeit, mit weniger Geld, immer mehr leisten".[62] Somit sind auch Grundsatzentscheidungen über neue öffentliche Managementformen erforderlich, die durch verbesserte Kooperation mit der politischen Führung, durch mehr Zusammenarbeit innerhalb des öffentlichen Sektors die Wirkungen des Verwaltungshandelns verbessern.
- Daraus entwickelte sich das (fallweise auch überzogene) Modell des *Gewährleistungsstaates*[63] oder des *„open government"*. Hauptmerkmale sind nach Blum/Manning „responsiveness – strengthened legitimacy – performance", jedoch in verschiedenen Ansätzen.[64] Die Offenheit bezieht sich auf den Staat, der auf die Bedürfnisse der Bürgerinnen und Bürger/Kundinnen und Kunden mehr als bisher eingehen möchte. Sie soll auch Vertrauen bei den Menschen dadurch schaffen, dass der Staat durch Information, Beratung und Partizipation der Bürgerinnen und Bürger deren Anliegen kennen lernen und berücksichtigen will. Damit wird die Legitimation staatlichen Handelns gestärkt, ebenso die Qualität. Die Leistungen an sich und die Form, wie sie erbracht werden, stehen im Vordergrund, nicht unbedingt die Produktion durch den Staat. Als vorrangiges Ziel des Gewährleistungsstaates gilt das Sichern von Lebensqualität für die Bürgerinnen und Bürger. Maßgeblich für den Gewährleistungsstaat wären auch sozialer Ausgleich, nachhaltiges Wirtschaften und umfassende Kooperationen mit Interessensvertretungen sowie mit gemeinnützigen

[62] Schedler/Proeller 2009, S. 29.

[63] Während der „Versorgungsstaat" die Leistungen zumeist auch selbst produziert, beschränkt sich im Extremfall ein Gewährleistungsstaat darauf, „die öffentlichen Angebote zu sichern – bei weitgehend privater Produktion des öffentlichen Gutes" (Zimmermann/Henke 2005, S. 52).

[64] Blum/Manning 2009, S. 46 f.

und anderen Institutionen der Zivilgesellschaft.[65] Er arbeitet deshalb vielfach vernetzt, stark auf Basis von Vereinbarungen und Verträgen (weniger mit Hoheitsgewalt) sowie auch durch Bereitstellen eines Handlungsrahmens für Leistungsprozesse zwischen anderen gesellschaftlichen Akteuren.

Als wesentliche Kriterien zur politischen Entscheidung, in welcher Form die Aufgaben zu erfüllen sind, gelten:

- die Wirkung auf den Einzelnen (Zustimmung der Leistungsbezieher) und/oder auf die Gesellschaft insgesamt,
- die Effizienz der Leistungserbringung sowie
- Risiken und Chancen der Kooperationen und Regulierungen.

Dabei sind die verschiedenen (privaten und öffentlichen) Leistungsangebote zwar prinzipiell als gleichberechtigt anzusehen. Im Falle der Nichterfüllung vereinbarter Leistungen durch den Partner trägt jedoch der Staat die Verantwortung für die Aufgabenerfüllung und damit das Risiko des Versagens der Partner. Ebenso trägt der Staat das Risiko, dass seine Regulierungs- und Ermöglichungsfunktionen nicht oder nicht ausreichend greifen und damit öffentlich gesetzten Zielen und gesellschaftlichen Erwartungen nicht entsprochen werden kann. Insgesamt ergeben sich daraus deutlich höhere Anforderungen an die Steuerungsfähigkeiten des Staates als im Hoheits- und im Leistungsstaat.

Schließlich verlangt diese gesellschaftliche Aktivierung auch eine demokratiepolitische Belebung über verschiedene Formen der Bürgerpartizipation: „Es geht eher um die Koproduktion von Leistungen, als um neue Formen der Arbeitsteilung zwischen öffentlichen und privaten Anbieterinnen und Anbietern; und der Dialog zwischen Staat und Gesellschaft tritt an die Stelle hoheitlicher Dekrete."[66]

---

[65] Diese werden auch als „Dritter Sektor" bezeichnet, da sie „neben dem Staat und dem Markt für ergänzende bzw. korrigierende Leistungen sorgen." (Schauer 2008, S. 13).

[66] Oppen 2008, S. 315.

Im Jahr 2005 fasste die OECD die verschiedenen Ansätze von open government wie folgt zusammen (OECD 2005b):

While building open government is now an objective shared by all OECD countries, their reasons for wanting open government, and their policy choices for achieving it vary considerably. Some countries, such as Korea and Mexico, have focussed on making government more open to public scrutiny in the interest of fighting corruption and improving accountability. Others, such as Denmark, have concentrated on making government more user-friendly in order to improve service delivery, while Canada and Finland have been more interested in increasing government interaction and partnership with external stakeholders, such as civil society organisations ..., to foster better quality, and more inclusive, policy making.

3. New Public Management als mehrdimensionale Reformperspektive

Seit dem Ende der 1980er und dem Beginn der 1990er Jahre spricht man von einer neuen, international mit unterschiedlichen Schwerpunkten diskutierten und praktizierten Reformstrategie für Politik und die öffentlichen Verwaltungen, dem New Public Management.[67] Das einflussreiche Buch von Osborne/Gaebler „Reinventing Government – How the Entrepreneurial Spirit is transforming the Public Sector" lieferte bereits im Jahr 1992 in den USA und in den Reformstaaten der ersten Stunde (so etwa Neuseeland) eine Zusammenstellung der konzeptionellen Ansätze und der ersten praktischen Erfahrungen.[68]

Das Konzept wurde aus den Erfordernissen der öffentlichen Verwaltungen unter Berücksichtigung betriebswirtschaftlicher Erkenntnisse, von verwaltungs- und anderen sozialwissenschaftlichen Ansätzen sowie der Erfahrungen mit neuen Führungsmodellen und Motivationsgrundsätzen entwickelt. Es lag ihm vorerst kein homogener, sondern ein mehrere sozialwissenschaftliche Disziplinen einbeziehender, grundsätzlich jedoch „unter dem Banner der ökonomi-

---

[67] Das damals neue Konzept wurde mit dem Etikett „neu" versehen; heute verwendet man nur mehr die Bezeichnung „Public Management" (PM).

[68] Eine knappe Aufzählung dieser Ansätze findet sich u.a. bei Schauer 2008, S. 64.

schen Rationalität ...mit marktwirtschaftlichem Fokus“[69] stehender Denkansatz zugrunde. Die wissenschaftliche Aufarbeitung erfolgte teilweise erst später.[70] Mit PM bezeichnete man Verschiedenes – ein Konzept zur Ablösung des Weber´schen Bürokratiemodells, ein pragmatisches Modell vor allem mit Bezug zur betriebswirtschaftlichen Managementlehre[71] (Schedler), ein Leitbild, ein „sensitizing concept“, als Deutungsschemata, „welche die Wahrnehmung von Problemen und deren Bedeutung prägen“.[72] PM war und ist auch nicht völlig neu; mehrere Teile waren bereits seit langem bekannt und in Anwendung. So kann sich die Managementlehre auf Frederic Taylor’s Werk „Principles of Scientific Management“ (erschienen 1913) berufen und sich u.a. auf einflussreiche Beiträge zur Motivationslehre von Abraham Maslow und Frederic Herzberg[73] sowie auf Druckers[74] Basic Operations (siehe Abb. 1) beziehen.

Abbildung 4: Drucker’s Basic Operations

- **Ziele setzen**
- **Organisieren (den Wandel meistern)**
- **Motivieren und Kommunizieren**
- **Messen und Sichtbarmachen**
- **Personal formen und entwickeln (inkl. der Manager)**

Quelle: Nach Crainer 1998, S. 16.

[69] Neisser u.a. 1998, S. 40.

[70] So im deutschen Sprachraum u.a. durch Naschold/Bogumil (1998), durch Neisser/Meyer/Hammerschmid (1998) und Schedler/Proeller (2000), im angelsächsischen Bereich durch Pollitt/Bouckaert (2000) sowie besonders umfassend bei Ferlie/Lynn/Pollitt (2005).

[71] Im angelsächsischen Sprachraum wird auf den besonderen Stellenwert des Managementansatzes im Vergleich zu Mikroökonomie verwiesen: „Microeconomic thinking would tend to prioritize efficiency and savings, while management thinking would focus more on improving performance in a broad sense, embracing higher-quality, more flexible and ‚customer-friendly’ service…“ (Pollitt/Bouckaert 2004, S. 169).

[72] Neisser u.a. 1998, S. 37.

[73] So die Maslow‘sche Bedürfnispyramide (siehe „Motivation and Personality“ aus 1954) und die Herzberg’schen Hygienefaktoren („Motivation to work“ aus 1959).

[74] Vgl. u.a. Drucker 1974.

Dennoch kann PM nicht als Reprise alter planungstheoretischer Konzepte – so stand z.B. in den 1970er Jahren das Planning-Programming-Budgeting-System der Rand Corporation in hoher Gunst staatlicher Reformer – interpretiert werden. Denn diese Konzepte sind damals nicht dafür entwickelt worden, „den Staat wettbewerbsfähiger und kundenorientierter zu machen, sondern um die zentrale Steuerungskapazität zu erhöhen".[75]

Vielmehr werden die genannten Elemente im „PM-Konzept kombiniert und in die Form eines zusammenhängenden Steuerungsmodells gebracht".[76] So gesehen, lässt sich PM als neuer „ganzheitlicher Ansatz … zur umfassenden Neuorientierung der öffentlichen Verwaltung" verstehen",[77] der sowohl Leitbild-Funktion, Strukturreformen, verbesserte Prozesse und neue Aufgaben für Führung und Mitarbeiterschaft einschließt.

Somit können als zentrale Elemente des PM

- ein „neues Politikverständnis, das Delegation bzw. Dezentralisierung der Verantwortlichkeiten statt Zentralisierung" verlangt,[78]
- die gegenüber dem Bürokratiemodell veränderte Führungsphilosophie des Managements,
- die besondere strategische Ausrichtung der Führungsarbeit auf Effizienz und Effektivität

verstanden werden.

3.1. Ziele, Zielkonflikte und möglicher Nutzen von PM

Zu den vorrangigen Zielen des Einsatzes von PM zählten Pollitt/Bouckaert[79] vor allem:

- *verbesserte Qualität* der öffentlichen Leistungen,
- *sorgsamer Umgang* mit Bürgerinnen und Bürgern, Mitarbeiterinnen und Mitarbeitern,
- *sparsamerer Einsatz* knapper Ressourcen,
- vermehrte Chancen auf *wirkungsvolleres politisches Handeln.*

Zwei deutsche Verwaltungsforscher formulierten die Ziele für den Einsatz von PM bereits im Jahr 1998 wie folgt: „Das PM strebt

[75] Röber 1996, S.103.

[76] Schedler/Proeller 2009, S. 51.

[77] Wimmer 2010, S. 251.

[78] Buschor 1998, S. 58.

[79] Pollitt/Bouckaert 2004, S.7.

insgesamt eine Stimulierung neuer Wirkungsmechanismen im öffentlichen Sektor an, mit dem Ziel der Verbesserung der Qualität, der Effizienz und der Effektivität der Dienstleistungsproduktion".[80] Nach Autoren aus der Schweiz geht es auch um die Veränderung der Verwaltungskultur, die „ein Hauptziel der Reformen nach dem WOV-Modell (sein) muss".[81]

Dies ist so zu verstehen, dass die Einstellung und Haltungen der Mitarbeiterschaft die Qualität der bereitgestellten öffentlichen Verwaltungs- und Dienstleistungen prägt, die von den Bürgern/ Klienten/ Kunden erfahren bzw. empfunden werden kann. Wenn für die Mitarbeiterinnen und Mitarbeiter lediglich der Vollzug eines Gesetzes oder einer anderen Norm das Ziel ist, und nicht, die Problemstellung des Einzelnen zu lösen oder einen Interessensausgleich herzustellen, so kann die Qualität der öffentlichen Leistung und damit die Kundenzufriedenheit nicht erreicht werden.

Ähnliches gilt für die Führungskräfte, die mit Engagement, ausgeprägten kommunikativen Fähigkeiten konsensfähige Lösungen entwickeln und die auch mehrere – z.B. betriebswirtschaftliche, sozial und ökologisch nachhaltige – Betrachtungsweisen bestmöglich unter einen Hut bringen müssen. Dazu braucht es verbesserte Formen der Zusammenarbeit zwischen Politik und Verwaltungsführung, Vertrauen der Führungskräfte in die Fähigkeiten der Mitarbeitenden, (formelle) Delegation von Ergebnisverantwortung und Qualitätsstandards. Solche Standards bilden nicht nur einen Leitfaden für die ausführenden Mitarbeiterinnen und Mitarbeiter zur Einlösung ihrer neuen Verantwortung, sondern auch eine Referenz für die Leistungsempfängerinnen und -empfänger.

Allerdings ist zu bedenken, dass nicht nur ein verbessertes Verwaltungsmanagement zur Erreichung dieser Ziele beitragen kann. Auch andere Wege sind hierfür zu beschreiten, nämlich verschiedene – häufig geforderte – Strukturreformen, so etwa Staats- und Föderalismusreformen sowie die Modernisierung des Finanzausgleichssystems. Im Fall vergleichsweise hoher öffentlicher Verschuldung geht es um strategisch angelegte Konsolidierungsprogramme, die neben dem Abbau der Schulden auch Wachstumsimpulse setzen und das Wirtschaftssystems nachhaltig verändern.[82]

---

80 Naschold/Bogumil 1998, S. 79.

81 UBS Outlook 2000, S. 25.

82 Siehe hierzu u.a. Aiginger/Schratzenstaller 2010.

Darauf soll jedoch weiter unten noch näher eingegangen werden. Operative Ziele von PM-Reformen gelten jedenfalls dem Abbau von Bürokratie, z.B. die strenge hierarchische Ordnung der Informationsflüsse und der Entscheidungswege, das "unpersönliche Handeln" und weniger arbeitsteilige Leistungsprozesse. An deren Stelle treten klar definierte politische Aufträge, Strategien und Ziele für die einzelnen Mitarbeiterinnen und Mitarbeiter sowie genügend Handlungsspielräume, um die Aufträge effizient erfüllen zu können.

Daraus resultieren für die Bürgerinnen und Bürger, für die diversen anderen Interessensgruppen verschiedene Vorteile. Sie profitieren von flexibleren Öffnungszeiten, von verschiedenen Möglichkeiten des Zugangs zur öffentlichen Verwaltung, von Beratung und teils individuellen Wahlmöglichkeiten. Darüber hinaus können sie etwa an der Zielbildung mitwirken und/oder deren Erfüllung kontrollieren, worauf im Teil III näher eingegangen wird.

Auch für die Arbeit der Verwaltung können sich daraus Verbesserungen ergeben, wenn die anvisierten politischen, wirtschaftlichen und sozialen Strategien und Ziele möglichst konkret und messbar gefasst werden. Verbesserungen treten gleichfalls ein, wenn die Handlungsspielräume der ausführenden Mitarbeiterinnen und Mitarbeiter der Verwaltung erweitert werden. Mehr Eigenverantwortung trägt zu erhöhter Motivation der Ausführenden bei; ihre Detailkenntnisse der Aufgabenerledigung erhöhen die Zufriedenheit der Leistungsempfänger und dienen auch dem sparsameren Einsatz der finanziellen Mittel. Generell gilt die Erkenntnis, dass das Einräumen von erweiterter Autonomie für einzelne Mitglieder der Verwaltung ebenso wie für Organisationen eine wichtige Möglichkeit der Steigerung der Leistungsfähigkeit bedeutet. Seitens der Politik wird der Einsatz von PM öfters damit begründet, stärkeren Einfluss auf die Verwaltung zu nehmen, um die Umsetzung der politischen Beschlüsse zu beschleunigen. Pollitt/Bouckaert[83] sehen dagegen auch die Chance, die Verantwortlichkeit der Regierungen für ihre Programme und Maßnahmen gegenüber den Parlamenten und der Bürgerschaft zu stärken.

Zielkonflikte

In der Praxis zeigt sich, dass verschiedene Ziele und erwartete Ergebnisse von PM-Reformen einander widersprechen und öfters nicht konfliktfrei umgesetzt werden können. Versucht beispielsweise

83 Pollitt/Bouckaert 2004, S. 6.

die politische Führung die Verwaltung stärker „in den Griff" zu bekommen, kann dies mit dem Ziel des Abbauens bürokratischer Hemmnisse und des Einräumens von Handlungsspielräumen für die ausführenden Mitarbeiterinnen und Mitarbeiter in Konflikt kommen. Ein anderer öfter zu beobachtender Zielkonflikt besteht zwischen dem Ziel der Veränderung der Organisationskultur, einer verbesserten Motivation der Mitarbeiterschaft und der Führungskräfte auf der einen und wiederholten Kürzungen von Zulagen, Personalständen, „Null-Lohnrunden" im Rahmen von undifferenzierten Einsparungszielen auf der anderen Seite.

Die unter PM-Vorzeichen erfolgten Strukturreformen durch Ausgliedern von Organisationseinheiten, die marktnahe Leistungen erbringen, können – was verschiedene Evaluierungen zeigen – mit dem Verlust an Steuerbarkeit, Koordination und Effizienz verbunden sein. Dies hängt auch damit zusammen, dass für das Funktionieren von Maßnahmen des PM erst bestimmte Voraussetzungen und sonstige Bedingungen gegeben sein müssen. So müssen Mitarbeiterinnen und Mitarbeiter erst mit dem neuen Konzept vertraut gemacht werden, beispielsweise dass sie bei Übernahme eines Leistungsauftrags oder beim Abschließen einer Zielvereinbarung die Verantwortung für die Ergebnisse übernehmen müssen. Bei Ausgliederungsmaßnahmen ist auch dafür zu sorgen, dass ordentliche Wettbewerbsbedingungen vorliegen, um keine privaten Monopole entstehen zu lassen.

Zu betonen ist in diesem Zusammenhang, dass zum Unterschied von marktwirtschaftlichen Gegebenheiten der öffentliche Sektor in verschiedener Hinsicht andere Aufgaben als der Markt zu erbringen hat. Dies betrifft besonders das Verhältnis zwischen kollektiven und individuellen Interessen; bestimmte öffentliche Aufgaben dienen kollektiven Interessen (z.B. Verkehrsinfrastruktur, außenpolitische Beziehungen eines Staates); andere öffentliche Aufgaben, wie etwa Bildungsaufgaben, sozial- und gesundheitspolitische Versorgung dienen dagegen neben den kollektiven auch in besonderem Maße den individuellen Interessen, etwa durch mehr persönliche Lebens- und Einkommenschancen, längere Lebenserwartungen. Das Abwägen der verschiedenen Interessen ist eine politische Aufgabe, die nicht nach betriebswirtschaftlichen oder volkswirtschaftlichen Kalkülen allein erfolgen kann. Es geht jeweils um mehrheitsfähige, politisch legitimierte Lösungen, wofür die Politik und Verwaltungen auch Kompromisse eingehen, die aus ökonomischer Sicht problematisch sein mögen. Politische Akzeptanz, Sozialverträglichkeit und ökologische Nachhaltigkeit haben daher ähnlichen Stellenwert wie ökonomische Rentabilitäts- und Kosten-Nutzenüberlegungen.

Das Konzept des PM ist nicht starr, sondern hinsichtlich verschiedener politischer Ziele und Vorgaben adaptierbar. Dies gilt auch bezüglich der jeweils eingesetzten Vorgangsweisen und Instrumente. Allerdings geht es im Kern um Reformen des *Management-Systems*. Dies bedeutet, dass für den Erfolg im öffentlichen Bereich auch der Zusammenhang zu anderen Reformbereichen entscheidend sein kann. Dies ist etwa der *politische Prozess* der Wahrnehmung von gesellschaftlichen Defiziten und darauf begründeten politischen Handlungsbedarfen und der Abstimmung von inhaltlichen Programmen mit den Maßnahmen zur Finanzierung. Weiters geht es beispielsweise auch um ein neues Verhältnis zwischen repräsentativer Demokratie und direktdemokratischen Initiativen.

3.2. Dimensionen der Modernisierung durch PM

Mit PM wird die Modernisierung hauptsächlich im Sinn der drei folgenden Dimensionen angestrebt. Es geht um das Grundverständnis vom Staat in den entwickelten Gesellschaften, weiters um das Verhältnis der öffentlichen Verwaltung nach außen, also zu Wirtschaft und Gesellschaft, sowie um die „Binnenmodernisierung“, die Modernisierung im Innenbereich der Verwaltungen und öffentlichen Betriebe.

Geändertes Grundverständnis vom Staat (1. Dimension)

Die Modernisierung nach dem PM-Konzept bezieht sich zuerst auf das *Grundverständnis des Staates* und führt gegenüber der traditionellen Auffassung zu einem Wandel in der Ansicht, welche Rolle und Verantwortlichkeit öffentliche Institutionen übernehmen können und sollen. Als dominierende Orientierung gilt hierbei der „Verlust des Glaubens an die Allzuständigkeit des Staates, seine Kompetenz für Problemlösungen und nicht zuletzt seine Finanzierbarkeit.“[84] Vielmehr setzt man im Rahmen von PM- und Governance-Reformen auf eine Zusammenarbeit des Staates mit anderen Sektoren der Gesellschaft, teils auch auf Konkurrenz zu diesen, vor allem mit dem erwerbswirtschaftlichen, jedoch auch mit dem Non-Profit-

[84] Budäus 1998, S. 107.

Bereich und last but not least mit den Bürgerinnen und Bürgern und diversen Interessensgruppen. Der Staat tritt als Planungsinstanz, als Koordinationsinstanz sowie als Leistungsproduzent zumindest teilweise gleichberechtigt mit anderen gesellschaftlichen Akteurinnen und Akteuren auf den Plan. Damit war beabsichtigt, Flexibilität, Kreativität und Innovativität öffentlicher Leistungserstellung zu erhöhen.[85]

Der Fokus der PM-Modernisierung ist allerdings unterschiedlich, insbesondere bezüglich der Affinität zum Markt und zu Privatisierung sowie bezüglich der Bereitschaft, erwerbswirtschaftliche Strategien, Techniken und Instrumente einzusetzen. Einer detaillierten Betrachtung verschiedener Merkmale jeweils bestehender politisch-administrativer Regime in maßgeblichen Industrieländern ist zu entnehmen, dass zwischen „marktfreundlichen" Regimen (z.B. angelsächsische Staaten) und stärker „wohlfahrtsstaatsbetonten" Ländern (z.B. Finnland, Frankreich, Deutschland, auch Österreich) und der jeweiligen Ausprägung der PM-Reformen in folgender Weise unterschieden werden kann.

> „Thus, certain regimes look as though they are much more open to the ‚performance-driven', market-favouring ideas of the PM than others: particularly the Anglo-Saxon' countries, Australia, Canada, New Zealand, the UK and the USA. Other countries – especially the Continental European states of Belgium, Finland, France, Germany and Italy – are structurally and culturally less hospitable to such ideas, but may be expected, to respond to pressures by developing a different reform mix of their own".[86] "The Continental European modernizers continue to place greater emphasis on the state as the irreplaceable integrative force in society, with a legal personality and operative value systems that cannot be reduced to the private sector discourse of efficiency, competitiveness, and consumer satisfaction. They thus continue, in modern form, their nineteenth- and twenty-century traditions of strong statehood and a high status for the top civil servants."[87]

---

85 Vgl. hierzu Oppen 2008, S. 319.

86 Pollitt/Bouckaert 2004, S. 63.

87 Pollitt/Bouckaert 2004, S. 98.

PM wurde in Australien, Großbritannien, in Neuseeland, ebenso in den USA umfassend angewendet und zwar bisher meist in einer Ausrichtung, die deutlich auf Deregulierung und Entstaatlichung, auf Privatisierung öffentlicher Aufgaben, auf Zentralisierung im Interesse höherer Effizienz setzt. In einigen skandinavischen Ländern prägen dagegen PM-Ansätze die Modernisierungsbemühungen, die grundsätzlich dem Fortbestand des Wohlfahrtsstaates gelten und deutlich dezentralisierter, stärker partizipativ angelegt sind als in den zuerst genannten Staaten. Es geht in Skandinavien mehr um sozialen Ausgleich, um Lebensqualität für Seniorinnen und Senioren, ebenso um akzeptable Lebensbedingungen in dünn besiedelten Randgebieten.[88] Österreich zählt klar zum Block der kontinentaleuropäischen Staaten, wenngleich mit variierender Grundausrichtung über die Jahre.

Das Konzept des PM ist in dieser Hinsicht adaptierbar und nicht prinzipiell auf die Ideologie vom ‚schlanken Staat' zugeschnitten. So liefert es für die in einzelnen Staaten differierenden politischen Ideologien, Verwaltungskulturen (z.B. Rechtsstaatlichkeit) oder föderalistischen bzw. unitarischen Strukturen teils differenzierte Sets an Strategien, Instrumenten und Maßnahmen.

Dynamisierung der Leistungserbringung durch Kundenorientierung und Setzen auf wettbewerbsähnliche Anreize (2. Dimension)

Die zweite Dimension der PM-Modernisierung gilt vor allem den *nach außen gerichteten Strukturreformen* des Staates und seiner verschiedenen Organisationen, wie z.B. Bundesministerien, Bezirkshauptmannschaften, Stadtverwaltungen, Universitäten, Landesspitäler u.a.m. Leitbild hierbei ist die Orientierung an Erwartungen und an Erfordernissen von Bürgerinnen und Bürgern, der Nutzer der öffentlichen Einrichtungen sowie der Empfänger der Subventionen. Es geht hierbei um eine bestmögliche Abstimmung zwischen gesellschaftlichem Nutzen und individuellen Erwartungen. Die Reformen betreffen Bemühungen um die Qualität der Leistungen (etwa bezogen auf die Erfordernisse verschiedener Zielgruppen), mehr Wahlmöglichkeiten für die Kundinnen und Kunden, bessere Kommunikation,

---

[88] Im Bericht „Public Governance Review of Finland" der OECD wird dies wie folgt zusammengefasst: "The public administration's contribution to Finland economic success and social cohesion is well recognised. Its ability to respond to new developments will have an impact not just on economic growth, but citizens' way of life, for example: the sustainability of small northern towns, based on mining or logging industries; the close proximity of high quality public services, even in sparsely populated areas and a tradition of strong local authorities" (OECD 2010, S. 4).

und eine tendenziell nutzerbezogene Leistungsfinanzierung. Feedback der Leistungsempfängerinnen und -empfänger und Qualitätsmanagement werden – teils nach privatwirtschaftlichem Vorbild – eingesetzt.

Ein anderer Aspekt der Außenorientierung der öffentlichen Verwaltungen besteht im Nutzen von direktem Wettbewerb, bei Fehlen von Wettbewerb durch Schaffen von wettbewerbsähnlichen Bedingungen („managed competition“) und durch Vergleichen und „Lernen von den Besten“. Dies bedeutet i.d. Regel nicht die Privatisierung öffentlicher Leistungen; vielmehr behält der Staat die Verantwortung für die Bereitstellung der Leistung, jedoch auch die Verantwortung für Wettbewerb in verschiedenen Formen. Im Fall von Leistungen, für die Marktstrukturen genutzt werden können, so etwa im öffentlichen Verkehr oder bei Pflegeleistungen, kann der Wettbewerb zwischen privaten (erwerbswirtschaftlichen, eventuell auch gemeinnützigen) und öffentlichen Anbietern genützt werden, um vorteilhaftere Bedingungen hinsichtlich der Preise, der Qualität, der Kundenbeziehungen zu erreichen. Bei anderen Leistungen, so z.B. im Bildungsbereich oder auch bei behördlichen Leistungen von Bezirkshauptmannschaften, geht es um Quasi-Wettbewerb durch verschiedene Formen der Leistungs-, Verfahrens- und Kostenvergleiche (innerhalb und zwischen Verwaltungen). Dies bietet Anreize für vermehrte Bürgerorientierung, für Innovationen sowie für kostengünstiges Erstellen der Leistungen.

Weiters ist es auch möglich, marktnahe Leistungen des öffentlichen Sektors aus der Hoheitsverwaltung um- oder auszugliedern und durch eigene Anstalten und Betriebe (innerhalb der öffentlichen Verwaltung, z.B. Betriebe mit marktbestimmter Tätigkeit von Ländern und Gemeinden), durch öffentliche Unternehmungen mit eigener Rechtsform (bei verschiedenen Graden der Beteiligungen der öffentlichen Hand) und durch andere Träger (so beispielsweise durch NGO's) zu erbringen. Damit strebt man zumindest ein flexibleres Management und Kostenreduzierungen sowie verbesserte Bemühungen um die jeweiligen Kundinnen und Kunden an. Bisherige Erfahrungen zeigen allerdings, dass allein Änderungen der Rechtsform oft nicht ausreichen, um die gewünschten Effekte auszulösen. Teils treten sogar gegenteilige Effekte auf.

Anstelle von Einsparungen zeigten sich etwa beim Großteil der Ausgliederungen aus der Bundesverwaltung beträchtliche Ausweitungen der Personalstände; auch die Gehaltsentwicklungen verliefen bei der Bundesverwaltung kostenbewusster als bei großen ausgegliederten Betrieben.

Diese Kritik belegt der frühere Personalchef der Bundesverwaltung, Emmerich Bachmayer, auf Basis rezenter offizieller Statistiken[89]: „Wie eine Aufstellung der Beteiligungsverwaltung des Bundesministeriums für Finanzen zeigt, ist lediglich im Bereich der Österreichischen Bundesbahnen und der Statistik Austria ein Personalrückbau zu beobachten, in allen sonstigen Ausgliederungen findet eine teilweise durchaus beachtliche Personalausweitung statt … Nicht unproblematisch erscheint auch die Gehaltsentwicklung in den überwiegend budgetfinanzierten Ausgliederungen. Die Dezentralisierung der Gehaltsautonomie … hat zu meist besseren Ergebnissen dieser dezentralen Verhandlungen im Vergleich zur zentralen Bundesverhandlung aus Dienstnehmersicht (geführt)". Im Jahr 2008 erhielten so die im Bundesdienst Beschäftigten eine jährliche Gehaltsanpassung von 2,7 Prozent, während 2008 die Gehaltsanpassung für die Beschäftigten der ÖBB 4,5, der BIG 2,85, des BRZ 2,95, der Telekom Austria AG 3,1 und der Post AG 3,0 Prozent betrug. Allerdings müssten bei solchen Vergleichen auch eventuelle Veränderungen im Aufgaben-, im Personal- und im Organisationsbereich berücksichtigt werden.

Verwaltungsökonomische Modernisierung

Die dritte Dimension betrifft die verwaltungsökonomisch ausgerichtete *„Binnenmodernisierung" der öffentlichen Verwaltungen* und sonstigen Träger öffentlicher Aufgaben. Es geht v.a. um umfassende interne Reorganisationen der Führungsarbeit einschließlich

- des Verhältnisses zwischen politischer und administrativer Führung im Sinn einer „zielorientierten Gestaltung und Lenkung (und somit Führung) des öffentlichen Sektors"[90] sowie um
- den Übergang von der Inputsteuerung zunächst zur Leistungs- und in weiterer Folge zur *Wirkungssteuerung*. Die Betrachtung von subjektiven und gesamtgesellschaftlichen Wirkungen (als impacts und outcomes) erfolgen weiter unten im Zusammenhang mit Public Governance, weil sie in der österreichischen Verwaltungspraxis erst in diesem Kontext eine Rolle spielen.

---

[89] Bachmayer 2008, S. 286 f.

[90] Schauer 2008, S. 14.

- Die Binnenmodernisierung schließt auch Personal- und Organisationsentwicklung ein; durch Straffen von Organisationsstrukturen sollen Doppelgleisigkeiten und Redundanzen verringert werden, das Einführen von KLR und Kennzahlensystemen soll die Qualität von Führungsentscheidungen verbessern und E-Government (z.B. Einführen des ELAK in allen Bundesministerien) soll Verfahren beschleunigen.
- Damit einher geht auch eine neue Verwaltungskultur, die neben mehr Kostenbewusstsein auch Eigenverantwortung für die erzielten Ergebnisse bewirken soll.

Das Arbeiten mit Leistungszielen, mit Leistungsvereinbarungen und Globalbudgets sowie Ergebnismessungen sollte eine verbesserte Steuerung der Wirtschaftlichkeit öffentlichen Handelns bewirken. Hierfür gilt es, Managementkompetenzen der Führungskräfte von Politik und Verwaltung aller Ebenen in den einzelnen Organisationen aufzubauen und/oder entscheidend zu stärken. Besondere Betonung sollten Strategie und Planung bezüglich des Einsatzes der wichtigen Ressourcen Finanzen, Wissen und Innovation erfahren. Ein weiterer Schwerpunkt liegt – dem Konzept zufolge – auf der Zusammenarbeit zwischen Politik und Verwaltungsführung sowie auf Personalmanagement und Mitarbeiterführung. Letztlich bestimmen die handelnden Personen die Leistungsfähigkeit einer Organisation. Indem die Führung der öffentlichen Verwaltungen die Fähigkeiten und Kompetenzen der Mitarbeiterinnen und Mitarbeiter auf allen Arbeitsplätzen steuert, fördert und damit ihr volles Potenzial möglichst zur Entfaltung bringt, sichert sie die Zielerreichung der PM-Modernisierung.

Entscheidend hierfür ist die Übernahme von größerer Eigenverantwortung und das Ergreifen von Initiativen, wofür ein klarer Rahmen, nämlich *dezentrale Fach- und Ressourcenverantwortung* auf den verschiedenen organisatorischen Ebenen (Abteilungen, Dienststellen, Außenstellen, Betriebe) bei gleichzeitiger Setzung bzw. Entwicklung von Leitbildern und strategischen Zielen geschaffen werden muss.

Die durch einen hohen Stellenwert der verschiedenen Stakeholder veränderte *Verwaltungskultur* der öffentlichen Verwaltungen sowie der Erhalt einer hohen Motivation der Mitarbeiterschaft geben neben den erzielten Wirkungen Auskunft darüber, wie die PM-„Binnenmodernisierung“ umgesetzt werden konnte.

3.3. PM-Konzept und das Bürokratie-Modell – Unterschiede kurzgefasst

Bereits im Teil I wurden als eine Ursache für Defizite und Mängel staatlicher Aufgabenerfüllung bürokratische Strukturen und Arbeitsweisen, bürokratisches Denken sowie die darin „gefangenen“ Mitarbeiterinnen und Mitarbeiter und Führungskräfte beschrieben. Für einen Überblick über die konzeptiven Veränderungen, die das PM-Konzept gegenüber dem traditionellen „Weber´schen Bürokratiemodell“[91] mit sich bringen kann, werden in der folgenden Tabelle 4 Prämissen, Ziele/Strategien, Verhaltensweisen und Instrumente der beiden Konzepte stichwortartig miteinander verglichen.

Tabelle 4: Gegenüberstellung von Elementen des Bürokratie-Modells und des PM-Ansatzes

	Bürokratie-Modell	PM-Konzept
Prämissen:	Kompetenzordnung besteht im Sinn einer Balance von zentraler und dezentraler Macht; sie wird durch Verfassungs- und einfache Gesetze (z.B. BMG) festgelegt.	Verändern der Kompetenzordnung aus ökonomischer Sicht, v.a. im Sinn d. Prinzips der institutionellen und räumlichen Kongruenz (d.h. Übereinstimmung von Nutznießern und Zahlern mit den Entscheidungsträgern) sowie nach Prinzipien d. Größen- und Produktionstiefenvorteile
	Jede Organisationseinheit ist in eine Hierarchie eingegliedert Weisungsprinzip sichert Legitimation staatlichen Handelns tendenziell zentralistische Entscheidungsfindung durch die hierarchische Spitze	Dezentralisierung von operativer Entscheidungsmacht und Ergebnisverantwortung auf subnationale Gebietskörperschaften, auf ausführende Organisationseinheiten (Agenturen, Eigenbetriebe)
	Verwaltung erfüllt im Rahmen der funktionalen Gewaltenteilung den Vollzug politischer Entscheidungen, insbesondere von Gesetzen	Verwaltung als Teil des policy-making (sie gestaltet die Politiken und ihre Umsetzung mit)
	Arbeitsbeziehungen (Weisungen, Informationsflüsse) sind hierarchisch bestimmt und funktional abgegrenzt.	Höherer Stellenwert von Team- und Projektarbeit – gleichberechtigte Teammitglieder bringen ihre persönlichen Fähigkeiten und Kenntnisse ein, bearbeiten zusammen eine Aufgabe im Interesse eines gemeinsamen Ziels.

[91] Max Weber gelangte auf Basis einer Analyse von Formen der Bürokratie, die in „verschiedenen Kulturkreisen und zu verschiedenen Zeit auf der ganzen Welt bestanden“ (Schedler/Proeller 2009, S. 16), zu einem idealisierten Modell staatlicher Organisationen und Organisationsformen (siehe u.a Naschold/Bogumil 1998, S. 77).

	Aufgaben, Rechte, Pflichten der Ämter und der Amtsinhaber/innen sind genau umschrieben;	Aufgaben, Rechte, Pflichten der Mitarbeiterschaft werden vereinbart (Ziele, Leistungskontrakte).
	Extrinsisch motiviertes Menschenbild des Taylorismus	PM in der kontinentaleuropäischen Ausprägung geht von optimistischem Menschenbild aus, wonach die Menschen aus sich selbst heraus (intrinsisch) motiviert sind, gute Arbeit zu leisten.
Ziele, Strategien:	Verwaltungsorganisation als „geschlossenes System" (Strehl), verpflichtet dem Gleichheitsgebot im Verhältnis des Staates zur Bürgerschaft und gestützt auf demokratische Verfahren	Flexible und anforderungsgerechte Orientierung an den Zielgruppen der Leistungen; Art der Orientierung hängt von der Aufgabe und der damit verbundenen Rolle von Verwaltung (Dienstleister, Aufsicht, Straforgan) und Zielgruppe (Bürgerinnen und Bürger, Kunden, Steuerzahler) ab.
	Amtsführung beruht auf Grundsätzen wie Arbeitsteilung, Schriftlichkeit, Unparteilichkeit, Erledigung aus der jeweiligen Zuständigkeit und fachlichen Sicht	Ergebnisverantwortung (output, outcome); Betonung von Sparsamkeit, Wirtschaftlichkeit und Qualitätsstandards; Einsatz von Wirtschaftlichkeits- u. Leistungskennzahlen (performance-Messung)
	Jedes Amt verlangt Fachqualifikationen, erfordert deshalb eine generell geregelte Ausbildung und Beurteilung der Amtsinhaberin/ des Amtsinhabers.	Befähigung der Mitarbeiterinnen und Mitarbeiter liegt in der Verantwortung von Führungskräften und Mitarbeitenden und wird vereinbart (MAG).
	Alle Bediensteten müssen zur Aufgabenerledigung ein System von Regeln einhalten.	Markt- und Wettbewerbsmechanismen werden verstärkt genutzt; Ressourcenmanagement lässt Entscheidungsfreiräume innerhalb eines Rahmens (z.B. Flexiklausel-Regelungen).
	Prinzip d. Arbeitsteilung, d.i. funktional differenzierte Arbeitsweise, beschränkte (oder keine) Verantwortung für Gesamtergebnis – jeder ist nur für den ihn betreffenden Teilprozess verantwortlich.	Teamwork im Interesse der Leistungsempfänger und/oder gesellschaftlich nützlicher, nachhaltiger Lösungen
	Rechtlich formalisierte Kooperationen (Art. 15a B-VG Verträge)	Verschiedene Formen der Vereinbarungen
Verwal-tungs-kultur:	Entscheide und Abläufe so weit als möglich versachlicht u. unpersönlich, neutral; „entmenschlichte" Organisationen, Inflexibilität gegenüber dem Umfeld (Rationalitätsprinzip); „arbeitsteilige" Sichtweise	Ermessens-, Handlungs- u. Verständnisspielräume bestehen, die auch das Einfließen von Werthaltungen erlauben; ganzheitliche Sichtweisen

	Anreizstrukturen durch automatische Vorrückungen, schematische Karrieren; leistungsbezogene Entgeltbestandteile	Anreize durch Mitgestaltung, eigenverantwortliches Entscheiden; teilweise leistungsbezogene Entgelte; Feedback d. Leistungsempfängerinnen und -empfänger
	Kultur des Rechtsstaates, formale Steuerung	Verwaltung liefert Informationen f. konsensfähige Lösungen
Instru-mente:	Weisung, Akt, UVP, Bescheid, Bewilligung, Aufsichtsbeschwerden, Devolutionsanträge, Strafverfügungen;	Leitbilder, Programme, Leistungskontrakte, Planungen bezüglich Auswirkungen auf laufende Ausgaben und Folgeinvestitionen, Abschätzen von Wirkungen auf Umwelt, Frauen, Konsumentenschutz, Europa...; Kundenbefragungen; Evaluierungen
	hierarchisch gegliederte, mehr oder weniger straffe Organisationsstruktur (Linienorganisation bzw. Stab-Linien-Organisation)	„flache" aufbauorganisatorische Gliederungen mit größeren Abteilungen; Teams und Projektgruppen
	detaillierte Budgets (Grundsatz d. sachlichen, zeitlichen und quantitativen Spezialität); kamerale Verrechnung, nur in Betrieben auch Kosten- u. Leistungsrechnung	Globalbudgets und Controlling; generell mehrdimensionales Rechnungswesen; interne Leistungsverrechnungen
	Stellenplan (Personalplan); Dienstanweisungen	Zielvereinbarung d. Mitarbeitergespräch; Karriere- und Weiterbildungsplanung; Mitarbeiterbefragungen, Gestaltung der Arbeitsbedingungen
	bloße Information (einseitiger Informationsfluss)	Dialog (Zweiweg-Kommunikation)

Quellen: Pollitt/Bouckaert (2004, S. 62), Schedler/Proeller (2009, S. 16; S. 52), Hood (1991), OECD (1993), Strehl (2006, S. 245)

Es bestehen somit weitreichende Unterschiede im Grundverständnis und im Instrumentarium des Bürokratiemodells und des PM-Konzepts. Die Gegenüberstellung bedeutet allerdings nicht, dass das Bürokratie-Modell vollkommen obsolet und durch den PM-Ansatz ersetzt worden wäre oder ersetzt werden soll. Vielmehr bestehen Elemente des Bürokratiemodells weiter, ebenso sind längst nicht alle Teilbereiche des PM-Konzepts in der Praxis umgesetzt.[92] So gewährleistet etwa das oben beschriebene Rationalitätsprinzip, dass z.B. den Beteiligten in einem Genehmigungsverfahren für Betriebsanlagen objektiv gegenübergetreten wird und nicht einflussreiche Personen oder finanzkräftige Unternehmen gegenüber

[92] Pollitt/Bouckaert (2004, S. 63) beschreiben dies so: „The idea of a single, and now totally obsolete, ancien regime is as implausible as the suggestion that there is now a global recipe which will reliably deliver 'reinvented' governments.

einfachen Nachbarinnen und Nachbarn bevorzugt werden. Hier steht der Interessensausgleich im Vordergrund, die Behörde hat das Verfahren unter ausgewogener Würdigung der unterschiedlichen Gesichtspunkte durchzuführen und zu entscheiden.

Bei aller Wertschätzung der persönlichen und informellen Kommunikation ist die schriftliche Kommunikation innerhalb der Verwaltung nach wie vor unverzichtbar, insbesondere wenn es um die Nachvollziehbarkeit oder das Wiederauffinden von Entscheidungen geht. Kanzleiordnung und Elektronischer Akt schaffen die notwendige Transparenz über Entscheidungen, ihre Begründungen sowie über die Verantwortlichkeiten im Entscheidungsprozess. Auch sind Informationen, die aktenmäßig dokumentiert sind, für alle Mitarbeiterinnen und Mitarbeiter einsehbar und können genutzt werden, auch wenn der „Entscheidende“ abwesend oder bereits in Pension gegangen ist. Dies stellt somit ein wichtiges Element in einem zeitgemäßen Wissensmanagement dar.

Allgemein gesagt sind zentrale Aspekte des Bürokratiemodells (z.B. hierarchische Aufbauorganisation und Kultur) jedoch für einen hoch entwickelten Wohlfahrtsstaat mit seinen vielfältigen Planungs-, Steuerungs- und Koordinierungsaufgaben wenig geeignet. Es ist stark rechtlich orientiert, der Vollzug des Gesetzes steht im Vordergrund. Wirtschaftliche Gesichtspunkte kommen im Verwaltungshandeln nicht ausreichend zum Tragen, was zu gravierenden Ineffizienzen führen kann. Wenn etwa dieselbe Fördernehmerin, derselbe Fördernehmer richtliniengemäß vom Bund und von einem Land Förderungen für dasselbe Projekt erhält und die beiden Fördergeber voneinander nichts wissen, kann nicht einmal die Frage der Wirtschaftlichkeit und schon gar nicht jene nach der Wirksamkeit beantwortet werden.

Das Bürokratiemodell ist zudem wenig an einzelnen Zielgruppen mit teils unterschiedlichen Interessen orientiert und kann sich noch weniger mit den Anliegen einzelner Bürgerinnen und Bürger befassen. Die geforderte Objektivität gegenüber den Bürgerinnen und Bürgern erzeugt auch eine gewisse Distanz zum Einzelnen, was bewirkt, dass den Gesichtspunkten und Anregungen der Bürgerinnen und Bürger wenig Verständnis entgegengebracht wird. Eine Kommunikation „auf Augenhöhe“ wird dadurch erschwert. Wie Schedler/Pröller[93] ausführen, stößt das Bürokratiemodell in einer

93 Vgl. Schedler/Pröller 2009, S. 17.

Zeit sich rasch ändernder Umfeldbedingungen, „die auch von der Verwaltung immer höhere Anpassungsfähigkeit verlangt, an seine Grenzen“.

Die Umsetzung der Konzepte ist je nach Kontext und Kultur auf nationaler Ebene und im internationalen Vergleich unterschiedlich erfolgt. In Bezug auf die Umsetzung von PM hat der Rechnungshof in einer Querschnittsprüfung in den Bundesländern aus dem Jahr 2002 konstatiert, dass z.B. Burgenland, Steiermark und Tirol das PM-Modell eher nur in Ansätzen umgesetzt haben, hingegen wurde Salzburg und Kärnten damals bereits ein hoher Umsetzungsgrad attestiert. Im Bund haben sich Ende der 1990er Jahre einzelne Ministerien wie etwa das Finanzministerium verstärkt dem PM verschrieben, was auch in den diversen Modernisierungsprogrammen (z.B VIP, help.gv) und in jährlichen Leistungskennzahlenberichten ab 1998 seinen Niederschlag fand. In mehreren großen österreichischen Stadtverwaltungen wurden ab Mitte der 1990er Jahre umfangreiche Managementschulungen und -reformen betrieben, wobei vor allem Ausgliederungen von städtischen Ver- und Entsorgungsbetrieben stattfanden.

Im internationalen Kontext differieren das Verständnis von PM und die Schwerpunkte der Umsetzung ebenso. So wird etwa der Endausbau von PM in angloamerikanischen Ländern (wohl überzogen) als „Paradies“ bezeichnet, während in Kontinentaleuropa eher ein zögerlich-pragmatischer und auf konkrete Bedarfslagen ausgerichteter Zugang Platz greift.

Im Vergleich zwischen kontinentaleuropäischem und angloamerikanischem Verständnis von PM verweisen Pollitt/Bouckaert (2004, S. 103) auf Unterschiede in der politischen Rhetorik: „There is a utopian quality to some of the political rhetoric around the reforms – particularly in the UK, Australasia, and North America. In Paradise citizens will enjoy services that are high-quality yet low-cost, easily accessed, and responsive. They will become more satisfied with their governments. Meanwhile civil servants will take on a new culture, infused with the values of economy, efficiency, effectiveness, and customer service...”

Wird die Modernisierung im öffentlichen Bereich als politisches Ziel formuliert, zeigen sich oft beachtliche Unterschiede zwischen Ankündigung und Realisierung. Auch liefern die im PM-Konzept inkludierten Evaluierungen für das Erreichte nur bedingt Belege je nachdem, wer die Evaluierungen konzipiert und die Kriterien festlegt, wer sie durchführt und welche Ziele damit verfolgt werden.

4. Steuerungsphilosophie des PM – Beitrag zu einer geänderten Verwaltungskultur

Drei Teilbereiche bilden im Wesentlichen das Handlungsfeld der neuen Steuerungsphilosophie, nämlich

- das Entwickeln und Vermitteln von Vision, Werten und von Aufgaben, die durch einen „Public Value" gekennzeichnet und über Kontrakte und Leistungsvereinbarungen umzusetzen sind,
- die Öffnung der Verwaltung nach außen, also die Pflege der Beziehungen zwischen Politik und Verwaltung, die Orientierung an den Bürgerinnen und Bürgern, Leistungsempfängerinnen und -empfängern sowie an den vielfältigen Interessensgruppen („stakeholder") in Wirtschaft und Gesellschaft und
- die Motivation, Unterstützung und Befähigung der Beschäftigten in der öffentlichen Verwaltung, insbesondere über Ziele, mit denen gesagt wird, was es zu erreichen gilt. Sie treten anstelle von Richtlinien und detaillierten Anweisungen.

Schaffen von Public Value

Wie im modernen Management generell arbeitet auch das PM zunächst auf der gedanklichen Ebene mit Leitbildern, mit Visionen, mit Vorstellungen von Leistungen und Wirkungen. Leitbilder und Visionen bilden Perspektiven und Orientierungspunkte für alle Beteiligten, sie bilden konkrete Utopien. So sieht etwa der Strategiebericht im neuen Bundeshaushaltsrecht für jedes Ressort ein Leitbild vor, das eine „Mission" für den jeweiligen Bereich (z.B. ein Ressort, ein Fachbereich) vorgibt, also einen Auftrag, eine Antwort auf die Frage „wozu sind wir da?"[94]

[94] § 3 der VO gemäß § 41 Abs. 2 BHG zur Wirkungsorientierung: „Das Leitbild definiert die Kernaufgaben der Verwaltungseinheit oder des Aufgabengebietes sowie die strategische Ausrichtung. Das Leitbild dient als gemeinsamer Orientierungsrahmen für das Handeln aller Mitarbeiterinnen und Mitarbeiter."

Die öffentlichen Aufgaben sind im rationalen Public Management nicht nur auf die Lösung sozialer und wirtschaftlicher Probleme gerichtet. So geht es um die Versorgung von Bevölkerung und Wirtschaft mit ausreichenden behördlichen Ordnungsleistungen insbesondere durch die Einrichtungen für die innere und äußere Sicherheit sowie der Justiz. Nach PM-Verständnis kann dies auch Deregulierungen verlangen. Weiters geht es auch um Schutz und Unterstützung für einzelne Individuen und Gruppen.

Öffentliche Güter unterscheiden sich meist von marktwirtschaftlichen Produkten (Leistungen), die über Märkte zu beziehen sind. Hauptcharakteristikum eines öffentlichen Gutes ist, dass kein entsprechend marktmäßiges Angebot vorhanden ist. Bei einer historischen Betrachtung zeigt sich auch, dass öffentliche Infrastrukturleistungen meist erst dann einsetzten, wenn die marktwirtschaftliche Versorgung nicht oder nur unzureichend gegeben war (Marktversagen).

Darüber hinaus wird durch die öffentliche Aufgabenerfüllung eine gesellschaftliche Wertschöpfung angestrebt. Dies z.B. durch Fairness im Umgang miteinander oder durch Streben nach einem angemessenen Ausgleich unterschiedlicher Gruppeninteressen, weiters durch Nachhaltigkeit, d.h. der Berücksichtigung der Ansprüche und Chancen künftiger Generationen sowie durch verbesserte Lebensqualität der heute lebenden Generationen. Dies bezeichnet man heute als „public value".

> „Public value means that public services are not merely addressing 'market failure' but have a more positive role in creating value… through issues like equity, equality, probity, and building social capital – which the private sector not only does not but cannot provide".

Schaffen von Public Value durch die staatliche Aufgabenerfüllung stellt ein wesentliches Element von Public Governance dar und wird daher im Teil IV vertieft behandelt. Hier wird deutlich, dass es sich beim Weg von Public Management zu Public Governance um einen Entwicklungsprozess handelt, bei dem die Konzeption und Umsetzung von Public Governance bereits in der Verwirklichung der Handlungsfelder von PM begründet ist bzw. sich auch aus den Defiziten im betriebswirtschaftlich dominierten PM ergibt.

Dies betont Strehl wie folgt: „Aus betriebswirtschaftlicher Sicht wird es als notwendig erachtet, dass das politisch-administrative System viel stärker als bisher die Kriterien der Effizienz und der Effektivität und die entsprechenden Instrumente einsetzt...".[95] Die Basis für eine intensivere Management-Orientierung der Verwaltung liegt eben nicht nur im betriebswirtschaftlich-technischen Bereich, sondern auch auf politisch-gesellschaftlichem Gebiet, wo beispielsweise Ziele der Rechtmäßigkeit und der Stärkung basisdemokratischer Beteiligung beachtet werden müssen. Dies erfordert wiederum eine sorgfältige Balance der teils gegensätzlichen Ziele.

Zusammenwirken von Politik und Verwaltung im PM

Nach einem manchmal noch überwiegenden Verständnis vieler Akteurinnen und Akteure im öffentlichen Sektor soll die Politik vorgeben, was es zu schaffen gilt und damit die Ziele formulieren (strategische Ziele, politische Planungen, Programme). Die Verwaltung würde die Ziele als Vorgabe betrachten und dann Entscheidungen über die geeigneten Vorgangsweisen zur Umsetzung der Ziele treffen, also das „Wie" festlegen.

Im PM-Konzept gilt dieses Verständnis jedoch als überholt, da strategische Planung, Steuerung und Erfolgskontrolle vor allem im Zusammenwirken der politischen mit der administrativen Führung erfolgen soll. Schließlich verfügt die Verwaltung über maßgebliche Informationen, Kenntnisse und Erfahrungen, die in die genannten Planungs- und Steuerungsprozesse einzubringen sind. In diesem Sinn erscheint ein modifiziertes Selbstverständnis der Verwaltung erforderlich.

So formulierte etwa kürzlich das „Führungsforum innovative Verwaltung" (FIV) folgende Sicht von strategischer und operativer Arbeit im öffentlichen Sektor.[96]

---

[95] Strehl 2006, S. 243.

[96] Führungsforum Innovative Verwaltung: 7 Gebote zur Verwaltungsentwicklung auf Basis des Positionspapiers vom Mai 2010, unter: www.fiv.at.

Neues Verwaltungsverständnis schaffen:

Verwaltung wird im Sinne der Gewaltenteilung als Teil der Vollziehung verstanden. Daher scheint die im Sprachgebrauch übliche Trennung zwischen Politik und Verwaltung verfehlt. Verwaltung wird als eine einheitliche Staatsgewalt verstanden. Modernen Managementüberlegungen entsprechend, soll der Schwerpunkt der Aufgabenstellung der Politik im strategischen Bereich liegen, während die operative Umsetzung von Leistungsaufträgen den Mitarbeiterinnen und Mitarbeitern überlassen wird. Die Mitverantwortung der Führungskräfte bei der Entwicklung politischer Strategien gewährleistet die bestmögliche Umsetzung im Vollzug. Vor dem Hintergrund der politischen Verantwortung gegenüber dem Parlament liegt die Letztverantwortung und Letztentscheidung in allen Bereichen bei der politischen Ebene.

Damit erfolgt eine maßgebliche Öffnung nach außen: Es gilt, anzustrebende Wirkungen und entsprechend konkretisierte Leistungen für Wirtschaft und Gesellschaft festzulegen, zu messen und zu steuern. Das zentrale Reforminstrument der neuen Steuerungsphilosophie ist die Etablierung von – meist strategischen – Zielen und Vorgaben, die in Form von Leistungskontrakten in Verbindung mit Globalbudgets für die strategischen und operativen Organisationseinheiten gelten. Zum Teil wird ein neues Rollenverständnis notwendig sein, „das einerseits für die Politik die für die Strategieentwicklung notwendigen Freiräume schafft und anderseits die mit der Übertragung von Eigenverantwortung verbundene Freisetzung von Leistungspotenzialen der Mitarbeiterinnen und Mitarbeiter fördert".[97]

Kundenorientierung des öffentlichen Handelns

Ein weiteres Element der Öffnung nach außen besteht – anders als im Bürokratiemodell – darin, die Anliegen der Bürgerinnen und Bürger, der Wirtschaft, der Institutionen der Zivilgesellschaft ins Zentrum der Überlegungen und Entscheidungen zu rücken. Ebenso geht es auch um gesamtgesellschaftliche Anliegen, wie Vollbeschäftigung und sozialer Ausgleich, die ökologische Nachhaltigkeit und andere Aspekte der Generationengerechtigkeit. Dabei gilt es auch,

[97] Positionspapier des Führungsforum Innovative Verwaltung 2010, S. 7.

die Einflüsse von außen – also gesellschaftliche und wirtschaftliche „Megatrends“, Auswirkungen der Entscheidungen anderer Akteurinnen und Akteure sowie generell verschiedene Chancen und Risiken zu erwägen und zu berücksichtigen.

Die Vision einer menschen- und umfeldbezogenen öffentlichen Verwaltung, die sich auch speziell um benachteiligte Gruppen und Individuen kümmert, steht im Gegensatz zum unpersönlichen Bürokratiemodell, und bedeutet vor allem:

- die Bürgerinnen und Bürger nicht als Untertanen, sondern als Personen mit ihren Rechten, Anliegen und tatsächlichen Bedürfnissen anzusprechen,
- auch künftige Generationen und bedrohte Umweltbereiche in die Kalküle einzubeziehen sowie
- schließlich die Mitarbeiterinnen und Mitarbeiter, Lieferanten, ehrenamtlich Tätige, Expertinnen und Experten als wichtige Elemente der Leistungserstellung zu schätzen und zu befähigen.

Allerdings kann das Übertragen des marktwirtschaftlichen Begriffs der Kundenorientierung auf Probleme im öffentlichen Bereich stoßen, da etwa die Kunden der Polizei sowohl Kriminelle als auch die Masse der Bürgerinnen und Bürger sind, die vor Straftaten geschützt werden wollen. Ähnlich ist die Problematik für Bezirkshauptmannschaften, wenn sie einer antragstellenden Partei nicht die gewünschte Betriebsgenehmigung erteilen, da die Interessen anderer Gruppen dem entgegenstehen können und/oder gesetzliche Vorschriften verletzen. Es gilt daher im öffentlichen Bereich, die verschiedenen Kundengruppen und ihre Interessen zu klären und abzuwägen und z.B. auch interne Empfänger von Verwaltungsleistungen als Kunden wahrzunehmen.

Wegen der engen Verzahnung von Verwaltungsarbeit und politischer Arbeit können daher in gewisser Weise auch die Politikerinnen und Politiker (Parlamentsabgeordnete, politische Ressortleitungen) als Kunden der Verwaltung gesehen werden, wenn etwa Verwaltungsexpertinnen und -experten Informationen erstellen, Prognosen erarbeiten oder Gesetzesentwürfe vorbereiten. Auch die Mitarbeiterinnen und Mitarbeiter im öffentlichen Sektor sind wichtige Kundinnen und Kunden ihrer Führungskräfte, die sich klare Ziele wünschen sowie eine Einbindung in Entscheidungen und die Berücksichtigung ihrer Meinungen und Fähigkeiten. So lassen sich das Wissen und die Motivation der Mitarbeiterschaft fördern und erhalten.

„Steuern auf Abstand" und Selbststeuerung

Mit der Vorstellung einer „Verwaltungssteuerung auf Abstand" wird der Unterschied zum Bürokratiemodell anschaulich: Die Steuerungsphilosophie des PM eröffnet den Führungskräften und den ausführenden Mitarbeiterinnen und Mitarbeitern grundsätzlich viele Freiräume, was nicht nur eine wichtige Voraussetzung für die Arbeitsmotivation bietet. Sie ermöglicht es auch, sich im Rahmen der Visionen und Strategien mit den Erwartungen und den Erfordernissen der Leistungsempfängerinnen und -empfänger auseinander zu setzen, d.h. diese bei den Zielen, Inhalten und Vorgangsweisen der Leistungserstellung zu berücksichtigen. Im Kontakt mit den Leistungsempfängerinnen und -empfängern erhalten sensibilisierte und motivierte Leistungsproduzenten diverse Rückmeldungen und übernehmen so auch Verantwortung für den Nutzen bzw. die Brauchbarkeit ihrer Leistungen und damit für zufriedene Kundinnen und Kunden. Neben den Führungskräften sind auch die Mitarbeitenden in der Lage, die innerbetriebliche Diskussion über mögliche Verbesserungen mit Vorschlägen zu bereichern.

Im PM-Konzept gewinnt jedoch auch die *Selbststeuerung von Führungskräften und ausführenden Mitarbeiterinnen und Mitarbeitern* an Bedeutung. Die Prinzipien der Ergebnissteuerung und der Selbstorganisation[98] im Rahmen dezentraler, teilautonomer Organisationseinheiten (ausgelagerte Betriebe, Agenturen, Projektgruppen) führen im Gegensatz zur traditionellen Fremdsteuerung zu einer stärker selbstbestimmten Denk- und Handlungsweise.

Das diesen Prinzipien zugrunde liegende Modell ist als Theorie der Selbstregulation[99] bekannt. Sie befasst sich mit dem Einfluss von Zielen auf das Verhalten von Menschen. Ziele werden als bewusst erstrebte Zustände verstanden, die das Verhalten bestimmen. Deshalb benötigt man zur Zielerreichung keine oder weniger externe Steuerung; vielmehr trägt hierzu die Selbstregulierung der Menschen bei.

---

[98] Siehe hierzu auch den Abschnitt II.4 über Dezentrale Fach- und Ressourcenverantwortung.

[99] Siehe Steinmann/Schreyögg 1997, S. 482 ff.

Die Theorie der Selbstregulation[99] betrachtet die Möglichkeit von Personen, sich durch eigene Verarbeitung von Informationen, wie weit man etwa vom gesetzten Ziel entfernt ist, zu motivieren. „Hierbei werden zwei Zieldimensionen als maßgeblich für die verhaltensbestimmenden Effekte angesehen; die Intensität der Bindung an die Ziele und der Inhalt der Ziele. Die Zielintensität bezieht sich auf die relative Bedeutung, die die betreffende Person dem Ziel beimisst und die Bindungstiefe (commitment), d.h. wie stark sich die Person dem Ziel verbunden fühlt.... Es gilt die empirisch vielfach bestätigte Annahme, dass Ziele umso stärker das Verhalten bestimmen, je wichtiger sie vom Individuum erlebt werden und je schwieriger sie zu erreichen scheinen. Auch die Inhalte der Ziele sind wichtig, und zwar in dem Sinn, dass sie von den Menschen verstanden, akzeptiert und/oder befürwortet werden."

Drei Komponenten bestimmen die Selbststeuerung:

- Selbstbeobachtung, denn Informationen müssen gewonnen werden, die zeigen, wie weit man auf dem Weg der Zielerreichung fortgeschritten ist, welche Hindernisse bestehen, welche Rückmeldungen seitens der „Kundinnen und Kunden" vorliegen;
- Selbstbeurteilung, d.h. eine Selbsteinschätzung ist notwendig, um die Differenz zwischen gesetztem Ziel und dem erreichten Stand zu bewerten;
- Selbstreaktion, etwa hinsichtlich der Zufriedenheit oder Unzufriedenheit; eine starke Abweichung zwischen Ziel und erreichtem Ergebnis wird zu Enttäuschung führen.

Es ist klar, dass das PM-Konzept mit der starken Komponente des Führens mit Zielen, der Messung der Zielerreichung sowie mit der Befähigung der Mitarbeiterinnen und Mitarbeiter aller Ebenen wesentliche Voraussetzungen zur Selbststeuerung und Selbstkontrolle bereitstellt.

Für die Führungskräfte erfordert „Steuern auf Abstand" verstärktes Befassen mit den Zielen der Leistungserstellung und mit den angestrebten Wirkungen. Die Freiräume der Führung ergeben sich aus der „Befreiung" von der täglichen Anweisungsarbeit und Kon-

[100] Nach Steinmann/Schreyögg 1997, S. 483.

trolle. Dabei wird klar, dass eine mehrdimensionale Steuerung, insbesondere über die Beiträge zur angestrebten Wirkung, über Quantität und Qualität der Leistungserstellung, über den Ressourceneinsatz pro Leistungseinheit die Arbeit der ausführenden Mitarbeiterinnen und Mitarbeiter besser leitet als bloßes Berufen auf die geltenden Normen und den jeweiligen Budgetansatz, wie es zumindest tendenziell dem Bürokratiemodell entsprechen würde.

Dies schließt Vertrauen der Führung in die Mitarbeiterschaft ebenso ein wie Controlling und Berichtslegung. Wenn etwa eine Führungskraft einlangende Schriftstücke nicht mehr sieht, weil sie bereits direkt an die Sachbearbeiterinnen und Sachbearbeiter gehen und von diesen auch selbständig erledigt werden, wird damit Vertrauen der Führung in die Mitarbeiterinnen und Mitarbeiter gelebt. Gleichzeitig kann aber durch Vorgeben von Mindeststandards (z.B. Mindestantwortzeit oder Bekanntgabe einer Kontaktadresse für Rückfragen) und eine regelmäßige Berichterstattung, bei der die Führungskraft über die wichtigsten Erledigungen informiert wird, Controllingerfordernissen entsprochen werden. Dies ist notwendig, da die Führungskraft alle getroffenen Entscheidungen aus ihrer Organisation nach außen auch rechtfertigen muss. Wie die einzelnen Organisationseinheiten und wie einzelne Gruppen von Mitarbeiterinnen und Mitarbeitern die Ziele erreichen, bleibt ihnen – innerhalb des rechtlichen und organisatorischen Rahmens – überlassen. Sie werden durch geeignete Arbeitsmittel, durch Befähigungen inhaltlicher Art und durch Persönlichkeitstrainings bei der Zielerreichung unterstützt.

Führungskräfte und Mitarbeiterschaft sind schließlich auch über die periodischen Ergebnisberichte miteinander verknüpft, die im Idealfall mit wenigen, aber gut konzipierten Kennzahlen und Feedbacks von den Leistungsempfängerinnen und -empfängern ein klares Bild von der Zielerreichung und der Umsetzung der übergeordneten Strategien für die Führungskräfte, aber auch für die Ausführenden bietet.

Ein Beispiel stellt das Expertenpapier zur Bildungsreform im Zuge der Arbeitsgruppe „Verwaltung Neu“ vom Sommer 2009 dar. Dort sind folgende Grundprinzipien einer neuen Bildungsstruktur vorgesehen:

- *Steuerung auf Basis strategischer Bildungsziele (Output- und Outcomeorientierung);*

- *Aufgaben-, Ausgaben- und Finanzierungsverantwortung sowie interne Kontrolle der Schulgebarung in eine Hand legen;*
- *weitgehende Autonomie der Schulen in Bezug auf Unterrichtsgestaltung und Personalauswahl;*
- *Qualitätssicherung und Qualitätskontrolle der Leistungserbringung der Schulen durch ein permanentes übergeordnetes Monitoring.*

Daraus wird ersichtlich, dass zwar strategische Bildungsziele (vom BMUKK) vorgegeben werden und eine Qualitätssicherung und -kontrolle durch ein übergeordnetes Monitoring vorgesehen sind. Die Ebene der Leistungserbringer, die Schulen, soll aber möglichst weitgehend Autonomie bei der operativen Umsetzung der strategischen Vorgaben haben. Es bleibt zu hoffen, dass das derzeit noch im Kompetenzdschungel „gefangene" Lösungskonzept auch einmal umgesetzt werden kann[101].

Veränderte Verwaltungskulturen als Ergebnis der neuen Steuerungsphilosophie?

Verwaltungskultur kann mit Schedler/Proeller[102] „vereinfachend als die Gesamtheit des Gelebten in der Verwaltung … als Informelles, Tatsächliches und Erlebtes im Umgang der Mitarbeitenden untereinander und mit ihren Ansprechpartnern außerhalb der Verwaltung", als Haltungen, Einstellungen, Gebräuche von Führungskräften und Mitarbeiterinnen und Mitarbeitern bezeichnet werden. Man kann davon ausgehen, dass sich die Organisationskultur in gewinnorientierten Wirtschaftssektoren von der Kultur in Non-Profitorganisationen (z.B. Menschenrechtsorganisationen, politische Parteien) und von der Verwaltungskultur im öffentlichen Bereich in mehrerer Hinsicht unterscheidet. So werden z.B. die zahlungskräftigen Kundinnen und Kunden in der Marktwirtschaft meist zuvorkommender behandelt – im öffentlichen Bereich gilt das Prinzip der Gleichbehandlung.

Diese Unterschiede sind in erster Linie auf jeweils verschiedene Werte, die in Organisationen vorherrschen, und auf die individuellen Wertvorstellungen und das Einsetzen für bestimmte Tugenden zurückzuführen. Werte sind die Grundlagen für das Verhalten der Mitarbeiterinnen und Mitarbeiter einer Organisation und prägen

---

[101] Siehe:http://www.rechnungshof.gv.at/fileadmin/downloads/2010/beratung/verwaltungsreform/Bildung/Loesungsvorschlaege_Schulverwaltung.pdf.

[102] Schedler/Pröller 2009, S. 267.

damit die Verwaltungskultur, die auch als Ethik einer Verwaltungsorganisation bezeichnet wird.

Abbildung 5: Von den Werten zur Verwaltungskultur (Ethik)

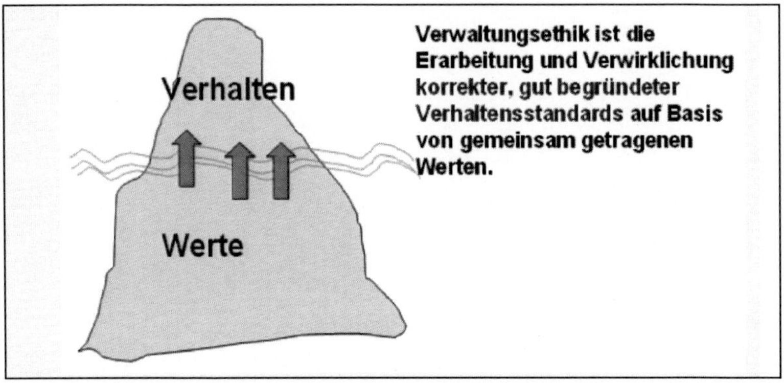

Quelle: Nach Bauer/Drexler (2009, S. 11)

Es ist auch eine Frage der herrschenden Werthaltung, wie aktiv sich Führung und Mitarbeiterschaft auf Veränderungen im Umfeld einer Organisation einstellen oder wie defensiv, wie reaktiv sie handeln.

Wenn beispielsweise die BH Innsbruck erkannt hat, dass Bedarf besteht, den Bürgerinnen und Bürgern und der Wirtschaft „entgegenzugehen" und sie daraufhin einen Stand bei der Innsbrucker Messe und am Flughafen einrichtet, bei dem Behördenleistungen wie etwa Reisepässe bezogen werden können, ist dies Ausdruck einer Werthaltung. Interessant bei diesem Projekt ist, dass diese Innovation insbesondere von den Mitarbeiterinnen und Mitarbeitern getragen wurde, die dann den Behördenleiter erfolgreich überzeugen konnten, dass es sich lohnt, dieses Service anzubieten.

Eine Konsequenz bestimmter dominierender Werte ist ebenso die Haltung von Mitarbeiterinnen und Mitarbeitern einzelner Verwaltungen, sich den Vorgaben der Politik und der Verwaltungsführung diskussions- und kritiklos unterzuordnen und alle „Befehle" bzw. Anordnungen zu erfüllen. Das Wertesystem wird dagegen bei jenen, die in einer offenen Diskussion einen Austausch der Sichtweisen und der Erfahrungen „von unten" mit jenen der Führung „von oben" verfolgen, anders geprägt sein.

Neben den Werthaltungen beeinflussen auch grundsätzliche Einstellungen und Grundannahmen über das Selbstverständnis einer

Organisation die Verwaltungskultur. Dies betrifft z.B. die Einstellung von Akteurinnen und Akteuren aus Politik und Verwaltung zum Menschen, zu Natur, zu Technik und Recht; weiters geht es um Grundannahmen über das Verhältnis zwischen Bürgerinnen und Bürgern und Beamtinnen und Beamten[103].

Im Bereich der persönlichen Dienstleistungen werden diesbezügliche Kulturunterschiede rasch offensichtlich: Bei gleichen Normen und Aufträgen kann die Verwaltungskultur im Umgang mit den Leistungsempfängerinnen und -empfängern einmal durch aktives Eingehen auf die Anliegen der Bürgerinnen und Bürger, und deren Fähigkeit, sich auf die staatlichen Normen einzustellen oder nicht, auf deren mögliche Notlagen sichtbar werden; ein anderes Mal wird sie durch Verweise auf die Vorschriften, auf den Dienstweg, die Amtszeiten und auf die aufliegenden Antragsformulare erkennbar. Aus diesem Beispiel wird das unterschiedliche Menschenbild, das die jeweilige Organisationskultur prägt, ersichtlich.

Die Organisationskultur im PM setzt auf Menschen, die offen für Einflüsse von außen sind, die sich aktiv mit Leistungsempfängerinnen und -empfängern sowie mit Vorgesetzten auseinandersetzen, die sich selbst steuern können und ihre eigene Meinung bei einem – wenigstens teilweise – selbst bestimmten Handeln einbringen.

Tabelle 5: Elemente traditioneller Verwaltungskultur und der mit dem PM-Modell angestrebten Organisationskultur

Traditionelle Verwaltungskultur	**Organisationskultur im PM**
Reagieren auf neue Gegebenheiten, auf äußere Einflüsse;	Pro-aktives Handeln; es wird frühzeitig versucht, unerwünschte Entwicklungen zu verhindern oder wenigstens abzuschwächen.
hohe Resistenz gegen Veränderung	Änderungen gekonnt planen und umsetzen
Obrigkeitsstaatliches Verhalten durch unpersönliches, defensives, formal korrektes Handeln,	Servicegesinnung im Vordergrund, öffentliche Verwaltung versteht sich als Partner für die Bürgerinnen und Bürger und die Wirtschaft.
Zentralistische Führungskultur	Kultur der Kooperation zwischen Dienststellen im Interesse einer raschen und umfassenden Erledigung
„alte" Fehlerkultur – Suche nach Schuldigen	neue Fehlerkultur – aus Fehlern lernen wirkt
Misstrauen gegenüber Leistung und Verhalten von Mitarbeiterinnen und Mitarbeitern	Vertrauen in das Urteilsvermögen und in die Selbststeuerung der Mitarbeiterschaft

Quelle: Bauer/Dearing 2011, S. 38, Tab.2

[103] Siehe auch Drexler/Wörgötter 2008, S. 328f.

Die Kultur einer Organisation kann durch Anordnungen bezüglich der Vorgangsweisen (Prozesse) oder durch neue Strukturen nur schwer und kaum kurzfristig verändert werden. Um den notwendigen Wandel der Verwaltungskultur im Sinn des PM für Führungskräfte, Mitarbeiterinnen und Mitarbeiter leisten zu können, muss jedenfalls ein gedanklicher Austausch über die vorherrschenden Werte geführt werden, um Werthaltungen transparent und verständlich zu machen. Darüber hinaus erscheint es notwendig, Werte mit bestimmtem Handeln zu verbinden. Die Leistung von Führungskräften (Produkt „Führung") sollte beispielsweise mit dem Wert „Vertrauen" verbunden werden. An bestimmten Maßnahmen der Führung merkt dann der einzelne Mitarbeiter, die Mitarbeiterin, ob es eine Kultur des Vertrauens gibt oder nicht. Der Wert „Bürgerorientierung" wird u.a. über das Einholen von Rückmeldungen der Bürgerinnen und Bürger kontrolliert bzw. diskussionsfähig gemacht.

Im System des Common Assessment Framework (CAF)[104] beispielsweise wird ein solcher Wandel der Verwaltungskultur durch Betrachtung folgender Kriterien sichtbar gemacht bzw. werden Werte und kongruente Handlungen miteinander verknüpft:

> Kriterien 1.1 und 1.3 – Unter dem Themenfeld „Führungsqualität" fragt der CAF etwa danach, inwieweit die Führung der Organisation eine strategische Ausrichtung gegeben hat, indem ein Vision und eine Mission entwickelt wurden. Es geht, wie im Kriterium 1.3. aber auch darum, wie Führungskräfte ihre Mitarbeiterinnen und Mitarbeiter motivieren und unterstützen bei der Umsetzung ihrer Ziele und darum, dass Führungskräfte ein Beispiel geben und positive Werte vorleben.
>
> Kriterien 3.2 und 3.3 – Im Themenfeld „Personalmanagement" wird im Kriterium 3.2. die Wertschätzung der Mitarbeiterinnen und Mitarbeiter deutlich, wenn gefragt wird, inwieweit die Fähigkeiten der Mitarbeiterinnen und Mitarbeiter erkannt, weiterentwickelt und genutzt werden, um die Ziele des Einzelnen und der Organisation aufeinander abzustimmen. In Kriterium 3.3. geht es dann um ein Klima der Offenheit und um Empowerment für die Mitarbeiterinnen und Mitarbeiter und inwieweit dies vorhanden ist.

[104] Siehe Teil I, Punkt 1.6.

Kriterien 7.1 und 7.2 – Im Themenfeld „Mitarbeiterbezogene Ergebnisse“ werden Ergebnisse von Messungen zur Mitarbeiterzufriedenheit und sonstige Indikatoren, wie etwa Krankenstandsstatistiken oder Fluktuationsraten, abgefragt, die bestimmte Organisationskulturen zum Ausdruck bringen können.

Der vergleichsweise rasche Wandel in der Einstellung von Verwaltungsführung und -bediensteten zu den Bürgerinnen und Bürgern (Kundinnen und Kunden), der überall in Österreich registriert werden kann, zeigt, dass ein nachhaltiger Kulturwandel durchaus in einem überblickbaren Zeitraum möglich ist. Dabei ist zu berücksichtigen, dass die Werthaltung von Leistungsproduzenten bezogen auf ihre Leistungsempfängerinnen und -empfänger auch durch den generellen gesellschaftlichen Wandel zur Dienstleistungsgesellschaft geprägt und nicht nur durch Reformen im öffentlichen Sektor erreicht worden ist.

5. Anforderungen an die strategische Arbeit

Dem strategischen Denken wird im PM-Konzept generell für die Planung und Steuerung der Leistungserstellung ein hoher Stellenwert eingeräumt. Dieser beruht auf der Komplexität der öffentlichen Aufgabenstellungen, welche insbesondere durch:

- die verschiedenen äußeren Einflüsse und Problemlagen,
- die politischen und fachlichen Ziele verschiedener Akteurinnen und Akteure,
- die Vielfalt an Leistungen und Wirkungen,
- die diversen Zielgruppen und Interessen sowie
- die gesetzlichen Vorgaben

geprägt wird.

Im CAF[105] wird dies klar begründet, denn Strategie wird dort „als Art und Weise“ verstanden, „wie eine Organisation die miteinander in Bezug stehenden Aktivitäten miteinander kombiniert, (was) ihre Gesamtleistung bestimmt“. Bereits im Jahr 1995 konstatierte die OECD steigendes Interesse: „The need for more strategic manage-

[105] CAF 2006, S. 12.

ment, (whereby) the number of countries signalling efforts of this type is steadily increasing".[106] Für Österreich stellte dagegen erst kürzlich der Verwaltungsforscher Gratz[107] besondere Defizite der strategischen Arbeit fest: „Eine markante strategische Untersteuerung geht mit einer operativen Übersteuerung Hand in Hand."

Was ist eine Strategie?

Eine häufig verwendete Definition lautet: Strategie ist eine grundsätzlich angelegte Verhaltensweise und/oder Kombination von Maßnahmen einer Organisation und ihrer Teilbereiche gegenüber der Umwelt (Gesellschaft) zur Erfüllung der Ziele.

Strategien befassen sich nicht nur mit Zielen und angestrebten Wirkungen, sondern auch mit Aussagen zur Positionierung und Strukturierung sowie mit den Arbeitsweisen der Organisation. Sie dienen auch zur Umsetzung der in Leitbildern (Visionen) enthaltenen Grundsätze und Aussagen.

Als Beispiel für strategisches Arbeiten in öffentlichen Verwaltungen wird das Konzept der Bertelsmann Stiftung kurz erläutert. Der Ansatz der „Bertelsmann Stiftung" für strategisches Management wurde von Pröhl[108] formuliert und bezieht sich explizit auf Kommunen, ebenso können auch andere öffentliche Verwaltungen nach diesem Konzept vorgehen: „Aus Sicht der Bertelsmann Stiftung bedeutet Strategisches Management die langfristig angelegte und nachhaltige politische Steuerung einer Kommune. Grundlage ist ein Berichtswesen, das Aufschluss über das Erreichen von Zielen zulässt, die sich Rat, Verwaltung und Bürgerschaft gesetzt haben. Als zentrale Aspekte einer solchen Steuerung müssen eine bürgerorientierte Vernetzung der lokalen Akteure, transparente Entscheidungsprozesse und eine regelmäßige Evaluation von gemeinsam erarbeiteten Handlungskonzepten berücksichtigt werden."

Elemente des Ansatzes der Bertelsmann Stiftung sind das Erarbeiten einer Vision (z.B. mehr Lebensqualität, Belebung der kommunalen Demokratie) und das Formulieren von politisch-strategischen Zielen mit den Akteurinnen und Akteuren. Auch ein gewisser Kulturwandel, der diese kreative Arbeit von „Strategen" verschiedener Stakeholder erst ermöglicht, scheint erforderlich. Mit einer

---

[106] OECD 1995, S. 7.

[107] Gratz 2011a, S. 655.

[108] Pröhl 2001, S. 6ff.

brauchbaren empirischen Datenbasis und mit Monitoring und Evaluationen soll die politische und administrative Entscheidungsfindung versachlicht werden. Als Schwäche des Modells führen Schedler/Siegel[109] an, dass das „Strategiekonzept einschließlich des strategischen Steuerungszyklus nicht weniger als die gesamte Kommune (also nicht nur Politik und Verwaltung) zum Gegenstand hat. Damit steigt die Komplexität der zu berücksichtigenden interdependenten Faktoren bei der Strategieentwicklung … Das Modell postuliert damit implizit große Anforderungen an die Ausgestaltung des Prozesses … sowie an die beteiligten Akteure, insbesondere was Kompromissbereitschaft und Informationsverarbeitungskapazität betrifft."

Beispiele für strategische Planungen sind etwa Verwaltungs- und Führungsleitbilder[110], häufig auch aufgabenbezogene Modernisierungskonzepte, so etwa die in mehreren Staaten geglückten strategischen Bildungsreformen oder die österreichische E-Government-Strategie.

Qualitätserfordernisse strategischer Arbeit

Zentrale Kriterien für die Qualität von Strategie und Planung sind[111]

- die Gewinnung von Informationen über die aktuellen und künftigen Bedürfnisse der Bürgerinnen und Bürger, über die anderen Interessensgruppen, ebenso über Entwicklungen des nationalen und internationalen Umfeldes, weiters
- die Art und Weise wie Strategie und Planung entwickelt, überprüft und aktualisiert werden, so etwa durch systematische Analyse von Erfolgsfaktoren und kritische Evaluierung von Output und Outcome der eigenen Organisation und schließlich
- Fragen der Umsetzung der Strategien in der gesamten Organisation, etwa durch Einbeziehen der Interessensgruppen in den Prozess der Strategieentwicklung sowie durch Übertragen der strategischen in operative Ziele, der strategischen Pläne in Pläne und Aufgaben für Abteilungen und ausgelagerte Einrichtungen.

---

109 Schedler/Siegel 2005, S. 39.

110 Z.B. Leitbild des BMVIT unter http://www.bmvit.gv.at/ministerium/organisation/leitbild.html oder der Justizanstalt Leoben http://bka.gv.at/site/cob__29286/5917/default.aspx.

111 CAF 2006, S. 13.

Für die Verwaltungsmodernisierung bedeutsam ist die Verknüpfung verschiedener Inhalte der strategischen Arbeit im öffentlichen Sektor. Seit der Arbeit von Kaplan und Norton Anfang der 1990er Jahre erfolgt dies mit Hilfe des Ansatzes der „Balanced Scorecard" (BSC). Die BSC ist ein Managementinstrument mit dem Zweck, die jeweilige Organisation an strategischen Zielen mit unterschiedlichen Perspektiven auszurichten; hierbei werden meist:

- die inhaltlichen Leistungen oder Wirkungsziele,
- Kundenzufriedenheit,
- wirtschaftlicher Erfolg,
- möglichst einfache und sparsame oder innovative Prozesse und
- die Interessen der Mitarbeitenden

betrachtet.

Im Gegensatz zu Unternehmensleitbildern und anderen unscharfen Formulierungen erlaubt es die Balanced Scorecard, die Erreichung von strategischen Zielen mess- und damit überprüfbar und über die Ableitung von Maßnahmen auch umsetzbar zu machen.

Zum Unterschied von operativer Planung erfordert und/oder erlaubt es strategisches Management, auch verschiedene Koordinations- bzw. Integrationsleistungen zu erbringen.[112] Dies etwa in Bezug auf die kohärente Ausrichtung einzelner Teilbereiche innerhalb einer Organisation, wie z.B. die jeweilige Hoheitsverwaltung und ausführende Organisationseinheiten (wie ausgegliederte Betriebe) oder die Abstimmung zwischen einzelnen Ressorts über zentrale Wirkungen. So wurde beispielsweise im Juli 2010 vom Ministerrat die mit den Bundesländern abgestimmte Nachhaltigkeitsstrategie beschlossen (www.nachhaltigkeit.at). Diesem Beschluss sind umfangreiche Abstimmungsarbeiten vorausgegangen, die in diversen Gremien unter Beteiligung von NGOs betrieben wurden. Auch die Erarbeitung gemeinsamer strategischer Konzepte für eine Politik der Haushaltskonsolidierung oder der Stabilitätspolitik von Bund, Ländern und Gemeinden bieten – noch zu verbessernde – Beispiele hierfür.

---

[112] Vgl. Biwald 2008, S. 247.

In diesem Sinn äußert sich auch das Führungsforum Innovative Verwaltung (FIV), in dem von der Verwaltung mehr Unterstützung der Politik bei der *Strategieentwicklung* gefordert wird:

„Soll die Erreichung von Wirkungszielen und Wirtschaftlichkeitszielen verbessert werden, ist es unerlässlich, in die Verbesserung der Planung und Steuerung zu investieren. Kurz- bis mittelfristig sollten daher folgende Schwerpunkte gesetzt werden:

- Forcierung des Einsatzes von Szenariotechniken, statistischen Entwicklungsabschätzungen, Strategieklausuren und lang- bis mittelfristige Strategievorschläge für die Politik.
- Im Bereich der Bundesverwaltung sollten sich die Ministerien auf Strategiefunktion und Kontrolle konzentrieren, die operativen Tätigkeiten sollten in den nachgeordneten Dienststellen angesiedelt sein.
- Klare Schnittstellen zwischen den politischen Büros und den Führungskräften in der Verwaltung.
- Einsatz von strategischen und operativen Zielvereinbarungen als durchgängiges Führungsinstrument in der Verwaltung (beginnend auf der politischen Ebene)….“

In Österreich ist das Entwickeln von Strategien, ebenso wie deren Evaluierung tendenziell unterentwickelt. Es fehlen offensichtlich Zeit und Bereitschaft, sich vertieft mit Daten und Fakten auseinanderzusetzen und gemeinsam mit den Betroffenen Zukunftslösungen zu erarbeiten. Es ist etwa nach wie vor eine Gesamtstrategie für die Verwaltungsreform ausständig, die Aussagen zur Kundenorientierung, zum Personal, zur Budgetkonsolidierung und zum Prozess enthalten müsste und sich nicht auf bloße Einzelmaßnahmen und Personaleinsparungen beschränken dürfte.[113]

Finnland wird dagegen – bei allem Optimierungsbedarf – schon ein hoher Entwicklungsstand der strategischen Arbeit seitens der OECD bescheinigt. Im OECD Governance Review für Finnland[114] wird ausgeführt, dass Regulatory Impact Analysen, Bürgerbeteiligungsprogramme und regelmäßiger Dialog zwischen Regierung und Parlament zu Zukunftsthemen bereits gelebte Praxis sind. Ebenso bieten in Finnland personell gut ausgestattete Fachbeiräte

[113] Vgl. Dearing 2008, S. 293.

[114] Vgl. OECD 2011. S. 125.

wie etwa das National Board of Education Unterstützung für die strategische Politikentwicklung und Evaluierung. Das jüngste Produkt des National Board of Education ist beispielsweise eine Strategie „Learning and Competence 2020“ für das finnische Bildungssystem.[115]

6. Veränderte Organisationsprinzipien

Früher waren in größeren privaten Unternehmungen und in den traditionellen öffentlichen Verwaltungen und Betrieben häufig ähnliche Organisationsprinzipien gegeben. Sie waren bzw. sind durch funktionale und stark arbeitsteilige Verwaltungsstrukturen, tendenziell geringe Führungsspannen und hohe Organisationstiefe[116] gekennzeichnet sowie durch vertikale Informationsflüsse und durch wenig horizontalen Informationsaustausch und Kooperation zwischen Dienststellen. Bereits in den 1920er und 1930er Jahren veränderten sich, bedingt durch sozialpsychologische und sozialmedizinische Erkenntnisse, ebenso durch technische Entwicklungen die unternehmerischen Organisationen, v.a. in den USA. Mit dem PM unterliegt die öffentliche Verwaltung einem teils ähnlichen Wandel. Es geht um das Zurückdrängen der funktionellen Arbeitsteilung zugunsten einer stärkeren Ergebnis- und Prozessorientierung insbesondere im Interesse zufriedener Leistungsempfängerinnen und -empfänger. Es geht um mehr Teamarbeit und Projektorganisation anstelle der hierarchischen Linienorganisation, um Segmentierung und Dezentralisierung als Gegengewicht zur oft überzogenen Zentralisierung, womit auch eine Reduzierung der komplexen Aufgaben der Führungsebene erreicht werden soll. Einige dieser Ansätze werden im folgenden Abschnitt kurz erläutert und mit praktischen Beispielen illustriert.

6.1. „Schlanker“ Staat durch Aufgaben- und Leistungsprivatisierung

Ausgliederungen und Privatisierungen, aber auch Eingliederungen von Aufgaben haben immer wieder den Stand der Verwaltungsaufgaben betroffen und in der einen oder der anderen Richtung

[115] Die Unterlagen sind auch auf Englisch verfasst und im Internet abrufbar (http://www.oph.fi/english).

[116] Dies bedeutet, dass mehrere hierarchische Ebenen einander über- bzw. untergeordnet sind.

gewirkt. Bei Eingliederungen handelt es sich beispielsweise um die Führung oder Übernahme von Gemeindespitälern durch ein Bundesland, von neuen, u.U. riskanten Geschäftszweigen (Technologie- und Gründerzentren, Windparks) sowie von illiquiden und auf Grund sonstiger Gründe durch Schließung bedrohten Einrichtungen, an deren Weiterbestand Gebietskörperschaften jedoch interessiert sind (z.B. private Betreuungs- und Freizeiteinrichtungen, Gastronomiebetriebe). Ausgliederungen betreffen dagegen die Übertragung von Aufgaben, die bisher von Einrichtungen der Gebietskörperschaften wahrgenommen wurden, auf eigene Rechtsträger öffentlichen oder privaten Rechts der betreffenden Gebietskörperschaft.

Als Teil des PM-Konzepts kann die Suche nach einem schlanken Staat bzw. nach einer „schlanken qualitätsorientierten Verwaltung" verstanden werden. Wie Schauer[117] feststellt, geht das Konzept der schlanken Produktion „dem Grunde nach auf die arbeitsteilig organisierten Industriebetriebe zurück, deren Arbeitsresultate verbessert werden sollten." Grundidee ist hierbei, die vorhandenen Kapazitäten und Kompetenzen des Staates und seiner Verwaltungen auf Kernausgaben zu konzentrieren; andere Leistungen sollen zugekauft werden (teilweise auch als Leistungsprivatisierung) oder dem Wettbewerb überlassen werden, wofür „echte" und „unechte" Privatisierungen gewählt werden können.

„Echte" und „unechte" Aufgabenprivatisierungen

Grundsätzlich sind materielle, „echte" Privatisierungen, bei denen der Staat eine von ihm bisher besorgte Aufgabe nicht mehr wahrnimmt, von formellen, „unechten" Privatisierungen zu unterscheiden. Bei letzeren wird lediglich die Organisationsform, in der die Aufgabe erbracht wird, geändert, weshalb sie auch als Organisationsprivatisierungen bezeichnet werden. Sie liegen dann vor, wenn eine Aufgabe des Staates in einen von ihm nicht mehr bzw. nicht vollständig beeinflussbaren Bereich verlagert wird. So werden bereits seit Jahrzehnten Verwaltungsaufgaben – etwa im Bereich einzelner Ministerien sowie vieler Städte – auch im Rahmen wirtschaftlicher Unternehmen wahrgenommen, wobei diese als Eigenunternehmen oder als „ausgegliederte Unternehmen" (also als eigene Rechtsträger) unternehmerisch tätig werden. Als Vorteile solcher Ausgliederungen werden raschere operative Entscheidungen,

117 Schauer 2008, S. 91.

flexiblere Investitions-, Personal- und Beschaffungspolitik, steuerliche Vorteile, als Nachteile verminderte politische Verantwortung und Kontrolle, Flucht aus dem Budget angeführt.[118]

Im Zusammenhang mit der Vorbereitung zum Beitritt Österreichs zur EU im Jahr 1995 sowie zur EWWU (1997) ist es in verschiedenen Bereichen der öffentlichen Verwaltungen vor allem zu Organisationsprivatisierungen gekommen, wobei verschiedene öffentlich-rechtliche, aber auch privatrechtliche Formen der Trägerschaft gewählt worden sind (siehe die Beispiele in der Tabelle 6).

Tabelle 6: Beispiele für Organisationsprivatisierungen bei Bund, Ländern und Gemeinden

Aufgabe und bisheriger Träger	neue Bezeichnung	neue Organisationsform
Arbeitsmarktverwaltung des Bundes	Arbeitsmarktservice	Dienstleistungsunternehmen öff. Rechts m. eigener Rechtspersönlichkeit (AMSG, BGBl. 1994/313)
Diplomatische Akademie des BM für auswärtige Angelegenheiten	Diplomatische Akademie Wien	Anstalt des öff. Rechts (DAK-G, BGBl. 1996/178)
Bundesamt für Zivilluftfahrt	Austro Control Österr. Gesellschaft für Zivilluftfahrt	GmbH (BGBl. 1993/898)
Österreichische Staatsdruckerei	Print Media Austria AG, Wiener Zeitung GmbH	AG, GmbH (StaatsdruckereiG, BGBl. I 1997/1)
Landeskrankenhäuser Steiermark	Steiermärkische Krankenanstaltengesellschaft mbH	GmbH (1985 gegründet)
Landeskrankenhäuser Burgenland	Burgenländische Krankenanstalten Ges.m.b.H.	GmbH (gegründet 1992; 100 Prozent Eigentümer Land Burgenland)
Betriebsansiedlungsabteilung des Magistrats Wiener Neustadt	eco nova Wiener Neustadt GmbH	GmbH (gegründet 2009; 100 Prozent Tochter der Wiener Neustädter Holding GmbH)

[118] Vgl. Holzinger 2006, S. 174.

Besonders im Bereich öffentlicher Infrastruktureinrichtungen, die zur Investitionsfinanzierung nennenswerte Schulden aufgenommen hatten oder künftig aufnehmen sollten, war es öffentliche Politik, möglichst umfassend Organisationsprivatisierungen vorzunehmen. Grundsätzlich war es nach dem ESVG 1995 möglich, solche Maßnahmen im Hinblick auf die Gestaltung von Maastricht-Ergebnissen (Nettodefizit und öffentlicher Schuldenstand) der einzelnen Gebietskörperschaften vorzunehmen.

„Echte" Privatisierungen im Bundesbereich betrafen vor allem weite Teile der früheren verstaatlichten Wirtschaft (Industriebetriebe, Banken, Betriebe zur Elektrizitätsversorgung).

Funktionelle Privatisierung

Ein Aspekt des Wandels vom „Versorgungsstaat" zum „Gewährleistungsstaat" und des oben ausgeführten geänderten Grundverständnisses vom Staat besteht darin, insbesondere bei der Erstellung der öffentlichen Leistungen verschiedene arbeitsteilige, teils konkurrenz-ähnliche Beziehungen mit anderen Sektoren, insbesondere der Erwerbswirtschaft einzugehen. Wird die Produktion öffentlicher Leistungen an private Träger ausgelagert, spricht man von „Leistungsprivatisierung" und erreicht damit eine Verringerung des staatlichen Leistungsangebots. Überträgt man die Erbringung einer öffentlichen Leistung an einen zumindest operativ eigenständig handelnden (autonomen) öffentlichen Betrieb (öffentliche Anstalt, Eigenbetrieb, öffentlicher Betrieb in privatrechtlicher Rechtsform, Gemeindeverband) bedeutet dies lediglich eine formelle Leistungsprivatisierung, wodurch zumindest in operativen Fragen privatrechtliche Handlungsweisen im Interesse erhöhter Beweglichkeit und Kosteneffizienz ergriffen werden können.

Mit Leistungsprivatisierung wird versucht, auf die aufgabenpolitisch und betriebswirtschaftlich wichtige Frage von Eigenerstellung versus Fremdbezug von Leistungen („make or buy"-Problematik) differenzierte Antworten zu geben. Durch mögliche Leistungsprivatisierungen kann Druck auf inflexible, teils ineffizient arbeitende Organisationseinheiten im Verwaltungsbereich ausgeübt werden; sie sollen damit agiler, kundenorientierter, effizienter und innovativer gemacht werden. Der Privatwirtschaft und anderen Anbietern können damit aber auch neue profitable Geschäftszweige eröffnet werden.

So stand etwa bei einigen „Flexidienststellen“ im Vorfeld eine Privatisierung im Raum, so z.B. bei landwirtschaftlichen Anstalten und bei der Finanzprokuratur. Sie konnte von den Dienststellenleiterinnen und -leitern jedoch abgewendet werden, indem sie sich für die Teilnahme am Projekt „Flexiklausel“ entschieden. Die Evaluierungen haben gezeigt, dass es auch innerhalb der „Flexiklausel“ möglich war, Freiräume bei der Leistungserstellung und im Budgetvollzug zu nutzen, moderne Managementinstrumente einzuführen, Einnahmen zu generieren (z.B. die Vermietung der Hauswände von Gefängnissen zu Werbezwecken) sowie aus erwirtschafteten Rücklagen unabhängig vom Ressort Investitionen zu tätigen oder effiziente Teamarbeit durch Teambelohnungen zu würdigen.[119]

Traditionell war und ist es bei öffentlichen Kernaufgaben (z.B. Produktion von Sicherheit) nahe liegend, sie in öffentlicher Verantwortung zu definieren, zu organisieren und zu finanzieren. Ob die öffentliche Verwaltung die Leistungen auch selbst produziert, ist nun im PM-Konzept jedoch unter effizienzbetonten und reformpolitischen Gesichtspunkten zu prüfen. Die Antworten werden unterschiedlich ausfallen, da es u.a. von der spezifischen Eigenart der Leistung, von den eigenen Stärken der Organisationseinheiten, von der Häufigkeit des Anfalls der Leistung und damit von der Auslastung der vorhandenen Kapazitäten, von der Größe des Einzugsgebiets oder des Versorgungsbereichs abhängt. Weiters werden kleinere Gebietskörperschaften andere Antworten auf die Frage geben müssen als große, stärker professionell agierende Organisationseinheiten. Generell besteht die Möglichkeit, durch Leistungsprivatisierung finanzielle Entlastungen für die öffentlichen Verwaltungen zu erzielen. Sie ergeben sich meist durch Abbau fixer Kosten besser angepasster Betriebsgrößen, rationellerer Produktionsprozesse. Selbst im Fall der Subventionierung privater Leistungserstellung (aus Interesse an der Leistungserbringung) ist ein Vorteil darin zu sehen, wenn „der Zuschussbedarf geringer ist als die bisher zu tragenden Kosten.“[120] Beispiel hierfür sind etwa die Subventionen einzelner Städte an private Kinderbetreuungseinrichtungen, mit denen das Angebot öffentlicher Betreuungseinrichtungen ergänzt und gleichzeitig die teurere öffentliche Produktion dieser Leistungen erspart werden kann. Klar ist, dass durch geeignete Maßnahmen der

[119] http://bka.gv.at/site/6359/default.aspx.

[120] Schauer 2008, S. 104.

öffentlichen Hand sichergestellt wird, dass die Leistungsprivatisierung nicht zu Qualitätseinbußen bei den Leistungsempfängerinnen und -empfängern und zu höheren Gewinnen für die alternativen Produzenten führt.

Beispiel: Polizeileistungen als typische hoheitliche Leistungen werden i. d. Regel auf nationaler oder regionaler Ebene öffentlich produziert. Damit sind einheitliche Standards (insbesondere etwa zur Einhaltung von Menschenrechten bei der Ausübung von Hoheitsgewalt), eine professionelle Arbeitsweise (die Ausbildung von Polizistinnen und Polizisten zählt im Vergleich zum sonstigen öffentlichen Dienst zu den längsten und meist fundierten) und die Verknüpfung der verschiedenen Sicherheitsaspekte gewährleistet. Es erfolgt i. d. Regel keine Leistungsprivatisierung. Randbereiche öffentlicher Sicherheit, wie sicherheitspolizeiliche Kontrollen auf Flughäfen, Gerichten werden jedoch längst von Privaten erbracht; auch Gemeinden können ergänzende Sicherheitsleistungen mit eigenem Personal erbringen. Anders ist dagegen der Schutz vor Feuer und Naturkatastrophen zu organisieren; da diese Leistungen in Gemeinden oder in Regionen oft nur fallweise erforderlich sind, wird eine professionelle, öffentliche Grundversorgung ausreichen, die bei Bedarf mit Freiwilligen und z.B. unter Zuhilfenahme benachbarter Feuerwehren ergänzt wird. Die Organisation des Schutzes wird i. d. Regel öffentlich erfolgen – z.B. im Weg von Landesdirektionen, Bezirkshauptmannschaften.

Betrachtet man dagegen keine öffentliche Kernleistung wie das Verlegen von öffentlichen Leitungssystemen im Boden (z.B. Wasser- und Abwasserleitungen), ist die Leistungsprivatisierung bereits weitgehend erfolgt. Die Leistung wird ausgeschrieben und dem günstigsten Anbieter, einem erwerbswirtschaftlich organisierten oder einem öffentlichen Betrieb übertragen werden. Bei ganz einfachen Leistungen ohne besonderen öffentlichen Bezug, wie z.B. normale Reinigungsdienste, Bezug von Büromaterial, von Schotter, von Asphaltierungsleistungen, von elektronischen Geräten bedient man sich – wie bisher – der erwerbswirtschaftlichen Angebote. „Seit jeher bedient sich die Verwaltung im Rahmen der Sachmittelherstellung (z.B. Straßenbau und Instandhaltung) und der Sachmittelverwaltung (Gebäudereinigung) Privater".[121]

---

[121] Raschauer 2006, S. 227.

Vermögensprivatisierung

Vermögensprivatisierung bedeutet, öffentliches Eigentum vollständig oder teilweise an Private zu übertragen, also Vermögensbestände des Staates, wie z.B. Immobilien, Tilgungszahlungen von gewährten Darlehen und andere Ansprüche, Anteilsrechte an Unternehmungen zu verkaufen. Hauptvorteil der Vermögensprivatisierung dürfte die Einnahmenerzielung des Staates sein, die vor allem in Zeiten der Budgetkonsolidierung und der Rückführung von (zu) hoher Verschuldung gewählt wird. Auch das Einsparen von Eigenkapitalzuführungen an öffentliche Unternehmen kann beabsichtigt sein.

6.2. Dezentralisierung und Verknüpfung von Fach- und Ressourcenverantwortung

Ähnlich wie bei der Selbststeuerung bedeutet Dezentralisierung, dass bei der Erfüllung komplizierter öffentlicher Aufgaben gut motivierte und ausgebildete Mitarbeiterinnen und Mitarbeiter mehr Verantwortung übernehmen können, als ihnen im bürokratischen Modell zugetraut wurde. Bei klar formulierten Leitbildern, Zielen und Strategien können die ausführenden Bediensteten durchaus eigenverantwortlich zu deren Umsetzung beitragen. Damit wird klar, dass Dezentralisierung eine gute Orientierung und Rahmensetzung sowie Definition anzustrebender Ziele und Resultate für die jeweilige Organisation erfordert. Je besser auf den zentralen (übergeordneten) Ebenen diese überwiegend strategische Arbeit geleistet wird, desto leichter kann die Dezentralisierung umgesetzt werden und erfolgreich gelingen. Vermehrte Entscheidungsfreiheit auf den unteren Ebenen hilft natürlich auch der zentralen Führung, denn „Selbständigkeit macht betroffen, fördert das Interesse sowie verantwortliches Mitdenken.“[122]

---

[122] Hack 2003, S. 48.

Die Position des „Führungsforum Innovative Verwaltung" zur Dezentralisierung lautet:

„Im Lichte des New Public Management ist einer dezentralen Aufgabenverteilung der Vorzug zu geben, wenn eine entsprechende Steuerbarkeit gewährleistet ist. Das sichert kurze Entscheidungswege und eine sachnahe Entscheidungskompetenz. Die zentrale (politische) Steuerung der Verwaltung soll sich auf strategische Aspekte beschränken und die operative Aufgabenwahrnehmung ‚nachgeordneten' Stellen überlassen….

Eine Organisationsoptimierung der öffentlichen Leistungserstellung nach dem grundsätzlichen Modell ‚strategische Zentrale' und ‚operative Agentur' ist anzustreben, um die wirtschaftlichen und rechtlichen Defizite auszugleichen. Querschnittsaufgaben sind nach Möglichkeit zu bündeln (Shared Services). Als Vorbild dienen hier moderne Konzern- und Holdingstrukturen. Ausgliederungsmaßnahmen bloß um ihrer selbst willen sind abzulehnen."[120]

Schedler/Proeller[124] führen insgesamt sechs Dimensionen der Dezentralisierung an, dazu zählen sie neben der genannten Übertragung von Verantwortung u.a.

- Führung (von Regeln zu Anreizen),
- Organisationsstrukturen (von zentral zu dezentral),
- Steuerung/Prüfung (von Inputs zu Outputs),
- Rollenverteilung (Fach- und Ressourcenverantwortung möglichst in eine Hand zu geben; dagegen Trennung bezüglich Besteller und Auftragnehmer),
- Orientierung (von der Binnensicht der Organisation zur Kundenorientierung, ebenso auch zur Mitarbeiterorientierung).

Dezentralisierung der Führungsorganisation

Dies bedeutet, dass sich die politisch-administrativen Führungseinrichtungen (Parlament, Ausschüsse, Ministerinnen, Minister Sektionsleitungen) möglichst auf die Festlegung von Leistungen (Qualität, Quantität) und von Wirkungen sowie die zur Leistungserstellung benötigten Ressourcen und Rahmenbedingungen (z.B. bezüglich Gleichstellungsfragen, Nachhaltigkeitsprinzip) in länger-

123 Führungsforum Innovative Verwaltung 2010, S. 7.

124 Schedler/Proller 2009, S. 92.

und mittelfristiger sowie in der einjährigen Sicht konzentrieren. Die operative Steuerung der Leistungserstellung wäre dagegen weitgehend den ausführenden Organisationseinheiten, deren Leitung und den ausführenden Mitarbeiterinnen und Mitarbeitern zu überlassen. Steuerung und Kontrolle der Zielerreichung ist eindeutig von der strategischen Führungsebene wahrzunehmen; auch auf der Ebene der dezentralen Organisationen macht (operatives) Controlling Sinn.

Dezentrale Fach- und Ressourcenverantwortung

Dezentrale Fach- und Ressourcenverantwortung bedeutet die Übertragung (Dezentralisierung) *von Führungsverantwortung an ausführende Organisationseinheiten* hinsichtlich der inhaltlichen Erledigung von Leistungsbündeln (Produktgruppen), hinsichtlich der geeigneten kommunikationsbezogenen und organisatorischen Formen und hinsichtlich der Verantwortung für den zur Leistungserstellung notwendigen Einsatz der Ressourcen. Ressourcenverantwortung umfasst Personalbewirtschaftung und die Budgetierung sowie den Haushaltsvollzug. Dezentrale Finanz-(Ressourcen)verantwortung tragen heißt somit: „Für den optimalen Mitteleinsatz im budgetierten Bereich zu sorgen; etwa das einzusparen, was man an anderer Stelle zur Zielerreichung benötigt und mit dem Eingesparten an den Stellen mehr tun als bisher möglich war. Nicht übersehen sollte man die Kehrseite: Budgetierung verlangt den internen Budgetausgleich dort, wo die veranschlagten Mittel wider Erwarten nicht ausreichen.“[125]

Erste Ansätze wurden in den „Flexiklauseleinrichtungen“ umgesetzt, wenn in mehrjährigen Leistungs- und Ressourcenplänen die Rahmen vorgegeben wurden (als Verordnung) und die Dienststellenleiterinnen und -leiter bei der Umsetzung wesentlich mehr eigenverantwortlich agieren konnten als Leiterinnen, Leiter von Organisationen, die ihre Aufgaben im Rahmen des regulären Budgets erfüllen. Auch das BHG 2013 setzt auf dezentrale Fach- und Ressourcenverantwortung, wenn es etwa jede Ministerin, jeden Minister zu ihrer eigenen Finanzministerin, seinem Finanzminister macht, indem bei der Ressourcenverantwortung mehr eigenverantwortliche Gestaltungsmöglichkeiten gewährt werden (z.B. bei der Rücklagenbildung und der Virementfähigkeit zwischen den unterschiedlichen

[125] Hack 2003, S. 55.

Ausgabenarten). Zudem wird den haushaltsführenden Dienststellen – ähnlich wie den Flexieinrichtungen – Flexibilität und Eigenständigkeit bei der Leistungserbringung sowie bei Personal- und Budgetmanagement (im Rahmen eines Ressourcen-, Ziel- und Leistungsplanes) eingeräumt. (Siehe dazu auch die Ausführungen im Abschnitt Finanzmanagement)

6.3. Prozessoptimierung

Prinzipien der Prozessoptimierung drängen die funktionelle Spezialisierung und Arbeitsteilung (ähnliche Teil-Aufgaben, einzelne Tätigkeiten werden jeweils an einer Stelle erbracht) zurück zu Gunsten einer ganzheitlichen Leistungserstellung, die nach dem Gesichtspunkt der „Objektzentralisierung" erfolgt. Dies bedeutet, alle auf ein Objekt – auf Zielgruppen, auf einzelne Leistungen oder Produkte – gerichteten Tätigkeiten zusammenzufassen. Im Weg der Prozessoptimierung werden die einzelnen Erledigungsschritte – die teils von verschiedenen Dienststellen erbracht werden – besser koordiniert, unproduktive Tätigkeiten beseitigt. Hiefür ist das Wissen der Ausführenden unersetzlich.

So werden z.B. bei Beratungstagen für Antragstellerinnen, Antragsteller von Betriebsanlagengenehmigungen alle benötigten Expertinnen und Experten (etwa zu Naturschutz, Arbeitnehmerschutz, Wasserrecht) an einen Tisch geholt. Projektwerberinnen und Projektwerber haben so die Möglichkeit, offene Fragen mit ihnen bei einem Termin zu besprechen. Damit soll Klarheit über das Projekt geschaffen und die Qualität des Antrags samt seinen Beilagen erhöht werden. Auch das Verfahren der Betriebsanlagengenehmigung selbst wird bereits weitgehend in Verfahrenskonzentration durchgeführt. So werden das Gewerbe-, das Bau-, Wasserrechts- und Naturschutzverfahren gemeinsam abgewickelt. Zu diesem Zwecke kann auch die Baubehörde „Gemeinde" diese Kompetenz an die Bezirkshauptmannschaft übertragen, im Sinne der Prozessoptimierung eine vorbildliche Lösung zum Nutzen von Bürgerinnen und Bürgern.

Prozessoptimierung bedeutet oft, die einzelnen Erledigungen und Bearbeitungsschritte nicht nur besser aufeinander abzustimmen, sondern auch an den Erfordernissen der Leistungsempfängerinnen und -empfänger sowie der Mitarbeiterschaft auszurichten. So werden z.B. die einzelnen Teilleistungen nicht hintereinander mit teils zeitlichen Verzögerungen, sondern konzentriert auf den jeweiligen Fall ausgerichtet. Voraussetzung für „simultane“ Bearbeitung ist ein Zugriff der jeweils Berechtigten auf die zentral gespeicherten Informationen. Die Erledigung wird, sofern erforderlich, im unmittelbaren Dialog mit den anderen Bearbeitern und bei einem Kontakt mit dem Interessenten erbracht oder abgeschlossen. Bei der prozessorientierten Organisation der Leistungserbringung steht die Leistungsempfängerin/der Leistungsempfänger im Mittelpunkt des Prozesses. Die Bearbeitung erfolgt gegebenenfalls durch ein Team und/oder durch Verwaltungsmitarbeiterinnen und -mitarbeiter, die über „Generalistenwissen“ verfügen und hierfür auch geschult werden.

Die *Geschäftsprozessoptimierung* ist in diesem Sinn als Grundhaltung zu verstehen, bei der das gesamte Handeln einer Organisation als Kombination von Geschäftsprozessen Produkt für Produkt zu betrachten und zu optimieren ist. Die Vorgangsweise hierzu umfasst mehrere Schritte:

- Schritt 1: Identifizieren des Produktes, der Leistungsempfängerinnen und -empfänger und Einordnen innerhalb der Gesamtorganisation
- Schritt 2: Identifizieren und Abgrenzen der Prozesse
- Schritt 3: Darstellen und Analysieren der Ist-Prozesse an Hand einer Wertschöpfungsanalyse
- Schritt 4: Konzipieren der Soll-Prozesse
- Schritt 5: Umsetzen der Verbesserungen; Organisieren eines „kontinuierlichen Verbesserungsprozesses“, z.B. durch Festlegen eines/r Verantwortlichen für den Prozess, durch entsprechende Zielvereinbarungen und durch Messung der Zielerreichung über Kennzahlen

Die im Schritt 3 angeführte Wertschöpfungsanalyse bedeutet, die einzelnen Prozessschritte zu typisieren und zu analysieren. Es geht dabei v.a. um das Herausschälen von wertschöpfenden Tätigkeiten (d.s. solche, die für das Endergebnis wesentlich sind) und von unterstützenden Tätigkeiten (z.B. Qualitätskontrollen, Dokumentationen). Nicht-wertschöpfende Tätigkeiten (z.B. bloße „Einleger-Akten“ mit vielen Unterlagen ohne eine Zusammenfassung oder Sitzungen, bei denen weder die Teilnehmerinnen und Teilnehmer noch die Sitzung selbst vorbereitet sind) sind verzichtbar; sie sollen möglichst eliminiert werden.

Zum Thema Prozessoptimierung und ganzheitliche Leistungserstellung wurde vom BKA ein Projekt zum Bürokratieabbau für Bürgerinnen und Bürger initiiert. Eine in diesem Zusammenhang erstellte Studie des KDZ hat den Zeitaufwand für Bürgerinnen und Bürger in 10 ausgewählten Lebenssituationen erhoben.[126] Getragen von der Philosophie des „One Stop Shops" wurden in ausgesuchten Lebenssituationen Möglichkeiten ganzheitlicher Leistungserstellung geprüft. Für die „Geburt" bedeutet dies etwa, dass der Antrag auf Familienbeihilfe gleich direkt beim Standesamt ausgefüllt und an die Finanzverwaltung weitergeleitet werden soll. Die Meldung beim Hauptverband der Sozialversicherungsträger erfolgt bereits direkt und elektronisch.

Besonders anspruchsvoll in der Umsetzung ist ein optimales Zusammenwirken der unterschiedlichen Gebietskörperschaften. Während etwa der administrative Aufwand für eine Eheschließung in Stunden messbar ist (rund 4 Stunden laut KDZ-Studie), dauert eine Namensänderung auch im Reisepass und im Führerschein oft Tage, weil dafür nicht mehr das Standesamt, sondern die Bezirkshauptmannschaft zuständig ist. Noch immer fehlende technische Schnittstellen und Medienbrüche zwischen den Bereichen (z.B. Papierregister versus elektronische Register) machen deutlich, wie wichtig ein zentrales Personenstandsregister wäre.

Bestehende, teils langjährig praktizierte Abläufe gilt es zu reformieren und/oder an veränderte rechtliche, technische, kommunikationsbezogene und wirtschaftliche Gegebenheiten anzupassen. Damit die Qualität der Produkte verbessert werden kann, muss der Geschäftsprozess auf die Bedürfnisse (Erwartungen) der Abnehmerin, des Abnehmers ausgerichtet werden. Somit gilt es, auch dies zu erfassen und/oder auf geänderte Voraussetzungen zu reagieren.

7. Bürger- und Kundenbezug stärken

Es wurde bereits darauf hingewiesen, dass die Kundenorientierung im öffentlichen Handeln ein wichtiges Element der neuen Verwaltungskultur des PM darstellt. Im Folgenden wird nun vertiefend der Kundenbegriff in der öffentlichen Verwaltung, der Unterschied zwischen Kundinnen, Kunden und Bürgerinnen und Bürgern sowie die Auswirkungen der Kunden- und Bürgerorientierung auf die Art

[126] www.bka.gv.at/verwaltungsinnovation.

der Aufgabenerfüllung beleuchtet. Damit sollen die Bedeutung der Kundenorientierung unterstrichen und Handlungsnotwendigkeiten aufgezeigt werden.

BürgerInnen sind nicht gleich Kundinnen/Kunden

Um ein Bild der Bürger- und Kundenorientierung zu zeichnen, gibt es verschiedene Ansätze. Bovaird differenziert etwa zwischen den Menschen in ihren Rollen als Bürgerinnen und Bürger, als Steuerzahlerinnen, Steuerzahler und als Kundinnen und Kunden. Weiters unterscheidet er jene, die das Service bereits erhalten haben, jene, die darauf warten, jene, die es vielleicht in Zukunft einmal brauchen oder auch jene, die es bewusst nicht in Anspruch nehmen.[127] Er tut dies im Kontext von Marketing und versteht Marketing als Vermittlung zwischen denen, die das Service brauchen, und der Organisation, die bestrebt ist, diese Leistungen anzubieten.[128] Erweitert man den Kundenbegriff, indem man auch die Stakeholder (wie etwa Politikerinnen und Politiker, Interessensvertreterinnen und -vertreter etc.) einbezieht, wird deutlich, wie breit und vielschichtig die Bürger- und Kundenorientierung gesehen werden kann.

„Kundenservice" findet seinen Ausdruck in der Gestaltung der Leistungen (z.B. Öffnungszeiten, Kinderecken in Amtsräumen etc.) und der Prozesse, weiters durch die Erreichbarkeit des Angebots (Amtshaus oder mobile Behörde auf einer Messe), in der „Preisgestaltung" und in der Information über die Leistung (etwa mehrsprachige Folder für Menschen mit Migrationshintergrund). Dies wird als „Marketing Mix" bezeichnet, der durchaus auch in der öffentlichen Verwaltung passend sein kann. Dennoch sind auch Grenzen für die Anwendung von Marketing auf die öffentliche Verwaltung zu sehen, wie etwa der Umstand, dass man sich die Inanspruchnahme öffentlicher Leistungen nicht immer aussuchen kann. Auch lässt das Legalitätsprinzip – im Interesse von Nachvollziehbarkeit und Transparenz – die Verfahren oft langwierig erscheinen.

Ausgangspunkt der Überlegungen, wie Kundenorientierung gestaltet und strategisch verankert werden kann, ist eine Umfeldanalyse. Diese kann entweder die wichtigsten Partner für die Organisation betrachten, und zwar inwieweit sie die Macht haben, die

---

[127] Bovaird 2009, S. 84.

[128] Bovaird 2009, S. 82.

Organisation zu beeinflussen, oder ob sie nur an den Ergebnissen der Organisation interessiert sind. Diese Analyse kann aber auch prüfen, welche Auswirkungen die Leistungen der Organisation auf die Kundinnen und Kunden haben. Neben sozialen und ökonomischen sind auch legistische Effekte zu bedenken.

Kundenorientierung in der öffentlichen Verwaltung hat sich erst im Laufe der Zeit durchsetzen können. Zu unterschiedlich sind doch die Gegebenheiten und Rahmenbedingungen öffentlicher Verwaltungen im Vergleich zur Erwerbswirtschaft. Insbesondere die Hoheitsverwaltung tut sich nach wie vor schwer mit der Kundenorientierung. So wird etwa bei Strafgefangenen oder Adressaten von Verwaltungsstrafen nicht unbedingt von „Kundinnen und Kunden", sondern eher von Bürgerinnen und Bürgern, die Anspruch auf Einhaltung der Menschenrechte haben, gesprochen. Sieht man aber Kundenorientierung als Philosophie und Frage der Werthaltung von Mitarbeiterinnen und Mitarbeitern gegenüber den Adressatinnen und Adressaten ihrer Handlungen, so kann Kundenorientierung wohl auch im Hoheitsbereich gegenüber Bürgerinnen und Bürgern gelten. Dafür spricht auch das Beispiel der Finanzverwaltung, die heute nicht mehr von den „Pflichtigen", sondern auch bereits von den Kundinnen und Kunden spricht.

Hilfe für die begriffliche Unterscheidung können die Differenzierungen von Pollitt/Bouckaert[129] bieten.

> „A citizen can be defined as a concentration of rights and duties in the person of an individual within a constitutional state, under the rule of law, and within the hierarchy of laws and regulations.
>
> A client is a concentration of needs and satisfaction of needs in an individual, within a market situation of supply and demand of goods and services, and within a hierarchy of needs, subject to the willingness to pay. A citizen is part of a social contract, whereas the client is part of the market contract."

Während „Bürgerinnen und Bürger" eher als Trägerinnen und Träger von Rechten und Pflichten gesehen werden, die tendenziell im Rahmen der Hoheitsverwaltung mit dem Staat interagieren,

---

129 Pollit/Bouckaert 1995, S. 6.

haben Kundinnen und Kunden gegenüber der Verwaltung Erwartungen oder Bedürfnisse, die diese in einem marktähnlichen Kontext zu befriedigen sucht und wofür die Kundinnen und Kunden oft auch bereit sind, mehr zu zahlen. So konkurrieren etwa öffentliche Schulen oder Spitäler mit privaten Anbietern und die Menschen werden je nach Bedarf, Erwartungshaltung und wohl auch finanziellen Möglichkeiten den passenden Leistungsanbieter auswählen.

In diesem Zusammenhang verweist Strehl auf eine immer wieder von Wissenschaft und Praxis geäußerte Kritik an der ökonomisch gesteuerten „Kundenorientierung".[130] Diese dränge die Bürgerinnen und Bürger in eine reaktive Rolle, die darauf begrenzt sei, dass sie bestimmte Dienstleistungen schätzen oder nicht schätzen können. Es bestünde jedoch keine Auswahlmöglichkeit zwischen mehreren Anbietern und Produkten und die Kundinnen und Kunden als Individuen hätten keinen Einfluss auf Änderungen des Leistungsangebotes. Diese Kritik scheint nur eingeschränkt zutreffend: Denn man kann zwar eine Betriebsanlagengenehmigung nur bei der örtlich zuständigen Bezirkshauptmannschaft beantragen, dagegen können andere Leistungen, z.B. das Ausstellen eines Reisepasses, unabhängig vom Wohnsitz überall in Österreich beantragt werden, und zwar sowohl bei einer BH als auch bei einer Gemeinde, die den Antrag an die zuständige Behörde weiterleitet. Der neue Reisepass wird dann mit der Post zugeschickt. Auch standesamtliche Trauungen sind überall in Österreich möglich, hier differieren sogar die Gebühren, je nachdem, wie umfassend das „Hochzeitspackage" gewünscht wird. Diese Beispiele zeigen sehr wohl eine Öffnung zu einem breiteren Verständnis der Kundenorientierung auch im öffentlichen Bereich. Ebenso gilt nicht, dass einzelne Personen das Leistungsangebot nicht beeinflussen können. Kundenbefragungen oder Anregungen im Rahmen des Bürgeranliegenmanagements können durchaus Auswirkungen auf Leistungsangebote, Öffnungszeiten oder spezifische Beratungsleistungen haben.

Kundenorientierung im PM

Eine kundenorientierte Verwaltung findet in nahezu allen Elementen des PM ihren Niederschlag. Beispielhaft sollen hier bürger- und kundenorientierte Organisationsformen im PM-Konzept angeführt werden. So richtet sich etwa mit der Einrichtung einer Bürger-

[130] Vgl. Strehl 2006, S. 245.

servicestelle („One Stop Shop“) die Verwaltung nach den Erfordernissen der Bürgerinnen und Bürger (und nicht nach traditionellen Funktionsteilungen) und ermöglicht es ihnen, bei einer Anlaufstelle möglichst viele Anliegen zu erledigen (Information, Beratung, Erhalt von Formularen, aber auch einfache Erledigungen etc.). Die Prozessoptimierung wird dadurch erreicht, dass etwa das Ausfüllen eines Formulars, das Bezahlen einer Gebühr und das Aushändigen einer Bestätigung in einem bei/von der Bürgerservicestelle erledigt werden kann und die Bürgerinnen und Bürger nicht mehr gezwungen sind, innerhalb der Behörde von einer zur anderen Stelle zu gehen, zu warten und ihr Anliegen vorzutragen. Wenn manche Bürgerservicestellen sich zum Ziel gesetzt haben, einen bestimmten Prozentsatz aller Anliegen der Bürgerinnen und Bürger sofort zu erledigen, wird daraus auch die Ergebnisorientierung deutlich.

One-Stop-Shops machen einen Wandel von einer funktionalen Aufbauorganisation zu einer kundenorientierten Ablauforganisation notwendig. Damit sind teils erhebliche Ansprüche an das Veränderungsmanagement einer Verwaltung verbunden. Befragungen der Kundinnen und Kunden, aber auch der Mitarbeiterinnen und Mitarbeiter werden sinnvollerweise vor der Einrichtung eines One-Stop-Shops durchzuführen sein.

Dies ist z.B. bei der Einführung von Bürgerservicestellen in einigen Gerichten (nach dem Muster des Landes- und Bezirksgerichts Linz, wo zahlreiche nichtrichterliche Leistungen eines Landes- und eines Bezirksgerichtes täglich an einer Stelle angeboten werden) vorbildlich geschehen. Die Ergebnisse der Befragungen brachten viele Anregungen für die zukünftige Gestaltung, boten aber auch den Mitarbeiterinnen und Mitarbeitern die Gelegenheit, Ängste und Bedenken gegen eine solche One-Stop-Shop-Lösung zu artikulieren. Deren Bearbeitung hat in der Folge die Akzeptanz für die Bürgerservicestellen des Landes- und Bezirksgerichts Leoben und des Bezirksgerichts Hall in Tirol wesentlich erhöht. So werden etwa im Justizzentrum Leoben täglich von 7.30 bis 15.30 Uhr und Donnerstag bis 17.30 Uhr Anträge (Exekution, Testament...) entgegengenommen, Grundbuchauszüge ausgestellt, Unterschriften beglaubigt, Gebühren (z.B. Zeuginnen, Zeugen) ausgezahlt.

Die Vielfalt der Bevölkerung und die Unterschiedlichkeit ihrer Bedürfnisse machen im Sinne einer Kundenorientierung auch zielgruppengerechtes Service notwendig. Ältere Menschen tun sich mit Online-Amtswegen vielleicht schwerer und schätzen das persönliche Gespräch, junge Menschen hingegen sind versiert in der Nutzung des Internets und nehmen Angebote von E-Government lieber in Anspruch. Menschen mit Migrationshintergrund haben möglicherweise Sprach- und Verständnisschwierigkeiten, bei Frauen kann zudem ein zusätzliches kulturelles Hindernis für Amtskontakte bestehen, wofür es einer Ermutigung oder besonderer Angebote bedarf. Zielgruppenorientiertes Service erhöht die Akzeptanz, das Vertrauen in Staat und Verwaltung und macht die Aufgabenerfüllung effizienter, wenn etwa Anträge richtig und vollständig eingebracht werden.

Qualitätsstandards

Auch *Qualitätsstandards* sind Ausdruck von Bürger- und Kundenorientierung, indem sie im Vorhinein bestimmte Ergebnisse vorschreiben. Sie sind nicht absolut, sondern orientieren sich an den Ressourcen, an den Kundenbedürfnissen oder an anderen Verwaltungen. Um ihre Wirksamkeit zu entfalten, müssen sie kommuniziert werden und transparent sein.[131] Qualitätsstandards dienen somit den Bürgerinnen und Bürgern und Kundinnen und Kunden, weil sie Klarheit über die zu erwartende Leistungsqualität (z.B. voraussichtliche Verfahrensdauer) schaffen. Qualitätsstandards dienen aber auch der Verwaltung, damit sie die Erwartungen erfüllen kann, und den Mitarbeiterinnen und Mitarbeitern, damit sie erkennen, was von ihnen erwartet wird. Last but not least dienen Qualitätsstandards, die im Vergleich mit anderen Behörden entwickelt wurden, einer effizienten Aufgabenerfüllung.

Dass insbesondere einheitliche Qualitätsstandards für die gleichen Behörden in ganz Österreich nur zögerlich eingesetzt werden, liegt wohl neben der Betonung der Eigenständigkeit des bundesländerweisen Vollzugs von Gesetzen auch daran, dass Sorge vor einer rechtlichen Konsequenz (Haftung) bei Nichterfüllung der Standards besteht. Um diesbezügliche Bedenken auszuräumen, wurde 2009 vom BKA ein Gutachten in Auftrag gegeben, das die Rechtsqualität von Standards behandelt. Kerschner/Wagner[132] stellen darin klar, dass Qualitätsstandards Willensäußerungen der Behörde darstellen, bei denen es stark auf die Formulierung ankommt. Je mehr Vertrauen die Behörde bei den Bürgerinnen und Bürgern erzeugt, umso

131 Vgl. Bauer 2008, S. 22.

132 Kerschner/Wagner 2009, S. 153.

eher haftet sie für den Vertrauensschaden. Das Bemühen der Behörde zur Einhaltung der Standards ist jedenfalls notwendig, ansonsten trifft sie eine „culpa in procedendo“[133]. Ein Anspruch auf Erfüllung des Standards besteht dagegen nur in Ausnahmefällen im Bereich der Privatwirtschaftsverwaltung.

Zwei Beispiele sollen zeigen, wie Bürger- und Kundenorientierung auch in Reformprojekten leitend sein kann.

Vorhaben „Entlastung der Bürgerinnen und Bürger in Verwaltungsverfahren“: Neben dem Großvorhaben des BMF „Verwaltungskosten senken für Unternehmen“ wurde auch eine Bürokratieentlastungsinitiative für die Bürgerinnen und Bürger gestartet. Mit Hilfe von strukturierten Fragebögen wurden zunächst der Zeitaufwand und die direkten Kosten für rund 100 Informationsverpflichtungen (IVPs) erhoben, welche in diesen Fällen entstehen. Dabei wurden auch qualitative Faktoren wie etwa Wartezeiten und Servicequalität abgefragt. In der zweiten Phase des Projekts zur Bürgerentlastung wurden auf Basis der Fragebogenergebnisse in Workshops mit Expertinnen und Experten aus der Verwaltung und mit Betroffenen konkrete Maßnahmenvorschläge erarbeitet. Die daraus entstandenen Maßnahmenvorschläge wurden in den Ressorts weiter präzisiert und konsolidiert. Eine abgestimmte Liste mit rd. 150 Maßnahmen wurde am 24. August 2010 dem Ministerrat vorgelegt und beschlossen. Die meisten Maßnahmen fielen in den Ressortbereichen des BMASK, des BMI und des BMUKK an, wobei sich die noch nicht ausreichende Nutzung von E-Government als weit verbreitet ergab und die Einführung eines Personenstandsregisters als vordringliche Maßnahme erwies[134]. Damit könnte die „lästige“ wiederholte Vorlage von immer denselben Dokumenten vermieden werden.

help.gv.at: Dieses Serviceportal für Bürgerinnen und Bürger hat seit seinem Beginn 1997 auf das Lebenssachverhaltskonzept gesetzt und war stets bestrebt, Fragen und Probleme von Menschen in bestimmten Lebenslagen möglichst einfach zu lösen. Die große Stärke von help.gv bestand auch darin, dass die Notwendigkeit zur Zusammenarbeit zwischen den Gebietskörperschaften und auch zwischen den Bundesministerien erkannt und entsprechende Plattfor-

---

133 Das ist ein Verschulden der Behörde wegen Verletzung von Verfahrensstandards.

134 Ein Personenstandsregister ist seit dem Jahr 2000 geplant und soll mit Jahresende 2013 in Betrieb gehen.

men geschaffen wurden, die die Umsetzung koordinierten. Zu Beginn standen technische Aspekte im Vordergrund. Dann, etwa ab dem Jahr 2000, rückte der jeweilige Inhalt in den Mittelpunkt und es wurde großer Wert auf rasche, aktuelle und richtige Informationen zu einer erweiterten Palette an Lebenslagen gelegt. Bereits hier war es notwendig, zwischen den Gebietskörperschaften zu kooperieren, um die nötigen Informationen auch von Ländern und Gemeinden im einheitlichen Serviceportal für Bürgerinnen und Bürger bereitstellen zu können. Insbesondere unter dem Druck der Wirtschaft wurden ab etwa 2002 die elektronischen Amtswege forciert, elektronische Signatur- und Bezahlungsmöglichkeiten geschaffen. Gerade mit diesem Schwerpunkt gewann die Zusammenarbeit und Abstimmung mit den Ländern und Gemeinden weiter an Bedeutung. Je besser die Abwicklung von Verfahren in einer Lebenssituation, für die etwa eine Gemeinde, ein Finanzamt und eine Bezirkshauptmannschaft zuständig sind, zwischen den betroffenen Ebenen abgestimmt und auch zwischen ihnen durchlässig ist, umso rascher und unkomplizierter erhalten die Bürgerinnen und Bürger ihre Leistungen.

Bei diesen beiden Vorhaben zeigt sich die Notwendigkeit, über Zuständigkeits- und territoriale Grenzen der Gebietskörperschaften hinweg bürgerfreundliche Lösungen zu entwickeln und stets aus der Sicht der Bürgerinnen und Bürger zu agieren. Dass hier nach wie vor hoher Entwicklungsbedarf besteht, zeigt der Umstand, dass etwa bei der Geburt eines Kindes beim selben Standesamt wieder die Sponsionsurkunden der Eltern vorzulegen sind, die diese im Zuge der Hochzeit bereits vorgelegt haben oder dass bei der Eheschließung immer noch der Auszug aus dem Geburtenbuch der Geburtsgemeinde durch den Heiratswilligen organisiert werden muss. Erfolgsfaktoren für die Umsetzung solcher Reformmaßnahmen sind die genaue Analyse der Sachlage, die Einbindung insbesondere der betroffenen Praktikerinnen, Praktiker und ein offenes Klima zur Entwicklung von neuen Lösungen und Abläufen.

8. Leistungs-, Wirkungs- und Wettbewerbsorientierung im PM-Konzept

Definieren und Steuern der Leistungen

Leistungen (Output, Produkte) sind die bereitgestellten Güter und erbrachten Dienstleistungen der öffentlichen Verwaltung, die aufgrund von Rechtsvorschriften bzw. aus Politik-, Kunden- und Verwaltungssicht definiert und auf die Steuerungsanforderungen abgestimmt werden. Beispiele für Produkte: Planen von Verkehrswegen, Bewilligungen, Urteile u.ä., Erteilen von Familien- und Wohnbauförderung, Straßenbau und -instandhaltung.

Zur Steuerung auf Basis von Produkten ist die Definition und Beschreibung der Verwaltungsprodukte unumgänglich, womit u.a. festgelegt wird,

- welche Produkte angeboten werden (sollen) und welche nicht,
- welche Anforderungen die Leistungsempfängerinnen und -empfänger, Politik und Expertenschaft an das Produkt stellen und wie viel sie dafür zu zahlen bereit sind,
- wer für das Produkt verantwortlich ist,
- welche Wirkungs- und Leistungsziele (kurz- und langfristig) erreicht werden sollen,
- wie die Zielerreichung gemessen werden kann und
- welche Kosten ein Produkt verursacht.

Während auf Gemeinde- und Landesebene Leistungskataloge bereits weiter entwickelt sind, gibt es zwar Leistungskataloge in den Bundesministerien, sie werden aber nur wenig zu Steuerungszwecken genutzt. Aufbauend auf den Erfahrungen der Leistungsberichte der Bundesverwaltung wurde im Jahr 2002 im Zuge der Einführung der Bundes-KLR in den Ministerien mit unterschiedlicher Intensität begonnen, Leistungskataloge zu erarbeiten. Im Rahmen von 16 Politikfeldern wurden Geschäftsfelder, Leistungsgruppen und Leistungen beschrieben und anhand konkreter Beispiele verdeutlicht. Manche Ressorts, setzten auf starke Mitarbeitereinbindung. So entwickelte des BMUKK einen Katalog mit rund 900 Leistungen. Am anderen Ende der Skala lag das BMLV, dessen Leistungskatalog nur wenige Leistungen enthielt. Diese Uneinheitlichkeit der Leistungskataloge lässt sich mit dem Prinzip der Ressorthoheit begründen. Es wurde jedoch versucht, eine ressortübergreifende Einigung über einen internen Leistungskatalog (z.B. Leistungen in Budgetplanung und -vollzug, Personalmanagement etc.) sowie eine Liste an externen Standardleistungen eines Ministeriums wie etwa Öffentlichkeitsarbeit oder Legistik zu definieren. Der Grundstruktur der externen Standardleistungen wurde sogar von allen Bundesministerinnen und -ministern zugestimmt, die weiteren Ausarbeitungen scheiterten jedoch am hohen Detaillierungsgrad der Leistungsbeschreibungen und daran, dass das Verwaltungsmanagement kaum Interesse hatte, die Leistungskosten für Steuerungszwecke zu nutzen. Dies lag in den strukturellen Gegebenheiten begründet, da Sektionsleiterinnen und -leiter kein finanzielles Pouvoir hatten und damit auch keine Kostenverantwortung trugen.

Auf Ebene der Länder existieren meist Produktkataloge für die BHen, so z.B. in OÖ, Salzburg oder in der Steiermark. Sie werden unterschiedlich zu Steuerungszwecken genutzt. In OÖ finden etwa regelmäßige Vergleiche der Produktkosten statt, die Basis für ein Lernen voneinander sind. In sogenannten „Optimierungsworkshops" werden aufgezeigte Verbesserungspotenziale gemeinsam analysiert und Abläufe neu gestaltet.[135]

Steuern über Wirkungen

Die *Wirkungsorientierung* entwickelte sich am Übergang von PM zu Public Governance. An dieser Stelle soll daher lediglich in die Thematik eingeführt werden. Auf die detaillierteren Ausführungen im Teil III wird verwiesen

Wirkung ist der politisch beabsichtigte Beitrag zum Gemeinwohl; Adressatinnen und Adressaten sind Interessensgruppen oder die Gesellschaft insgesamt. Verwaltungsleistungen bilden dazu nur Mittel. Während Leistungskennzahlen meist auf den operativen Ebenen verwendet werden, findet die strategische Steuerung über Wirkungsindikatoren am Schnittpunkt zwischen Politik und Verwaltung statt und macht eine saubere Trennung zwischen den Verantwortungen dieser beiden Bereiche notwendig. Wenn etwa als Wirkung „erhöhte Verkehrssicherheit" angestrebt wird und dies mit dem Indikator „Anzahl der Verkehrstoten" oder „Anzahl der Verkehrsunfälle" gemessen wird, so leisten sowohl die Politik (z.B. durch Programme, Gesetze, Informationskampagnen) als auch die Verwaltung (z.B. durch verstärkte Kontrollen der Fahrzeuge) ihren

[135] Vgl. Gruber/Kaltenbrunner/Pesendorfer 2011, S. 183 ff.

Beitrag. Soll die Verwaltung wirkungsorientiert gesteuert und somit die Leistungen der Verwaltung auf die angestrebte Wirkung ausgerichtet werden, so wäre darauf zu achten, dass sich die Verwaltung auf ihre eigenen Leistungen (z.B. Kontrollen, Bescheide, Beratungen...) konzentriert, die für sie steuerbar und damit auch zu verantworten sind.

Die Verwaltung kann und sollte jedoch nicht für Politiken oder Gesetze verantwortlich gemacht werden, selbst wenn sie diese vollzieht. Beabsichtigt man die Zahl der Jugendarbeitslosen zu senken, so ist das Instrument dafür wohl primär ein Programm oder ein Gesetz und weniger die Beratungs- und Vermittlungsleistungen des AMS, auch wenn diese einen Beitrag dazu leisten.

Bei der Steuerung über Wirkungsindikatoren stößt man rasch auf das Problem der Mehrdimensionalität des Ursachen-Wirkungszusammenhangs. Wird als Wirkung die Gesundheit der Österreicherinnen und Österreicher angestrebt, wird diese Wirkung durch mehrere Einflussgrößen bestimmt. Die staatliche Gesundheitsleistung ist eine davon, es werden aber auch das gesundheitsbewusste Verhalten der Österreicherinnen und Österreicher, die Qualität der Medikamente und soziale Aspekte einen Ausschlag geben. Welchen Anteil dabei die staatliche Gesundheitsleistung am Erreichen der gewünschten Wirkung hat, ist nicht einfach festzustellen.

Im Lichte des Gesagten stellt sich für die Steuerung über Wirkungsziele und deren Messung über Wirkungsindikatoren als große Herausforderung dar.

Steuern über Leistungskontrakte

Im bürokratischen Modell bildet die Steuerung über Normen und Richtlinien sowie die Bereitstellung von Ressourcen in den Personalplänen und öffentlichen Budgets den Kern der Verhaltenslenkung. Bei der legislativen Steuerung handelt es sich um die Vorgabe von Handlungsgrundlagen mit geringem Ermessensspielraum, die in der Regel in der Form von allgemeinen Verfahrensnormen (Verwaltungsverfahrensgesetze) sowie von fachgesetzlichen Normen (Materiengesetzen) zu befolgen sind. Mit verschiedenen anderen Instrumenten – etwa des Rechtsschutzes – soll die Rechtmäßigkeit des Verwaltungshandelns gesichert werden. Über die öffentlichen Budgets wird weiters durch die Bereitstellung von Ressourcen – in der Regel Geld, Personal und Technik – auf den Entstehungsprozess von Verwaltungsleistungen Einfluss genommen. Es erfolgt eine „Input"-Steuerung, die häufig ohne expliziten Bezug auf die erforderlichen/gewünschten Leistungen stattfindet. Dies vor allem dann, wenn die Budgets nur mehr „fortgeschrieben werden".

Das PM fügt nun weitere Steuerungsformen hinzu, vor allem die strategische Ausrichtung des Handelns und die Ergebnissteuerung (was erreicht werden soll, wird festgelegt). Wie bereits ausgeführt, wird auch auf die Selbststeuerung durch eine vermehrte Delegation von Befugnissen (Kompetenzen) bei gleichzeitiger Ergebnisverantwortung sowie Anreize zu einem effizienten und kundenorientierten Verhalten Wert gelegt.

Die Steuerungslogik des PM verzichtet damit nicht auf die traditionelle Steuerung über Budgets, also auf die „Inputsteuerung". Vielmehr versucht sie mit allen angeführten Ansätzen zur Zielerreichung beizutragen, wobei als Grundsätze gelten könnten: Strategische Steuerung durch Zusammenarbeit von Politik, Verwaltung und sonstigen Stakeholdern zum einen, zum anderen so viel Selbststeuerung der handelnden Personen als möglich und so wenig übergeordnete operative Steuerung als nötig.

Das zentrale Instrument der erweiterten Steuerung des Verwaltungshandelns sind *Leistungskontrakte* für die Organisationseinheiten der verschiedenen Ebenen. Dahinter steht die Idee, dass die politischen Entscheidungsträgerinnen und -träger den Sektionen und Abteilungen sowie den nachgeordneten Dienststellen und/oder unabhängigen Betrieben und Agenturen in gemeinsam ausgehandelten Zielvereinbarungen einen konkreten Auftrag zur Erstellung bestimmter Leistungen oder – künftig noch weiter gehend – zur Erreichung bestimmter Wirkungen erteilen und hierfür auch entsprechende Anreize vorsehen. Dieser Leistungsauftrag wird durch *Globalbudgets,* durch Vereinbarungen über zu deckende Saldi ergänzt; Leistungsaufträge ohne gleichzeitige Vereinbarung über die Finanzierung entsprechen jedenfalls nicht dem Konzept des PM.

Nach Pitlik ist das „Ziel der Kontraktmodelle … nicht primär eine verbesserte Informationsbasis für politische Entscheidungen. Vielmehr steht die Steuerung durch Leistungsanreize im Mittelpunkt. Positive oder negative Sanktionen bei Erfüllung bzw. Nichterfüllung der getroffenen Vereinbarungen sollen die Anreize für eine effiziente Leistungserbringung verbessern ..."[136]

---

[136] Pitlik 2008, S. 113.

Beispiele für Leistungskontrakte finden sich für den Bund etwa in der Finanzverwaltung, die bereits seit einigen Jahren im Rahmen von „LoS" – leistungsorientierte Steuerung – jährliche Leistungsvereinbarungen zwischen der Zentralen Steuer- und Zollkoordination und den Finanzämtern abschließt. Bei allen positiven Effekten dieses Steuerungssystems zeigt jedoch die Praxis, dass auf der einen Seite der jährliche Abstimmungsprozess relativ zeitintensiv ist und in der Gestaltung der Vereinbarung auf die Anregungen der Mitarbeiterinnen und Mitarbeiter wenig Rücksicht genommen wird. Darunter leidet die Akzeptanz dieses Instruments bei der Belegschaft. Auf der anderen Seite kann es dazu kommen, dass die Leistungsvorgaben als einziges Ziel jegliche abweichenden Führungsentscheidungen überlagern und bewirken können, dass möglicherweise suboptimale Entscheidungen getroffen werden, nur um die Leistungsvorgaben zu erfüllen.

Auf Länderebene gibt es etwa in Wien schon eine langjährige Tradition des Führens mit Leistungskontrakten. Aufbauend auf dem Strategieplan Verwaltungsmodernisierung aus dem Jahr 2000 wurde ein organisationsweites Controllingsystem auf Dienststellenebene geschaffen – parallel zur Einführung von Zielvereinbarungen (Kontrakten) zwischen den Dienststellen und dem Magistratsdirektor.[137]

Bis dato ist das Controlling durch Leistungskontrakte organisationsweit umgesetzt. Die aktive Beteiligung der politischen Ebene (Stadträte) ist unterschiedlich intensiv ausgeprägt, manche Politikerinnen und Politiker bringen sich aktiv in die Diskussion über den Inhalt der Leistungskontrakte ein und nehmen ihre Verantwortung als Auftraggeberinnen und Auftraggeber wahr, andere zeigen weniger Interesse.

137 Siehe Aulehla 2003, S. 171.

Managed competition – Benchmarking und Benchlearning, Contracting out

In der ökonomischen Theorie ist aufgrund von Modellen und empirischen Untersuchungen die oft positive Rolle bestimmter Formen des Wettbewerbs für Effizienz und Effektivität herausgefunden worden. „Grundlegend hierfür ist die Erkenntnis, dass nicht die Sektorenzugehörigkeit des Leistungserbringers zu Effizienz führt, sondern … ob die Leistungserbringung dem Wettbewerb ausgesetzt ist.“[138]

Dieser Zusammenhang wird auch im PM für die Versorgung von Bevölkerung und Wirtschaft mit Gütern und Dienstleistungen zugrunde gelegt. Allerdings sind in der öffentlichen Verwaltung marktmäßige Wettbewerbskonstellationen nur bedingt anzutreffen. Deshalb versucht man, wettbewerbsähnliche Formen der Leistungserstellung im öffentlichen Bereich zu organisieren *(= managed competition)* und im Interesse der Steuerzahlerinnen, -zahler und der Leistungsempfängerinnen und -empfänger zu nutzen. „So kann zum einen eine Art virtuelle Konkurrenz etabliert werden, bei der die politischen Auftraggeberinnen und -geber die von den eigenen Verwaltungseinheiten erbrachte Performance mit der Performance anderer Institutionen vergleichen, die ähnliche oder identische Leistungen bereitstellen. Kosten- und Leistungsvergleiche beschränken sich oft auf einen Datenvergleich zwischen Verwaltungen in unterschiedlichen Gebietskörperschaften.“[139]

In der folgender Tabelle 7 werden einige Formen von nichtmarktlichem und von marktlichem Wettbewerb angeführt, die von öffentlichen Verwaltungen teils bereits umfassend genutzt werden, teils aber noch ausbaufähig sind.

Der von Pitlik angeregte Leistungsvergleich kann zu einem „institutionalisierten Benchmarking erweitert werden, bei dem die gute Performance einer Einheit als Richtmaßstab für andere Verwaltungseinheiten herangezogen wird. Dadurch können Lernprozesse begünstigt und Innovationen angeregt werden. Die Publikation von Performancedaten wird darüber hinaus den politischen Vergleichswettbewerb intensivieren.“[140]

---

[138] Schedler/Proeller 2009, S. 194.

[139] Pitlik 2008, S. 118.

[140] Pitlik 2008, S. 118.

Tabelle 7: Arten und Formen von Wettbewerbsmechanismen für die öffentliche Verwaltung

Nicht-marktlicher Wettbewerb	**Marktlicher Wettbewerb (öffentlich – privat)**
Leistungsvergleiche, Kostenvergleiche innerhalb derselben Organisation als Zeitvergleich	Contracting Out, z.B. von Reinigung, Gebäudeinstandhaltung, Buchhaltung
Leistungsvergleiche, Kostenvergleiche zwischen verschiedenen Organisationen mit ähnlichen Aufgaben (auch bei anderer Aufgabenstellung möglich)	Contracting In, z.B. Drucken von Dokumenten einer staatlichen Druckerei für diverse Auftraggeber im öffentlichen Bereich, Laborleistungen eines Großspitals werden von einem anderen öffentlichen Spital zugekauft
Benchmarking, Benchlearning	Ausschreibung von Lieferungen und Leistungen
Interne Leistungsverrechnung (mit und ohne Kontrahierungszwang), Innovationswettbewerbe u.ä	

Für Leistungsvergleiche bieten sich etwa große Ressorts an, deren nachgeordnete Dienststellen über ganz Österreich verteilt sind, z.B. Justiz oder Polizei. Die 9 Landespolizeidirektionen erfüllen vom Gesetz her dieselben Aufgaben, sehen sich aber mit unterschiedlichen Formen von Kriminalität und Gefahrenabwehr konfrontiert, sowohl was die Quantität als auch was die „Qualität" betrifft. Es leuchtet ein, dass Großstädte wie Wien oder Graz eine andere Art von Kriminalität aufweisen als der ländliche Raum und dass auch die Kriminalitätsrate unterschiedlich hoch ist. Bei Würdigung dieser Umstände wird man den einzelnen Landespolizeidirektionen einige Unterschiede des Aufgabenumfelds zubilligen. Es überrascht, dass die Leistungsunterschiede aber teilweise signifikant hoch sind.

Angemerkt sei an dieser Stelle, dass die Publikation von Vergleichsdaten mit Vorsicht zu betreiben ist. Primär sollen nicht die „Schlechtesten" an den Pranger gestellt, sondern von den Besten die erfolgreichen Praktiken übernommen werden. Dies ist nur möglich, wenn die Betroffenen offen sind für das Neue und bereit, sich weiterzuentwickeln. Für diese Veränderung ist ein „geschützter" Raum wichtig.

In seiner einfachsten Form handelt es sich beim *Benchmarking* um einen Prozess, in dem eine Organisation andere relevante Organisationen ausfindig macht, mit denen sie ihre eigenen Strukturen, Prozesse und Leistungen vergleichen kann. Das System des CAF kann, wie auch andere Instrumente der Organisationsanalyse, zu diesem Zweck eingesetzt werden. Anders als beim klassischen

Benchmarking ist die Suche nach vergleichbaren Organisationen und die Anwendung klarer Indikatoren für direkte Vergleiche beim *Benchlearning* nicht unbedingt erforderlich. Hier konzentriert man sich mehr auf den Prozess, gegenseitig voneinander zu lernen, als darauf, einen Vergleich mit dem Besten zu ziehen. Das Ziel des Benchlearning besteht darin, von den Stärken anderer Organisationen zu lernen, von ihnen etwas über die gut funktionierenden Abläufe zu erfahren und Anregungen zu erhalten, in der eigenen Arbeit nach Verbesserungen zu suchen und aus den Fehlern der anderen zu lernen. Es handelt sich um einen aktiven, kontinuierlichen Prozess und nicht nur um Messungen und einen Vergleich von Fakten.

Bestes Beispiel dafür ist das Projekt „Voneinander-Miteinander Lernen" von zuerst 3 und dann 5 BHen aus unterschiedlichen Bundesländern. Vom Konzept her stand hier das Lernen im Vordergrund. Dies ist nicht zuletzt auch daraus ersichtlich, dass sich nicht nur die Behördenleiterinnen und -leiter, sondern auch die Mitarbeiterinnen und Mitarbeiter regelmäßig zu einem Fachaustausch trafen und gemeinsam die Unterschiede der behördlichen Praxis analysierten. So wurden etwa Produkte wie Ausstellen eines Führerscheins oder Betriebsanlagengenehmigungen ebenso verglichen wie die getrennt durchgeführten CAF-Bewertungen oder es wurden gemeinsam Maßnahmen zur Gefahrenabwehr entwickelt, wie etwa Verfahrensstandards für Baustellensicherheit oder Ausbildungs- und technische Standards für den Katastrophenschutz.[141]

Good Practices (vorbildliche Beispiele) sind in der Regel untrennbar mit Benchlearning verbunden. Bei den für das Benchlearning ausgewählten Partnern sollte es sich um Organisationen handeln, die gute Methoden anwenden, welche – entsprechend adaptiert – zu einer verbesserten Leistung in der eigenen Organisation führen könnten. Verwaltungswettbewerbe oder auch die jahrelang durchgeführten EU-Qualitätskonferenzen[142] sowie der seit 2007 etablierte European Public Sector Award (EPSA)[143] sind ein Fundus für „Vorzeigeverwaltungen" nicht nur auf nationaler Ebene und bieten breiten Raum zum Lernen voneinander.

---

[141] Vgl. Pansi 2009, S. 10 f.

[142] Die Website der 4. EU-Qualitätskonferenz bietet nach wie vor eine Übersicht über Best Practice-Beispiele aller bisherigen 4 EU-Qualitätskonferenzen: http://www.4qconference.org/en/.

[143] Siehe dazu die jüngsten Ergebnisse unter www.epsa2011.eu.

Es muss erwähnt werden, dass sich die Suche nach Lernpartnern nicht darauf beschränken sollte, ähnliche Organisationen zu finden, denn Innovation wird in vielen Fällen auch durch Lernen von unähnlichen Partnern aus anderen Sektoren angeregt.

So wurde etwa im Rahmen des Projektes „Leistungsbericht der Bundesverwaltung" auch ein Benchlearning-Projekt zwischen zwei sehr unterschiedlichen Organisationen durchgeführt, dem Finanzamt Baden und dem AMS Linz. Verglichen wurden etwa Führungsspannen, Krankenstands- und Fluktuationsraten, Weiterbildungstage pro Mitarbeiterin/Mitarbeiter oder der Frauenanteil. In der Projektdokumentation findet sich der Hinweis: „Der Blick auf die Mitarbeiterinnen und Mitarbeiterdaten lohnt sich und vermag in der Zusammenschau Hinweise auf Führungsverständnis, Kultur und Entwicklungen in der Organisation zu geben."

9. Schlüsselfaktor Personalentwicklung

Neue Anforderungen an Politik, Führungskräfte, Mitarbeiterschaft

Das neue Verständnis von öffentlichem Management (PM) macht ein Umdenken und deutliche Initiativen in der Personalentwicklung notwendig. So fordert etwa ein neues Verhältnis zwischen Politik und Verwaltung von Führungskräften und Mitarbeiterschaft Eigeninitiative, denn der Dialog muss verstärkt gesucht werden. Arbeitsaufträge werden nicht mehr im Einzelnen, etwa durch Weisung, erteilt, sondern im Rahmen von Leistungskontrakten vereinbart. Von den Politikerinnen und Politikern wird erwartet, die strategische Verantwortung wahrzunehmen, regelmäßig den Kontakt mit den Führungskräften der Verwaltung zu suchen und die Verantwortung der Verwaltungsmitarbeiterinnen und -mitarbeiter für die Umsetzung von politischen Vorgaben einzufordern.

Von Führungskräften verlangt das „Steuern auf Abstand" klare Zielvorgaben und Leistungsvereinbarungen, ein Zurückziehen von Einzelentscheidungen, das Vertrauen in die Kapazitäten der Mitarbeitenden und die Notwendigkeit, Qualitätsstandards für die Leistungserstellung zu setzen. Dies macht den Aufbau von Managementkompetenz ebenso notwendig wie die Pflege eines regelmäßigen Dialogs, der im Laufe der Zeit Vertrauen zwischen den Partnern aufbaut. Auch diese Form der Kommunikation will jedoch gelernt und geübt sein. Ergänzend dazu schafft der konsequente Einsatz des Instruments „Mitarbeitergespräch“ für die Beteiligten Klarheit über die Ziele und bildet die Basis für eine weiterführende Personalentwicklung der Mitarbeitenden.

Für die Mitarbeiterinnen und Mitarbeiter bedeutet „Steuern auf Abstand“ mehr Gestaltungspielraum und damit auch mehr Motivation. Die hierarchische Über-/Unterordnung tritt in den Hintergrund und macht einem partnerschaftlichen, gleichberechtigten und damit wertschätzenden Umgang Platz. Die Mitarbeiterinnen und Mitarbeiter brauchen dazu jedoch das notwendige Wissen, um diese neue Herausforderung zu bestehen und um Entscheidungen auch dezentral treffen zu können.

Der Umgang mit Leistungsträgerinnen und -trägern in der Organisation bedarf einer Neuorientierung. Nicht permanente Überlastung dieser Teammitglieder, sondern der sorgsame Umgang mit ihnen, bestmögliche Unterstützung, Möglichkeiten zur Weiterentwicklung und die entsprechende Wertschätzung der individuellen Arbeitsleistung sind ein Gebot der Stunde. Das Problem mit Mitarbeitenden, die nicht die entsprechende Leistung erbringen, ist proaktiv anzugehen, indem etwa andere, besser passende Arbeitsplätze gefunden, Handlungsanleitungen konkretisiert, Weiterbildungen angeboten oder sonst eine Veränderung ermöglicht wird. Um diese Anforderungen besser bewältigen zu können, bieten sich Einzel- oder Teamcoachings für die Führungskräfte an.

Die Organisationskultur des PM ist nach außen gerichtet, d.h. es gilt offen für Kundenbedürfnisse, aber auch für Veränderungen zu sein. Diese Offenheit kann gefördert werden durch Kennenlernen von Veränderungsprojekten in anderen Verwaltungen (z.B. durch Praktika) oder durch Projekte etwa zu Kundenzufriedenheitserhebungen, an denen die Mitarbeitenden bei Gestaltung und Auswertung aktiv beteiligt werden. Das ergebnisorientierte Denken des PM erfordert von der Mitarbeiterschaft und ihren Vorgesetzten vermehrt eine Gesamtsicht sowie Koordinations- und Integrationsfähigkeit. Zu koordinieren ist etwa zwischen Ministerien, zwischen den verschiedenen Gebietskörperschaften, aber auch zwischen nationalen und internationalen Institutionen. Integration ist gefragt bei der Einbeziehung der Kundenbedürfnisse, der Zusammenschau zwischen sachlich geforderter Leistung und dem Ressourcenrahmen oder bei einem fairen Ausgleich zwischen unterschiedlichen Interessen. Dazu reicht bloße Kenntnis des Rechts nicht mehr aus, es erfordert neue Fähigkeiten des Personals, die von Moderationsknowhow über Fremdsprachenkenntnisse bis zu sozialer Kompetenz reichen können. Diesbezügliche Weiterbildungsangebote etwa der Verwaltungsakademie des Bundes nehmen bereits auf diesen Bedarf Rücksicht. Festzustellen ist jedoch, dass solche Kurse teilweise von Mitarbeiterinnen und Mitarbeitern besucht werden, die entweder mangels Verantwortung oder wegen fehlender Umsetzungsmöglichkeit wenig Chancen auf eine Anwendung des Gelernten haben. Jene, die diese Schulungen benötigen würden (etwa Führungskräfte), nehmen sich dafür oft keine Zeit.

Die Anforderungen an eine Personalentwicklung im Zuge einer PM-Modernisierung sind vielfältig. Es reicht dabei nicht aus, lediglich Weiterbildungsveranstaltungen anzubieten. Vielmehr sind, wie in Teil IV näher ausgeführt, die Angebote zielgruppengerecht zu gestalten und die Instrumente sorgfältig zu wählen.

Geringer Beitrag des Dienstrechts zur PM-Modernisierung

Ein Blick insbesondere in das BDG zeigt, dass diese zentrale Rechtsgrundlage für die Arbeit im öffentlichen Dienst doch in weiten Teilen vom bürokratischen Modell geprägt und nicht mehr zeitgemäß ist. Zum einen ist der Vollzug des Dienstrechts sehr detailliert geregelt. Allein der 1. Abschnitt des BDG mit den allgemeinen Regelungen enthält in 135 Paragraphen Vorschriften zum Dienstverhältnis, zur dienstlichen Ausbildung, zur Verwendung des Beamten, seinen Rechten und Pflichten, zur Leistungsfeststellung und zum Disziplinarrecht. Der besondere Teil regelt dann in einzelnen Abschnitten die unterschiedlichen Verwendungen im allgemeinen Verwaltungsdienst, in der Exekutive, dem militärischen Dienst, dem Richterdienst, um nur einige Beispiele zu nennen. Neben dem BDG gelten für Bundesbedienstete auch das VBG und das Gehaltsgesetz. Für die Personalverwaltung ist hohes Fachwissen gefragt, um in dem Regelungsdschungel die Übersicht zu bewahren und die teils komplizierte Terminologie zu verstehen, worin sich etwa die Nebenbeschäftigung von der Nebentätigkeit oder eine Dienstfreistellung von einer Außerdienststellung und einer Dienstbefreiung unterscheiden. Für eigenverantwortliche Gestaltung bleibt den Personalverantwortlichen wenig Raum. Die Abwicklung der vorgegebenen Verfahren steht im Vordergrund, Bedürfnisse der Mitarbeiterinnen und Mitarbeitern oder der Organisation sind offenbar weniger wichtig, wenn etwa Aufnahmeverfahren so lange dauern, dass der

Wunschkandidat zwischenzeitlich eine anderen Anstellung gefunden hat. Die hohe Regelungsdichte ist aus einem hoheitsstaatlichen Denken historisch gewachsen, dass jegliches Handeln auf eine gesetzliche Grundlage zurückzuführen sein muss.

Zusätzliche Komplexität erfährt das öffentliche Dienstrecht aus dem Umstand, dass sowohl die Länder jeweils eigene Dienstrechte haben als auch die Gemeinden im jeweiligen Bundesland. Dies hat dazu geführt, dass es in Österreich aktuell 30 verschiedene Dienstrechte gibt. Verschärft wurde diese Zersplitterung durch den Entfall des Homogenitätsgebotes, das bis 1999 eine Ausrichtung der Länderdienstrechte auf das Bundesdienstrecht vorsah. Ein wesentlicher Effekt dieser Normenvielfalt ist die Behinderung von Mobilität und Flexibilität zwischen den Systemen. Aber auch die beiden unterschiedlichen Rechtsformen im Dienstrecht – eine öffentlich-rechtliche und eine vertragliche – sind für ein effizientes Personalmanagement hinderlich, noch dazu, weil es keine inhaltlichen Kriterien über die jeweilige Anwendbarkeit gibt.[144]

Geht man mit PM von einem geänderten Staats- und Verwaltungsverständnis aus, so wird der Reformbedarf des Dienstrechtes deutlich. So sind z.B. wenige grundlegende strategische Vorgaben durch das Gesetz und ein weitgehend eigenverantwortlicher Vollzug in den jeweiligen Ministerien bzw. Verwendungsgruppen Ansatzpunkte für Weiterentwicklungen. Wenn etwa im schweizerischen Bundespersonalgesetz lediglich die Grundsätze in 42 Artikeln dargelegt sind und in Art. 4 die Zielsetzung der Personalpolitik dem Ganzen einen Rahmen gibt, so sind hier trotz der Unterschiedlichkeit der Systeme durchaus Anregungen vorhanden, wie man eine Dienstrechtsreform in Österreich neu denken könnte[145].

Im Folgenden kann nur punktuell auf einzelne Bestimmungen des Dienstrechts eingegangen werden. Damit soll deutlich werden, wo einerseits noch das Bürokratiemodell durchschlägt und wo andererseits aber auch Ansätze für Modernisierungen durch PM vorhanden sind. So sieht § 43 BDG die Pflicht des Beamten vor, seine dienstlichen Aufgaben unter Beachtung der geltenden Rechtsordnung treu, gewissenhaft, engagiert und unparteiisch mit den ihm zur Verfügung gestellten Mitteln aus eigenem zu besorgen. Der Beamte hat das Vertrauen der Allgemeinheit in die sachliche Wahrnehmung

[144] Siehe hierzu BKA 2011, S. 30 f.

[145] Siehe hierzu die Ausführung im Teil IV. 3.

der Aufgaben zu erhalten und die Parteien soweit mit den Interessen des Dienstes und dem Gebot der Unparteilichkeit vereinbar zu unterstützen und zu informieren. Achtungsvoller Umgang ist im Mobbingverbot des § 43a BDG nur zwischen Vorgesetzten und Mitarbeiterinnen und Mitarbeitern und unter Kolleginnen, Kollegen vorgesehen. Fortschrittlicher ist hier schon etwa das Vorarlberger Landesdienstrecht, das diesen achtungsvollen Umgang in § 17 auch gegenüber den Kundinnen und Kunden vorsieht. Für die Führungskräfte gilt es gemäß § 45 BDG darauf zu achten, dass die Mitarbeiterinnen und Mitarbeiter die dienstlichen Aufgaben gesetzmäßig und in zweckmäßiger, wirtschaftlicher und sparsamer Weise erfüllen. Zentrale Werte der öffentlichen Aufgabenerfüllung sind somit die Orientierung an der Rechtsordnung sowie die Gebote der Sachlichkeit und Unparteilichkeit. Bemerkenswert ist dazu § 19 des Vorarlberger Landesdienstrechts, wonach die Vorgesetzten ihren Mitarbeitern bestimmte Aufgaben zur verantwortlichen Erledigung zu übertragen haben, ein eindeutiger Auftrag zur Dezentralisierung von Verantwortung.

Eine differenziertere Betrachtung dieser Bestimmung insbesondere etwa auch in Zusammenhang mit § 45a BDG (Mitarbeitergespräch) lässt jedoch sehr wohl Spielräume erkennen, die den Weg zu einer PM-orientierten Personalentwicklung öffnen. Ein zentraler Teil des Mitarbeitergespräches ist die Erörterung des Arbeitszieles der Organisationseinheit sowie ihre Aufgabenstellung im Folgejahr. Dieser Ansatz einer ergebnisorientierten Sichtweise der Aufgabenerfüllung schafft die Möglichkeit für Leistungsvereinbarungen und ein Steuern auf Abstand. Die Regelung zur Teambesprechung in § 45b BDG ergänzt die Ergebnisorientierung, wenn als Ziel der Teambesprechung die Verbesserung der Leistung der Organisationseinheit (z.B. durch bessere Koordinierung, besseren Informationsfluss) vorgesehen ist. Es deutet aber auch auf verstärkte Eigenverantwortlichkeit hin, wenn die Mitarbeiterinnen und Mitarbeiter gem. § 43 BDG angehalten sind, ihre Aufgaben engagiert und aus eigenem zu erfüllen. Ebenso findet die Verantwortlichkeit der Führungskräfte, für entsprechende Rahmenbedingungen ihrer Mitarbeitenden zu sorgen, im BDG (insbes. §§ 45 und 45a) ihren Niederschlag. Auch die Sorge um eine „zweckmäßige" Aufgabenerfüllung impliziert eine Ausrichtung auf die Kundenbedürfnisse und die Wirtschaftlichkeit.

10. Finanzmanagement im PM-Konzept

In den vergangenen beiden Jahrzehnten waren und sind Bemühungen zur Feststellung und Würdigung der öffentlichen Leistungen und des hierfür notwendigen Ressourceneinsatzes in der Mehrheit der OECD-Länder festzustellen. In Österreich hat diese Entwicklung allerdings erst mit Verspätung eingesetzt, da zuerst häufig Verwaltungsstrukturen und Prozesse der öffentlichen Leistungserstellung im Zentrum der Modernisierung bzw. Verbesserung standen. Dennoch ist das Management der finanziellen Ressourcen zur Leistungserstellung ein Kernbereich des PM. Es umfasst eine *mikroökonomische Komponente*[146], die sich zusammensetzt aus

- Budgetierung,
- Abrechnung,
- Finanzierung,
- Verknüpfung von Aufgaben, Zielen, Leistungen und Wirkungen mit den finanziellen Ressourcen sowie mit der
- Steuerung der Wirtschaftlichkeit.

Damit werden die verschiedenen Organisationseinheiten des öffentlichen Sektors betrachtet und im Sinn der jeweiligen Ziele gesteuert. Die *makroökonomische Komponente* bezieht sich dagegen auf die gesamtstaatliche und sektorale Finanzpolitik, z.B. durch Regeln des bundesgesetzlichen Finanzausgleichs, durch Koordinieren der Finanzpolitik der einzelnen staatlichen Ebenen im Rahmen des nationalen sowie des europäischen Stabilitäts- und Wachstumspaktes, weiters um allokative und verteilungspolitische Ziele der öffentlichen Ausgaben und Einnahmen. Diese makroökonomischen Steuerungsbereiche werden im Teil über Public Governance behandelt.

10.1. Schaffen von Kosten- und Nutzenbewusstsein als erster Modernisierungsschritt

Zunächst gilt das Bemühen um die Modernisierung des Finanzmanagements der Ergänzung des traditionellen finanzwirtschaftlichen Rechnungswesens (auch als Verwaltungskameralistik bezeichnet), insbesondere um das Ermitteln von Kosten der Leistungserstel-

[146] Womit – nach Zimmermann/Henke (vgl. 2005, S. 24) – abgeleitete Ziele der öffentlichen Finanzwirtschaft, im Wesentlichen fiskalische und staatsinterne Effizienzziele, verfolgt werden.

lung (durch eine betriebswirtschaftlich ausgerichtete Kosten- und Leistungsrechnung, KLR[147]). Dazu kommen regional- und volkswirtschaftliche Betrachtungen von Kosten und Nutzen der öffentlichen Leistungserstellung. Damit sollen primär leistungswirtschaftliche Steuerungsinformationen zur Verstärkung und/oder Sicherung von Produktivität und Wirtschaftlichkeit geboten werden. Konkret geht es etwa um das Abbilden unterschiedlicher Kosten der Leistungserstellung bei verschiedenen Verfahren (Prozessen). Diese Daten können für Kosten- und Leistungsvergleiche genutzt werden und Rationalisierungspotenzial sichtbar machen. So haben etwa 5 BHen z.B. die Zeitressourcen für ausgewählte Produkte im Rahmen des BH-Plus-Projektes „Voneinander – miteinander Lernen" verglichen. Auch Entscheidungen bezüglich der Leistungsmenge (Einlösen möglicher Einsparungen auf Grund von Skaleneffekten) bzw. bezüglich der Frage, ob selber Produzieren oder Zukaufen („make or buy") wirtschaftlicher wäre, können durch die leistungswirtschaftlichen Informationen ausreichend begründet werden.

Bereits im Projekt „Verwaltungsmanagement" Anfang der 1990er Jahre wurden erstmals alle Räumlichkeiten der Bundesministerien digital erfasst und bewertet. Daraus entstand ein Raumkonzept, das auf Basis von Mindestgrößen und Mindestausstattungen von Arbeitsräumen eine effizientere Raumbewirtschaftung ermöglichte. So konnte z.B. im Falle einer Verkleinerung einer Organisation auf Basis von Fakten entschieden werden, ob es billiger wäre, das bisherige Gebäude zu veräußern und die verbleibenden Mitarbeiterinnen und Mitarbeiter in angemieteten Räumen unterzubringen oder das Gebäude zu halten.

Ebenso dient die Ermittlung der budgetären Folgelasten von neuen Rechtsnormen und/oder von Projekten und Maßnahmen von Politik und Verwaltung, welche beim Bund bereits seit einer Novelle des BHG im Jahr 1986 vorgeschrieben sind, der Prüfung der Wirtschaftlichkeit und der möglichen budgetären Effekte. Solche Effekte wären z.B. zusätzliche Betriebsausgaben, Folgeinvestitionen u.ä.

Die Ergebnisse dieser Bemühungen sind bei Bund, Ländern und Gemeinden in Österreich von unterschiedlichem Erfolg geprägt. Das Aufstellen von Vermögensrechnungen sowie periodisch erfolgende und/oder flächendeckende KLR und deren Auswertungen

[147] Im Unterschied zur Haushaltsrechnung wird mit der KLR der zur Erstellung der Leistungen in qualitativer und quantitativer Hinsicht erforderliche Ressourceneinsatz rechnerisch erfasst. Damit kann die Wirtschaftlichkeit der Leistungsproduktion abgebildet und gesteuert werden.

durch Bilden von Kennzahlen und Vergleichsrechnungen zwischen einzelnen Perioden und/oder zwischen ähnlichen Aufgaben, Ämtern und anderen Organisationseinheiten werden in einzelnen Bundesministerien, in mehreren Bundesländern und einigen größeren österreichischen Städten seit Jahren mit Erfolg praktiziert, anderswo jedoch nicht genützt. Auch die weit verbreitete Ansicht, dass lediglich betriebliche Organisationen (ausgegliederte Leistungszweige, im Bereich der Gemeinden auch die „Gebührenhaushalte") Kosten- und Leistungsrechnung einzusetzen hätten, ist nach Schauer „nicht richtig, weil auch die Gewährleistung und Beurteilung der Wirtschaftlichkeit des Verwaltungshandelns in der Kernverwaltung eine Notwendigkeit darstellt".[148]

10.2 Grundlegend geänderte Budgetierungs- und Steuerungslogik

Ein weiterer Ansatz von PM im Finanzbereich betrifft die Vorgangsweisen und Regelungen der *Planung und Budgetierung des Haushalts*. Grundsätzlich bilden Budgets als zentrale Instrumente des Managements der öffentlichen Haushalte einen Rahmen, sie setzen Grenzen, bieten Ermächtigungen zum Handeln der Organisationen und können bei entsprechender Ausgestaltung auch wichtige Anreize zu wirtschaftlichem Ressourceneinsatz sowie zur nachhaltigen Gestaltung der Finanzpolitik schaffen. Die öffentlichen Budgets waren und sind zentraler Teil der Verwaltungskameralistik.

Die traditionell dominierende *finanzwirtschaftliche Funktion* bestand und besteht darin, in den Budgets und Rechnungsabschlüssen die beabsichtigten bzw. getätigten Einnahme- und Ausgabepositionen öffentlicher Körperschaften zu listen und gegenüberzustellen, wobei es neben den Grundsätzen der Genauigkeit (Wahrheit) und Vollständigkeit vor allem auf den Ausgleich von Einnahmen und Ausgaben angekommen ist. Dies gilt im Wesentlichen bis heute, wenn beispielsweise die Parlamente über das Nettodefizit als eine zentrale Steuerungsgröße und über dessen Bedeckung diskutieren und abstimmen. Nach dem System der Verwaltungskameralistik dient die Aufstellung eines Haushalts auch dazu, den „einzelnen Verwaltungsstellen die vorgesehenen Ausgaben und die dazu erforderlichen Einnahmen zuzuteilen (administrative Lenkungsfunk-

[148] Schauer 2007, S. 15.

tion)“. Die bewilligten Mittel werden hierfür „in kleine Einzelposten aufgeteilt, die bis zur einzelnen Personalstelle und Bauausgabe jeder Dienststelle reichen, ... zusätzliche Vorschriften regeln den zeitlichen Rhythmus der Verausgabung. Durch diese Aufteilung wird es möglich, die politische Verantwortlichkeit genau zu bezeichnen und den Verwaltungsprozess präziser zu steuern, als dies auf Basis von Grobeinteilungen der Budgets“ erfolgen könnte.[149] Diese Detailsteuerung steht im Widerspruch zur dezentralen Fach- und Ressourcenverantwortung und der notwendigen Flexibilität im Vollzug des Budgets.

Auch andere Dysfunktionalitäten der traditionellen Budgetierung bestehen und sollen im Konzept eines zeitgemäßen Finanzmanagements vermieden werden. Dazu zählt die „Gefahr des Etatdenkens“ (auch Dezemberfieber genannt), wo im Weg von durch (zu wenig reflektierten) Budgetfortschreibungen Mittel bewilligt werden, die möglicherweise nicht benötigt, aber wenn vorhanden lieber ausgeschöpft werden. Es besteht auch die Gefahr der „kurzfristigen Perspektive“, die Budgetverantwortliche dazu verleitet, lediglich die Vorgaben des jährlichen Budgets vor Augen zu haben, und etwa sachlich gebotene, aber nicht budgetierte Ausgaben zu unterlassen, was für die nächsten Perioden unerwünschte Folgen haben kann. Dies ist z.B. der Fall, wenn nicht ausreichend budgetierte oder unvorhergesehene Instandhaltungsausgaben nicht getätigt werden können, was später zu Schäden und einem unverhältnismäßig höheren Mitteleinsatz zur Sanierung führen kann.

Weitere Schwächen des Arbeitens mit Budgetvorgaben bestehen etwa darin, dass von Budgets auch demotivierende Wirkungen ausgehen können, wenn sich eine Kluft zwischen den offiziellen Zielvorgaben (Sparen bei Aufrechterhalten des bisherigen Leistungsumfangs) und den individuellen Zielen ausführender Dienststellen (Erbringen qualitativ ordentlicher Leistungen, Bewältigen steigender Nachfrage) auftut oder noch vergrößert. Die nachfolgende Übersicht zeigt die Schwächen traditioneller Budgets und Rechnungsabschlüsse aus der Sicht der Praxis in Deutschland (nach Gleich) und in Österreich (nach Steger/Pichler).

[149] Zimmermann/Hencke 2005, S. 87 f.

Tabelle 8: Schwächen der klassischen Budgetierung

Problemfelder bei Gleich	Problemfelder bei Steger/Pichler
schlechte Abstimmung zwischen strategischer Planung, operativer Planung und der Budgetierung	fehlende verbindliche mehrjährige Ausrichtung
eine zu stark monetäre Ausprägung und fehlende Mehrdimensionalität	die vorherrschende beinahe ausschließliche Inputorientierung
hoher Ressourcenaufwand für die Planung	die ausschließliche Steuerungsrelevanz des Prinzips der Kameralistik
mangelnde Akzeptanz der Budgetierung seitens des Managements	Reformbedarf bei verschiedenen (budget-) technischen Punkten, wie z.B. bei Gliederung und bei Bindungswirkung

Quelle: Gleich 2007, S. 20 und Steger/Pichler 2008, S. 14

Im Konzept des PM steht eine geänderte Budgetierungs- und Steuerungslogik im Vordergrund: Es geht, wie weiter oben bereits ausgeführt, um eine stärker indirekte Steuerung. Sie benötigt keine schwerfällige, streng hierarchische und detaillierte Steuerung, wie sie im bürokratischen System und im traditionellen Haushaltswesen gegeben ist.

Die Hauptelemente dieser neuen Steuerung bestehen:

- im Führen über Ziele und Strategien mit einer ausgeprägten Verantwortung für die erreichten Ergebnisse,
- in einem hohen Bewusstseinsgrad der für die Finanzen verantwortlichen Führungskräfte, dass sie mit dem Steuergeld der Bürgerinnen und Bürger besonders sorgsam und risikobewusst umgehen müssen,
- im Verknüpfen von fachlicher Ergebnisverantwortung mit der Verantwortung für den Ressourceneinsatz auf der Ebene der ausführenden Organisationseinheiten,
- im Flexibilisieren des Ressourceneinsatzes, beispielsweise durch Lockern einiger traditioneller Budgetierungsprinzipien, wie z.B. der Jährlichkeit sowie der zeitlichen und sachlichen Spezialität und
- im Verwenden von jeweils aktuellen Kennzahlen, mit denen Informationen über wichtige Planungsziele, erreichte Ergebnisse oder Eigenschaften der öffentlichen Tätigkeiten bereitgestellt werden.

Einige grundsätzliche Aussagen zum Stand von Budgets und Rechnungsabschlüssen der Bundesländer hat der Rechnungshof in seinem Bericht „Vorarlberg“ 7/2009, getroffen:

„Die international zu beobachtende Weiterentwicklung des öffentlichen Rechnungswesens in Richtung einer integrierten Vermögens-, Finanz- und Erfolgsrechnung fand in den Rechnungsabschlüssen der Länder noch keinen Niederschlag. Diese wurden weiterhin hauptsächlich zahlungsorientiert erstellt und boten über die tatsächliche finanzielle Lage der Länder und die Nachhaltigkeit ihrer Haushaltsführung nur eine eingeschränkte Aussagekraft.“ (S. 13) „Auch der Vermögensstand der Länder wird derzeit nur unvollständig abgebildet. Einige der in der Voranschlags- und Rechnungsabschlussverordnung (VRV) vorgesehenen Nachweise stellen zwar Teilaspekte des Vermögens- und Schuldenstandes der Länder dar, ein umfassender Überblick ist aber dadurch nicht gegeben. In den Vermögensrechnungen der Länder gab es z.B. Unterschiede bei der Bewertung der Liegenschaften, der Verbuchung von Liegenschaftserwerben und Veräußerungen, der Bewertung und Abschreibung von Gebäuden sowie bei beweglichen Wirtschaftsgütern.“ (S. 15)

Die Ansätze des neuen mikroökonomischen Finanzmanagements wurden bereits vor einigen Jahren von der OECD grundsätzlich sowie auch hinsichtlich konkreter Reformerfordernisse von Budgetierung und Haushaltsführung in Österreich formuliert. Die grundlegende Aussage der OECD zu Modernising Accountability and Control[150] lautet:

„The fundamental challenge to [modernising accountability and] control systems is managing the move from a situation where managers are above all expected to conform to rules to one where they are given flexibility to achieve wider goals. In other words, the model for accountability and control is moving from a fundamental distrust of management to a system that values management and relies on it to take calculated risks and make decisions based on performance. However, public sector managers are ultimately responsible to citizens for the honest and efficient use of their taxes, and are generally held to higher standards of financial probity than those in the private sector. They generally have a lower tolerance for risk and, properly, for financial mismanagement.“

150. Vgl. OECD 2005b, S. 7.

Darin sieht die OECD einen notwendigen Wandel, der den Führungskräften die Freiheit einräumt, strategische Ziele aus eigenem zu erreichen und ihnen das auch zutraut. Sie betont die besondere Verantwortlichkeit der Führungskräfte für den sorgsamen Einsatz von Steuergeldern, was die Managerinnen und Manager im öffentlichen Bereich tendenziell risikofeindlicher machen sollte als in der Privatwirtschaft.

Bei diesen Reformen geht es um:

- die verstärkte Leistungssteuerung (= outputorientierte Steuerung),
- den Ausbau finanzieller Führungsinstrumente, insbesondere der mehrjährigen Finanzplanung oder einer mehrjährigen strategischen Ausgabenrahmenplanung sowie von Kennzahlenberichten und -vergleichen,
- das Vergrößern der Freiräume der Verwaltung generell sowie der Leitungen der nachgeordneten Dienststellen und ausgegliederten Betriebe beim Vollzug des Budgets.

Das „mikroökonomische" Finanzmanagement ist deshalb grundsätzlich gekennzeichnet durch ein straffes Setzen von „Rahmen" und strategischen Vorgaben auf der einen Seite sowie durch Einräumen von Handlungsspielräumen für die ausführenden Dienststellen und Betriebe (im Sinn der „dezentralen Fach- und Ressourcenverantwortung") auf der anderen Seite, d.h. durch Dezentralisieren von Verantwortung bei gleichzeitiger Verstärkung von Controlling-Berichten.

Bezüglich der Führungsinstrumente sind, so weit als möglich, drei Steuerungsbereiche nebeneinander zu führen und als komplementär zu betrachten und zu verknüpfen. Dies erfordert – nach Budäus[151] – dass

- „Informationen über die tatsächliche finanzielle Lage einer Gebietskörperschaft einschließlich ihrer peripheren Organisationseinheiten als dezentralisierte Träger öffentlicher Aufgaben (z.B. Eigenbetriebe, Eigengesellschaften) bereitgestellt werden,
- eine auf die Zeit bezogen richtige, d.h. periodengerechte Zuordnung von Ausgaben und zukünftigen Belastungen erfolgt; insbesondere betrifft dies die zukünftige Altersversorgung der Beamtinnen und Beamten sowie die kreditfinanzierten Investitionen,
- Informationen über Kostenwirtschaftlichkeit, Effizienz und Effektivität des Verwaltungshandelns geliefert werden [...]".

[151] Budäus 2000, S. 305.

Die konkreten Empfehlungen der OECD für Bund, Länder und Gemeinden in Österreich aus dem Jahr 2005 im Bereich der Budgetierung und der Haushaltsführung[152] lauten wie folgt:

- „The budgeting framework at all levels of government should be revised.
- Extra-budgetary funds should be fully integrated into the budgets of the respective governments.
- The accounting framework should be fully harmonised across government levels.
- A medium-term budgeting framework as well as long-term sustainability analyses should be introduced at all levels of government.
- Output-oriented budgeting should be introduced, with ministries held responsible for programme management, on the basis of an improved Information base for cost and benefit analysis of spending and revenue programmes."

Auf der Ebene des Bundes ist diesen Empfehlungen durch die Haushaltsreform in den beiden Etappen 2009 und 2013 bereits Rechnung getragen worden. Ein Teil der Länder und Gemeinden haben bisher mehreren dieser Punkte nicht entsprochen.

10.3 Instrumente im neuen Haushaltsrecht des Bundes

Mit 1.1.2009 trat ein Bundesverfassungsgesetz in Kraft, das die Basis für ein gänzlich neues Haushaltsrecht des Bundes bietet. Wesentliche Änderungen waren die Finanzrahmenplanung über vier Jahre, die Gliederung in Rubriken, die jeweils mehrere Politikfelder umfassten, und die wirkungsorientierte Haushaltsführung. Mit der Rubrikengliederung wird die Entscheidung über die konkrete Ressourcenverteilung vom BMF teilweise wieder auf die Ressorts übertragen. Das BMF gibt den Rubrikenrahmen vor, die betroffenen Ressorts können die Ressourcen theoretisch frei untereinander aufteilen. Damit könnte es zu einer Dezentralisierung der Verantwortung kommen. Wenn man jedoch bedenkt, dass in der Rubrik „Recht und Sicherheit" Großressorts wie das BMI und das BMLV, aber auch das BMJ und das BMF zusammengefasst sind, zeigt sich, dass

[152] Wörgötter 2006, S. 84.

ein solches gemeinsames Aushandeln der Ressourcenverteilung eher schwierig und nicht sehr realistisch ist. Aufgrund des Prinzips der Ressorthoheit beginnt die Möglichkeit der Dezentralisierung der Fachverantwortung erst auf Ressortebene. Das Ende 2009 beschlossene BHG 2013 sieht hier bemerkenswerte Strukturänderungen vor, bei denen insbesondere die Zusammenführung von Fach- und Ressourcenverantwortung sowie die Dezentralisierung dieser Verantwortung im Mittelpunkt stehen und sozusagen die „Flexiphilosophie“ auf die ganze Bundesverwaltung ausgedehnt wird. Durch die Einführung der Wirkungsorientierung sind die Ressorts gezwungen, ihre Ressourcen viel stärker als früher mit den angestrebten Wirkungen in Bezug zu setzen. Damit muss notwendig eine Zusammenführung der Fach- und Ressourcenverantwortung erfolgen. Um gleichzeitig eine Dezentralisierung der Verantwortung zu ermöglichen, werden innerhalb der Ressorts *Globalbudgets* und innerhalb der Globalbudgets noch Detailbudgets eingerichtet. (Siehe Abb. 6)

Abbildung 6: Budget- und Zielstruktur im neuen Haushaltsrecht

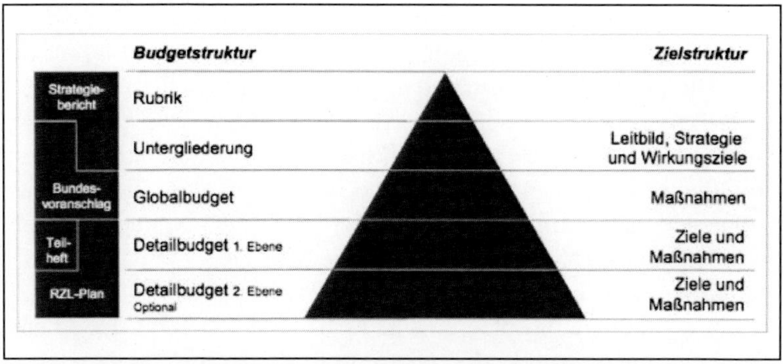

Quelle: BKA, Handbuch wirkungsorientierte Steuerung, 2012

Nach der Idee des BHG 2013 sollten Globalbudgets eher nach fachlichen sowie verantwortungsbezogenen Gesichtspunkten geschaffen werden, um den Globalbudgetverantwortlichen eine klare Fach- und Ressourcenverantwortung übertragen zu können. Die Globalbudgetverantwortlichen wären daher primär auf Ebene der Fachsektionsleitungen anzusiedeln. Sie handeln im Auftrag des haushaltsleitenden Organs (der Ministerin, des Ministers) und haben die fachliche Verantwortung für das Erreichen der Wirkungsziele innerhalb des vorgegebenen Ressourcenrahmens des Globalbudgets. Die operative Verantwortung für die Leistungserbringung und die Umsetzung der Maßnahmen liegt dann noch eine Ebene tiefer bei den haushaltsführenden Dienststellen, die die fachliche Verantwortung für die Zielerreichung in ihrem Bereich im Rahmen eines vorgegebenen Detailbudgets haben.

Die Globalbudgetverantwortlichen haben in dem neuen System eine zentrale strategische Aufgabe für ihren Bereich, indem sie die von der Ministerin, dem Minister vorgegebenen Wirkungsziele konkretisieren, unter anderem auch durch Maßnahmen. Dies bedeutet, dass Maßnahmen definiert, eine Strategie für die Umsetzung entwickelt wird und dass bei Bedarf auch ein Ressourcenausgleich zwischen den einzelnen haushaltsführenden Dienststellen organisiert werden muss. Weiters sollten die Globalbudgetverantwortlichen ein Budget- und Wirkungscontrolling sicherstellen, d. h. entsprechende Planungsunterlagen, laufende Berichte und Endberichte über die Zielerreichung müssen organisiert werden. Zudem sind die Globalbudgetverantwortlichen innerhalb des Ministeriums fachliche Ansprechpartnerinnen und Ansprechpartner für die Ministerin, den Minister und werden auch mit dieser/diesem eine Art Leistungsvereinbarung für den Globalbereich abschließen müssen.

Detailbudgetverantwortliche sind die Leiterinnen und Leiter der haushaltsführenden Dienststellen. Sie sind vor allem für die betriebswirtschaftliche Steuerung der Aufgabenerfüllung zuständig und haben Kennzahlen für das Controlling zu liefern. Ihre Arbeit basiert auf einem *Ressourcen-, Ziel- und Leistungsplan,* der mit dem haushaltsleitenden Organ, wohl aber in Person des Globalbudgetverantwortlichen ausgehandelt wird. Nur so ist eine Dezentralisierung von Verantwortung sinnvoll und möglich.

Betrachtet man das theoretische Konzept des BHG 2013, so sind die Zusammenführung der Fach- und Ressourcenverantwortung und ihre Dezentralisierung für die wirkungsorientierte Haushaltsführung klar erkennbar.

In der Praxis wird jedoch deutlich, dass die gänzliche Dezentralisierung der Personalverantwortung bis hinunter zu den haushaltsführenden Dienststellen nur bedingt möglich und sinnvoll ist. Zum einen braucht Personalmanagement einen gewissen Spielraum zum Handeln, d.h. erst Dienststellen mit einer gewissen Mindestgröße (etwa ab 400 Mitarbeiterinnen und Mitarbeitern) eignen sich dafür. Nur in größeren Organisationen kann der Ausgleich zwischen Karenzierung oder Pensionierung einerseits und Ausweiten von Teilzeit- und Vollzeitbeschäftigung oder Neuaufnahme andererseits geschaffen werden. Der vorgegebene Personalplan wird davon nicht berührt. Zum anderen bedarf es eines speziellen Know-Hows der Personalverwaltung, für das jede personalführende Stelle selbst vorsorgen müsste. Dass sich eine eigene Personalreferentin erst ab einer gewissen Mindestgröße „lohnt", hat sich etwa bei Diskussionen im BMJ gezeigt, wo von der ursprünglichen Idee, jede Strafvollzugsanstalt mit einer Mitarbeiterzahl von höchstens etwa 200 als personalführende Stelle einzurichten, wieder abgegangen wurde.

11. Resumé

Mehrere Dimensionen des PM-Konzeptes

New Public Management (PM) wird bereits seit den 1980er Jahren von Staaten mit Modernisierungsbedarf praktiziert; heute wird es als Public Management (PM) bezeichnet und gilt – weltweit – als unverzichtbares Führungskonzept und „ganzheitlicher Ansatz ... zur umfassenden Neuorientierung der öffentlichen Verwaltung."[153] Es sind mehrere Dimensionen des Konzepts erkennbar.

Die *ideologisch geprägte Dimension* bezieht sich auf ein geändertes Grundverständnis vom Staat, als „Verlust des Glaubens an die Allzuständigkeit des Staates, seine Kompetenz für Problemlösungen und nicht zuletzt seine Finanzierbarkeit".[154] Dies schlägt sich in einer Politik der Reduzierung des Staates und seiner Aufgaben nieder. Der Fokus der PM-Modernisierung ist allerdings unterschiedlich, da zwischen „marktfreundlichen" Regimen (z.B. angelsächsische Staaten) und stärker „wohlfahrtsstaatsbetonten" Ländern (z.B. Finnland, Frankreich, Deutschland, auch Österreich) unterschieden werden kann. Das Konzept des PM ist also nicht prinzipiell auf die Ideologie vom ‚schlanken Staat' zugeschnitten, wenngleich es die Modernisierungspolitik vieler Staaten und auch supranationaler Organisationen wie etwa der Europäischen Kommission geprägt hat und noch immer prägt.

Die zweite Dimension der PM-Modernisierung betrifft *nach außen gerichtete Strukturreformen des Staates* und seiner verschiedenen Organisationen (Bundesministerien, Bezirkshauptmann-

[153] Wimmer 2010, S. 251.

[154] Budäus 1998, S. 107.

schaften, Stadtverwaltungen, Landesspitäler und die verschiedenen öffentlichen Unternehmungen und Betriebe). Leitbild ist dabei *die Orientierung an Erwartungen und an Erfordernissen von Bürgerinnen und Bürgern*, an den Nutzern der öffentlichen Einrichtungen sowie den Empfängern der Subventionen. Die Planung und Steuerung befasst sich vermehrt mit den Leistungen (den Outputs) anstelle der früher dominierenden Inputsteuerung (der traditionellen Budgetierung des Ressourceneinsatzes). Es geht hierbei um eine bestmögliche Abstimmung zwischen gesellschaftlichem Nutzen und individuellen Erwartungen heutiger, aber auch künftiger Generationen. Die Reformen betreffen demnach Bemühungen um die Qualität der Leistungen, um Wahlmöglichkeiten für die Leistungsempfängerinnen und -empfänger, teils auch eine nutzerbezogene Leistungsfinanzierung (über Gebühren und Entgelte anstelle von Steuern) sowie um bessere Kommunikation. Ein weiterer Aspekt der Außenorientierung der öffentlichen Verwaltungen besteht im Schaffen und/oder Ausnützen von direktem Wettbewerb (mit anderen Leistungsproduzenten), bei Fehlen von Wettbewerb durch Herstellen von wettbewerbsähnlichen Bedingungen („managed competition"), also v.a. durch Vergleichen mit und „Lernen von den Besten".

Die dritte Dimension gilt einer *verwaltungsökonomisch (überwiegend betriebs- und volkswirtschaftlich) ausgerichteten „Binnenmodernisierung"* der öffentlichen Verwaltungen und sonstigen Träger öffentlicher Aufgaben. Es geht v.a. um umfassende interne Reorganisationen der Führungsarbeit einschließlich des Verhältnisses zwischen politischer und administrativer Führung im Sinn einer „zielorientierten Gestaltung und Lenkung (und somit Führung) des öffentlichen Sektors". Das Arbeiten mit Leistungszielen, Leistungsvereinbarungen und Globalbudgets sowie Ergebnismessungen sollte eine verbesserte Steuerung und damit erhöhte Wirtschaftlichkeit öffentlichen Handelns bewirken. Hierfür gilt es, Managementkompetenzen der Führungskräfte von Politik und Verwaltung aller Ebenen in den einzelnen Organisationen aufzubauen und/oder entscheidend zu stärken. Die Binnenmodernisierung schließt auch Personalentwicklung (z.B. Führen von Mitarbeitergesprächen, ausführende Mitarbeiterinnen und Mitarbeiter werden vermehrt geschult, teilweise wird ihnen auch Ergebnisverantwortung übertragen) sowie das Straffen aufbauorganisatorischer Strukturen, Optimierungen der Prozesse zur Leistungserstellung sowie von Controlling ein. Eine wichtige Voraussetzung dafür ist die Veränderung der Verwaltungskultur, die neben mehr Eigenverantwortung und damit erhöhter Motivation der Bediensteten auch die Bereitschaft zu Innovation und nachhaltiger Verbesserung von Leistungen und Wirkungen fördern soll.

Keine vollständige und homogene Umsetzung der PM-Strategie

Die Umsetzung der Konzepte ist je nach Kontext und Kultur auf nationaler Ebene und im internationalen Vergleich unterschiedlich erfolgt.

In den Niederlanden etwa wurde bereits Ende der 1990er Jahre ein „flächendeckender Performance-Budgeting Ansatz" für den Zentralstaat eingeführt[155], in der Schweiz wird grundsätzlich ein „gemeinsames Reformmodell der drei Ebenen" des Staates, nämlich das Modell der Wirkungsorientierten Verwaltungsführung, praktiziert[156].

In Österreich haben schon zu Beginn der 1990er Jahre auf der Ebene des Bundes durch diverse Ausgliederungen, teils auch Privatisierungen erste Veränderungen der traditionellen hierarchisch-bürokratischen Strukturen eingesetzt. Ende der 1990er Jahre hat sich das Bundeskanzleramt und einzelne Ministerien wie etwa das BMF verstärkt dem PM verschrieben, was auch in den diversen Modernisierungsprogrammen (z.B. VIP, help.gv) und in jährlichen Leistungskennzahlenberichten ab 1998 seinen Niederschlag fand. Das BMF führte in Abstimmung mit einzelnen Fachressorts zentrale Elemente von PM in fast zwei Dutzend „Flexiklauseleinrichtungen" zur praktischen Erprobung ein.

In Wien und in mehreren anderen österreichischen Stadtverwaltungen wurden bereits ab Mitte der 1990er Jahre umfangreiche Managementschulungen durchgeführt und sodann teils weitreichende Reformen des Planungs- und Steuerungssystems und ebenfalls Ausgliederungen von städtischen Ver- und Entsorgungsbetrieben vorgenommen. Bei der Stadt Wien wurden im Jahr 2002 zur Steuerung u.a. Globalbudgets, Leistungskontrakte, Qualitätsmanagement und Controllinginstrumente (so etwa Budgetkoordinatoren und Gender Budgets) eingeführt.

---

155 Egger-Peitler/Heuböck 2012, S. 18.

156 Egger-Peitler/Heuböck 2012, S.15.

Bei den Bundesländern hat der Rechnungshof in einer Querschnittsprüfung bereits im Jahr 2002 einige PM-Elemente konstatiert; heute werden in einigen Bundesländern umfassende Steuerungskonzept entwickelt bzw. implementiert, so etwa in Oberösterreich das System der „Wirkungsorientierten Verwaltungsführung" (WoV), in Vorarlberg („V aufkurs"), zuletzt auch im Land Steiermark. Andere Bundesländer haben auf modernisierte Systeme der Besoldung, auf Strukturreformen und weitere Managementinstrumente sowie auf E-Government gesetzt.

Eine aktuelle Einschätzung von Expertinnen und Experten der WU Wien[157] konstatiert in Österreich auf den verschiedenen Ebenen zahlreiche Reforminitiativen und eine deutliche Performance-Orientierung. Allerdings sind die Konzepte der PM-Modernisierung und beispielsweise die gesetzten Schwerpunkte der Steuerungssysteme unterschiedlich.

Der Rechnungshof vermisst diesbezüglich in seinen Vorschlägen zur Verwaltungsreform[158] „trotz vieler Einzelinitiativen noch durchgängige Modelle (für Steuerungsinstrumente), die standardisiert und umfassend zur Anwendung gelangten, weshalb auch die Vergleichbarkeit von Ergebnissen vielfach nicht gegeben war."

Schlüsselbereiche der PM-Modernisierung

Zu einem Schlüsselbereich modernen Verwaltungsmanagements und neuer Organisationskultur, nämlich der Zusammenarbeit von Politik und Verwaltung, formulierte das „Führungsforum innovative Verwaltung" (FIV) im Jahr 2010 folgendes neues (Selbst-)Verständnis: „Modernen Managementüberlegungen entsprechend, soll der Schwerpunkt der Aufgabenstellung der Politik im strategischen Bereich liegen, während die operative Umsetzung von Leistungsaufträgen den Mitarbeiterinnen und Mitarbeitern der Verwaltung überlassen wird. Die Mitverantwortung der Führungskräfte bei der Entwicklung politischer Strategien gewährleistet die bestmögliche Umsetzung im Vollzug. Vor dem Hintergrund der politischen Verantwortung gegenüber dem Parlament liegt die Letztverantwortung und Letztentscheidung in allen Bereichen bei der politischen Ebene." Allerdings zeigt sich, dass insbesondere die Parlamente mit den neuen Möglichkeiten der Leistungs- und Wirkungsorientierung

[157] Egger-Peitler/Heuböck 2012, S. 11.

[158] Rechnungshof 2011, S. 134.

sowie einer stärker strategischen Steuerung wenig selbstbewusst umgehen.

Es ist klar, dass das PM-Konzept mit der starken Komponente des Führens mit Zielen, der Messung der Zielerreichung sowie mit der Befähigung der Mitarbeiterinnen und Mitarbeiter aller Ebenen wesentliche Voraussetzungen zur Selbststeuerung und Selbstkontrolle bereitstellt.

Für die Mitarbeitenden bedeutet dies die Übernahme erhöhter Verantwortung für die Qualität der erbrachten Leistung, ebenso für die Kommunikation mit den Leistungsempfängerinnen und -empfängern und innerbetrieblich mit den Führungskräften und mit der Kollegenschaft. Für Führungskräfte und Mitarbeiterschaft könnte damit die hierarchische Über-/Unterordnung in den Hintergrund treten und einem partnerschaftlichen und damit wertschätzenden Umgang Platz machen. Gleichzeitig würden die Mitarbeiterinnen und Mitarbeiter mehr Gestaltungspielraum gewinnen und damit auch mehr Motivation.

Für die Führungskräfte erfordert die teilweise Delegierung der Umsetzung der politischen Beschlüsse auf die Ebene der Ausführenden verstärktes Befassen mit den Zielen der Leistungserstellung und mit den angestrebten Wirkungen. Die Freiräume der Führung ergeben sich aus der „Befreiung" von der täglichen Anweisungsarbeit und Kontrolle. Dabei wird klar, dass eine mehrdimensionale Steuerung, insbesondere über die Beiträge zur angestrebten Wirkung, über Quantität und Qualität der Leistungserstellung, über den Ressourceneinsatz pro Leistungseinheit die Arbeit der ausführenden Mitarbeiterinnen und Mitarbeiter besser leitet als bloßes Berufen auf die geltenden Normen und den jeweiligen Budgetansatz, wie es zumindest tendenziell dem Bürokratiemodell entsprechen würde.

Allerdings ist der Wandel in der Organisationskultur nicht als „technisches" Reformprojekt zu handhaben, sondern braucht eine Diskussion auch der Werte und Ziele des öffentlichen Handelns unter den neuen ökonomischen, sozialen und ökologischen Erfordernissen.

Tabelle 9: Elemente traditioneller Verwaltungskultur und der mit dem PM-Modell angestrebten Organisationskultur

Traditionelle Verwaltungskultur	Organisationskultur im PM
Reagieren auf neue Gegebenheiten, auf äußere Einflüsse	Pro-aktives Handeln; es wird frühzeitig versucht, unerwünschte Entwicklungen zu verhindern oder wenigstens abzuschwächen
hohe Resistenz gegen Veränderung	Änderungen gekonnt planen und umsetzen
Obrigkeitsstaatliches Verhalten durch unpersönliches, defensives, formal korrektes Handeln	Servicegesinnung im Vordergrund, öffentliche Verwaltung versteht sich als Partner für die Bürgerinnen und Bürger und die Wirtschaft
Zentralistische Führungskultur	Kultur der Kooperation zwischen Dienststellen im Interesse einer raschen und umfassenden Erledigung
„Alte" Fehlerkultur – Suche nach Schuldigen und deren Bestrafung	Neue Fehlerkultur – aus Fehlern lernen wirkt
Misstrauen gegenüber Leistung und Verhalten von Mitarbeiterinnen und Mitarbeitern	Vertrauen in das Urteilsvermögen und in die Selbststeuerung der Mitarbeiterschaft

Ein weiterer Schlüsselbereich der Managementreformen betrifft die Modernisierung des öffentlichen Haushaltswesens. Es umfasst Budgetierung, Abrechnung, Finanzierung (insbesondere durch Verknüpfen von Aufgaben, Zielen, Leistungen und Wirkungen mit den finanziellen Ressourcen) sowie die Steuerung der Wirtschaftlichkeit. Inhaltlich geht es um die Ergänzung des traditionellen finanzwirtschaftlichen Rechnungswesens (Verwaltungskameralistik), hinsichtlich einer Vermögensrechnung, um das Ermitteln von Kosten der Leistungserstellung sowie um regional- und volkswirtschaftliche Betrachtungen von Kosten und Nutzen der öffentlichen Leistungserstellung. Damit sollen primär leistungswirtschaftliche Steuerungsinformationen zur Verstärkung und/oder Sicherung von Produktivität und Wirtschaftlichkeit geboten werden. Weiters steht in Konzept und Praxis des PM eine geänderte Budgetierungs- und Steuerungslogik im Vordergrund: Es geht um das Verknüpfen von fachlicher Ergebnisverantwortung mit der Verantwortung für den Ressourceneinsatz auf der Ebene der ausführenden Organisationseinheiten. Damit verbunden ist eine gewisse Flexibilisierung des Ressourceneinsatzes, beispielsweise durch Lockern einiger traditioneller Budgetierungsprinzipien (z.B. Prinzipien der Jährlichkeit, der zeitlichen und sachlichen Spezialität) und die Steuerung über Kennzahlen. Diese stellen Informationen über wichtige Planungsziele, erreichte Ergebnisse oder Eigenschaften der öffentlichen Tätigkeiten bereit. In der Praxis sind bereits erste Reformschritte gesetzt worden – so durch Führen und Nutzen der Kosten- und Leistungsrechnungen, durch mehrjährige Planungen der Haushaltswirtschaft, was aber nicht auf allen Entscheidungsebenen berücksichtigt wird.

Das Ende 2009 beschlossene BHG 2013 sieht für den Bund bemerkenswerte Strukturänderungen vor, bei denen es neben der Einführung der Wirkungsorientierung um die Zusammenführung und – grundsätzlich auch – um die Dezentralisierung von Fach- und Ressourcenverantwortung gehen soll. Bei einem guten Teil der subnationalen Gebietskörperschaften stehen allerdings diese Modernisierungsschritte selbst im Bereich der Verwaltungsführung noch aus.

PM als Etappe zum „Gewährleistungsstaat"

Klar ist, dass PM wichtige Beiträge zum Gewährleistungsstaat leistet, mit Offenheit, also verstärktem Eingehen auf die Bedürfnisse der Bürgerinnen und Bürger, auf Kundinnen und Kunden, und mit Bemühen, Effizienz und Qualität der Leistungen ebenso wie die Legitimation staatlichen Handelns zu stärken. Als wesentliche Kriterien zur politischen Entscheidung, in welcher Form die Aufgaben zu erfüllen sind, gelten die Wirkung auf den Einzelnen (Zustimmung der Leistungsbezieherinnen und -bezieher) und/oder auf die Gesellschaft insgesamt sowie die nachhaltige Effizienz der Leistungserbringung. Es stellte sich allerdings heraus, dass weder die ideologisch auf Reduzierung des Staates gerichtete Dimension des PM noch die auf Binnenmodernisierung und Effizienz setzende Variante des PM die Legitimation des staatlichen Handelns voll sichern konnten. Dies hängt mit den weitreichenden Veränderungen der weltweiten Rahmenbedingungen, aber auch mit einer gewissen Reformmüdigkeit der Staatsführungen zusammen, die insbesondere die tiefreichenden Erfordernisse der Reform von Politik- und Verwaltungskultur nicht ausreichend berücksichtigen. Mit neuen oder veränderten Instrumenten des Managements, mit Techniken der Verwaltungsökonomie sowie mit den verschiedenen politischen Flexibilisierungs- und Liberalisierungsschritten können weder die Wirkungsorientierung noch der demokratiepolitische Wandel und der auch auf Gemeinsinn und auf Public Value setzende Staat erreicht bzw. gesichert werden.

Referenzen

Aiginger, Karl/Schratzenstaller, Margit: Budgetkonsolidierung unter schwierigen Rahmenbedingungen. Zehn Leitlinien und erste Erfahrungen in der EU. WIFO-Monatsberichte 12/2010, S. 941 – 954.

Aulehla, Elisabeth: Der Wiener Weg der Verwaltungsreform. In: Bauer/Biwald/Dearing (Hrsg.): Öffentliches Management in Österreich, Wien 2003, S. 169 – 190.

Alter, Rolf/Jacobzone, Stéphane: Public Management and Governance: an OECD Perspective. In: Bauer/Biwald/Dearing (Hrsg.): Gutes Regieren. Konzepte – Realisierungen – Perspektiven. Wien – Graz 2011, S. 96 – 113.

Bachmayer, Emmerich: Dezentralisierung von Ressourcenverantwortung. Auswirkungen auf das Personalmanagement des Bundes. In: Biwald/Dearing/Weninger (Hrsg.): Innovation im öffentlichen Sektor. Wien – Graz 2008, S. 284 – 291.

Bauer, Helfried/Dearing, Elisabeth: Public Management und Governance. Globale Konzepte im nationalen Kontext. In: Bauer/Biwald/Dearing (Hrsg.): Gutes Regieren. Konzepte – Realisierungen – Perspektiven. Wien – Graz 2011, S. 27 – 72.

Bauer, Helfried/Biwald, Peter/Dearing, Elisabeth (Hrsg.): Gutes Regieren. Konzepte – Realisierungen – Perspektiven. Wien – Graz 2011.

Bauer, Helfried/Drexler, Rosmarie: Leistungs- und Kundenorientierung in Bezirkshauptmannschaften, Manuskript, Wien 2009.

Bauer, Helfried/Biwald, Peter/Dearing, Elisabeth (Hrsg.): Public Governance. Öffentliche Aufgaben gemeinsam erfüllen und effektiv steuern. Wien – Graz 2005.

Bauer, Helfried/Handler, Heinz/Schratzenstaller, Margit (Hrsg.): Finanzmanagement. Wien – Graz 2006.

Bauer, Helfried/Pitlik, Hans/Schratzenstaller, Margit (Hrsg.): Reformen der vertikalen Aufgabenverteilung und Verwaltungsmodernisierung im Bundesstaat. Wien – Graz 2008.

Bauer, Helfried: Was lehren uns die skandinavischen Modernisierungserfahrungen? In: Beirat für Wirtschafts- und Sozialfragen (Hrsg.): Modernisierung des öffentlichen Sektors. Chancen und Grenzen von New Public Management. Band 77, Wien 1999, S. 68 – 74.

Beirat für Wirtschafts- und Sozialfragen: Modernisierung des öffentlichen Sektors. Chancen und Grenzen von New Public Management. Band 77, Wien 1999.

Biegelbauer, Peter: Warum zwischen Verwaltung und Politik das Misstrauen wächst. Gastkommentar in Die Presse online vom 4.10.2011.

Biwald, Peter: Ganzheitliche Steuerung öffentlicher Verwaltungen. In: Biwald/Dearing/Weninger (Hrsg.): Innovation im öffentlichen Sektor. Wien – Graz 2008, S. 245 – 259.

Biwald, Peter/Dearing, Elisabeth/Weninger, Thomas (Hrsg.): Innovation im öffentlichen Sektor. Wien – Graz 2008.

BKA: Tagungsband zum Managementforum am 25.Juni 2009.

Blum, Jürgen/Manning, Nick: Public Management Reforms across OECD-countries. In: Bovaird/Löffler (Hrsg.): Public Management and Governance. London – New York 2009, S. 41 – 58.

Bovaird, Tony: Basing strategy in the public sector on the concept of public value. In: Biwald/Dearing/Weninger (Hrsg.): Innovation im öffentlichen Sektor. Wien – Graz 2008, S. 260 – 270.

Bovaird, Tony/Löffler, Elke: Innovation in Public Services: strategy, drivers and the role of competition. In: Bauer/Biwald/Dearing (Hrsg.): Gutes Regieren. Konzepte – Realisierungen – Perspektiven. Wien – Graz 2011, S. 114 – 127.

Bovaird, Tony/Löffler, Elke: Public Management and Governance. 2. Auflage, London – New York 2009.

Buchinger, Erwin/Lindner, Peter: Steuern ohne Ziel – Ziele ohne Steuerung: Die Mühen der politischen Zielsteuerung. In: Bauer/Biwald/Dearing (Hrsg.): Public Governance. Öffentliche Aufgaben gemeinsam erfüllen und effektiv steuern. Wien – Graz 2005, S. 85 – 100.

Budäus, Dietrich: Weiterentwicklung der integrierten Verbundrechnung (Speyerer Verfahren). Aktuelle Reformprobleme und Entwicklungsperspektiven des öffentlichen Rechnungswesens. In: Budäus/Küpper/Streitferdt (Hrsg.): Neues öffentliches Rechnungswesen. Stand und Perspektiven. Wiesbaden 2000, S. 301 – 321.

Budäus, Dietrich/Küpper, Willi/Streitferdt, Lothar: Neues öffentliches Rechnungswesen. Stand und Perspektiven. Wiesbaden 2000.

Bundeskanzleramt (Hrsg.): Projektbericht „Verwaltungsmanagement“. Wien 1994.

Bundeskanzleramt (Hrsg.): Verwaltungsinnovationsprogramm der Bundesregierung, Bilanz 2006. Wien 2006.

Buschor, Ernst: Neue politische Führung im Rahmen des New Public Management. In: Neisser/Hammerschmid (Hrsg.): Innovative Verwaltung. Perspektiven des New Public Management in Österreich. Wien 1998, S. 57 – 77.

Bußjäger, Peter: Verwaltungsmodernisierung in den Ländern, Schriftenreihe Verwaltungsrecht. Innsbruck 2011.

Crainer, Stuart: Key Management Ideas. 3. Auflage, London 1998.

Damkowski, Wulf; Precht, Claus: Public Management. Neue Steuerungskonzepte für den öffentlichen Sektor. Stuttgart 1995.

Dearing, Elisabeth: Braucht es Innovation in der Verwaltungsreform? In: Biwald/Dearing/Weninger (Hrsg.): Innovation im öffentlichen Sektor. Wien – Graz 2008, S. 387 – 395.

Dearing, Elisabeth: Wirkungsorientierte Haushaltsführung. Neue Steuerung für die Fachbereiche. In: BKA (Hrsg.): Tagungsband zum Managementforum am 25. Juni 2009.

Drucker, Peter: Management. Tasks, Responsibilities, Practices. London 1974.

Ferlie, Ewan/Lynn jr., Laurence/Pollitt, Christopher: The Oxford handbook of public management. Oxford 2005.

Filzmaier, Peter: Der Zug der Lemminge. Wien 2010.

Führungsforum Innovative Verwaltung: Wirkungsvolle Verwaltungsentwicklung. Positionen des Führungsforums Innovative Verwaltung zur Reform der öffentlichen Verwaltung in Österreich. Wien 2010.

Gleich, Ronald: Den Haushalt budgetieren. Neues Verwaltungsmanagement. Kap. D.2.1. Loseblattsammlung Stuttgart 2007.

Gratz, Wolfgang: Die Zukunft des Verwaltungsmanagements. In: Bauer/Biwald/Dearing (Hrsg.): Gutes Regieren. Konzepte – Realisierungen – Perspektiven. Wien – Graz 2011a, S. 653 – 663.

Gratz, Wolfgang: Und sie bewegt sich doch. Entwicklungstendenzen in der Bundesverwaltung. Wien 2011b.

Gruber, Paul/Kaltenbrunner, Gerold/Pesendorfer, Eduard: WOV 2021 – Konzept, Erreichtes, Ausblick. In: Bauer/Biwald/Dearing (Hrsg.): Gutes Regieren. Konzepte – Realisierungen – Perspektiven. Wien – Graz 2011, S. 183 – 194.

Hack, Hans: Dezentrale Fach- und Ressourcenverantwortung. In: Bauer/Biwald/Dearing (Hrsg.): Öffentliches Management in Österreich. Wien 2003, S. 47 – 58.

Hartmann, Klaus: Das Personal der Verwaltung. In: Holzinger/Oberndorfer/Raschauer (Hrsg.): Österreichische Verwaltungslehre. 2. Auflage, Wien 2006, S. 299 – 343.

Hechtner, Erich: Public Management – der Wiener Weg. Erfahrungen und Ausblicke. In: Bauer/Biwald/Dearing (Hrsg.): Gutes Regieren. Konzepte – Realisierungen – Perspektiven. Wien – Graz 2011, S. 621 – 627.

Holzinger, Gerhart/Oberndorfer, Peter/Raschauer, Bernhard: Österreichische Verwaltungslehre. 2. Auflage, Wien 2006.

Holzinger, Gerhart: Die Organisation der Verwaltung. In: Holzinger/Oberndorfer/Raschauer (Hrsg.): Österreichische Verwaltungslehre. 2. Auflage, Wien 2006, S. 107 – 179.

Kerschner, Ferdinand/Wagner, Erika: Qualitätsstandards in Verwaltungsverfahren. Wien 2009.

Leitsmüller, Heinz/Rossmann, Bruno: Ausgliederungen aus den öffentlichen Haushalten. Versuch eines Resümees. In: Schlager, Christa (Hrsg.): Ausgliederungen aus dem öffentlichen Bereich. Versuch einer Bilanz. Wien 2010, S. 161 – 176.

Mader, Katharina: Ausgliederungen aus dem Bundeshaushalt. Neuer Stand und vertiefende Evaluierungen. In: Schlager, Christa (Hrsg.): Ausgliederungen aus dem öffentlichen Bereich. Versuch einer Bilanz. Wien 2010, S. 7 – 133.

Naschold, Frieder/Bogumil, Jörg: Modernisierung des Staates – New Public Management und Verwaltungsreform. Opladen 1998.

Neisser, Heinrich/Meyer, Renate/Hammerschmid, Gerhard: Kontexte und Konzepte des New Public Management. In: Neisser/Hammerschmid (Hrsg.): Die innovative Verwaltung. Perspektiven des New Public Management in Österreich. Wien 1998, S. 19 – 55.

Neisser, Heinrich/Hammerschmid, Gerhard: Die innovative Verwaltung. Perspektiven des New Public Management in Österreich. Wien 1998.

Nowotny, Ewald/Zagler, Martin: Der öffentliche Sektor. Einführung in die Finanzwissenschaft. 5. Auflage, Berlin – Heidelberg 2009.

Oberndorfer, Peter: Die Verwaltung im politisch-gesellschaftlichen Umfeld. In: Holzinger/Oberndorfer/Rauschauer (Hrsg.): Österreichische Verwaltungslehre. 2. Auflage, Wien 2006, S. 33 – 105.

OECD: Public Governance Reviews – Finland: Working Together to Sustain Success. Paris 2010.

OECD: Public Management Developments. Update. Paris 1995.

OECD: Public Sector Modernisation: Open Government. Paris 2005.

Oppen, Maria: Local Governance und bürgerschaftliches Engagement von Unternehmen. In: Bauer/Biwald/Dearing (Hrsg.): Public governance. Öffentliche Aufgaben gemeinsam erfüllen und effektiv steuern. Wien – Graz 2005, S. 342 – 361.

Oppen, Maria: Governance und Innovation. Potenziale öffentlich-privater Zusammenarbeit. In: Biwald/Dearing/Weninger (Hrsg.): Innovation im öffentlichen Sektor. Wien – Graz 2008, S. 314 – 326.

Osborne, David/Gaebler, Ted: Reinventing Government. How the Entrepreneurial Spirit is transforming the Public Sector. Reading 1992.

Pansi, Heinz: Qualität in der Bezirkshauptmannschaft, in: Verwaltung Innovativ v. 8. April 2009, S. 10 f.

Pitlik, Hans: Ansatzpunkte und Wirkungen von Verwaltungsreformen aus der Perspektive der ökonomischen Bürokratietheorie. In: Bauer/Pitlik/Schratzenstaller (Hrsg.): Reformen der vertikalen Aufgabenverteilung und Verwaltungsmodernisierung im Bundesstaat. Wien – Graz 2008, S. 108 – 122.

Pollitt, Christopher/Bouckaert, Geert: Quality improvement in European public services: concepts, cases and commentary. Sage Publications. London 1995.

Pollitt, Christopher/Bouckaert, Geert: Public Management Reform – a comparative analysis. 2. Auflage. Oxford New York 2004.

Pröhl, Marga: Von der Binnenmodernisierung zur Politikreform. Strategisches Management zur Bündelung kommunalen Handelns. In: VOP Verwaltung – Organisation – Personal. Sonderheft 1/2001, S. 6 – 8.

Raschauer, Bernhard: Verwaltungsaufgaben. In: Holzinger/Oberndorfer/Raschauer (Hrsg.): Österreichische Verwaltungslehre. 2. Auflage, Wien 2006, S. 181 – 235.

Rechnungshof: Reihe Einkommen 2010/1. Wien 2010.

Rechnungshof: Reihe Oberösterreich 2002/6. Wien 2002.

Reichard, Christoph/Wollmann, Hellmut: Kommunalverwaltung im Modernisierungsschub. Basel – Boston – Berlin 1996.

Röber, Manfred: Über einige Missverständnisse in der verwaltungswissenschaftlichen Modernisierungsdebatte. In: Reichard/Wollmann (Hrsg.): Kommunalverwaltung im Modernisierungsschub. Basel – Boston – Berlin 1996, S. 98 – 111.

Ruttenstorfer, Wolfgang: Eröffnungsstatement zur wissenschaftlichen Tagung des öffentlichen Sektors am 8. Juni 1999. In: Beirat für Wirtschafts- und Sozialfragen (Hrsg.): Modernisierung des öffentlichen

Sektors. Chancen und Grenzen von New Public Management. Band 77, Wien 1999, S. 11 – 14.

Schauer, Reinbert: Öffentliche Betriebswirtschaftslehre – Public Management. Wien 2008.

Schauer, Reinbert: Rechnungswesen in öffentlichen Verwaltungen. Wien 2007.

Schauer, Reinbert: Die „Kommunale Doppik" – eine Notwendigkeit? In: Schauer, Reinbert (Hrsg.): Die „Kommunale Doppik". Linz 2007, S. 7 – 22.

Schedler, Kuno/Proeller, Isabella: New Public Management. 4. Auflage, Bern 2009.

Schedler, Kuno/Siegel, John Philipp: Strategisches Management in Kommunen. Düsseldorf 2005.

Schlager, Christa: Ausgliederungen aus dem öffentlichen Bereich. Versuch einer Bilanz. Wien 2010.

Simon, Walter: Moderne Managementkonzepte von A bis Z. Offenbach 2002.

Steinmann, Horst/Schreyögg, Friedrich: Management. Grundlagen der Unternehmensführung. 4. Auflage, Wiesbaden 1997.

Steger, Gerhard/Pichler, Walter: Das neue Haushaltsrecht des Bundes. Wien 2008.

Stiglitz, Joseph E.: Making Globalization Work. Norton 2006.

Strehl, Franz: Die Arbeitsweise der Verwaltung. In: Holzinger/Oberndorfer/Raschauer (Hrsg.): Österreichische Verwaltungslehre. 2. Auflage, Wien 2006, S. 237 – 265.

Strehl, Franz: Administrative Reforms in Austria – Projekt „Verwaltungsmanagement". In: Kickert, Walter J.M. (Hrsg.): Public Management and Administrative Reform in Western Europe. Cheltenham 1997, S. 103 – 122.

Talbot, Colin: Performance Management. In: Ferlie/Lynn/Pollitt (Hrsg.): The Oxford handbook of public management. Oxford 2005, S. 491 – 517.

UBS: UBS Outlook – Verwaltungsmanagement. Neuauflage, Zürich 2000.

Wiederin, Ewald: Föderalismus in Österreich. Probleme und aktuelle Diskussion. Vortrag der Auftaktkonferenz der ARGE Zukunft der Demokratie der Österreichischen Forschungsgemeinschaft am 6. Mai 2011.

Wimmer, Norbert: Dynamische Verwaltungslehre. 2. Auflage, Wien 2010.

Wörgötter, Andreas: OECD Recommendations for improving fiscal-federal relations. In: Bauer/Handler/Schratzenstaller (Hrsg.): Finanzmanagement. Wien – Graz 2006, S. 70 – 87.

Zimmermann, Horst/Hencke, K.- Dirk: Finanzwissenschaft. 9. Auflage, München 2005.

Links:

Alle Internetadressen wurden am 20. September 2012 abgerufen.

Die Website der 4. EU-Qualitätskonferenz: http://www.4qconference.org/en/

European Public Sector Award: www.epsa2011.eu

Justizanstalt Leoben http://bka.gv.at/site/cob__29286/5917/default.aspx

Leitbild des BMVIT: http://www.bmvit.gv.at/ministerium/organisation/leitbild.html

Lösungsvorschläge Schulverwaltung: http://www.rechnungshof.gv.at/fileadmin/downloads/2010/beratung/verwaltungsreform/Bildung/Loesungsvorschlaege_Schulverwaltung.pdf

Studie KDZ zur Bürokratiebelastung der Bürgerinnen und Bürger: www.bka.gv.at/verwaltungsinnovation

III. Public Governance

1. Verständnis von Public Governance und Begriffsklärungen

1.1. Annäherung aus Sicht ...

... der Verwaltungsforschung

Bei „Governance" geht es um „Policy Making", d. h. um Politikformulierung und Politikumsetzung.[159] Das eine ist die Domäne der Politik (politischer Institutionen und Entscheidungsgremien), das andere die Aufgabe der Verwaltung, deren Organisation oft von Politikerinnen oder Politikern geleitet werden. Betrachtet werden dabei nicht nur die befassten Organisationen (z.B. Parlament, Landesregierung, Bezirkshauptmannschaften, Gemeindeämter), sondern auch die Tätigkeit des Steuerns und Koordinierens als zentrale Funktionen des Regierens sowie die Art und Weise, wie diese Tätigkeiten ausgeübt wird (z.B. normative Vorgaben, Zusammenarbeit zwischen Verwaltungen, Kooperationen mit Privaten).[160] Governance kann somit als Konzept bezeichnet werden, das dabei unterstützen soll, das Funktionieren von Staat und Verwaltung besser zu verstehen und zu beurteilen.

Jann/Wegrich[161] sehen heute ein zentrales Problem der staatlichen Steuerung und Problemlösung in der Gesellschaft selbst. Es geht also „nicht mehr nur um Bürokratie-, sondern auch um Gesellschaftsversagen und darum, wie dies zu beheben wäre." Sie fordern eine Neuausrichtung der Reformdebatte mit dem Ziel, die soziale, politische und administrative Kohäsion sowie die gesellschaftliche und politische Beteiligung zu stärken. Gesellschaftliche Akteurinnen und Akteure sind daher zu motivieren und zu aktivieren, sich an der Problembewältigung, d.h. der Politikformulierung und der Politikumsetzung zu beteiligen. „Niemandem, weder am unteren Ende der Sozialskala (z.B. Obdachlose) noch am oberen Ende (z.B. abgeschottet in ‚gated communities') soll erlaubt werden, sich aus der gesellschaftlichen Verantwortung zu stehlen."

---

[159] Jann/Wegrich 2010, S. 175.

[160] Vgl. Benz/Dose 2010, S. 17.

[161] Jann/Wegrich 2010, S. 184.

Für Mayntz ist das Besondere an Governance im modernen Staat das Zusammenwirken von Staat und Zivilgesellschaft bei der Regelung kollektiver Sachverhalte. Dies bedeutet für sie aber nicht, dass solche gemeinschaftlichen Anliegen immer in direkter Kooperation von staatlichen und nicht-staatlichen Akteurinnen und Akteuren geregelt würden. Governance besteht vielmehr aus einem Nebeneinander von unterschiedlichen Regelungsformen, die von rein staatlichen bis zu rein zivilgesellschaftlichen reichen.[162] Aufrecht bleibt aber der Primat des Staates, d.h. die Interaktionen zwischen den Akteurinnen und Akteuren finden „im Schatten der Hierarchie“[163] statt, was etwa so viel bedeutet wie unter dem Vorbehalt staatlicher Intervention.[164]

… der Europäischen Union

Bereits im Jahr 2001, als der „Vertrag von Nizza“ scheiterte, befasste sich die EU mit „Governance“ und formulierte in ihrem „EU-Weissbuch für gutes Regieren“ fünf einander ergänzende Grundsätze: Offenheit, Partizipation, Verantwortlichkeit, Effektivität und Kohärenz.

Einer dieser Grundsätze ist – im Sinne von Renate Mayntz – in Art. I-47 der EU-Verfassung 2004 als Grundsatz der partizipativen Demokratie aufgenommen worden. Er enthält in Abs. 2 die Aufforderung an die Organe der repräsentativen Demokratie, „einen offenen, transparenten und regelmäßigen Dialog mit den repräsentativen Verbänden und der Zivilgesellschaft zu pflegen.“ Auf EU-Ebene wird „Zivilgesellschaft“ als „Sammelbegriff für alle Formen sozialen Handelns von einzelnen und Gruppen, die nicht auf Initiative des Staates zurückgehen und nicht von diesem gelenkt werden“[165], verstanden. Dazu zählen die Sozialpartner, NGO's (Nicht-Regierungsorganisationen), in denen Menschen gemeinsame Ziele verfolgen (z.B. Menschenrechts- oder Umweltorganisationen) ebenso wie CBOs (Community-Based Organizations), die von der Basis der Gesellschaft her entstehen und mitgliederorientierte Ziele verfolgen (z.B. Jugendorganisationen, Familienverbände). Gemeinsam ist diesen Organisationen der nicht-gouvernementale Charakter und der

---

[162] Mayntz 2010, S. 39.

[163] Benz/Dose 2010, S. 22.

[164] Vgl. Mayntz 2010, S. 39.

[165] Definition des Wirtschafts- und Sozialausschusses der EU (ABl. C 329/1999), als organisierter Vertreter der Zivilgesellschaft.

demokratische Grundwertekonsens.[166] Auch Vereine auf ehrenamtlicher Basis zählen zur Zivilgesellschaft, da sie sich für gemeinnützige/kollektive Anliegen einsetzen (z.B. Bergrettung, freiwillige Feuerwehr).

... der OECD

Die OECD kann als eine Themenführerin für Wirtschaftspolitik und Governance auf internationaler Ebene gesehen werden. Bereits im Jahr 2000 wurde im Rahmen einer „Potential Governance Agenda for Finland" durch ein internationales Expertengremium bei der OECD die Bedeutung von Konzepten wie Integration und Kohärenz (statt Fragementierung), Effektivität statt Effizienz, Vertrauen und Legitimität, Bürgerbeteiligung etc. hervorgehoben. Im Jahr 2000 wurde auch das vormalige „Public Management Committee" in „Public Governance Committee" umbenannt und befasste sich zunehmend mit Public Governance Themen.

Das Projekt „Government at a Glance" wurde 2008 als Beitrag zu mehr Transparenz und Nachhaltigkeit sowie als Grundlage evidenzbasierter Entscheidungsfindung („evidence-based-decisionmaking") aus der Taufe gehoben. In zunehmenden Maß werden Daten zu Governance-Inhalten wie etwa Transparenz, Integrität oder die Zusammenarbeit mit Bürgerinnen und Bürgern bei der öffentlichen Leistungserbringung in diese Publikationsreihe aufgenommen.[167]

Im Jahr 2010 ging es beim Ministertreffen um Fragen eines nicht mehr nur effizienten, sondern auch wirksamen öffentlichen Dienstes, um Offenheit und Transparenz in Verwaltung und Regierung sowie um strategische Gestaltungskraft und horizontale Koordinierung der Aufgabenerfüllung.

Jüngstes Produkt des OECD-Public Governance Committee sind die „Governance Reviews"[168] einzelner Staaten. Die Auswahl der jeweils untersuchten Felder zeigt deutlich den Bezug zum nationalen Kontext.

---

[166] http://www.europarl.europa.eu/brussels/website/media/Lexikon/Pdf/ Zivilgesellschaft.pdf.

[167] Vgl. OECD 2011b.

[168] Das sind Expertengutachten über den Entwicklungsstand von Governance.

- So beurteilte die OECD beim Governance Review Finland 2010 die Ausgangssituation wie folgt: „Finland has sucessfully combined openness to globalisation with collective risk sharing based on a high level of social cohesion". Vor diesem Hintergrund haben die OECD-Expertinnen und -Experten für zukünftige Reformen einen ganzheitlichen Ansatz empfohlen, der sowohl die horizontale Perspektive als auch die Gebietskörperschaften übergreifende Sicht berücksichtigt. Ein weiterer Schwerpunkt lag in der Stärkung der strategischen Agilität, bei der Visionen für die Zukunft verstärkt auf Basis von Evidenzen und durch Aktivierung der Stakeholder entwickelt werden sollen.
- Der Governance Review zu Frankreich 2012[169] traf auf ein Umfeld, das durch eine umfassende Budgetreform (Projekt LOLF), aber auch durch notwendige Einsparungsprogramme und Strukturverbesserungen gekennzeichnet war. Daher ging es bei diesem Governance Review eher „traditionell" um Reformen der subnationalen Gebietskörperschaften und ihres Verhältnisses zum Zentralstaat, um Personalabbau und Programme zur Personal- und Führungskräfteentwicklung.
- Der jüngste Governance Review zu Slowenien 2012[170] befasste sich ebenfalls mit Strukturreformen insbesondere in der Zentralverwaltung, aber auch mit der Bedeutung der Strategiebildung und der Verknüpfung mit dem gesamtstaatlichen Finanzmanagement. Nach einer Zeit erfolgreicher wirtschaftlicher Entwicklung steht auch Slowenien vor der Aufgabe, sein Budget zu konsolidieren und wieder eine nachhaltige wirtschaftliche Erholung zu sichern. Die OECD unterstrich als Leitgedanken für zukünftige Reformen „a ‚fit for purpose' public administration is essential to achieve recovery".

---

[169] OCDE (2012), Examens de l'OCDE sur la gouvernance publique : France : Une perspective internationale sur la Révision générale des politiques publiques, Examens de l'OCDE sur la gouvernance publique, Éditions OCDE. http://dx.doi.org/10.1787/9789264167605-fr.

[170] OECD (2012), Slovenia: Towards a Strategic and Efficient State, OECD Public Governance Reviews, OECD Publishing. http://dx.doi.org/10.1787/9789264173262-en.

In der folgenden Tabelle 10 wird die inhaltliche „Breite" des Governance-Ansatzes im Verständnis der OECD deutlich.

Tabelle 10: Teilbereiche von Governance nach OECD-Reviews

Teilbereich	Finnland	Frankreich	Slowenien
Aufgaben- und Strukturreformen		X	X
Gebietskörperschaften übergreifendes Management (multilevel governance)	X	X	
Strategieentwicklung und Umsetzung	X		
Kohärenz der Strategien (EU-national, gesamt und sektoral) einschließlich Finanzmanagement			X
Management der Personalreduktion		X	X
Personal- und Führungskräfteentwicklung	X	X	X
Innovation und Servicequalität		X	X
Kundenorientierung durch e- Government		X	
Dialog mit den Bürgerinnen und Bürgern	X		
Schnittstelle zwischen Politik und Verwaltungsmanagement			X
Sichern von Nachhaltigkeit und sozialer Kohäsion	X		

X = trifft zu

1.2. Zum Begriff Public Governance

Governance kommt, wie gezeigt, in verschiedenen Ausprägungen vor. So bezeichnet *Corporate Governance* den rechtlichen und faktischen Ordnungsrahmen für die Leitung und Überwachung eines Unternehmens. Regelungen zur Corporate Governance haben grundsätzlich die Aufgabe, durch geeignete rechtliche und faktische Arrangements die Spielräume und Motivationen der Akteurinnen und Akteure für opportunistisches Verhalten einzuschränken.[171]

Public Governance kann einerseits als analytisches Konzept zur Beurteilung des Funktionierens von Staat und Verwaltung gesehen werden. Andererseits gilt Public Governance als Reformkonzept für den öffentlichen Sektor, das auf den Vorstellungen einer Bürgergesellschaft und einer Veranwortungsteilung zwischen dem Staat und den übrigen Beteiligten basiert.[172]

Good Governance setzen die Verfasser mit gutem Regieren gleich, und verstehen darunter eine Zielvorstellung, die jedoch kon-

[171] http://wirtschaftslexikon.gabler.de/Definition/corporate-governance.html#definition.

[172] Benz/Dose, Governance, S. 23.

textabhängig ist. Der Kontext kann ein zeitlicher, ein territorialer oder auch ein wertebezogener sein.

Sowohl die Wissenschaft als auch internationale Organisationen haben ihre Definitionen und Vorstellungen zu Governance in den verschiedenen, oben beschriebenen, Ausprägungen entwickelt. Einige davon werden im Folgenden dargestellt.

Tabelle 11: Verschiedene Definitionen von Governance

Definition	Institution
Good governance means a public service that is efficient, a judicial system that is reliable and an administration that is accountable to its public.	Barber B. Conable, Präsident der Weltbank (1989), zit. nach Benz/Dose 2010, S. 20
Governance als Institutionenbündel umfasst die öffentliche Verwaltung mit ihren zahlreichen Ebenen und Organisationsformen ebenso wie die Regierung, Legislative, Judikative sowie weitere Akteure, die in Politiknetzwerken öffentliche Funktionen bzw. Leistungen erfüllen.	Christoph Reichard / Röber M., Universität Potsdam (2001), zit. nach Schedler/Siegl 2005, S. 82
Public Governance means how an organisation works with its partners, stakeholders and networks to influence the outcomes of public policies.	Tony Bovaird/Elke Löffler; Verwaltungswissenschafter; University of Birmingham bzw. Governance International (2009), S. 8
Governance bezeichnet die Gesamtheit der in einer politischen Ordnung mit- und nebeneinander bestehenden Formen der kollektiven Regelung gesellschaftlicher Sachverhalte. Der Akzent liegt dabei auf den verschiedenen Formen zivilgesellschaftlicher Beteiligung .	Renate Mayntz, MPI für Gesellschaftsforschung Köln (2010), S. 44
Governance (bedient) sich des gesamten Repertoires der verschiedenen Steuerungsformen und kombiniert die verschiedenen Governanceformen (Markt, Hierarchie, Gemeinschaft, Vertrauen...).	Benz/Dose, TU Darmstadt, (2010), S. 23

Public Governance basiert auf einem klaren Bekenntnis zu Grundwerten wie Schutz der Menschenrechte, Sicherung der Demokratie, sozialer Gerechtigkeit etc. Insofern kann bereits das Gründungsdokument des Europarates aus dem Jahr 1949 als Basis für Public Governance verstanden werden, wenn sich die Mitgliedsstaaten in der Präambel und in Art. 3 zu den zentralen Werten der Demokratie und des Rechtsstaats sowie zur Anerkennung der Grund- und Menschenrechte bekennen.[173] Auch der Vertrag über die Europäische Union 2010 behandelt in Art. 3 Abs. 3 zentrale Werte, die für Public Governance maßgeblich sind: Die EU soll „soziale Ausgrenzung und Diskriminierungen bekämpfen und soziale Gerechtigkeit und sozialen Schutz, die Gleichstellung von Frauen

[173] http://conventions.coe.int/Treaty/ger/Treaties/Html/001.htm.

und Männern, die Solidarität zwischen den Generationen und den Schutz der Rechte des Kindes...sowie die Solidarität zwischen den Mitgliedstaaten fördern."[174]

Aus der Sicht der Verfasser sollte folgende Definition von Public Governance wesentliche, bisher beschriebene Elemente zusammenführen:[175]

> Public Governance umfasst strategische Richtungsentscheidungen für Wirtschaft und Gesellschaft durch Politik und Verwaltung (strategische Agilität). Gleichzeitig erfolgt ein parzieller Rückzug aus der operativen Umsetzung. Um einem möglichen Kontrolldefizit gegenüber der Regierung entgegenzuwirken, erfolgt eine verstärkte strategische Einbindung der gewählten Mandatare in die Diskussion und Evaluierung der Strategien (Demokratisierung). Durch verstärkte Einbindung nicht staatlicher Akteurinnen und Akteure in den Prozess des „Policy Making" kann ein gewisser Machtausgleich im System der politischen Entscheidungsfindung erreicht werden, wobei jedoch der formale Primat der Politik bestehen bleibt.

1.3. Zur Praxis des „Guten Regierens"

Zeitlicher Kontext

Die Frage nach einem erfolgreichen Regieren stellt sich schon seit Jahrtausenden und hängt stark vom Selbstverständnis der Regierenden und von der Definition des „Erfolgs" ab. Geht es darum, durch Kriege und Eroberungen Machtbereiche auszudehnen, wie etwa Xerxes es verstanden hat, oder geht es darum, den Bürgerinnen und Bürgern ein friedliches Zusammenleben zu ermöglichen, wie es Aristeides der Grieche gesehen hat?[176] Cicero hingegen sieht den Schlüssel für eine erfolgreiche Zivilisation „in der Fähigkeit der Menschen, sich unter begabten Führern zu produktiver Arbeit zusammenzuschließen." Für Cicero bedeutet gutes Regieren, „wenn die Führungskraft die ihr anvertrauten Menschen versteht und mit Respekt und

[174] http://eurlex.europa.eu/JOHtml.do?uri=OJ:C:2010:083:SOM:DE:HTML.

[175] Basierend auf Peters 2010, S. 48.

[176] Vgl. Brodtrick 2011, S. 75 f.

Würde behandelt, während dem gegenteiligen Ansatz – Führung durch Angst – langfristig kein Erfolg beschieden sein kann."[177] In Frankreich und Italien des 14. Jhdts. war der Begriff „Gutes Regieren" ebenfalls geläufig. Auf den Fresken im Eingang des Palazzo Publico in Siena wird an einer Wand in heiteren Alltagsszenen der „buon goberno" dargestellt, der mit Eintracht und Alltagsgeschick der Stadt und dem Land Wohlstand bescheren kann. Gegenüber ist mit Fehden, Verbrechen und Armut der „mal goberno" abgebildet.[178]

Gutes Regieren könnte im heutigen Österreich bedeuten, nachhaltige Wachstumsimpulse zu setzen und Gemeinwohl durch sozialen Ausgleich und umfassende Sicherheit zu schaffen, um damit auch zur individuellen Lebensqualität beizutragen. Die kollektive Zukunftssicherung könnte durch die Beseitigung der langjährig bestehenden Reformdefizite unterstützt werden.

Wertebezogener Kontext

Werte und Prinzipien in den verschiedenen gesellschaftspolitischen Entwicklungsstadien werden jeweils anders gewichtet, die politischen Kulturen in einzelnen Staaten differieren. So werden die Unterschiede in der jeweiligen Wertebasis sichtbar, wenn man Ausmaß bzw. Schwerpunkte der Transparenz bei staatlichen Programmen (z.B. im Förderwesen), die Berücksichtigung möglicher Unvereinbarkeiten öffentlicher Funktionsträger oder die Bedachtnahme auf ökologische und soziale Nachhaltigkeit des öffentlichen Handelns zwischen einzelnen Staaten oder Regionen vergleicht.

In einem Staat kann bestimmten Elementen von Governance wie Gleichstellung, Fairness oder Konsensorientierung ein größeres Gewicht zukommen, während anderswo massive Interessenskonflikte und Unvereinbarkeiten oder etwa Korruption bei der Vergabe öffentlicher Aufträge zu einem Absinken im Ranking von Transparency International geführt haben. Forderungen nach mehr Transparenz, nach Verhaltenskodizes, nach größerer Unabhängigkeit der Justiz bestimmen in der Folge die Diskussion.

Territorialer Kontext

Ebenso unterscheiden sich regionalpolitische Fragestellungen etwa in der Obersteiermark von den entwicklungspolitischen Rah-

---

177 Brodtrick 2011, S. 84 ff.

178 Tarschys 2001, S. 52, zit. nach Rossmann 2005, S. 24.

menbedingungen und Bedürfnissen der Menschen in einem afrikanischen Staat. „Gutes Regieren“ im Rahmen der steiermärkischen Regionalentwicklung bedeutet, Strategien zur Stärkung der Standorte außerhalb des Grazer Großraums und zur Bekämpfung der Abwanderung zu entwickeln. Dafür wäre die verstärkte Zusammenarbeit der subnationalen Gebietskörperschaften, das Potenzial von Bürgerengagement und der Kooperation mit den Institutionen der Zivilgesellschaft auszunutzen. Wie die Praxis in der Steiermark zeigt, sind auch Gebietsreformen von Gemeinden und Bezirkshauptmannschaften unter Beteiligung der Bürgerinnen und Bürger nützlich.

Ein afrikanisches Partnerland der Entwicklungszusammenarbeit hingegen hat für die faire und effektive Verteilung der finanziellen Mittel in den Regionen, für einen gleichen Zugang zu Bildung zu sorgen und Krankheiten aktiv zu bekämpfen. Zu den acht Zielen der UNO und damit auch Österreichs zählen unter anderem, die Gleichstellung und das Empowerment von Frauen zu fördern, eine Grundschulausbildung für alle Kinder zu sichern sowie Aids, Malaria und Tuberkulose einzudämmen.[179]

Insgesamt müssen der Zeitbezug ebenso wie die nationalen Besonderheiten und die politischen Zielsetzungen – Sicherung knapper Ressourcen, Landgewinne oder friedliches Zusammenleben – der jeweiligen Regime bei der Antwort auf die Frage nach den Zielen, nach dem Erfolg von Gutem Regieren berücksichtigt werden.

2. Warum Public Governance?

Wie schon kurz gezeigt werden konnte, haben sich die bisher überwiegend angewandten Steuerungskonzepte von Hierarchie und Markt als zu eng erwiesen. Public Governance wurde notwendig, weil neue Problemzusammenhänge vielfach Kompetenzgrenzen von Parlamenten, Regierungen und Verwaltungsorganisationen überschreiten und der Staat nicht mehr allein in der Lage ist, die passenden Lösungen und Strategien zu entwickeln und umzusetzen.

[179] Vgl. dazu die Homepage der österreichischen Entwicklungszusammenarbeit: http://www.entwicklung.at/?id=69.

2.1. Defizite bisheriger Formen öffentlicher Aufgabenerfüllung

Ressourceneinsatz ohne Bezug zu erwünschten Wirkungen und erforderlichen Leistungen

Trotz aktueller Bemühungen um die Einführung der Wirkungsorientierung, etwa im neuen Haushaltsrecht des Bundes oder auch in einzelnen Bundesländern, ist die Inputsteuerung nach wie vor fest in den Köpfen der Entscheidungsträgerinnen und -träger verankert. So wird es z.B. im Förderwesen noch immer als Erfolg angesehen, wenn die vorgesehenen Budgetmittel ausgeschöpft wurden, die Wirkungen der Förderungen werden hingegen kaum betrachtet. Auch die Erfolge von Reformen werden oft – losgelöst von den Problemlagen – an der Anzahl der eingesparten Stellen gemessen, ohne die damit allenfalls verbundenen Leistungsveränderungen zu berücksichtigen.

So haben die großen Reorganisationsvorhaben wie etwa die Reform der Finanzverwaltung des Bundes oder die Zusammenlegung von Polizei und Gendarmerie im Jahr 2005 zweifellos zu Personaleinsparungen geführt. Diese Einsparungen können jedoch nicht ohne Bezug zu den zu erfüllenden Aufgabenstellungen und den Arbeitsergebnissen betrachtet werden. Während sich – laut Sicherheitsberichten 1999 bis 2009 – etwa in Wien die Delikte von 1999 bis 2009 von rd. 154.000 auf 229.000 erhöht haben, wurde der Wachkörper in Wien von rd. 7.600 im Jahr 1999 auf 6.616 VZÄ im Jahr 2009 reduziert. Die Aufklärungsquote ist in diesem Zeitraum von 44,4 Prozent auf knapp 30 Prozent gesunken. Im Burgenland hingegen haben sich die Delikte von rd. 12.000 im Jahr 1999 auf rd. 10.100 im Jahr 2009 reduziert. Dennoch wurde der Wachkörper von rd. 1.600 VZÄ im Jahr 1999 auf rd. 1.700 VZÄ im Jahr 2009 erhöht. In beiden Bundesländern zeigt sich, dass auf die Entwicklung der Kriminalität offenbar wenig Rücksicht genommen wurde, die Aufklärung von Verbrechen als Kernaufgabe der Polizei wurde in Wien weniger gut erfüllt. Diese Beispiele zeigen, dass Effizienzsteigerungen durch Personaleinsparungen problematisch sind, wenn Aufgabenstellung und Arbeitsergebnis nicht mit betrachtet werden.

Sinkendes Vertrauen und Defizite in der Integrität staatlicher Entscheidungsträger

Die jüngst von der OGM veröffentlichten Vertrauenswerte für öffentliche Institutionen machen Defizite beim Vertrauen in die Problemlösungskompetenz staatlicher Institutionen deutlich.[180]

Abbildung 7: Vertrauen in öffentliche Institutionen (OGM Umfrage)

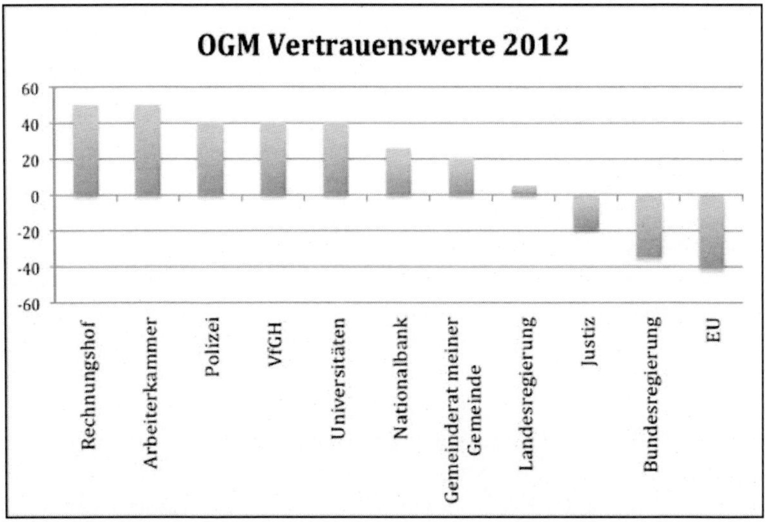

Quelle: OGM 2012

Das geringe Vertrauen in die Bundesregierung, das gegenüber dem Vorjahr noch um 8 Prozent gesunken ist, wird nur von der EU mit einem „Misstrauenswert" von minus 41 Punkten übertroffen. Weiters sticht die Justiz negativ ins Auge, sie hat in Folge der anhaltenden Debatten gegenüber dem Vorjahr 14 Punkte verloren und erreicht nur mehr einen Vertrauenswert von minus 19 Punkten.

Auch die zunehmend ans Licht der Öffentlichkeit gelangenden Verflechtungen zwischen einzelnen Politikern, Parteien und öffentlichen Unternehmungen, bezüglich gängiger Praktiken der Parteienfinanzierung, gefährden das Vertrauen in den Staat und mündeten im Frühjahr 2012 in die Einrichtung eines parlamentarischen Untersuchungsausschusses und zahlreiche Ermittlungsverfahren gegen ehemalige Politiker. Thurnher führt die zunehmende Korruption auf

180 www.ogm.at.

mehrere Ursachen zurück: „... eine Krise des Staates und aller öffentlichen Bereiche, ein moralisches Versagen des rechten Personals und eine echte Reformkrise, die aber auch von neoliberalen Ideologien bewusst herbeigeredet wurde und wird.“ Seiner Ansicht nach könne „diese politische Krise nur durch eine Renaissance der Politik bewältigt werden, die die Öffentlichkeit darüber aufklärt, was wirklich geschehen ist und auch darüber, was sie zu tun gedenkt, damit dies nicht mehr geschehen kann“.[181]

2.2. Public Governance als Alternative zur hierarchischen Bürokratie

Das in der traditionellen, bürokratischen Verwaltung vorherrschende „hierarchische Befehlsmodell“ arbeitet primär mit Geboten, Verboten und Strafdrohungen. Eine solche Politik stößt in Zeiten wachsender Ansprüche auf Selbstbestimmung zunehmend auf Widerstand bei den Adressatinnen und Adressaten. Die Instrumente „Gesetze und Normen“ sind auch nicht geeignet, etwa Eigeninitiative oder Innovation zu fördern.[182]

Eine Alternative dazu bieten die marktorientierten Steuerungsmechanismen des PM, so z.B. die ergebnisorientierten Steuerungssysteme. Allerdings können diese Steuerungsversuche auch zu unerwünschten Nebenwirkungen führen. Bei ergebnisorientierter Steuerung besteht etwa die Gefahr von „Organisationsegoismen“, also einer nahezu ausschließlichen Konzentration auf die Produkte der eigenen Organisation. Diese führt oft dazu, dass die Notwendigkeit der Koordinierung oder Kooperation über Organisationsgrenzen hinaus kaum gesehen wird.[183] Wenn auch z.B. auf Gemeindeebene Kooperationen durchaus schon praktiziert werden, bestehen etwa auf Ebene der Bezirkshauptmannschaften noch immer Vorbehalte gegenüber einer verstärkten Kooperation oder Koordination insbesondere über Bundesländergrenzen hinweg.[184]

Die stark betriebs- und marktwirtschaftlich ausgerichtete Logik des Public-Management-Modells hat manche Spannungen zu tradierten staatlichen Grundstrukturen und Aufgaben, zum Selbstver-

[181] Thurnher im Falter 16/12, S. 5.

[182] Vgl. Mayntz 2010, S. 38.

[183] Vgl. Jann/Wegrich 2010, S. 187.

[184] Vgl. dazu die Pionierarbeit von 3 Bezirkshauptmannschaften aus 3 Bundesländern dargestellt in: Bauer/Drexler/Maimer 2005, S. 255 ff.

ständnis von Politikerinnen und Politikern sowie Beamten und Beamtinnen erzeugt. Man denke nur an die diversen Ausgliederungen öffentlicher Aufgaben, wodurch zwar wirtschaftliche Steuerung durch die Führungskräfte und ergebnisorientierte Anreizstrukturen eingeführt werden, Grundfragen der Versorgungsqualität und der Finanzierung jedoch politischer Beschlüsse bedürfen. Damit verbunden sind auch neue Steuerungsdefizite, wenn sich ausgegliederte Einheiten auf ihre Entscheidungsfreiheit berufen und staatliche Organe dennoch ein Mindestmaß an Transparenz und Ergebnisqualität einfordern.

Auf operativer Ebene kann das Nebeneinander von stark regelgebundenen Steuerungsmodellen der Bürokratie einerseits und von Anreizen zu Eigeninitiative und ergebnisorientiertem Arbeiten andererseits auch Unsicherheiten bei Mitarbeitenden und Führungskräften hervorrufen. Ethische Standards, normative Leitlinien oder auch Qualitätsstandards für öffentliche Leistungen werden hier notwendig, um den Akteurinnen und Akteuren die erforderliche Sicherheit zu geben. Zur Auflösung dieser Spannungen bedarf es offensichtlich einer „Weiterentwicklung des PM-Paradigmas" und eines „Zusammenführens mit staats- und gesellschaftstheoretischen Fragen".[185]

Public Governance bildet neben PM eine *zweite* Alternative zum hierarchischen Verwaltungssystem. Dabei werden das hierarchische und das marktorientierte Steuerungsverständnis um die Dimensionen von demokratischer Legitimation sowie Kooperation und Entscheidungen aufgrund fairer Vereinbarungen ergänzt. Public Governance lehnt Steuerung und Kontrolle nicht ab, betont aber die Bedeutung von wechselseitigem Vertrauen zwischen den Akteurinnen und Akteuren und von informellen Verhaltensnormen, die das Zusammenwirken regeln.[186]

Im Reformkonzept von Public Governance gewinnt auch die direktdemokratische Beteiligung von Bürgerinnen und Bürgern an Bedeutung. Deshalb werden Kooperationen mit Menschenrechtsorganisationen nicht als notwendiges Übel eingegangen[187] sowie die Beteiligung von Bürgerinnen und Bürgern nicht als „Notnagel" zur Erfüllung von

---

[185] Rossmann 2005, S. 23.

[186] Jann/Wegrich 2010, S. 188.

[187] Siehe die exzellente Beschreibung der schwierigen Arbeit einer NGO im Dialog zwischen Politik, Verwaltung und Bürgerinnen und Bürgern, bei der u.a. professionale Zusammenarbeit zwischen dem Staat (in diesem Fall das Land Kärnten) und der NGO (pro mente kärnten) oft zu einer Kommunikation zwischen Bittsteller (NGO) und Spender (Staat) gerät, anstatt sich auf partnerschaftlicher Ebene zu bewegen (Leutner 2005, S. 374 f.).

Staatsaufgaben bei knappen Ressourcen verstanden. Ebenso sind strategische Weitsicht über mögliche Herausforderungen für den öffentlichen Sektor, z.B. das Ver- oder Bestärken der Werte kollektiver Risikovorsorge sowie die Bekämpfung von Armut auf Grund der Ungleichheit der Einkommen weitere Elemente von Public Governance.

2.3. Public Management und Public Governance ergänzen sich

Damit wird die effizienzorientierte „Binnenmodernisierung" des PM-Modells nicht nur ergänzt, vielmehr bildet Public Governance eine umfassende Reformperspektive für den gesamten Staat.[188] In Österreich bedeutet dies zum Beispiel die Verbesserung der föderalen Beziehungen ebenso wie die Mindestsicherung und das Zurückdrängen von steigenden Armutsraten, die Bemühungen um Gleichstellung und bessere Integration von Zuwanderern, um nur einige Beispiele zu nennen.

Reichard/Röber sehen in der Governance-Perspektive zusätzlich die Chance, „eine differenzierte Analyse der Steuerungseignung und -leistung von Instrumenten des New Public Management" durchzuführen. „Damit eröffnet diese Perspektive die Möglichkeit, die bislang dominierende intra-organisatorische Verengung des Public Management zu überwinden und in ein umfassendes System zu integrieren."[189]

Gleichstellung und Interessensausgleich

Der Souveränitätsverlust von Staaten gegenüber dem Marktsektor und der gesellschaftliche Wertewandel[190], weiters ein Reformstau durch Blockaden politischer Institutionen und Staatsversagen[191] in einzelnen Bereichen haben bereits gegen Ende des 20. Jahrhunderts die Notwendigkeit verbesserter öffentlicher Steuerungs- und Entscheidungsprozesse deutlich gemacht.[192] Deshalb versuchen Politik

188 Vgl. Schedler-Proeller 2009, S. 37.

189 Reichard/Röber 2001, S. 371 ff. Zit. nach Schedler/Siegel 2005, S. 82.

190 Rossmann 2005, S. 23.

191 Staatsversagen bedeutet vereinfacht gesagt, dass Effizienz- und Effektivitätsgebote bei der Produktion und Verteilung öffentlicher Leistungen verletzt werden. Das Versagen kann in Beeinträchtigungen von allokativer und distributiver Effizienz, ebenso in Verletzung stabilitäts- und wachstumspolitischer Ziele liegen.

192 Egon Matzner hat bereits in den 1980er Jahren eine Überprüfung und Reform staatlicher Interventionen empfohlen. „An die Stelle der an Effizienz orientierten Entscheidungsverhältnisse sollten solche treten, in denen Kooperation zwischen den bisher individuell Entscheidenden unter Einschluss einer das allgemeine Interesse sichernden zentralen Instanz stattfindet" (Matzner-Holzer 2011, S. 51).

und Verwaltung der entwickelten Gesellschaften zur politischen Machterhaltung und für das Streben nach ökonomischer Effizienz auch die demokratiepolitischen Optionen der Gleichheit bzw. der Gleichstellung der Menschen, sowie jene der Mitwirkung der Bevölkerung und einer auseichenden Balance der verschiedenen Interessensgruppen in den Fokus des öffentlichen Handelns zu rücken. Damit wird es etwa notwendig, die Wertebasis demokratisch legitimierter Regierungen zu stärken bzw. im Sinn des jeweiligen politischen Konsenses über staatliches Handeln aufzubauen.

Mehr Vertrauen durch strategische Agilität

Aktuelle Herausforderungen bestehen daher nicht nur im Erzielen von Effizienzgewinnen, sondern darin, die Gestaltungskraft der Politik wiederzugewinnen, die Lebensqualität der Bürgerinnen und Bürger in einer angespannten finanziellen Lage zu sichern. Weiters geht es darum, das Vertrauen der Bevölkerung in die Problemlösungsfähigkeit des Staates zu stärken sowie die Demokratie als tragende Säule unseres Staatsverständnisses neu zu beleben. Dafür reicht jedoch ein Mehr an Public Management nicht aus. Die Forderung nach „mehr privat und weniger Staat" hat sich schließlich auch im Lichte der Finanzkrise als nicht zielführend erwiesen. Eine Weiterentwicklung von Reformen durch Stärken von Public Governance wird in vielen Staaten bereits betrieben. So wird von den Staaten etwa seitens der OECD mehr strategische Agilität verlangt[193], die EU fordert konsequente Umsetzung der EU-Vorgaben z.B. bei der Umsetzung der EU-2020-Strategie in den nationalen Reformprogrammen.

Neue Formen staatlichen Handelns

Die Bedingungen für das öffentliche Handeln haben sich verändert. Heute überschreiten Politikformulierung und -umsetzung mehr und mehr die territorial und funktional definierten Kompetenzbereiche. So sieht etwa die EU-Dienstleistungsrichtlinie eine einheitliche Ansprechstelle für potenzielle Dienstleisterinnen und Dienstleister vor und ist somit geprägt vom Grundsatz der Verwaltungszusammenarbeit auch über Staatsgrenzen hinweg. Möchte z.B. ein Schischulanbieter aus Bayern in Tirol und Salzburg eine Schischule eröffnen, so kann er beides in Innsbruck erledigen.

---

[193] Vgl. OECD 2010.

Die öffentlichen Ziele müssen teils ohne die Anordnungs- und Durchsetzungsmacht des Staates verwirklicht werden.[194] Dieser Verlust der zentralen politischen Steuerungsfähigkeit macht einen Wandel der Formen staatlichen Handelns notwendig. Staatliche Akteurinnen und Akteure werden zunehmend in Verhandlungssysteme mit und zwischen nicht-staatlich Handelnden eingebunden. Das Festlegen von Spielregeln für das Zusammenwirken und auch das Koordinieren gewinnt als Staatsaufgabe an Bedeutung und kann als „Interaktionsmanagement" verstanden werden.[195]

Ein Beispiel hierfür ist die Öffnung der Psychiatrie, die bereits in einigen Bundesländern unter maßgeblicher Beteiligung von NGOs das Betreuungsangebot für psychiatrisch Kranke ausgeweitet und verbessert hat. Parallel zur Reduktion von Krankenhausbetten werden u.a. Ambulanzen, Tagesstätten, Arbeitsmöglichkeiten und andere Dienstleistungen auf Basis einer integrativen Grundhaltung ausgebaut. So hat etwa in Kärnten der gemeinnützige Verein „pro mente" an der Erfüllung dieser öffentlichen Aufgabe aktiv mitgewirkt, indem er Menschen mit psychischen und psychosozialen Beeinträchtigungen betreut, begleitet und qualifiziert.[196]

3. Leitideen von Public Governance

Bei aller Unterschiedlichkeit der Zugänge zu Public Governance kann mit Bovaird[197] davon ausgegangen werden, dass sich das Grundverständnis von Public Governance in vier Leitideen konkretisiert lässt.

- Verstärken der Demokratie, die den Ansprüchen der verschiedenen Bevölkerungs- und Interessensgruppen nach Beteiligung am politischen Geschehen weitgehend entspricht und bei der Suche nach möglichst konsensbetonten Lösungen unterstützt;
- Aktivieren der Zivilgesellschaft zur gemeinsamen öffentlichen Aufgabenerfüllung; um die Potenziale der Partner zu erkennen und zu nutzen, bedarf es der Koordinierung von Strategiebildung und Umsetzung sowie der Moderation der Prozesse durch den Staat;

---

194 Vgl. Benz/Dose 2010, S. 22.

195 Mayntz 2010, S. 43.

196 Leutner 2005, S. 368.

197 Vgl. Bovaird 2009, S. 217.

- kontinuierliches Verbessern der sozialen und wirtschaftlichen Performance und damit eine nachhaltige Erhöhung der Lebensqualität und Behauptung in der internationalen Standortkonkurrenz;
- verstärktes Befassen mit den Entscheidungs- und Steuerungsprozessen des Regierens und der Machtausübung. Dies soll durch strategiebetontes Weiterentwickeln von Strukturen und Prozessen der öffentlichen Aufgabenerfüllung sowie durch „evidence-based decision-making" und flexible Steuerung erreicht werden.

Diese Leitideen bilden den Rahmen für die – je nach nationalem Kontext – zu entwickelnde Strategie eines guten öffentlichen Regierens. Im aktuellen Programm der österreichischen Bundesregierung (XXIV. Gesetzgebungsperiode) sind diese Ideen auch teilweise verankert. Die Präambel sieht etwa vor, „dass der soziale Zusammenhalt durch Maßnahmen im Sozialbereich abgesichert und durch eine nachhaltige Finanzierung auf gesunde Beine gestellt werden soll. Bei den Maßnahmen soll auf Ausgewogenheit geachtet werden."[198] Mit dem Ziel einer nachhaltigen Finanzierung soll die Finanzierbarkeit von Kernaufgaben wie Gesundheitsversorgung und Pensionen auch für zukünftige Generationen sichergestellt werden. Weiters werden alle Bürgerinnen und Bürger, die anderen politischen Parteien, Sozialpartner, Interessensvertretungen und Nicht-Regierungsorganisationen zur Zusammenarbeit eingeladen.[199] Im Kapitel „Leistungsfähiger Staat" ist an mehreren Stellen von Wirkungsorientierung die Rede und davon, dass Verwaltungspartnerschaften zwischen den Gebietskörperschaften erleichtert werden sollen.[200] Partnerschaftliche Aufgabenerfüllung und das Streben nach Wirksamkeit (Effektivität) zählen somit auch im Regierungsprogramm zu den Kernelementen von Public Governance.

Entscheidend ist jedoch, dass diese Ansagen auch umgesetzt und gelebt werden, was teilweise doch bezweifelt werden kann, wenn etwa die Reform des Finanzausgleichs, eine Föderalismusreform oder die Reform des Bildungswesens – fast schon fahrlässig – immer wieder auf die lange Bank geschoben werden.

---

198 Regierungsprogramm 2008, S. 4.

199 Ebd., S. 5.

200 Ebd., S. 256 f.

3.1. Mehr Demokratiequalität durch Bürgerbeteiligung

Demokratiequalität braucht Bürgerbeteiligung. Allerdings ist Bürgerbeteiligung kein Selbstzweck, sondern dient der Realisierung oder Festigung von Werten und Zielen. Es sind dies – nach heutigem Verständnis – die Menschenrechte und demokratische Freiheiten, die Anerkennung von „Vernunft und Intelligenz der Individuen"[201] und nicht das Berufen auf die niedersten Instinkte der Menschen, die Vision einer Einheit des Europäischen Kontinents, einer postnationalen Demokratie, „einer nachnationalen Demokratie"[202], wie sie Menasse nennt. Der geschichtliche Entwicklungsprozess zeigt, dass sich die Menschen zuerst in einer lokalen Gemeinschaft und danach in regionalen Strukturen organisierten. Erst in den letzten drei Jahrhunderten wurde Europa von Nationalstaaten geprägt, die es jedoch in einer globalisierten Wirtschaft, im Kampf um Wasser und Energie und gegen die Klimaveränderung zurückzudrängen gilt. Heute liegt die Zukunft „in der Schaffung supranationaler gesellschaftlicher Institutionen, die einen ganzen Kontinent umfassen"[203] und in der Anerkennung der modernen multikulturellen Gesellschaft.

„Eine multikulturelle Gesellschaft ist ein unerschöpflicher Brunnen neuer Einsichten. Sie befreit uns von Dünkel und Eitelkeit. Als ob unsere Art, zu leben und zu denken, automatisch die beste, wenn nicht sogar die einzige wäre. Was die biologische Diversität für alles Leben auf der Erde ist, ist die kulturelle Diversität für jede Form von Gesellschaft. Das allerdings heißt nicht, dass jede kulturell bestimmte Verhaltensweise auch toleriert werden muss, mit Sicherheit nicht, wenn die grundlegenden Rechte des Menschen und der Demokratie mit Füßen getreten werden, durch Politik und Opportunismus, aus ethnisch-nationalistischen oder fundamentalistischen oder aus kriminellen Motiven" (Cohn-Bendit/Verhofstadt 2012, S. 45).

Im Folgenden beleuchten wir die vielfältigen Ausprägungen einer breit verstandenen Bürgerbeteiligung, die auf lokaler, regionaler,

---

[201] Cohn-Bendit/Verhofstadt 2012, S. 43.

[202] Menasse 2012, S. 95 ff.

[203] Cohn-Bendit/Verhofstadt 2012, S. 35.

nationaler und nun auch supranationaler Ebene noch hohe Entwicklungspotenziale besitzt. Es geht um das Einbeziehen der Individuen in die politischen Prozesse, wodurch sie über die weitere gesellschaftliche Entwicklung mitbestimmen können.

Demokratie bedeutet „Volksherrschaft" und besagt, dass Herrschaftsverhältnisse durch die Verbandsangehörigen selbst konstituiert, ausgeübt und kontrolliert werden. Diese Volkssouveränität ist zwar primär staatsbezogen, kann aber auf alle Lebensbereiche ausgedehnt werden.[204] So führt etwa die Mitbestimmung von Beschäftigten in einem Unternehmen ebenso zu einer Demokratisierung wie etwa im Bereich Bildung die Mitbestimmung von Schülerinnen und Schülern sowie der Eltern. Es geht bei einer Demokratisierung, wie oben erwähnt, sowohl um die Rechtssetzung als auch um die Ausübung/Vollziehung des Rechts und um die Kontrolle. Die Beispiele dazu reichen von der Gesetzgebung durch gewählte Volksvertreterinnen und - vertreter über das Parteiengehör in Verwaltungsverfahren bis zur Volksbeteiligung in Geschworenenprozessen.

Für demokratische Verhältnisse ist das Prinzip der Gleichheit wesentlich, wobei hier von einem weiten Begriffsverständnis ausgegangen wird. Es geht nicht nur um formale Gleichstellung der Bürgerinnen und Bürger, um die Herstellung von Rechtsgleichheit, sondern auch um eine materielle Gleichheit in Form des gleichen Zugangs zu individuellen und kollektiven Gütern (z.B. Eigentum, Bildung, soziale Sicherheit) und deren gerechte Verteilung. Eine soziale Demokratie strebt auch den Schutz von sozial Schwächeren und den Ausgleich von sozialer Benachteiligung an.[205]

In Österreich ist die Form der repräsentativen Demokratie vorherrschend, die Rechtssetzung erfolgt durch das Parlament, das sich aus gewählten Volksvertreterinnen und -vertretern zusammensetzt. Ergänzt wird die repräsentative durch Instrumente der direkten Demokratie. Auf Bundesebene sind dazu das Volksbegehren, die Volksbefragung und die Volksabstimmung vorgesehen. Die Einrichtung direktdemokratischer Instrumente in den Ländern obliegt dem Verfassungsgesetzgeber der Länder. Auch auf Gemeindeebene ist grundsätzlich das Repräsentationsprinzip vorgesehen. Art. 117 Abs. 8 B-VG räumt jedoch der direktdemokratischen Willensbildung eine gleichrangige Stellung wie der Beschlussfassung durch den Gemeinderat ein.

---

[204] Adamovich et al. 2011, S. 152 f.

[205] Adamovich et al. 2011, S. 153.

Der Landesgesetzgeber kann in den Angelegenheiten des eigenen Wirkungsbereiches der Gemeinden die unmittelbare Teilnahme und Mitwirkung des Gemeindevolkes vorsehen. In fast allen Bundesländern ist z.B. das Instrument der bindenden fakultativen Volksabstimmung für Angelegenheiten, die in den Bereich der Gemeindeautonomie fallen, in den Gemeindeordnungen vorgesehen. Eine Volksabstimmung kann durch den Gemeinderat beschlossen werden. In der Steiermark gibt es ein eigenes Volksrechtegesetz (LGBl. Nr. 87/1986), das eine Vielzahl an Beteiligungsinstrumenten vorsieht. Neben Volksbefragungen und Volksabstimmungen sind auch Initiativ-, Petitions-, Auskunfts- und Beschwerderechte für Landesbürgerinnen und -bürger verankert. Ebenso kann eine Direktwahl des Bürgermeisters/der Bürgermeisterin durch das Gemeindevolk, wie jüngst in Innsbruck, gem. Art. 117 Abs. 6 B-VG in der Landesverfassung vorgesehen sein. Damit gehen die direktdemokratischen Möglichkeiten auf Gemeindeebene im Vergleich zu Bund und Ländern am weitesten.

Nutzen von Bürgerbeteiligung

Die Beteiligung der Bürgerinnen und Bürger und der Zivilgesellschaft am politischen Entscheidungsprozess oder an der Gestaltung der öffentlichen Leistungsangebote nützt den Beteiligten in mehrfacher Hinsicht. Bürgerbeteiligung[206] trägt zur Stärkung der Demokratie bei, indem die vorhandene Machtverteilung besser ausbalanciert und die Legitimation staatlichen Handelns durch das Legalitätsprinzip gewährleistet werden kann. Durch die Teilnahme an Gestaltungs- und Entscheidungsprozessen nehmen die Bürgerinnen und Bürger Gestaltungsmacht in Anspruch und üben diese auch aus. Damit entsteht eine gewisse Mitverantwortung für die Ergebnisse. Das Verfolgen von besser ausbalancierter Machtverteilung benötigt einen offenen Dialog über die bestehenden Defizite des föderalen Systems, über kaum genutzte Potenziale von nicht etablierten Partnern und über nicht offengelegte Alternativen von Regierungshandlungen.

Bürgerbeteiligung schafft aber nicht nur Legitimation für staatliches Handeln, sondern auch Akzeptanz für Normen und Vorgaben.

---

206 Teilweise wird der Begriff Bürgerbeteiligung in der Fachdiskussion durch „Öffentlichkeitsbeteiligung“ ersetzt. Die Verfasser bleiben jedoch beim Terminus „Bürgerbeteiligung“, da hinter Interessensvertretungen, NGOs oder politischen Parteien letztlich auch Bürgerinnen und Bürger stehen. Bürgerengagement wird fallweise als Synonym verwendet, weil dieses die Basis jeder Bürgerbeteiligung darstellt. Im Folgenden wird daher jeweils von einem weiten Verständnis der Begriffe „Demokratie“ und „Bürgerbeteiligung“ ausgegangen.

Damit können auch gewünschte Verhaltensweisen gefördert werden. So werden Bescheide in Verfahren durch entsprechende Berücksichtigung des Parteiengehörs eher zu einem Interessensausgleich führen. Das Bekämpfen der Entscheidung im Rechtsweg erscheint damit u. U. nicht notwendig, Auflagen werden akzeptiert und freiwillig umgesetzt, auch ohne Zwang und Kontrolle.

Bürgerbeteiligung kann auch einen Beitrag dazu leisten, Chancengleichheit und Fairness bei der öffentlichen Aufgabenerfüllung zu fördern. Je besser und zielgruppengerechter der Staat über seine Leistungen informiert, umso mehr Berechtigte können diese Leistungen in Anspruch nehmen. Die Maßnahmen reichen von fremdsprachigen Informationsblättern über den barrierefreien Zugang bis zu sonstigen Rahmenbedingungen, die das In-Anspruch-nehmen der Leistungen erleichtern (z.B. Kinderecken in Wartebereichen).

Bürgerbeteiligung bietet die Möglichkeit, staatliche Leistungen bedarfsgerechter zu gestalten, sowohl was das Angebot betrifft als auch wie Leistungen angeboten werden (z.B. Öffnungszeiten, Möglichkeit einer elektronischen Antragstellung). So können etwa Ergebnisse einer Kundenbefragung gezielt genutzt, Ergebnisse aus dem Bürgeranliegenmanagement systematisch berücksichtigt oder auch Leistungsstandards gemeinsam mit den Kundinnen und Kunden entwickelt werden.

Durch Bürgerbeteiligung kann insgesamt die Wirksamkeit öffentlichen Handelns verbessert werden. Um gut ausgebildete Schülerinnen und Schüler zu haben, bedarf es nicht nur gut ausgebildeter Lehrerinnen und Lehrer, sondern auch interessierter Schülerinnen und Schüler, die lernwillig sind und auch Eltern, die Interesse und Lernen fördern und den Kindern neben der Schule ein Lernen im Alltag ermöglichen, es fördern und wertschätzen.

Nicht zuletzt kann Bürgerbeteiligung als eine „Schule des Zusammenlebens“ verstanden werden. Duelli, mit Strategien der Stadt Feldkirch befasst, unterstreicht dies, wenn er sagt: „Eine neue Kommunikations- und Kooperationskultur (wird) für lokale und regionale Regierungen und Stadtverwaltungen zu einer großen Aufgabe, (nämlich) in einem sich permanent ändernden, sehr heterogenen Gemeinwesen mit einer Mischung aus aktiven, dynamischen, aber auch mit vielen passiven Mitgliedern zu arbeiten.“[207] Gemeinwesen mit vielen Menschen, die ständig Lust auf Neues haben, Werte wie

[207] Duelli 2008, S. 304.

Toleranz, Offenheit und Vielfalt (pflegen), aber auch Ausgrenzung und Ignoranz (leben), verlangen eine neue Kommunikationskultur und Beteiligungsverfahren. Für Menschen mit besonderen Bedürfnissen kann Bürgerbeteiligung aber auch zu einer Aufwertung ihrer sozialen Rolle beitragen, indem sie deren Selbstwertgefühle und Selbstsicherheit erhöht und ihren Platz in der Gemeinschaft aufwertet."[208]

Vom Parteiengehör zur Evaluierung durch die Bürgerinnen und Bürger

Bürgerinnen und Bürger können einerseits bei der Entwicklung von Politiken, Programmen oder bei der Ausarbeitung von Gesetzen mitwirken. Sie sind aber auch in konkreten Verwaltungsverfahren etwa aufgrund des Parteiengehörs zur Teilnahme berechtigt. So sind etwa in UVP-Verfahren (Umweltverträglichkeitsprüfung) die Bürgerinnen und Bürger bzw. die Öffentlichkeit in vielfältiger Weise eingebunden.[209] Im Vorfeld eines Projektes besteht die Möglichkeit für ein Mediationsverfahren. Im Planungsstadium finden häufig Informationsveranstaltungen statt, bei denen das Projekt den Bürgerinnen und Bürgern, Umweltorganisationen, Gemeinden vorgestellt werden. Dazu können dann Wünsche und Anregungen an die Projektbetreiber herangetragen werden. Anschließend werden dann die Projektunterlagen öffentlich aufgelegt und die Bürgerschaft hat die Möglichkeit zur Einschau und Stellungnahme. Nach dem neuen UVP-Gesetz hat sich das Umweltverträglichkeitsgutachten in einem eigenen Teil mit den eingelangten Stellungnahmen auseinanderzusetzen. Zusätzlich können Bürgerinitiativen (mindestens 200 Personen) eine bestimmte Stellungnahme zu einem Projekt unterschreiben. Bürgerinnen und Bürger haben im Rahmen des UVP-Verfahrens daher das Recht auf Information und Konsultation, sie entscheiden aber nicht über das Projekt.[210]

Ergänzend zu den Ausführungen über Qualitätsstandards in Teil II Pkt. 7 sei hier auf die besondere Bedeutung von Service-Chartas als starker Treiber für eine Veränderung der Verwaltungskultur in Richtung Bürgerorientierung hingewiesen. Die von Löffler/Parrado/

---

[208] Martin 2009, S. 286.

[209] Die Vorhaben, die einer UVP zu unterziehen sind, sind vielfältig und in Anlage 1 des UVP-Gesetzes aufgezählt. Sie reichen von Straßenbauten, über den Bau von Wasserkraftwerken bis zu Deponien für gefährliche Abfälle.

[210] Frank/Rose 2011, S. 470.

Zmeskal konstatierten Vorteile von Bürger-Chartas zeigen deutliche Bezüge zu Public Governance. Beispielsweise geht es für sie um einen Rahmen für Konsultationen mit den Bürgerinnen und Bürgern, um mehr Transparenz und um kontinuierliche Verbesserungen, wenn Standards nicht eingehalten werden.

Benefits of Service Chartas[204]:

- Help public agencies to manage the expectations of service users
- Provide a framework for consultations with the service users
- Encourage public agencies to measure and assess performance
- Make public agencies more transparent by telling the Public about the standards they can expect – and how agencies have performed against those standards
- Push public agencies to improve performance where promised standards have not been achieved
- Increase satisfaction of service users

Wenn Bürgerinnen und Bürger oder die Öffentlichkeit in die Gestaltung von Politiken, Programmen oder Gesetzen auf Bundesebene einbezogen werden, empfiehlt die Bundesregierung die „Standards für Öffentlichkeitsbeteiligung“[212] anzuwenden. (Ministerratsbeschluss vom Juli 2008). Darin sind Standards für die Vorbereitung, die Durchführung und die Evaluierung von Beteiligungsprozessen enthalten. Diese reichen von einer ausreichenden Information über den Gestaltungsspielraum, angemessene Begutachtungsfristen bis zu einer Pflicht zur Dokumentation, wie die vorgebrachten Anregungen gewürdigt und berücksichtigt wurden. Ein Ziel der ÖB-Standards ist auch, die Chancengleichheit der beteiligten Gruppen und gleichwertige Einflussmöglichkeiten zu gewährleisten.

Insbesondere auf lokaler Ebene existieren zahlreiche nationale und internationale Beispiele für Bürgerbeteiligung, die von Bürgerbudgets im Berliner Bezirk Lichtenberg, in St. Denis bei Paris oder Salford (UK) über die Verwaltung von Sportanlagen in der Stadt

---

211 Löffler/Parrado/Zmeskal 2007, S. 15

212 Siehe http://bka.gv.at/site/6363/Default.aspx.

Arnsberg (D)[213] bis zur Gestaltung von Parks (Geschlechtersensible Gestaltung des Joe-Zawinul-Parks in Wien)[214] reichen. Auch im Umweltbereich finden bereits verbreitet Beteiligungsprozesse statt z.B. am „Programm zur Entwicklung des ländlichen Raums 2007 bis 2013". Bei der Erstellung des Kinder-Umwelt-Gesundheits-Aktionsplanes (CEHAPE) waren etwa Jugendliche eingebunden, indem sie als „CEHAPE-Coaches" ausgebildet wurden, um ihrerseits andere Jugendliche zu Gesundheits- und Umweltthemen zu befragen und besonders wichtige Themen herauszufinden.[215]

Co-Planung, Co-Produktion, Co-Evaluierung

Als gesichert gilt heute die Einsicht, dass gesellschaftliche Entwicklung bzw. die Lösung von Gemeinschaftsproblemen nicht durch den Staat allein bewältigt werden können, sondern der Zusammenarbeit aller Interessierten, also der verschiedenen Stakeholder bedarf. Die Vielfalt bürgerschaftlichen Engagements ist heute groß. Sie beginnt beispielsweise mit Zahlungen an Umweltschutzorganisationen, reicht von der Teilnahme an Demonstrationen über die ehrenamtliche Mitarbeit bei Bergrettung oder freiwilliger Feuerwehr bis hin zu Gründung von Bürgerinitiativen zur Verhinderung von Großbauvorhaben.

Betrachtet man den Prozess einer politischen Entscheidungsfindung oder eines Verwaltungsverfahrens, kann Bürgerbeteiligung in verschiedenen Phasen des Prozesses stattfinden: in der Planungsphase, bei der Leistungserbringung selbst oder bei der abschließenden Evaluierung. Pollitt/Bouckaert/Löffler haben bereits im Jahr 2005 bei der 4. Europäischen Qualitätskonferenz für öffentliche Verwaltungen das Konzept von Co-Design, Co-Decision, Co-Production und Co-Evaluation vorgestellt und betont, dass Bürgereinbindung im ganzen Zyklus der Aufgabenerfüllung anzustreben ist, um die Qualität der öffentlichen Aufgabenerfüllung nachhaltig zu sichern.[216]

Basierend auf diesem Modell heben die Verfasser insbesondere die Bedeutung von *Co-Planing, Co-Production und Co-Evaluation* hervor. Bürgereinbindung in der Planungsphase ist deshalb besonders wichtig, weil die Planung der öffentlichen Leistung ihre Ausge-

---

213 Weitere Beispiele in: Löffler 2005, S. 281 ff.

214 Vgl. www.partizipation.at.

215 Weitere Beispiele siehe Arbter/ Trattnigg 2011, S. 268 f.

216 http://www.4qconference.org/liitetiedostot/4qc_sr_report.pdf.

staltung wesentlich mitbestimmt. Auch werden sich Bürgerinnen und Bürger eher zu einer Koproduktion motivieren lassen und Mitverantwortung für die Leistungserfüllung übernehmen, wenn sie bereits in der Planungsphase eingebunden waren.

Co-Planing kann in Österreich schon als akzeptiert angesehen werden. So wirkt die GÖD bei der Neugestaltung von Dienstrechten ebenso mit wie die Sozialpartner bei Gehaltsverhandlungen oder Anrainerinnen, Anrainer und Interessierte werden zu ihren Vorstellungen bezüglich der Neugestaltung einer Einkaufsstraße oder anderen Projekten in ihrer Nachbarschaft befragt.

Dagegen ist Co-Production – also aktives Mitwirken der Bürgerschaft an der Leistungsproduktion – bislang wenig genützt.

Ein Beispiel, bei dem Elemente von Co-Production eine große Rolle spielen, stammt aus der Gesundheitspolitik. Dem nun in Umsetzung befindlichen „Masterplan Gesundheit" des Hauptverbandes der österreichischen Sozialversicherungsträger vom Nov. 2010 liegt die Vision von „länger selbstbestimmt bei guter Gesundheit leben" zu Grunde. Kernforderungen des Masterplans betreffen den Ausbau von Prävention und Gesundheitsförderung sowie die aktive Mitwirkung der Bevölkerung: „Der Paradigmenwechsel, weg von der reinen Reparaturmedizin hin zum Ausbau von Prävention und Gesundheitsförderung ist aus Sicht der Sozialversicherung in allen Politikbereichen zu verstärken ... Ein modernes Gesundheitssystem setzt auf die aktive Mitwirkung der Bevölkerung. Der Mensch ist eigenverantwortlicher Gestalter seiner persönlichen Lebenswelt. Voraussetzung ist allerdings das notwendige Wissen. Die Bevölkerung soll zur Teilnahme an Präventivmaßnahmen als Form der integrierten Versorgung motiviert werden".[217]

Es bleibt abzuwarten, inwieweit der Politik diese Motivation gelingt. Im Bereich der umweltfreundlichen Mobilität ist der Politik zuletzt der Markt zu Hilfe gekommen: Die hohen Benzinpreise bewegen die Menschen zunehmend, auf öffentliche Verkehrsmittel umzusteigen.

Co-Evaluation wird hingegen in Österreich und auch im europäischen Ausland noch kaum praktiziert. Darunter wird eine direkte Bürgerkontrolle verstanden, die öffentliche Leistungen aus Sicht der Bürgerinnen und Bürger beurteilt. Eine solche lässt mehr Nutzen erwarten als bloße Überprüfungen durch ein Kontrollorgan. In

[217] Probst 2011, S. 605f.

Großbritannien kann von einer vergleichsweise hochentwickelten Evaluierungskultur ausgegangen werden, die sogar teilweise in eine neue Bürokratie ausartet, wie Pollitt/Bouckaert/Löffler kritisch festhalten. Ein Grund für die geringe Verbreitung von Co-Evaluation könnte darin liegen, dass die öffentliche Verwaltung Evaluierungen grundsätzlich skeptisch gegenübersteht und sie weniger als Bereicherung, sondern eher als Bedrohung sieht. Co-Evaluierung muss systematisch konzipiert, geplant und professionell durchgeführt werden, externe Expertinnen und Experten sowie Bürgerinnen und Bürger wären neben den Verwaltungsfachleuten in geeigneter Weise zu integrieren – es bedarf also einiger Anstrengungen, vor denen die Verwaltungen möglicherweise auch zurückschrecken.

Methoden

Die Methoden der Bürgerbeteiligung sind vielfältig. Eine kluge Auswahl und eine entsprechende Kombination von verschiedenen Methoden kann den Erfolg des Verfahrens günstig beeinflussen. Je nach Zielsetzung, Größe der Teilnehmergruppe, nach der zur Verfügung stehenden Zeit und der gewünschten Beteiligungstiefe kann die am besten geeignete Methode ausgewählt werden. Die folgende Tabelle 12 stellt eine Auswahl an Methoden dar.

Tabelle 12: Methoden der Bürgerbeteiligung

Methode	Ziel	Größe der Teilnehmergruppe	Zeitbedarf	Beteiligungstiefe
Fokusgruppe	Motivation für ein bestimmtes Verhalten erkunden, Problemfelder erkennen	Bis 15 Personen	1-7 Tage	Konsultation
Konsens-konferenz	Einholen einer Meinung zu einem brisanten Thema; Behandlung durch interessierte Laien mit Unterstützung von Fachexperten	Bis 15 Personen	Einige Wochen	Konsultation und Mitbestimmung
World Café	Wissen der Beteiligten sammeln, sich austauschen; neue Ideen entwickeln	Mittlere bis größere Gruppen	1 Tag bis 1 Woche	Konsultation und Mitbestimmung
Runder Tisch	Klärung kontrovers diskutierter Fragen mit unterschiedlichen Interessensvertretungen, wenn sich bereits Konflikte abzeichnen	Mittlere bis größere Gruppen	1 Tag bis mehrere Monate	Mitbestimmung

Quelle: www.partizipation.at

Auch auf EU-Ebene wurde die Möglichkeit der Bürgerbeteiligung gestärkt. So sieht Art. 11 des EU-Vertrages vor, dass eine Million EU-Bürgerinnen und Bürger, bei denen es sich um Staatsangehörige einer erheblichen Anzahl von Mitgliedstaaten handeln muss, eine Bürgerinitiative starten können. Damit fordern sie die Kommission auf, neue politische Vorschläge zu bestimmten Themen zu unterbreiten.

Erfolgsfaktoren und Risiken

Bürgerbeteiligung bzw. Öffentlichkeitsbeteiligung ist keine Sache für „nebenbei", sondern sie braucht einen Rahmen und die Klarheit darüber, was einen erwartet.[218] Ob Bürgerbeteiligung einen Stellenwert hat, in welchen Fällen sie Anwendung finden soll und ob und wie sie gefördert wird, ist eine strategische Entscheidung, die bewusst getroffen werden muss und dann durch operative Maßnahmen (Planung, Schulungen etc.) auch umzusetzen ist.

Gelebte Bürgerbeteiligung setzt eine interessierte und informierte Bürgerschaft voraus, gute und rechtlich abgesicherte Instrumente und eine entsprechende Offenheit von Politik und Verwaltung, das von den Bürgerinnen und Bürger Vorgebrachte auch zu hören und aufzunehmen. Es braucht aber auch eine kontinuierliche Pflege des Vertrauensverhältnisses zu den Bürgerinnen und Bürgern, das von einer Kommunikation „auf Augenhöhe" und gegenseitiger Wertschätzung getragen ist.

Standards für Öffentlichkeitsbeteiligung stellen einen stabilen Rahmen für den Prozess dar. Sie kommunizieren klar, was die Bürgerinnen und Bürger erwarten können, sind aber auch Richtschnur für die Mitarbeiterinnen und Mitarbeiter in den Verwaltungen, was von ihnen erwartet wird. Auch Standards können, wenn sie eingehalten und tatsächlich gelebt werden, vertrauensbildend wirken.

Oft sind lange Entscheidungsprozesse für die Bürgerinnen und Bürger nicht nachvollziehbar. Transparenz über das Verfahren, eine Dokumentation der Würdigung der Anregungen der Bürgerinnen und Bürger und Zwischenerfolge, die auch kommuniziert werden, ermutigen zur Mitwirkung und sichern die Motivation für Bürgerengagement auch in Zukunft. Ein weites Begriffsverständnis von „Politik" kann Bürgerengagement einerseits und die Offenheit der Verwaltung dafür andererseits fördern: Politikerinnen und Politiker,

[218] Arbter/Trattnigg 2011, S. 274.

Verwaltungsmitarbeiterinnen und -mitarbeiter, Bürgerinnen und Bürger und die Zivilgesellschaft könnten sich gemeinsam als Koproduzenten von Politik bzw. als Akteurinnen und Akteure von Politikgestaltung sehen.[219] Damit würde auch die gemeinsame Verantwortung deutlich.

Als Risiko der Bürgerbeteiligung kann u.a. eine gewisse Konsultationsmüdigkeit gesehen werden, wenn etwa mehrfach zum selben Thema „konsultiert“ wird oder Anregungen in früheren Fällen ignoriert wurden. Auch gibt es noch große Gruppen, die überhaupt nicht angesprochen werden konnten.[220] Während sich bereits bisher gut organisierte Interessensvertretungen oder auch die Sozialpartner in politische Diskussionen eingebracht haben, bedarf es besonderer Anstrengungen, auch jene für ein Bürgerengagement zu gewinnen, die sich beteiligen wollen, aber nicht können, oder jene, die sich beteiligen könnten, aber nicht wollen.

Bürgerbeteiligung kann auch von der Verwaltung als Bedrohung erlebt werden, weil erprobte vertraute Verfahren oder Verhaltensweisen oder die Expertise in Frage gestellt werden könnten.[221] Hier ist es wichtig, klar zu machen, dass Verwaltungsexpertise bedeutsam bleibt, die Bürgerinnen und Bürger jedoch zusätzliche Sichtweisen oder Aspekte einbringen. Entschieden wird letztlich immer noch durch die Verwaltung bzw. die Politik.

Zudem befürchtet die Verwaltung eine Stellungnahmeflut, die es zu bearbeiten gilt. Damit verbunden wären eine Erhöhung der Kosten sowie eine Zeitverzögerung, die auch von den politischen Entscheidungsträgerinnen und Entscheidungsträgern oft nicht goutiert wird. Als weiteres Argument gegen Bürgerbeteiligung wird die Aushöhlung des Legalitätsprinzips durch die Mitgestaltung der Bürgerinnen und Bürger angeführt. All dies läßt sich bei entsprechenden Rahmenbedingungen, klaren Verfahrensregeln und der Einhaltung der Standards mit gutem Willen durchaus bearbeiten. Dennoch werden Kosten-Nutzenüberlegungen angebracht sein, die dann u. U. bewirken können, dass auf eine Bürgerbeteiligung verzichtet wird, wenn es keinen Gestaltungsspielraum mehr gibt oder wenn wegen Gefahr im Verzug nicht mehr die Zeit für einen ernstgemeinten Bürgerbeteiligungsprozess vorhanden ist.

---

219 Arbter/Trattnigg 2011, S. 275.

220 Vgl. Martin 2009, S. 291.

221 Martin 2009, S. 285.

Fallweise wird die freiwillige Mitwirkung von Bürgerinnen und Bürgern an der Erbringung von Gemeinschaftsleistungen als Kompensation für nicht ausreichende öffentliche Mittelbereitstellung aufgefasst und abgelehnt. Wenn jedoch im Vordergrund „die Nutzung von Sozialkapital (steht), welches im Rahmen des Bürgerengagements verfügbar ist" (Duelli 2008), tritt der mögliche Einsparungseffekt für die öffentliche Verwaltung in den Hintergrund. Das Sozialkapital in Form von Erfahrungen älterer Menschen, die anderen vermittelt werden, in Form von Beispielwirkungen von Hilfseinsätzen bei Katastrophen, in der Erwachsenenbildung etwa im Weg der Lernbegleitung durch Facilitators, ist jedenfalls ein Faktor ,der zur Steigerung von Lebensqualität beiträgt.

Aufgabe guten Regierens wäre es deshalb auch, Sozialkapital verfügbar und nutzbar zu machen. Denn Bürgerbeteiligung ist die vielleicht wichtigste Basis für unsere heutigen Demokratien, worauf auch Judt hinweist: „ Republics and democracies only exist by virtue of the engagement of their citizens in the management of public affairs".[222] Bei der Umsetzung von Bürgerbeteiligung wird jedoch vielfach Entwicklungsbedarf gesehen.[223]

So konstatiert der Ministerpräsident von Baden-Württemberg, Kretschmann, in einem Gastkommentar in der NZZ ein Unbehagen an der gelebten Praxis der Demokratie. Der Konflikt um das Bahnprojekt „Stuttgart 21" steht „für eine empörte Bevölkerung, die das Vertrauen in die demokratischen Institutionen und ihre Verfahren verloren hat."[224]

Er kündigt an, „nicht nur dafür zu sorgen, dass Bürgerinnen und Bürger politische Entscheidungen besser nachvollziehen können, sondern auch, dass das Wissen und die Kompetenz der gesamten Zivilgesellschaft besser genutzt wird." Er fordert nicht nur einen verstärkten Austausch in der Phase der Entscheidungsfindung, sondern auch verbindliche Entscheidungsrechte für die Bürgerinnen und Bürger, damit sich diese auf Augenhöhe mit der Politik begegnen können.[225]

---

222 Judt 2010, S. 164.

223 Vgl. Löffler 2005, S. 81 ff.

224 Kretschmann 2012.

225 Siehe hierzu auch Tschirf 2011, S. 419f.
Matthias Tschirf war bis 2011 Klubobmann der Wiener ÖVP.

3.2. Formen gemeinsamer Aufgabenerfüllung – Co-Production

Ein Kernelement von Public Governance ist die Zusammenarbeit öffentlicher und privater Akteurinnen und Akteure, die in unterschiedlichen Formen und mit verschiedenen Regeln Problemlösungen aushandeln. Dieses Verhandlungssystem zeichnet sich dadurch aus, dass die Entscheidungen nicht von einem Partner oktroyiert, sondern in direkter Interaktion der Beteiligten vereinbart werden.[226] Dies macht eine Öffnung von Staat und Verwaltung in Richtung der Zivilgesellschaft notwendig, die teilweise auch schon im Gange ist.

In Österreich erfolgt die Politikformulierung etwa auf parlamentarischer Ebene oft unter Einbindung von Interessenvertretungen (z.B. werden die von den Sozialpartnern entwickelten und abgestimmten Konzepte zum Inhalt der parlamentarischen Entscheidungsfindung) oder von Expertinnen und Experten (z.B. parlamentarischer Beirat zur Haushaltsrechtsreform). Auch die Vorgaben durch EU-Richtlinien oder politische Einigungen auf EU-Ebene, wie etwa die EU-2020-Strategie oder zuletzt der europäische Stabilitätspakt, sind in der parlamentarischen Diskussion zu berücksichtigen und erfordern bei der Politikformulierung eine Öffnung nach außen.

Die Umsetzung der formulierten Politiken durch die Verwaltung geschieht – wie in Abb. 8 dargestellt – auf der strategischen Ebene des Verwaltungsmanagements, indem z.B. legistische Vorarbeiten getätigt oder Kooperationen mit ausgegliederten Einrichtungen (z.B. mit dem AMS bei der Umsetzung von Programmen zur Senkung der Jugendarbeitslosigkeit) konkretisiert werden. Auch auf operativer Ebene, bei der konkreten öffentlichen Dienstleistung (z.B. Bereitstellung von Kindergartenplätzen, von funktionierendem öffentlichem Nahverkehr oder auch Bewilligungsbescheiden) werden zunehmend nichtstaatliche Akteure (NGOs, private Firmen) involviert.

Die Zusammenarbeit kann unterschiedlich ausgestaltet sein und verschiedenen Zwecken dienen. Die Handlungsmöglichkeiten reichen von losen, informellen Verbindungen über vertragliche Vereinbarungen bis zu einer kompletten Übertragung der Entscheidungs-

226. Mayntz 2010, S. 41.

und Umsetzungsverantwortung auf die Partner. Vielfach werden Kooperationen aus ökonomischen Gründen eingegangen, sei es um die Marktmacht zu gewinnen, sei es um Kosten zu sparen oder die Wirtschaft in einer Region anzukurbeln.

Abbildung 8: Umfeld von Politikformulierung und -umsetzung

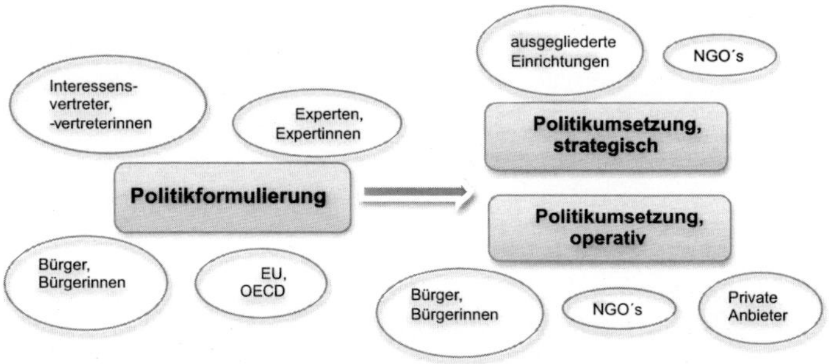

Nutzen, Vorbehalte und Risiken

Durch das Arbeiten in Partnerschaften können zusätzliche Ressourcen jeglicher Art (Geld, Know-how) mobilisiert werden, die der öffentlichen Hand nicht immer ausreichend zur Verfügung stehen. Die Zusammenführung von Fähigkeiten, Sichtweisen und Know-how aus unterschiedlichen Handlungsfeldern (Bildung, Soziales, Stadtentwicklung) sowie über Sektorgrenzen hinweg (Privatwirtschaft, Verwaltung, NGO) fördert die Flexibilität und Innovation öffentlicher Problemlösung und damit auch die Leistungs- und Ergebnisqualität. So können z.B. Privatunternehmen andere Blicke auf Verwaltung und Bürokratie ebenso einbringen wie Marketingerfahrungen oder Organisationstalent. Auf der anderen Seite sichert die Verwaltung Kontinuität, Breitenwirkung und Chancengerechtigkeit. NGOs tragen mit ihrem – durch die Identifikation mit der „Sache" – hohen Engagement bei und sind gekennzeichnet durch die besondere Nähe zu „ihren" Interessensgruppen.

Sowohl seitens der Politik als auch seitens der Verwaltung bestehen teilweise erhebliche Vorbehalte gegen partnerschaftliche Aufgabenerfüllung. Die Politik entscheidet lieber selbst, will keine Zeit verlieren mit vielleicht aufwändiger Klärung von Zielen und Verantwortlichkeiten. Sie hat oft auch wenig Vertrauen in die Problemlösungsfähigkeit des Partners. Ähnliches gilt für die Verwaltung. Auch sie teilt die Entscheidungsverantwortung nicht gerne und glaubt, letztlich doch alles besser beurteilen zu können. Sie versteht u. U. die Sprache des Partners zu wenig und scheut die Auseinandersetzung mit anderen Sichtweisen. Insbesondere in der Zusammenarbeit mit NGOs sieht sich die Verwaltung als „Gönner" oder als allein entscheidungsbefugt dem Partner übergeordnet.[227]

In der Zusammenarbeit zwischen verschiedenen öffentlichen Verwaltungen wird oft auf die Spezifika der jeweils eigenen Rahmenbedingungen und Organisation hingewiesen, die eine Kooperation oder das Lernen voneinander scheinbar behindern. Letztlich geht es aber auch hier um das Teilen von Entscheidungsbefugnissen, von Risiken, von Verantwortlichkeit, um das Verständnis für die Sichtweise des jeweils anderen und das Vertrauen in die Fähigkeiten des Partners.

Partnerschaftliche Aufgabenerfüllung birgt auch Gefahren. So entsteht durch die Übertragung von Aufgaben und Risiken etwa auf ein Privatunternehmen seitens des Staates ein Souveränitätsverlust, der wohl überlegt und kalkuliert sein muss. Durch eine mögliche Zersplitterung von Prozessen und Strukturen sowie bei Unklarheit von Rollen und Verantwortlichkeiten kann ein Steuerungsdefizit entstehen, das u.a. dazu führt, dass Regierungsmitglieder dem Parlament keine Auskünfte über den Ressourceneinsatz oder Arbeitsergebnisse geben können mit der Begründung, das läge in der Verantwortung des Partners.

Stand und Erfolgsfaktoren wirksamer Zusammenarbeit

Während „Public-Public-Partnerships", also die Zusammenarbeit zwischen Verwaltungen erst seit relativ kurzer Zeit praktiziert wird[228], gibt es „Public-Private-Partnership", d.h. die Kooperation zwischen einer öffentlichen Verwaltung und privaten Unternehmen schon seit den 1930er Jahren.[229] In Österreich wurde aufgrund der Regierungserklärung 2007 eine Plattform zur Erfassung der bisherigen Erfahrungen mit PPP-Projekten eingerichtet.[230] Ziel dieses „PPP-Kompetenzzentrums" war die Vernetzung aller an PPP inter-

---

[227] Vgl. Leutner 2005, S. 374 f.

[228] „Joined-up government" in UK (late 1990s), „whole of governmnet approach" in Australien (nach 2000), „franchise government movement" in USA (1990s) (zit. nach Bovaird/Tizard, S. 235 f.).

[229] Beginn in den USA, wo Partnerschaften bei Städtebau und Stadtentwicklungen sehr erfolgreich waren (siehe Bovaird/ Tizard 2009, S. 235 f.).

[230] www.bmvit.gv.at.

essierten öffentlichen Einrichtungen unter Einbeziehung der Wirtschaft und die Bündelung der bisherigen Erfahrungen. Danach haben sich insbesondere vergabe- und steuerrechtliche Probleme ergeben. Die untersuchten PPP-Projekte führten aufgrund der hohen Komplexität der Aufgabenstellung zu einer langen Dauer von Vergabeverfahren und damit zu hohen Transaktionskosten.

Sollen die Potenziale partnerschaftlicher Aufgabenerfüllung besser genutzt werden, könnte eine verstärkte Konzentration auf die Erfolgsfaktoren hilfreich sein. Der Rolle und Aufgabe des Staates kommt dabei besondere Bedeutung zu. Er kann etwa als Auftraggeber, als Koordinator, Qualitätssicherer oder als Aufsichtsorgan tätig werden. Der Politik verbleibt jedenfalls die Letztentscheidung über die Wirkungsziele und -indikatoren, die Verwaltung behält die Verantwortung für die Qualitätsstandards sowie für die Kontrolle der Leistungen und Zahlungen. Dies wäre im Prozess der Planung und Durchführung des Projektes klar festzuhalten und auch wahrzunehmen.

Das Vertrauen gegenüber den Partnern ist ein wesentlicher Erfolgsfaktor für gute Arbeitsergebnisse. Der Nutzen einer guten Vertrauensbasis zwischen den Akteuren besteht darin, dass Transaktionskosten reduziert werden können, dass die Stabilität der Beziehungen gefestigt und Innovation stimuliert wird. Nicht zuletzt werden auch das Lernen voneinander und der Wissensaustausch gefördert. Dies nützt sowohl der gemeinsamen Aufgabe als auch dem/der Einzelnen.[231]

Es kann jedoch nicht davon ausgegangen werden, dass dieses Vertrauen selbstverständlich und von vornherein gegeben ist. Dieser Vertrauensaufbau braucht Zeit für seine Entwicklung und ein entsprechendes Management. Dazu gehören Strategie und Organisation der Partnerschaft, das Erkunden der unterschiedlichen Vorstellungen der Akteurinnen und Akteure, das Vereinbaren von Regeln und das Intensivieren der Kontakte zwischen den Beteiligten. All dies ist Teil der neuen Aufgabe des Staates.

Der oben erwähnte Erfahrungsbericht der PPP-Plattform hat dazu u.a. ergeben, dass das Know-How der Verwaltungsbediensteten für das Arbeiten in Partnerschaften fehlte. Daher sind entsprechende Aus- und Weiterbildungsmaßnahmen unerlässlich, um sich in dem komplexen rechtlichen und ökonomischen Rahmen sicher bewegen zu können.

---

[231] Vgl. Klijn 2010, S. 313ff. sowie Drexler 2011, S. 236 f.

3.3. Nachhaltige Performance des Staates verstärken und sichern

Was bedeutet das?

Staatliche Performance ist ein vielschichtiger Begriff. Bouckaert u.a. definieren Performance als „realization of public values such as efficiency, effectiveness, equity, robustness, openness and transparency."[232] Damit wird staatliche Performance auf das Schaffen von Gemeinwohl durch die Umsetzung etwa von Effektivität, Fairness, Transparenz fokussiert.

Blum/Manning bezeichnen mit Performance *staatliche Aktivitäten, die in quantitativem Sinn messbar sind.*[233] Dazu gehören die eingesetzten Ressourcen (Input) ebenso wie die erbrachten Leistungen (Output) und die erzielten Wirkungen (Outcome). Staatliche Performance kann daher z.B. bestehen in der Bereitstellung von Lehrerinnen und Lehrern, von Mitteln für den Straßenbau, sie meint aber auch die Zahl der erlassenen Bescheide oder die Festnahme eines Diebes. Staatliche Leistungen der Gesundheitsvorsorge können bewirken, dass die Menschen bei guter Gesundheit immer älter werden.

Was messbar ist, lässt sich auch in Ziele gießen (Ressourcen-, Leistungs- und Wirkungsziele). Die Zielerreichung kann mit *Indikatoren* gemessen werden. Informationen über Leistungen und Wirkungen und den damit verbundenen Ressourceneinsatz sind die zentrale Basis für Managemententscheidungen (Performance Management). Sie dienen als Planungsgrößen, geben den Führungskräften und Mitarbeitern die Richtung für ihr Handeln vor.[234] Indem ein Bezug zwischen Leistungs- und Wirkungsinformationen und dem Budget hergestellt wird, verdeutlicht sich auch die Prioritätensetzung bei der Ressourcenverteilung. Nicht zuletzt erzeugen diese Informationen die notwendige Transparenz für Vorgesetzte, für das Parlament und für die Bürgerinnen und Bürger. Nur durch eine Offenlegung von Geplantem/Angestrebtem und Erreichtem kann etwa die Regierung vom Parlament zur Rechenschaft gezogen bzw. Mitarbeiterinnen und Mitarbeiter ihren Vorgesetzten gegenüber Rechenschaft ablegen.

---

[232] Van Dooren/Bouckaert/Halligan 2010, S. 32.

[233] Blum/Manning 2009, S. 47.

[234] Vgl. auch Van Dooren/Bouckaert/Halligan 2010, S. 30.

Bei staatlicher Performance geht es aber auch um die *Leistungsfähigkeit des Staates* im Hinblick auf die Umsetzung zentraler politische Ziele. Es bedarf dazu einer strategischen Agilität im Sinne von Lebendigkeit und Wendigkeit. Politik und Verwaltung sollten in der Lage sein, sich verändernde und zunehmend komplizierte Herausforderungen für den Staat rechtzeitig zu erkennen und möglichst vorausschauend und pro-aktiv zu antworten.

Ziel staatlicher Performance ist die *Sicherung bzw. Verbesserung der Lebensqualität für alle Menschen*. Lebensqualität drückt sich in verschiedenen Dimensionen aus und kann anhand von Indikatoren beschrieben werden. So verwendet etwa der OECD Better Life Index Maße wie Wohnsituation, Arbeitsmarkt, Gesundheit und Umwelt, aber auch soziale Indikatoren. Dabei liegt Österreich im Jahr 2012 in der Gesamtwertung an 16. Stelle unter den 36 OECD-Ländern und hat sich damit seit 2011 um 2 Ränge verschlechtert. Wie aus Abb. 9 ersichtlich, erzielt Österreich die besten Werte in den Feldern „Zufriedenheit" und „Arbeit", Verbesserungsbedarf besteht insbesondere in den Bereichen „Work-Life Balance" und „Bildung". Spitzenreiter sind etwa die Schweiz bei Arbeit und Umwelt sowie Dänemark bei Zufriedenheit und Work-Life-Balance, ein Grund für Politik und Verwaltung, sich dort nach den Erfolgsfaktoren umzusehen.

Ähnlich misst auch die EU gute Lebensqualität mit Indikatoren wie etwa Lebenserwartung, Bildung, Beschäftigung, soziale Beziehungen oder politische Teilhabe.[235] Der Lebensqualität verwandte Begriffe sind Wohlstand, subjektives Wohlbefinden oder auch Lebenszufriedenheit, je nachdem wie stark subjektives Empfinden bei der Messung im Vordergrund stehen. Gemeinsam ist ihnen, dass sie durch gute staatliche Performance verbessert bzw. für alle in gleichem Maße erhalten werden können.

Lebensqualität wird eher individuell verstanden und betrifft einen Zustand in der Jetztzeit. Sie basiert teils auf objektiven Feststellungen (z.B. geringe Kriminalität gemessen durch die Kriminalitätsrate), teils auf subjektivem Empfinden (Sicherheitsgefühl der Bevölkerung) zu einem bestimmten Zeitpunkt.

---

235 Vgl. dazu Europäische Kommission 2009; zit. nach Pesendorfer/Leitner 2010, S. 538.

Abbildung 9: Österreich im OECD-Better Life Index 2012

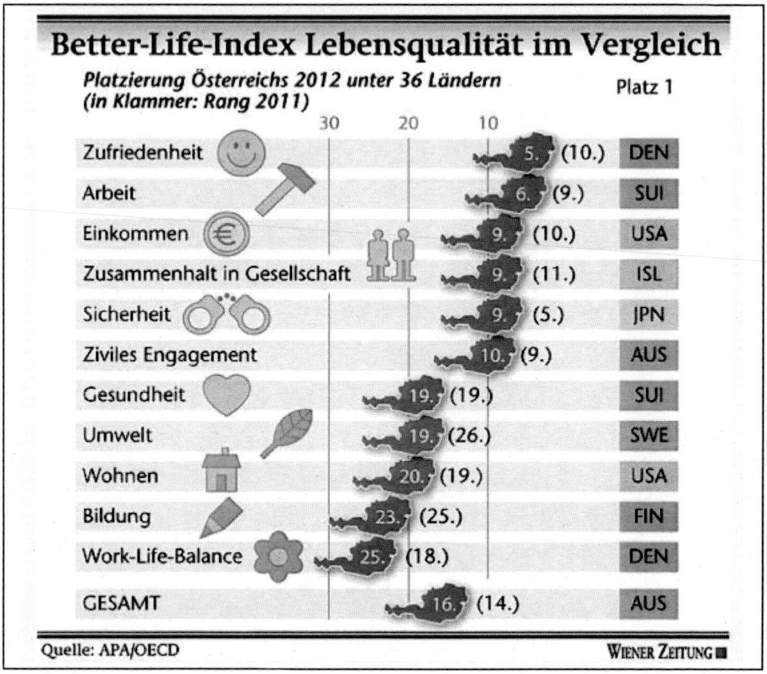

Dem der Lebensqualität ähnlichen Begriff der *Nachhaltigkeit*[236] kommt dagegen eine stärker strukturelle, langfristige Komponente zu. Nachhaltigkeit bzw. nachhaltige Entwicklung steht dabei für die Gestaltung einer lebenswerten Zukunft, die den Bedürfnissen der heutigen Generation entspricht, ohne die Möglichkeit künftiger Generationen zu gefährden, ihre eigenen Bedürfnisse zu befriedigen und ihren Lebensstil zu wählen.

Für die Sicherung der Nachhaltigkeit kommt dem Staat eine besondere Verantwortung zu. Nachhaltigkeit braucht entsprechende Strukturen, die sie ermöglichen und fördern sowie langfristige Konzepte mit strategischen Zielen. So kann z.B. die Umsetzung eines geeigneten Föderalismusmodells mit einem reformierten Finanzausgleich einen Beitrag zur Sicherung finanzieller Nachhaltigkeit leisten. Aufgaben von Politik und Verwaltung sind dabei u.a., Strategien und Konzepte zu entwickeln, gemeinsame Ziele zu formulieren, einen rechtlichen Rahmen zu schaffen und die Umsetzung zu koordinieren.

---

236 Siehe: http://www.lebensministerium.at/umwelt/nachhaltigkeit.html.

Nachhaltigkeit zeigt sich in verschiedenen Ausprägungen:

- *Ökonomische Nachhaltigkeit:* bedeutet den wirksamen Einsatz der Steuermittel. So kann es wirksamer sein, in Prävention zu investieren als in „Reparaturmedizin", wenn die Menschen bei guter Gesundheit älter werden sollen. Auch die aufgabenorientierte Verteilung der Steuermittel auf die Gebietskörperschaftsebenen sichert wirksame Aufgabenerfüllung. Wo viele ältere Menschen leben, sind den Gemeinden jene Mittel zu gewähren, die für eine Pflegeversorgung notwendig sind. Maßnahmen zur Sicherung der Vollbeschäftigung leisten ebenso einen Beitrag zur ökonomischen Nachhaltigkeit.
- *Soziale Nachhaltigkeit:* Mittel zu einer sozial nachhaltigen Aufgabenerfüllung des Staates sind Maßnahmen zur Bekämpfung der Armut oder auch zu mehr Einkommensgerechtigkeit. Unterstützt wird dies etwa durch hochwertigere Bildung und gleichen Zugang dazu. Ein höheres Bildungsniveau hebt nicht nur die Chancen auf dem Arbeitsmarkt, sondern kann auch z.B. das Engagement in Gesundheitsprävention und -bewusstsein verstärken.
- *Ökologische Nachhaltigkeit:* Sie ist auf einen sorgsamen Umgang mit natürlichen Ressourcen gerichtet, auf die Sicherung der Artenvielfalt oder die Erhaltung von Naturlandschaften u.a. durch Naturschutzbestimmungen. Ein Beitrag zur ökologischen Nachhaltigkeit kann auch durch die verstärkte Nutzung von erneuerbaren Energieformen oder durch die Verknüpfung der Wohnbauförderung mit Klimaschutzmaßnahmen geleistet werden. Nicht zuletzt tragen Maßnahmen zur Reduzierung des Individualverkehrs – etwa durch ein attraktives Angebot des öffentlichen Nahverkehrs – dazu bei, klimaschädliche Abgasbelastungen zu reduzieren.

Wie gelangt man zu mehr Nachhaltigkeit staatlicher Performance?

Am Beginn des Weges steht die Entwicklung der bereits erwähnten strategischen Agilität der Politik.

Dabei gilt es, die zentralen gesellschaftspolitischen Fragestellungen zu benennen, sie aufgrund von Daten und Fakten zu analysieren sowie Problemlösungen zu entwickeln.[237] Die großen gesellschaftspolitischen Herausforderungen wie etwa Armutsbekämpfung oder Kli-

---

[237] Auf die näheren Ausführungen dazu im Kapitel 3.5. „Strategische Kompetenz" wird verwiesen.

maschutz zeichnen sich durch ihre hohe Komplexität und ihren Querschnittscharakter aus, d.h. sie sind nicht durch Einzelne, sondern nur im Zusammenwirken mehrerer Akteurinnen und Akteure zu bewältigen. Lösungen sind primär auf strategischer Ebene und lediglich langfristig möglich. Daher reicht es nicht aus, nur kurzfristige Inputziele oder operative Leistungsziele festzulegen. Vielmehr sind Wirkungsziele notwendig, zu deren Erreichung die verschiedenen Akteurinnen und Akteure mit ihren jeweiligen Leistungen beitragen.[238]

Zielkonflikte oder Leistungen, die nicht Wirkungszielen dienen oder sie gar konterkarieren, können eine nachhaltige staatliche Performance gefährden. Einigen sich hingegen die Gebietskörperschaften auf ein gemeinsames Wirkungsziel, etwa die Vereinbarkeit von Beruf und Familie zu erleichtern, so können die Gemeinden durch ausreichende Kinderbetreuungsangebote ebenso dazu beitragen wie der Bund durch Programme und gesetzliche Regelungen, um die Beteiligung der Väter bei der Kinderbetreuung zu erhöhen.

Das Streben nach Kohärenz verstärkt ebenfalls die Nachhaltigkeit staatlichen Handelns. Staatliche Aufgabenerfüllung erfolgt auf verschiedenen Ebenen, national wie international, Zielsetzungen können daher in verschiedene Richtungen weisen wie Indikatoren, die je nach ihrem Erfinder Unterschiedliches messen. Kohärenz ist geboten, um die knappen Ressourcen auf die Wirkungs- und Leistungsziele zu fokussieren und bestmögliche Ergebnisse zu erzielen. Somit ist Kohärenz ein weiterer Faktor, der die Nachhaltigkeit staatlicher Performance günstig beeinflusst.

Kohärenz erstreckt sich auf vielfältige Anwendungsbereiche. So geht es etwa um eine Übereinstimmung zwischen supranationalen und nationalen Zielen. Auf nationaler Ebene sind die Ziele zwischen den Gebietskörperschaften abzustimmen. Indikatoren sind so zu wählen und Maßnahmen so zu treffen, dass sie zu den Zielen passen. Weiters ist auf gleicher Ebene, etwa zwischen Ministerien, auf die Kohärenz der Ziele und Maßnahmen zu achten (horizontale Kohärenz).
Auf Bundesebene wurden von den Ressorts in Vorbereitung des BVA 2013 Wirkungsziele und Indikatoren entwickelt. Österreich ist jedoch auch an die strategischen Vorgaben der EU gebunden. Politik und Verwaltung haben – wie in Tabelle 13 gezeigt – umfassende strategische Vorgaben zu berücksichtigen.

---

[238] Zur Wirkungsorientierung als Leitidee von Public Govenance siehe die Ausführungen zu Punkt 3.4.

Tabelle 13: Internationale und nationale strategische Vorgaben für Österreichs Performance

Politisches Programm	Zentrale Inhalte	Betroffenheit /Einbinden v. Ländern + Gemeinden
EU 2020	5 Kernziele[230] zu: Beschäftigung, Forschung & Entwicklung, Klimaschutz & Energie, Bildung, Verminderung von Armut & sozialer Ausgrenzung	alle
EU- Stabilitäts- und Wachstumspakt	Soll solide öffentliche Finanzen garantieren; Frühwarnung durch den europäischen Rat, Empfehlungen der EU-Kommission; regelt das Verfahren bei übermäßigem Defizit	alle
EU- Fiskalpakt	verstärkte Koordinierung der Wirtschaftspolitiken und Verbesserung der Steuerung des Euro-Währungsgebiets durch Schuldenbremse und automatischen Korrekturmechanismus	alle
Nationales Reformprogramm	Konkretisierung der 5 Ziele aus der EU-2020-Strategie für Österreich	alle
Österreichisches Stabilitätsprogramm	4 Leitlinien: möglichst geringe Beeinträchtigung des Wirtschafts- und Beschäftigungswachstums; • Verbesserung des Wirtschaftsstandortes, der Lebensqualität und des sozialen Ausgleichs durch Zukunftsinvestitionen; • nachhaltige Entlastung des Budgets durch strukturelle Maßnahmen auf der Ausgabenseite; Verzicht auf die Erhöhung von Massensteuern; • Einsparungen bei den wesentlichen Kostentreibern im Budget; soziale Ausgewogenheit unter anderem durch die Einbeziehung aller Bevölkerungsgruppen in die Konsolidierung • nach den Prinzipien der Verteilungsgerechtigkeit und Leistungsfähigkeit.	alle
Österreichischer Stabilitätspakt	Regelt die innerstaatliche Haushaltskoordinierung, die mittelfristige Orientierung der Haushalte von Bund, Ländern und Gemeinden und die Aufteilung von Defizitquoten und Sanktionslasten	alle
Bundesfinanzrahmengesetz	Strategiebericht mit umzusetzenden Zielen, Strategien und Wirkungen insbesondere auch unter Berücksichtigung des Ziels der tatsächlichen Gleichstellung von Frauen und Männern	Bund
BHG 2013	3-5 Wirkungsziele pro Untergliederung	Bund

[239] Nähere Beschreibung der Inhalte siehe Teil I, Pkt. 1.5.

Die Tabelle zeigt, wie vielfältig und verknüpft die verschiedenen Zielbereiche sind. Neben finanziellen Vorgaben gibt es inhaltliche Ziele, die teils in Leitlinien allgemeiner gehalten, teils aber auch ganz konkret und mit quantitativen Zielgrößen und Indikatoren (z.B. EU 2020 Kernziele) verbunden sind.

Einen weiteren Aspekt stellt die unterschiedliche Betroffenheit und Verantwortlichkeit der Gebietskörperschaften dar. Länder und Gemeinden arbeiten derzeit noch kaum mit Wirkungszielen. Sie waren zumindest, formal beim österreichischen Stabilitätsprogramm, beim Stabilitätspakt und beim nationalen Reformprogramm eingebunden. Dennoch erweist sich bei näherem Hinsehen die Einbindung der Länder und Gemeinden als inhaltlich wenig vertieft. Die etwa im Nationalen Reformprogramm ausgewählten Vorzeigeprojekte der Bundesländer Kärnten, Salzburg, Steiermark, Tirol, Vorarlberg und Wien sowie von drei Städten (Bregenz, Graz, Linz) beschreiben zum Großteil lediglich bereits laufende oder schon abgeschlossene Projekte wie etwa die Umsetzung der bedarfsorientierten Mindestsicherung (Wien). Die Stadt Linz stellt bspw. ein Projekt zur Evaluierung der städtischen Lehrlingsoffensive vor, Graz zwei energiepolitische Projekte (Modellregion e-mobility Graz, Smart City / Zero Emission). Weder die Projekte der Länder noch die des Bundes (z.B. läuft die E-Governmentoffensive bereits seit dem Jahr 2000) können somit als besonders zukunftsweisend betrachtet werden. Die Kohärenz der Maßnahmen mit den Zielen und eine ernsthafte Abstimmung zwischen den Gebietskörperschaftsebenen ist nicht erkennbar.

Im internationalen Standortwettbewerb steht Österreich auch vor der Aufgabe, seine Position kontinuierlich zu beobachten und möglichst zu halten bzw. gegebenenfalls zu verbessern. Die nachhaltige Sicherung der staatlichen Performance trägt dazu wesentlich bei. Nur wenn ausreichend Ressourcen für die staatliche Infrastruktur zur Verfügung stehen, wenn Verwaltung und Justiz verlässlich arbeiten, wenn eine saubere und lebenswerte Umwelt gegeben ist oder wenn soziale Gerechtigkeit für sozialen Frieden sorgt, wird sich Österreich als Wirtschaftsstandort und lebenswerte Umgebung weiter behaupten können.

3.4. Wirkungsorientierung als neuer Steuerungsfokus

Lange Zeit ging es in Diskussionen zur Verwaltungsreform primär darum, die staatlichen Leistungen effizient zu erbringen, d.h. zu möglichst geringen Kosten. Zunehmend rückt jedoch der Aspekt der Wirksamkeit und damit die Bedeutung von Wirkungszielen und ihrer Messung durch Indikatoren in den Vordergrund. Wirkungsorientierung bedeutet, das staatliche Handeln (die Leistungen) auf angestrebte Wirkungen auszurichten, wobei Outcome und Inpact zu unterscheiden sind.

Tabelle 14: Wirkungsorientierung – Begriffe und Beispiele

Elemente der Wirkungsorientierung	Begriff	Beispiel
Leistung (Output)	Unmittelbares Ergebnis der Produktion von Gütern und Dienstleistungen	Deutschunterricht für Kinder mit Migrationshintergrund, polizeiliche Kontrollen
Wirkung objektiv (Outcome)	Politisch beabsichtigter Beitrag zum Gemeinwohl; wird v.a. durch Leistungen der Verwaltung erzeugt	Verbesserte Integration, höhere Chance Arbeit zu finden; Verringerung der Kriminalität
Wirkung subjektiv (Impact)	Wirkung aus subjektiver Sicht der Empfängerinnen und Empfänger von Leistungen	Bessere Deutschkenntnisse von Kindern mit Migrationshintergrund; Sicherheitsgefühl der Bevölkerung

Wirkungsorientierte Steuerung bedeutet Ziele für Outcomes und Impacts festzulegen, Wirkungskennzahlen zu entwickeln, Maßnahmen und Leistungen zu vereinbaren und ein Wirkungscontrolling aufzubauen. Die dadurch erzeugte Klarheit darüber, wo die Prioritäten liegen und was erreicht werden soll, ist einerseits für die Mitarbeiterschaft in der öffentlichen Verwaltung handlungsleitend, andererseits macht sie den Bürgerinnen und Bürgern gegenüber transparent, was Politik und Verwaltung planen und was die Bürgerschaft von ihnen erwarten kann. Diese Klarheit erhöht die Wirksamkeit der Aufgabenerfüllung und trägt dazu bei, dass Probleme rascher und besser gelöst werden.

Das neue Haushaltsrecht, das ab 2013 in Kraft getreten ist, stellt eine große Chance für tiefgreifende Reformen zumindest in der Bundesverwaltung dar. Die neuen Grundsätze wie Wirkungsorientierung und Transparenz, Gleichstellung von Frauen und Männern sowie nachhaltige Budgetgestaltung machen den Bezug zu Public Governance deutlich. Abb. 10 zeigt, dass im Wirkungsmodell die Wirkungen durch Ziele der Politik konkretisiert werden. Der Leistungsprozess erzeugt dabei ebenso Wirkungen wie andere externe Einflüsse (z.B. können milde Winter auch dazu beitragen, die Anzahl der Verkehrsunfälle niedrig zu halten).

Abbildung 10: Wirkungsmodell

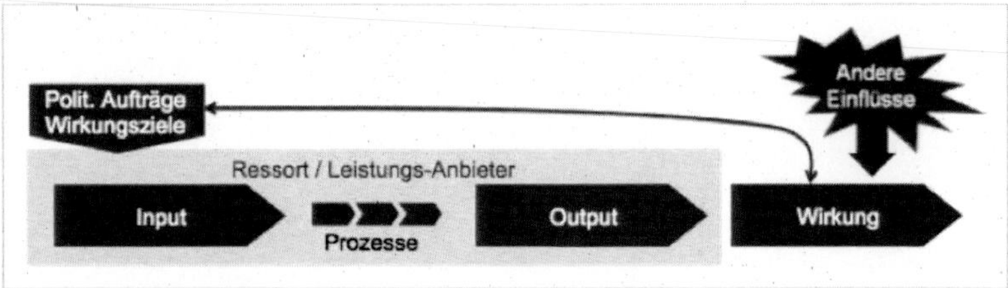

Quelle: BKA, Handbuch wirkungsorientierte Steuerung

Durch die Verankerung der Wirkungsorientierung als Prinzip des BHG 2013 wird die Effektivität des Ressourceneinsatzes und der staatlichen Aufgabenerfüllung gestärkt. Damit sollte auch eine Verbesserung der Lebensqualität bzw. die Sicherung guter Lebensqualität einhergehen. Wirkungen entfalten sich als Nutzen einzelner Personen oder bestimmter gesellschaftlicher Gruppen.

Fährt beispielsweise ein Autofahrer im Ortsgebiet mehr als 50 km/h und erhält er dafür ein Strafmandat, so sollte dieses bewirken, zukünftig im Ortsgebiet nicht schneller als 50 km/h zu fahren. Das Strafmandat entfaltet aber auch Wirkungen gegenüber den Fußgängerinnen und Fußgängern, denen es erleichtert werden soll, die Straße gefahrlos zu überqueren. Staatliche Leistungen können zudem, neben individuellen Effekten, Wirkungen für die Gesellschaft als Ganzes erzielen. So bewirkt etwa ein rechtskräftiger Bescheid einerseits Rechtssicherheit für die betroffenen Parteien, er kann auch als Beitrag zur Sicherung des sozialen Friedens gesehen werden.

Zur Steuerungsphilosophie der Wirkungsorientierung

Wirkungsziele werden im Dialog zwischen Politik und Verwaltung entwickelt und sind auf die Lösung gesellschaftspolitischer Fragen ausgerichtet. Sie beziehen sich auf einen konkreten öffentlichen Handlungsbedarf und den erwarteten gesellschaftliche Nutzen staatlichen Handelns. Gemäß 3 Abs. 2 der Angaben zur Wirkungsorientierungs-VO (BGBl. II Nr. 244/2011) ist ein Wirkungsziel ein angestrebter Zustand oder ein strategisch formuliertes Ziel betreffend die Wirkungen, die kurz- bis mittelfristig mit den zur Verfügung stehenden Mitteln erreicht werden sollen. Wegen ihres strategischen Charakters ist die Festlegung von Wirkungszielen primär eine politische Aufgabe.

Dazu noch ist das BHG 2013 getragen vom Gedanken einer Zusammenführung der Fach- und Ressourcenverantwortung und ihrer Dezentralisierung. Wie bereits erwähnt, erhalten die Fachbereiche nach der neuen Steuerungsphilosophie eine zusätzliche, um die Ressourcensteuerung erweiterte, Verantwortung, die zentralen Supporteinrichtungen müssen hingegen Ressourcenverantwortung abgeben und bekommen dafür neue Aufgaben dazu: so ist etwa ein integriertes Steuerungssystem für das jeweilige Haus aufzubauen, das Berichtswesen zu organisieren, die Personalentwicklung auf die fachlichen und methodischen Anforderungen auszurichten und dafür zu sorgen, dass das „Schiff" Bundesministerium mit all seinen Fachbereichen in die vorgegebene strategische Richtung fährt.

Für eine wirkungsorientierte Steuerung wäre eine Kultur des Vertrauens aufzubauen. Diese bezieht sich etwa auf das Vertrauen des BMF gegenüber der Bundesministerin/dem Bundesminister, die nach dem Konzept des BHG 2013 jeweils ihre eigenen Finanzminister sind und die Aufgabe haben, die ihnen anvertrauten Ressourcen effizient und wirksam einzusetzen. Die Vertrauenskultur muss sich aber auch auf die Verwaltungsebenen innerhalb eines Ministeriums beziehen, wenn das haushaltsleitende Organ (Bundesminister/in) den haushaltsführenden Stellen Freiraum für die operative Umsetzung von Zielen und für Entscheidungen innerhalb eines vorgegebenen Ressourcenrahmens einräumt. Nicht zuletzt braucht es das Vertrauen der Führungskräfte in die Fähigkeiten und das Verantwortungsbewusstsein der Mitarbeitenden, eigeninitiativ und ergebnisorientiert an der Erreichung der Ziele mitzuarbeiten.

Neue Aufgaben für das Parlament und den Rechnungshof

Gemäß § 68 (5) BHG 2013 erhält das Parlament gleichzeitig mit dem Entwurf zum Bundesvoranschlag auch einen Bericht zu den Angaben zur Wirkungsorientierung, der es zukünftig erlauben wird zu erkennen, ob die einzelnen Ressorts ihre Wirkungsziele erreicht haben. Dies geschieht anhand von Wirkungsindikatoren, die das

Ergebnis nachvollziehbar machen sollen. So wird es dem Parlament möglich zu entscheiden, ob die budgetierten Ressourcen wirksam eingesetzt wurden bzw. wo das Erreichen von Wirkungszielen durch entsprechende Umschichtung von Ressourcen gefördert werden könnte. Die Diskussion kann dadurch neben den Budgetentwicklungen noch um inhaltliche Schwerpunktsetzungen bei der staatlichen Aufgabenerfüllung bereichert werden.

Weiters wird dem Parlament jeweils im Frühjahr ein Strategiebericht als Teil des Bundesfinanzrahmengesetzes zur Diskussion und Beschlussfassung vorgelegt. Auch hier fließt durch die Prioritätensetzungen der Untergliederungen eine wirkungsbezogene Komponente in die parlamentarische Diskussion ein.

Im System der repräsentativen Demokratie stärkt diese neue Gestaltungsmöglichkeit der Legislative die demokratische Qualität und das Vertrauen in staatliche Entscheidungen, ein wesentliches Element von Public Governance. So könnten etwa bei einer Debatte über den Klimaschutz die inhaltlichen Schwerpunkte der Ressorts als Gesamtheit betrachtet werden, das Erreichen der Wirkungsziele und die Wirksamkeit der gesetzten Maßnahmen beurteilt und allenfalls Nachbesserungen angeregt werden. Auch Wechselwirkungen zwischen Wirkungszielen und Maßnahmen würden bei einer solchen übergreifenden Betrachtung deutlich, notwendige Maßnahmen könnten zielgerichtet getroffen oder eine Anpassung der Wirkungsziele vorgeschlagen werden. Ebenso bieten die in der Folge vorzulegenden Evaluierungsberichte die Chance für eine sachlich fundierte Kontrolle der Regierung durch das Parlament.

Damit kommt eine neue Verantwortung auf das Parlament zu, für die Vorbereitungen notwendig sind. Seit Juli 2012 wird zur Beratung der Abgeordneten in Budgetfragen ein Budgetdienst eingerichtet.

Weiters erhält der Rechnungshof als Organ des Nationalrats eine wichtige Rolle im Rahmen der Wirkungsorientierung. Wirkungen sind in der Regel mehrdimensional und machen weder an Ressort- noch an Gebietskörperschaftsgrenzen halt. Mehrere Akteurinnen und Akteure können zum Erreichen eines Wirkungsziels beitragen. Um gute Schulbildung oder eine hohe Qualität bei der Gesundheitsversorgung zu gewährleisten, haben alle Gebietskörperschaften in ihrem Rahmen an der Erreichung von Wirkungszielen mitzuwirken. Dafür ist es notwendig, Wirkungsziele zwischen den einzelnen Gebietskörperschaften abzustimmen und sich darauf zu einigen, wie und mit welchen Indikatoren die Erreichung der Wirkungsziele gemessen wird. Durch die Prüfungstätigkeit auf allen Ebenen gewährleistet der Rechnungshof die notwendige Bund-/Länder-/Gemeinden-übergreifende Gesamtsicht. Wechselwirkungen werden leichter erkennbar und Wirkungszielkonflikte sowie unterschiedliche Indikatoren für die Wirkungsmessung treten zu Tage.

Darüber hinaus kann der Rechnungshof gemäß § 41 BHG 2013 im BVA bereits veröffentlichte Empfehlungen aus seinen Prüfberichten zu den jeweiligen Globalbudgets wiederholen. Auch eine Möglichkeit der Stellungnahme des Ressorts ist vorgesehen, wodurch die Abgeordneten zusätzliche Informationen zu den Fachbereichen der Globalbudgets erhalten.

Verantwortlichkeiten der Bundesministerinnen und -minister

Während es früher herrschendes Verständnis war, dass die Politik Ziele und Strategien vorgibt und die Verwaltung für die Umsetzung zuständig ist, muss dieses Verhältnis heute anders betrachtet werden. Um Wirkungsziele und Indikatoren realistisch und aussagekräftig zu gestalten, ist ein Dialog zwischen Politik und Verwaltungsführung unerlässlich. Nur so können die unterschiedlichen Rationalitäten zwischen Politik und Verwaltung abgestimmt und die jeweiligen Stärken bei der gemeinsamen Lösungsfindung eingebracht werden.

Dieser Dialog schärft auch das wechselseitige Verständnis und trägt zu mehr Akzeptanz und besserer Qualität der Wirkungsziele bei. Wie Brodtrick feststellte, braucht Verantwortlichkeit immer zwei Personen: eine, die Verantwortung übernimmt und trägt, und eine, die diese einfordert. In den Bundesministerien ist es daher erforderlich, dass sich die politische Führung mit dem Management der Verwaltung regelmäßig über Geplantes, über den Fortschritt der Umsetzung, über das Erreichen oder Nichterreichen von Wirkungszielen austauscht. Auch im begleitenden Wirkungscontrolling und in der Evaluierung sollte ein kontinuierlicher Dialog zwischen Politik und Verwaltung stattfinden.

In den Bundesministerien ist dieser Dialog unterschiedlich ausgeprägt. Während sich etwa im BMI und im BMUKK die Ministerinnen jeweils aktiv an Prozessen zur Erarbeitung von Strategien und Wirkungszielen beteiligen, läuft dieser Prozess in anderen Ressorts stärker bottom up. So spielen z.B. im BMASK die Abteilungsleiterin-

nen und -leiter eine tragende Rolle; strategische und operative Ziele werden im Rahmen eines strukturierten MbO-Prozesses[240] *„von unten nach oben" getragen und dann wieder „zurückgespielt". Die Sektionsleiterinnen und -leiter sehen ihre Aufgabe dabei u.a. in der Integration der politischen Aufträge in die Zielfindung und das Arbeitsprogramm.*

Es ist jedoch festzustellen, dass etwa bei der inhaltlichen Definition der Wirkungsziele und -indikatoren kaum eine Abstimmung oder Koordinierung zwischen den einzelnen Ministerien stattfindet. Auch mit den Ländern, die in vielen Bereichen in enger Kooperation mit dem Bund agieren müssen, ist eine solche Abstimmung von Wirkungszielen und Messgrößen nicht erkennbar. Damit wird eine ministerienübergreifende und eine Gebietskörperschaften übergreifende Steuerung unmöglich, eine problematische Entwicklung, wenn man bedenkt, dass Wirkungen nicht eindeutig zuordenbar sind und sich wechselseitig beeinflussen bzw. mehrere Akteurinnen und Akteure zum Erreichen der Wirkungsziele beitragen können.

Die Globalbudgetverantwortlichen

Obwohl den Globalbudgetverantwortlichen – wie bereits in Teil II Pkt. 10.3. ausgeführt – eine zentrale Rolle bei der Umsetzung der wirkungsorientierten Steuerung zukommt, sind sie in den gesetzlichen Vorschriften kaum behandelt. In der Praxis zeigen sich Unterschiede.

Im BMASK liegt die Hauptverantwortung (Fach- und Ressourcenverantwortung) bei den Globalbudgetverantwortlichen, die weitgehend mit den Sektionsleitungen identisch sind. Diese schließen Leistungskontrakte mit der politischen Ebene (den Kabinetten), die dann in entsprechende Maßnahmen münden. Auch hier werden im Rahmen eines gesamthaften MbO-Prozesses auf Abteilungsleiterebene Wirkungs-, Leistungs- und Prozessziele sowie Entwicklungsziele definiert. Vor dem Hintergrund dieses schon relativ gut entwickelten MbO-Systems wurden im Zuge der Umsetzung des BHG 2013 Wirkungsziele und -indikatoren sowie Maßnahmen erarbeitet.

Eine positive Entwicklung zeigt sich dabei im Selbstverständnis der Verwaltungsmitarbeiterinnen und -mitarbeiter. Diese sehen sich zunehmend als Partner der Politik und nicht mehr lediglich als „Weisungsempfängerinnen und -empfänger".

---

[240] MbO = Management by objectives und bedeutet Führen mit Zielen.

Erfahrungen aus dem BMASK zeigen, dass bei sehr gut etabliertem MbO-System teilweise der Effekt auftreten kann, dass die Zielerfüllung über alles andere gestellt und mit allen Mitteln versucht wird, die Ziele zu erreichen. Damit werden etwa geänderte Rahmenbedingungen während der Laufzeit oder unerwünschte Nebeneffekte nicht berücksichtigt. Eine Verknüpfung von Belohnungen mit der Zielerreichung verstärkt diesen Effekt noch. Auf das Mitarbeitergespräch und die tägliche Führungsarbeit hat hingegen MbO einen positiven Effekt. Mitarbeitergespräche bekommen einen anderen Stellenwert, da Ziele und Leistungsaufträge bereits im Vorfeld klar sind, die Führungskraft ist auch entlastet von „täglichen Kleinaufträgen", wenn die Ziele klar sind.

Nutzen einer Wirkungsorientierung

Wenn angestrebte Wirkungen (Wirkungsziele) zu den Leistungen und zu den eingesetzten Ressourcen in Bezug gesetzt werden und die Zielerreichung mit Wirkungsindikatoren gemessen wird, ergeben sich große Chancen für eine erhöhte Transparenz über die Mittelverwendung, aber auch über die Ziele und Handlungsschwerpunkte von Staat und Verwaltung. Durch die Bezüge zwischen den eingesetzten Ressourcen und den dafür erbrachten Leistungen zur Erreichung der Wirkungsziele wird zu einer Versachlichung der Diskussion über einen effektiven Ressourceneinsatz in der Verwaltung beigetragen. Politische „Ansagen" wie etwa, mit einer „Sicherheitsmilliarde" die Kriminalitätsbekämpfung verbessern zu wollen, greifen zu kurz. Vielmehr ist es unerlässlich, dazu auch Wirkungsziele festzulegen.

Wirkungsorientierung ist ein umfassender Ansatz, der sowohl die unterschiedlichen Wirkungen auf die verschiedenen Zielgruppen (Männer, Frauen, Ältere und Junge ...) als auch etwa auf die Umwelt oder auf die Budgetlage berücksichtigt. Dabei ist es jedoch nicht sinnvoll, direkte Verknüpfungen zwischen angestrebten Wirkungen und dem Budget herzustellen. Vielmehr ist beim Dialog zwischen Politik und Verwaltung bzw. zwischen Verwaltung und Öffentlichkeit über angestrebte Wirkungen immer der budgetäre Rahmen im Auge zu behalten. Mögliche Alternativen sind unter Berücksichtigung der vorhandenen Ressourcen zu besprechen.

Das Konzept der Wirkungsorientierung setzt voraus, dass das Erreichen der Wirkungsziele auch gemessen und evaluiert wird.

Dies ist nicht immer einfach, auch deshalb, weil in der Regel nicht ein Akteur/eine Akteurin bzw. eine öffentliche Leistung die angestrebte Wirkung erzielt, sondern mehrere Faktoren dazu beitragen. So unterstützen etwa Maßnahmen zur Armutsbekämpfung oder gute Bildungsangebote ebenso die Senkung der Kriminalitätsrate wie eine wirksame Verbrechensbekämpfung.

Die Evaluierung der staatlichen Aufgabenerfüllung geschieht anhand von Wirkungsindikatoren, was sich in der Praxis als schwierig erweist. Teilweise sind die Wirkungsziele nicht einfach fassbar, z.B. „Sicherstellung der außen- und sicherheitspolitischen sowie der europäischen und wirtschaftspolitischen Interessen Österreichs in Europa und in der Welt". Auch sind geeignete aktuelle und valide Daten nicht immer vorhanden, ihre Erhebung kann kostenintensiv sein.

Strategische Oberziele der Wirkungsorientierung sollten jedenfalls die verschiedenen staatlichen Ebenen und sonstigen öffentlichen und privaten Akteurinnen und Akteure einschließen. Dies gilt in einem Bundesstaat wie Österreich insbesondere auch zwischen den Gebietskörperschaften, den Trägern der Sozialversicherung und anderer Parafisci sowie den ausführenden Unternehmungen und anderen Organisationseinheiten.

3.5. Strategische Kompetenz als Erfolgsfaktor – Akzeptanz erzeugen

Gutes Regieren verlangt nachhaltige Politikgestaltung und Aufgabenerfüllung zur Lösung gesellschaftlicher Probleme. Dazu genügt es nicht, lediglich jene Probleme anzugehen, bei denen politisch mögliche Kompromisse erreichbar scheinen und dort, wo Divergenzen bestehen, die Lösung aufzuschieben und auf bessere Zeiten zu warten. Vielmehr bedarf es einer geänderten Arbeits- und Vorgehensweise, um auch die schwierigen strukturellen Fragen einer Lösung näher zu bringen. Insbesondere die strategische Ausrichtung und Fokussierung der politisch-administrativen Arbeit kann hierbei nützliche Beiträge leisten.[241]

---

[241] Schedler/Siegel (2005, S. 98) begründen die Notwendigkeit von strategischem Management mit dem Hinweis, dass es die „Problemlösungsfähigkeit der Verwaltung (zu) verbessern" gilt.

[242] OECD 2011b, S. 88.

Nutzen von strategischem Denken und Handeln aus Sicht der OECD:

„Improving … capacities by better strategic foresight and planning throughout the civil service will help develop the increasingly critical responsibilities of governments to anticipate and prepare for both foreseeable and disruptive events and adapt accordingly. Achieving these objectives will require governments to work in a more co-ordinated fashion across the whole of the public sector – and with stakeholders – to identify common goals and potential problems; to navigate and filter through vast amounts of information and formulate sound, evidence-based decisions; and to communicate policy solutions throughout the civil service and to the public in order to ensure effective implementation and buy-in.“[233]

Wie kann dies geschehen?

Es geht vor allem darum, die Möglichkeiten des strategischen Denkens und Handelns besser auszunutzen. Dies erfordert zum einen, die Rahmenbedingungen für strategisches Arbeiten zu schaffen und/oder zu verbessern. Dazu gehört es, möglichst nachhaltig Bereitschaft bzw. Akzeptanz für strategisches Arbeiten in Politik und Verwaltungsführung zu entwickeln und zu sichern. Die strategische Arbeit verlangt doch – zumindest im Idealfall –, das Handeln aller Entscheidungsträger zusammenzuführen, also das Integrieren von Gesetzgebung, Politik und Verwaltung im Interesse der Lösung von Problemen für Gesellschaft und Wirtschaft.

Weiters geht es darum:

- längerfristige Planungshorizonte einzubeziehen,
- Risiken und Chancen angemessen einzuschätzen,
- die Daten- und die Wissensbasis zu verbessern, auf denen strategische Entscheidungen gegründet werden können, und
- erforderlichenfalls auch entsprechende Lernprozesse für alle Beteiligten zu organisieren.

Weiters erscheint es notwendig, das bisher verwendete Instrumentarium zu durchforsten und innovativ durch zusätzliche Tools und Fähigkeiten zu erweitern und zu erneuern.[243] Alle Beteiligten in Politik und öffentlicher Verwaltung sowie die im politischen Auftrag tätigen Organisationen sollten sich in diesem Sinn vorrangig *mit angestrebten bzw. festgelegten Wirkungen* der öffentlichen Aufgabenerfüllung befassen und so die bisher dominierende Inputsteuerung überwinden. Gleichfalls wären die gegenüber früheren Epochen *komplizierteren Steuerungsprozesse*, so z.B. der Meinungsbildung, der Abstimmung und des adäquaten Ausgleichs teils gegensätzlicher Interessen entsprechend zu organisieren und/oder zu unterstützen. Auch das *Aufspüren und Beseitigen von Hemmnissen*, die der Modernisierung von Politik und Verwaltung z.B. in Form tradierter, bürokratischer Vorgangsweisen entgegenstehen, verlangt ein hohes Maß an strategischer Leistung zur Realisierung des Wandels.

Beispiele hierfür sind die Überwindung der seit Jahrhunderten bestehenden Tradition der Verwendung kameraler Budgets, mit denen vor allem die eingesetzten Ressourcen gesteuert, deren Wirkungen jedoch nur unzulänglich berücksichtigt werden oder die beharrende, reaktive Politik bezüglich der Verbesserung der territorialen Strukturen, welche erst bei starkem äußerem Druck zum Thema politisch-administrativen Handelns werden.

Wichtige Instrumente der strategischen Arbeit sind:

- empirisch erarbeitete Problemanalysen von Markt- und Staatsversagen unter Aufdeckung der teils zirkulären Verursachung[244],
- Überprüfen der erreichten Verbesserungen auf Grund früher gesetzter Maßnahmen (Evaluierung),
- Organisieren des Lernens von erfolgreichen praktischen Beispielen (best practices),

---

[243] Ergebnisorientierte Steuerungsinstrumente des PM, wie z.B. die Vorgabe von Outputzielen oder Leistungsprämien, sind nicht die einzige Alternative zur traditionellen hierarchischen Steuerung. Denn nach Jann/Wegrich (vgl. 2010, S. 187) tragen sie „insbesondere zur Verbreitung von ‚Organisationsegoismen' sowie … zu einem opportunistischen Verhalten (bei), das sich lediglich auf messbare Aspekte des Verwaltungshandeln beschränkt und eine geschönte Darstellung des Output vornimmt". Siehe dazu auch Abschn. 3.6.

[244] Zirkuläre Verursachung liegt dann vor, wenn verschiedene Einflussfaktoren gegeben sind, die in wechselseitiger Abhängigkeit zueinander stehen können. Beispiel: Ausmaß und Art der Integrationserfordernisse von zugewanderten Bürgerinnen und Bürgern, hängen nicht nur von den gesetzten politischen Zielen und ergriffenen Maßnahmen ab, sondern auch von den Wünschen bzw. Erfordernissen der zugewanderten Menschen sowie von der Reaktion der aufnehmenden Bevölkerung; beide Faktoren verlangen wiederum geeignete Maßnahmen von Politik und Verwaltung.

- Ausarbeiten und Umsetzen strategischer Optionen,
- Abstimmen von generellen und/oder fachlichen Zielen und Strategien der verschiedenen öffentlichen Akteure[245],
- Maßnahmen zur Sicherung eines haltbaren politischen Konsenses und der zweckmäßigen Umsetzung (z.B. zeitlich begrenzte Vereinbarungen zwischen den verschiedenen staatlichen Ebenen mit anschließender Evaluierung und eventuellen Sanktionen bei Verletzung der inhaltlichen Vereinbarungen).

Im Folgenden wird zunächst die notwendige Veränderung der Organisationskultur zur besseren Akzeptanz der strategischen Arbeit behandelt; im darauf folgenden Abschnitt soll das ergänzungsbedürftige strategische Steuerungsinstrumentarium betrachtet werden.

Kritische Analysen der Organisation und des Umfeldes – Voraussetzungen für strategische Optionen

Wenn wir die bereits im Teil II angeführte begriffliche Klärung aufgreifen, wird klar, dass mit Strategie in erster Linie nicht ein Stück Papier (strategischer Plan) verstanden wird, sondern die auf Basis von Analysen und Abwägung der verschiedenen Optionen erarbeitete und von den Interessensgruppen gewünschte oder wenigstens akzeptierte künftige Verhaltensweise einer Organisation gegenüber der Umwelt zur Erreichung ihrer Ziele.

Strategisch denken und handeln verlangt in der Regel *drei Arten von Analysen*, die es anzustellen gilt, nämlich

- die Analyse der eigenen Organisation (Kernkompetenzen, Qualität der Organisation – hinsichtlich der „Befähiger"[246] einschließlich der Organisationskultur und hinsichtlich der Leistungen, Innovationspotenziale, Engpassfaktoren und Risiken),
- die Analyse des Umfeldes, in dem die Organisation agiert (hinsichtlich zukünftiger Trends, Chancen, Bedrohungen und Risiken, insbesondere betreffend das mögliche Verhalten wichtiger Partner oder von Konkurrenten),

---

[245] „In addition to the extent to which it is based on evidence, key aspects of quality of the reform process include its size, pace and interface with other public policy goals."(OECD 2011b, S. 38).

[246] Im Qualitätsmanagement werden mit dem Begriff der Befähiger jene Faktoren verstanden, welche die Tätigkeiten einer Organisation und die Art und Weise, wie sie ihre Aufgaben erfüllt, umfassen. Dazu gehören u.a. die Qualität von Planung, Innovation und Management im Generellen, die Mitarbeiterschaft mit ihren Fähigkeiten und ihrer Motivation sowie die verschiedenen Gesichtspunkte der Kundenorientierung. Vgl. CAF 2006 unter: http://www.eipa.eu/files/File/CAF/ Brochure2006/German_2006.pdf.

- die Festlegung möglicher Optionen und deren Einschätzung hinsichtlich des jeweiligen Nutzens, der Kosten, der Realisierungschancen, der Voraussetzungen sowie hinsichtlich der Akzeptanz.[247]

Aus den angestellten Analysen gilt es, entsprechende Schlussfolgerungen anzustellen, die zur Erarbeitung der strategischen Optionen beitragen. Es sollte auch der Umstand berücksichtigt werden, dass etwa das Verständnis für selbstkritische Analysen nicht überall vorausgesetzt werden kann, sondern erst durch *Veränderungen der Organisationskultur* erarbeitet werden muss.

Hauptteile der *organisationsinternen Analyse* sind Untersuchungen der eigenen Wertschöpfung („value chain analysis“)[248] und weiters das Feststellen der Kern-Kompetenzen. Die Analysen der eigenen Wertschöpfung müssen dabei mehr als bisher auf die erzielten Wirkungen abgestellt werden und so auch unter Berücksichtigung von Gesichtspunkten wie ökonomische und ökologische Nachhaltigkeit, der Gleichstellung von Frauen und Männern oder eines umfassenden Integrations- und Diversitätsmonitoring sowie eines Diversity-checks[249] erfolgen. Die Analysen der Kern-Kompetenzen öffentlicher Verwaltungen müssten nicht nur die Rechtmäßigkeit oder rasches und abgestimmtes Handeln bei neuen Herausforderungen betreffen, sondern auch prüfen, ob ausreichend *Innovationsbereitschaft und strategische Agilität*[250] bestehen. Beide Kompetenzen wären zur Lösung komplexer Probleme sowie zur erfolgreichen Koordination der verschiedenen Partner bzw. auch zum Zustandebringen von Kooperation erforderlich.

Hauptteile der *organisationsexternen Analyse* betreffen politische, wirtschaftliche und soziale Umweltfaktoren, technische oder kulturelle Innovationen, Rechtsprechung sowie neue Gesetze und Verträge supranationaler Organisationen. Wie nationale und interna-

---

247 In der Stadt Wien wird – so Vizebürgermeisterin Brauner – die öffentliche Aufgabenerfüllung seit vielen Jahren „durch strategische Umfeldanalysen, Stärken-Schwächen-Prüfungen …, Qualitätsmanagementtools … sowie durch interne Risiko- und Kontrollsysteme“ unterstützt (Brauner 2011, S. 162).

248 „Value chain analysis explores the ways in which the organization creates values for its stakeholders and distributes this value between them. This requires a definition of ‚value‘“ (Bovaird 2009, S. 62). Siehe auch den Abschnitt im Teil IV über Public Values.

249 Siehe hiezu etwa die Darlegungen zu Integrations- und Diversity-Management in der Stadt Wien (Struppe/Benesch 2011, S. 382; 386).

250 Darunter versteht man die Fähigkeit von Organisationen und von Führungskräften sich auf rasch wechselnde Umfeldbedingungen und auf komplexe Probleme einzustellen (siehe auch Bovaird 2009, S. 65).

tionale Beispiele zeigen, sollten auch die Muster der Beeinflussung bzw. der Bildung der öffentlichen Meinung ausreichend betrachtet werden. Man denke beispielsweise an aktuelle bildungs-, sozial- und finanzpolitische Diskussionen, die durch bewusst lancierte Fehlinformationen seitens der Verteidiger der herrschenden Regelungen sowie durch Lobbyisten aller Art beeinflusst werden. Weltweit weisen etwa kritische Ökonomen darauf hin, dass eine überzogene Konsolidierungspolitik in den strukturschwachen Staaten rezessive Tendenzen verstärkt, die Vertrauenskrise vertieft und den Staaten keine Impulse für Wachstum verleiht.[251]

Beide Analysen zusammen ergeben die meist als „Stärken/Schwächen-Analysen" (SWOT-Analyse) bezeichneten Befunde von Organisationen, welche in Zeiten größerer Veränderungen in kürzeren (mittelfristigen) Zeitabständen anzustellen wären. Auf Basis dieser Befunde sind dann die *strategischen Optionen* für künftiges Handeln zu entwickeln und zu bewerten. Inhaltliche Anforderungen an solche Optionen betreffen etwa

- das Verknüpfen von Leistungen und Wirkungen mit den hierfür erforderlichen Ressourcen,
- das Einbeziehen von Gleichstellungszielen in die Budgetpolitik (Gender-sensitive Budgetierung),
- das Einstellen auf „Co-Planing und Co-Production" bei der Planung und Herstellung der Leistungen, Wirkungen sowie der Ressourcenbeschaffung,
- im Vorhinein festgelegte Teilziele, Meilensteine und Messgrößen sowie von Rahmenbedingungen für Evaluierungen,
- das Umsetzen, „Vermarkten" und periodische Evaluieren der getroffenen Festlegungen.

Grundsätzlich ist zu beachten, dass sich die strategischen Analysen und Reformoptionen im öffentlichen Bereich von solchen für privatwirtschaftliche Organisationen unterscheiden. Dies hängt nicht nur mit dem Legalitätsprinzip und mit der Erzielung demokratischer Legitimation zusammen, sondern auch mit der großen Vielfalt von angestrebten Wirkungen sowie mit den Schwierigkeiten, einen haltbaren Ausgleich zwischen den unterschiedlichen Interessensgruppen zu erarbeiten.

---

[251] Siehe auch Stiglitz 2012.

Strategic agility als ein Kulturfaktor

Seit einiger Zeit werden strategische Optionen als Kulturfaktor und Reformansatz für hochentwickelte Staaten im Kontext von Public Governance von der OECD nicht nur erfasst und analysiert, sondern auch als best practices propagiert. Eine Zusammenstellung von Alter/Jacobzone[252] ergibt folgende hauptsächliche Inhalte von aktuellen strategischen Optionen der Mitgliedsstaaten:

- Umfassende und aufeinander abgestimmte Programme zur Effizienzsteigerung im öffentlichen Sektor,
- Verstärkung von leistungs- und wirkungsorientiertem sowie agilem und flexiblem öffentlichen Handeln,
- Fördern und Verankern des Kulturwandels im öffentlichem Sektor – auch in Hinblick auf mehr Leistungs- und Wirkungsorientierung,
- Eingehen von Partnerschaften und Ausbauen bereits bestehender Kooperationsformen,
- Einsetzen präziser IT-Tools und Entwickeln neuer E-Government-Lösungen.

An Hand eines Beispiels sollen Konzept, Voraussetzungen und Nutzen derartiger Optionen veranschaulicht werden.

Beispiel: Option hoher strategischer Wachsamkeit und Wendigkeit (strategic agility)

Ein OECD-Bericht zur Evaluierung von Public Governance in Finnland aus 2010 unterstreicht die Notwendigkeit strategischer Wachsamkeit und Flexibilität an Hand der Probleme des finnischen Kommunalsektors, die durch die aktuelle Finanz- und Wirtschaftskrise sowie durch den demografischen und wirtschaftsstrukturellen Wandel ausgelöst worden sind.

Zum einen ist der finnischen Zentralregierung die Notwendigkeit der besseren Koordinierung und Straffung der öffentlichen Leistungen, die in Finnland zu rund 40 Prozent auch über die Gemeinden erbracht werden, klar geworden. Zum anderen zeigt sich, dass auf der subnationalen Ebene nicht die Straffung der öffentlichen Leistungen und die Steigerung der Produktivität der Leistungserstellung, sondern die Bemühungen zur Finanzierung der erbrachten Leistungen über höhere Gebühren im Vordergrund der politischen

[252] Vgl. Alter/Jacobzone 2011, S. 99 ff.

Bemühungen stehen. Jedoch ist nicht nur die finanzielle Lage der Gemeinden problematisch, sondern es erscheint auch ihre Fähigkeit, Reformimpulse aufzugreifen und eigene innovative Lösungsansätze zu entwickeln, verbesserungsbedürftig. Deshalb ist die fachliche Kompetenz und die Bereitschaft zu höherer strategischer Agilität des Gemeindesektors für die gesamte Nation bedeutsam. Innovationen werden im Gemeindebereich benötigt, denn dort wird ein guter Teil der öffentlichen Leistungen geschaffen.[253]

Strategische Agilität, Wachsamkeit und Wendigkeit bedeuten in diesem Beispiel, dass sich die Zentralregierung trotz ausgeprägter Autonomie der Gemeinden auch um Effizienz und Effektivität der subnationalen Akteurinnen und Akteure sowie um einen Kulturwandel auf der Gemeindeebene kümmern muss. Ebenso gilt es Strategien und Instrumente zur besseren Abstimmung der Finanzpolitik und Haushaltswirtschaft aller staatlichen Ebenen zu verbesssern. Damit sollen Politik und Verwaltung der verschiedenen staatlichen Ebenen in die Lage versetzt werden, die zunehmend komplizierten Herausforderungen für die Staaten, für die Regionen und Gemeinden frühzeitig bzw. möglichst vorausschauend aufzugreifen und ihnen abgestimmt zu begegnen. Man denke in diesem Zusammenhang an die mehrfach gescheiterte Aufgaben- und Verwaltungsreform im österreichischen Bundesstaat oder an die bisher erfolglosen Bemühungen um Abstimmung der Haushaltsrechte von Bund, Ländern und Gemeinden. Auch die im Rahmen des Europäischen Fiskalpaktes erfolgende Konsolidierung der öffentlichen Finanzen mehrerer Staaten erfordert strategische Wendigkeit, geht es doch darum, die hohe Verschuldung der großen Gebietskörperschaften unter Kontrolle zu bringen, gleichzeitig jedoch auch neue Impulse für mehr soziale Gerechtigkeit, für nachhaltiges Wirtschaftswachstum, aber auch z. B. für Klimaschutz zu setzen.

Der Nutzen von strategischer Agilität besteht zum einen im Erzeugen von Bereitschaft, gemeinsam und damit mit besserer Aussicht auf Erfolg die komplizierten Probleme aufzugreifen. Zum anderen um frühzeitiges Handeln der Gebietskörperschaften, wodurch auch Zeit für das Abstimmen der Politiken gewonnen werden kann. Daraus kann in weiterer Folge auch mehr Vertrauen der Bürgerinnen und Bürger in die Handlungskompetenz von Politik und Verwaltung erwartet werden.

---

[253] Vgl. OECD 2010, S. 41 ff.

Wie erreicht man strategic agility?

Strategische Agilität bedeutet, sich zunächst vorhandenes Wissen und gegebene Daten über die eigene Organisation, über das wirtschaftliche und gesellschaftliche Umfeld sowie über mögliche Zukunftstrends und Herausforderungen zu eigen zu machen. Weiters geht es um die Aufstellung von Leitbildern, von strategischen Leitideen und Zielen auf Basis der verschiedenen politischen und gesellschaftlichen Werte und Präferenzen sowie um Prüfung von Chancen und Risiken.

> Die OECD unterstreicht folgende drei Komponenten für den Aufbau strategischer Agilität:
>
> „Strategic insight is the ability to understand and balance government values, societal preferences, current and future costs and benefits, and expert knowledge and analysis, and to use this understanding coherently for planning, objective-setting, decision-making and prioritisation.
>
> Collective commitment is adherence and commitment to a common vision and set of overall objectives, and their use to guide one's individual work, as well as the co-ordination and collaboration with other actors (both inside and outside of government and across levels of government)…
>
> Resource flexibility is the ability to move resources (personnel and financial) to changing priorities if and as needed; to identify and promote innovative ways ….“.[245]

Zusätzliche Anforderungen und Risiken

Es ist wohl einsichtig, dass es nicht reicht, wenn einige (interne oder externe) Expertinnen und Experten die strategischen Analysen erarbeiten und die Ergebnisse sowie die daraus abgeleiteten Optionen auf den Tisch der oberen Führung legen. Denn zum einen geht es darum, dass möglichst viele Mitglieder größerer öffentlicher Organisationen die Diagnosen und Prognosen teilen und hinsichtlich der möglichen Optionen ihre eigene Expertise beisteuern. Wichtig für die Umsetzung ist zum anderen auch die Akzeptanz der strategischen Option(en) seitens der politischen Führung, der Mitarbeiterschaft und der bedeutenden Stakeholder.

Damit öffnet sich noch ein anderer Aspekt der strategischen Kompetenz, nämlich die Integration von Planung und Umsetzung. „Ein umfassendes Konzept des strategischen Managements in der Verwaltung … muss eine Integrationsleistung erbringen … (also) die Zusammenführung von Reflexion (als Verstehen), Konzeption (als Ausrichtung) und Aktion (als Handeln) ….“.[254] Hierfür sind jedenfalls ausreichend positive und negative Anreize zu setzen, um die Erarbeitung und Implementierung der Strategien unterstützen.

Schließlich geht es darum, das Lernen und Weiterentwickeln von Organisationen nach strategischen Grundsätzen auszurichten. Klar ist, dass die Veränderungsprozesse kein Selbstzweck sind, sondern grundlegende Fähigkeiten der Organisation entwickeln helfen sollen, um etwa Problemlösungsfähigkeit, Lernfähigkeit und Innovationsfähigkeit zu verbessern. Allerdings besteht hierbei das Risiko, dass der strategische Wandel in Politik und Verwaltung oft durch Managementaktivitäten nicht vollständig gesteuert, sondern im günstigen Fall nur einigermaßen beeinflusst werden kann. Als weiteres Risiko kann gelten, dass die Anstrengungen für strategische Analysen und Handlungsoptionen Einiges an Ressourcen binden, und dass bei Vorliegen geänderter Umstände die strategische Arbeit erneut zu leisten sein wird.

4. Ausbau des strategischen Instrumentariums

Neben mehr Bereitschaft für strategische Arbeit und dem Schaffen der hierfür notwendigen Rahmenbedingungen sind im Kontext von Public Governance auch die eingesetzten Instrumente von erheblicher Bedeutung. Einzelne Instrumente des strategischen Managements im Bereich von Planung, Marketing oder Personalentwicklung werden längst in einzelnen öffentlichen Organisationen genützt, in anderen dagegen überhaupt nicht. Man denke an Plattformen zur Abstimmung von E-Government- Aktivitäten, an Nutzen-Kosten-Analysen für Planungsvarianten bei Verkehrswegen, an UVP‘s, an Leitbilder, an Stärken- und Schwächenanalysen oder CAF-Selbstbewertungen. Nicht zuletzt zählen dazu die erst vor kurzem eingeführten Instrumente im Bereich des Bundeshaushalts (siehe hierzu insbesondere Pkt. 11.4 in Teil II). Daneben bestehen jedoch auch bisher wenig genutzte Vorgehensweisen und Instrumente, zu denen etwa evidence-based decision

---

[254] Schedler/Siegel 2005, S. 99.

making, Funktions- und Risikoanalysen bei öffentlichen Aufgaben, oder Evaluierungen aller Art zählen. Das Heranziehen der genannten Instrumente wird auch immer wieder in Prüfberichten des Rechnungshofes gefordert.[255] Dazu folgen nun einige Erläuterungen.

4.1. Evidenzbasierte Entscheidungen

Evidence-based decision making (auf Deutsch etwa: Entscheidungsvorbereitung und -findung auf Basis empirischer Befunde und Prognosen) bedeutet das umfassende Entwickeln, Umsetzen und Evaluieren von öffentlichen Programmen und Maßnahmen mit Hilfe wissenschaftlicher Methoden (z.B. mehrjährige Rahmenpläne, Risikoeinschätzungen) und durch Verwenden einer verlässlichen und systematisch erzeugten Datenbasis.[256] Entscheidend sind hierbei das Erheben und/oder Sammeln von korrekten Daten und umfassenden Einschätzungen, sowohl vergangenheits- als auch zukunftsbezogen (z.B. zwischenstaatliche Vergleiche, wie sie in „Governance at a glance" der OECD geboten werden) sowie die Ausarbeitung und Prüfung von Alternativen zur Zielerreichung. Da einzelne politische Programme und Reformbereiche spürbare gesellschaftliche Wirkungen zeitigen sollen oder können, wird auch die Mitwirkung der verschiedenen Stakeholder, der Bürgerschaft und von diversen Expertinnen und Experten an der Entscheidungsvorbereitung hilfreich sein.

Dies betont auch die OECD in ihrem Bericht zu Public Governance in Finland[257]: „The use of evidence-based decision making requires the public administration to have an active and purposeful dialogue with a wide variety of stakeholders, to analyse those

[255] Einem kürzlich veröffentlichten Prüfbericht des Rechnungshofes (LEADER 2007 bis 2013, Reihe Bund 2012/7) ist beispielsweise zu entnehmen, dass „Monitoring und Evaluierung zum Teil nur als formale Anforderungen der EU wahrgenommen (wurden), nicht im Sinn von Wirkungsorientierung und institutionellem Lernen. Die Evaluierungskultur im BMLFUW war mit Bezug auf die Auftraggeberrolle, die Organisation und den Umgang mit Evaluierungsergebnissen verbesserungsfähig. Nur in Tirol waren den LAG–Managern die Ergebnisse von Evaluierungen der Vorperiode und die Schlussfolgerungen bekannt. Aus den Evaluierungsberichten der Vorperioden wurden für die neue Programmperiode nur teilweise und relativ schwache handlungsanleitende Schlussfolgerungen gezogen. (TZ 136 bis 138, 151)"

[256] Die von der OECD verwendete Definition lautet: „Evidence-based decision making examines and measures the likely benefits, costs and effects of government decisions. Evidence can be gathered using a 360-degree approach: looking to the future to identify risks and opportunities, looking to the past to evaluate what has worked and what has not, and looking horizontally to identify synergies across Ministries and levels of government" (OECD 2011b, S. 34).

[257] OECD 2010, S. 22.

insights in the context of the government's mandate, and to provide coherent ex ante advice to help inform government decisions and prioritisation. … Partnerships with citizens, business, civil society organisations (CSOs) and other stakeholders are needed to achieve whole-of-society objectives."

Mit Hilfe der empirischen Evidenzen sollen Voraussetzungen (z.B. Erwartungen einzelner Gruppen) und Rückwirkungen von Maßnahmen in anderen Bereichen, bereits vorliegende Erfahrungen u.ä. bedacht werden. Ebenso gilt es, Modifikationen der Programme und Maßnahmen bei geänderten Rahmenbedingungen oder neu zugänglichen Daten zu prüfen.

Weitere zentrale Aspekte von evidenz-basierter Entscheidungsvorbereitung betreffen die institutionelle Absicherung der Entscheidungsfindung.[258] Sie erfolgt hauptsächlich durch

- Festlegung von präzisen und handlungsorientierten Beschreibungen des jeweiligen Problembereiches,
- Vorgabe und Aufbereitung wissenschaftlicher Expertise und konkreter Quantifizierungen,
- Nutzung standardisierter Indikatorensysteme und geregelter Abstimmungsprozesse,
- Klärung, welche politischen Partner zur Legitimation der erarbeiteten Problemsicht und der vorgeschlagenen Programme und Maßnahmen beitragen können.

Die Regelungen der Europäischen Economic Governance[259], so etwa des „Europäischen Semesters", eines Prozesses zur frühzeitigen Koordinierung und strikten Überwachung der Budget- und Wirtschaftspolitik der EU-Mitgliedstaaten, ebenso auch der Österreichische Stabilitätspakt 2012[260] und die neue Budgetierung auf der Bundesebene greifen auf die oben angeführten Elemente einer evidenzbasierten Entscheidungsfindung zurück. Dabei muss klar sein, dass nicht die institutionelle Absicherung allein, sondern auch die

---

[258] Erhebungen der OECD haben ergeben, dass die institutionelle Absicherung evidenzbasierter Entscheidungsfindung sich als nützlich für nachhaltige Modernisierungsvorhaben erweist, z.B. im Bereich der Haushaltskonsolidierung sowie der mehrjährigen Budgetierung mit Ausgabenrahmen (vgl. OECD 2011b, S. 35).

[259] Die neue Europäische wirtschafts- und finanzpolitische Steuerungsarchitektur wird als Economic Governance bezeichnet. Sie umfasst die „Europa 2020 Strategie", das „Europäische Semester" sowie verschärfte Regeln zur haushaltspolitischen Überwachung und Verfahren bei makroökonomischen Ungleichgewichten („Sixpack", „Twopack") (vgl. u.a. Bauer/Rossmann 2012, S. 186 ff.).

[260] Siehe BGBl. I, Nr 150/2011.

Akzeptanz der Vorgangsweisen und deren Einhaltung notwendig sind. Evidenzbasierte Entscheidungsfindung einschließlich ausreichender institutioneller Absicherung könnte auch anderen Reformbereichen als der fiskalischen Konsolidierung, so etwa der Bildungsreform, der Reform des Finanzausgleichssystems u.a. zum Nutzen gereichen.

Transparenz ist gleichermaßen Voraussetzung und Ergebnis von evidence-based decision making. Zum einen kann durch mehr Transparenz über bestehende best practices (hinsichtlich der Prozesse und Ergebnisse) und ihre Auswirkungen eine verbesserte Qualität der Expertise und der Entscheidungsfindung erreicht werden. Auch die Transparenz über unterschiedliche Analysen, Evaluierungen und Schlussfolgerungen seitens verschiedener Experten dient diesem Zweck. Auf der anderen Seite können solche Entscheidungshilfen auch die Qualität der Auseinandersetzung zwischen politisch-administrativen Entscheidungsträgern sowie Nutzerinnen, Nutzern und diversen Interessensgruppen über Ergebnisse von Evaluierungen und daraus resultierende Verbesserungen früher getroffener Entscheidungen unterstützen.

Trotz dieser Vorzüge von empirisch abgesicherter Entscheidungsfindung zeigen – erste lückenhafte – OECD-Erhebungen, dass evidence-based decision making in einigen Ländern erst wenig ausgeprägt ist und dass daher das Lernen von den fortgeschrittenen Staaten hilfreich sein könnte.[261] In Österreich wird dieser instrumentelle Ansatz nach Meinung der Verfasser in einigen Bereichen des öffentlichen Gesundheitswesen (Anti-Raucher-Kampagnen, Verbot der Bleizusätze im Treibstoff), ebenso in der Wohnungspolitik (Beseitigung der Substandardwohnungen, Förderungen zur Senkung des Energiebedarfs), der Verkehrssicherheit (substanzielle Reduzierung der erlaubten Höchstgeschwindigkeit im Straßenverkehr) mit Gewinn praktiziert. In der Raumordnung, im Katastrophenschutz, in der Armutssicherung und im Finanzausgleich – um einige Beispiele zu nennen – gibt es dagegen reichlich Bedarf an Entscheidungen, die auf anerkannten Daten und sonstiger empirischer Evidenz beruhen.

---

261 Zu den im Bereich der evidenzbasierten Entscheidungsfindung fortgeschrittenen Staaten zählen etwa Holland, Kanada, UK (siehe auch Bos 2008).

Beispiel: Evidenzbasierung im Bereich der Armutsbekämpfung in Österreich

Armutsbekämpfung ist ein wichtiger Teil der europäischen und der nationalen Sozialpolitik, gleichzeitig auch ein Ansatzpunkt für Public Governance.[262] *Art. 1 des Vertrages zwischen Bund und Ländern über die Bedarfsorientierte Mindestsicherung*[263] *dient der „bundesweiten verstärkten Bekämpfung und Vermeidung von Armut und sozialer Ausschließung"; „mit den bundesweit einheitlichen Mindeststandards in der Bedarfsorientierten Mindestsicherung soll das österreichische Sozialsystem armutsfest gestaltet werden".*[264]

Zwei übliche Indikatoren für Armutsmessung können die empirische Basis für diese Politik bilden, nämlich die Armutsgefährdung gemessen durch den Anteil der Personen mit Einkommen unter der Armutsgrenze (poverty rate[265]*) sowie die Armutsgefährdungslücke (poverty gap*[266]*), welche darüber Auskunft gibt, in welcher Intensität Menschen von Einkommensarmut betroffen sind und damit wenigstens teilweise deutlich macht, wie groß das Elend der Menschen ist. Denn mit dieser am Einkommen orientierten Sichtweise „wird nicht das tatsächliche Ausmaß von Armut erfasst. Vor allem Ausgaben, finanzielle Belastungen, individuelle Lebenslagen und Kostenstrukturen, aber auch verminderte Verwirklichungschancen werden dabei nicht berücksichtigt."*[267]

In Abbildung 11 werden die beiden genannten Armutsindikatoren für Österreich und die anderen OECD-Mitgliedstaaten für die Zeit um die Mitte der ersten Dekade der 2000er Jahre[268] *dargestellt. Die*

---

262 Das diesbezügliche Ziel in der EU-2020-Strategie lautet: „Die Zahl der von Armut und sozialer Ausgrenzung betroffenen oder bedrohten Menschen soll um mindestens 20 Millionen gesenkt werden"; das Ziel des Nationalen Reformprogramms 2012 lautet: „Österreich hat die Bestrebung, die Anzahl der Personen in armuts- und ausgrenzungsgefährdeten Lagen innerhalb von zehn Jahren um mindestens 235.000 zu reduzieren."

263 Vereinbarung zwischen dem Bund und den Ländern gemäß Art. 15a B-VG über eine bundesweite Bedarfsorientierte Mindestsicherung, BGBl. I, Nr. 96/2010.

264 So die ähnliche Zielformulierung in den Materialien 677 der Beilagen XXIV. GP – Vereinbarung Art. 15a B-VG.

265 Die Armutsgrenze wird von der OECD mit einem Einkommen von 50 Prozent des Medianeinkommens bestimmt. Das Einkommen wird als verfügbares (Netto-)Einkommen eines Haushalts in einer Periode (Jahr) gemessen. In der nationalen Statistik wird die Armutsgefährdung bereits ab einem Einkommen von 60 Prozent des Medianeinkommens angenommen.

266 Die Armutsgefährdungslücke wird „als Differenz zwischen dem Medianeinkommen der Armutsgefährdeten und der Armutsgefährdungsschwelle" in Prozent ermittelt.

267 ÖGPP: Armut, 2009, S. 10.

268 Vgl. dazu: OECD-Factbook 2010, S. 237.

durchschnittliche Armutsrate für alle OECD-Länder liegt bei rund 11 Prozent der Bevölkerung, wobei etwa Mexiko, die Türkei und die USA Armutsraten von weit über 15 Prozent aufweisen; die relativ niedrigsten Armutsraten werden mit weniger als 6 Prozent für Dänemark, Schweden und die Tschechische Republik ausgewiesen. Österreich liegt mit einer Rate von etwa 6,5 Prozent ähnlich wie Norwegen oder Frankreich.[269] *Allerdings ist die Armutsgefährdungslücke in Österreich mit fast 30 Prozent deutlich höher als etwa in Frankreich oder in der Tschechischen Republik (jeweils ca. 25 Prozent). Finnland, die Niederlande, und Belgien zeigen leicht höhere Armutsraten als Österreich, jedoch ist in diesen Länder die Armutslücke deutlich kleiner als hierzulande, d.h. der Abstand der durchschnittlichen Einkommen der Armen zum Durchschnittseinkommen der Gesamtbevölkerung ist dort wesentlich geringer als in Österreich. Ein zeitlicher Vergleich ergibt übrigens auch, dass die Armut in Österreich zwischen 1985 und 1995 deutlich weniger stark zugenommen hat als in der Dekade danach (1995 bis 2005).*

Abbildung 11: Armutsgefährdung (poverty rate) und Armutsgefährdungslücke (poverty gap) in OECD-Staaten (2005/2006)

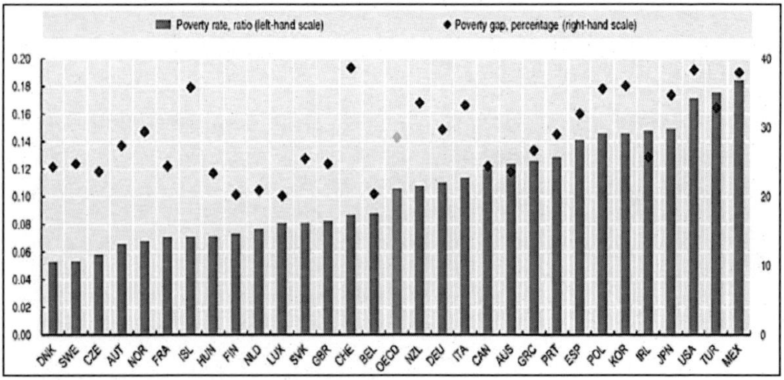

Quelle: StatLink http://dx.doi.org/10.1787/822560430054

[269] In den Materialien zum Vertrag über die bedarfsorientierte Mindestsicherung wird folgende statistische Basis verwendet: Laut „European Union Statistics on Income and Living Conditions" (EU-SILC) 2006, zu Deutsch: „Gemeinschaftsstatistik über Einkommen und Lebensbedingungen", sind in Österreich fast 13 Prozent der Bevölkerung armutsgefährdet (rund 1 Mio. Personen). Ohne Sozialtransfers wären rund 43 Prozent der Bevölkerung armutsgefährdet. Die Armutsgefährdung wird über das Einkommen definiert. Dabei gelten 60 Prozent des Median-Äquivalenzeinkommens als Armutsgefährdungsschwelle. Menschen, bei denen zur Einkommensarmut noch weitere Deprivationsfaktoren hinzutreten, gelten als armutsverfestigt (rund 6 Prozent der Bevölkerung).

Mit Hilfe einer weiteren empirischen Datengrundlage, die dem Bericht „Einkommen, Armut, und Lebensbedingungen 2010" der Statistik Austria entnommen ist, wird das Einkommen für verschiedene Haushaltstypen ermittelt, bis zu dem Armutsgefährdung nach der österreichischen Definition (Grenze bei 60 Prozent des Medianeinkommens) vorliegt (Tabelle 15).

Tabelle 15: Armutsgefährdungsschwelle 2010 in Österreich (bei 60 Prozent des Medians für unterschiedliche Haushaltstypen)

Haushaltstyp	Gewichtungsfaktor nach EU-Skala	2010	
		Jahreswert (in Euro)	Monatswert (in Euro)
Einpersonenhaushalt	1,0	12.371	1.031
1 Erwachsener + 1 Kind	1,3	16.082	1.340
2 Erwachsene	1,5	18.556	1.546
2 Erwachsene + 1 Kind	1,8	22.267	1.856
2 Erwachsene + 2 Kinder	2,1	25.979	2.165
2 Erwachsene + 3 Kinder	2,4	29.690	2.474

Q: Statistik Austria, EU-SILC 2010. Erstellt am: 15.12.2011.
Monatswert entspricht 1/12 des Jahreswertes, Kind = unter 14 Jahre.

Höhe der Leistung der Bedarfsorientierten Mindestsicherung und Vergleich mit der Armutsgefährdungsschwelle

Die Höhe der Leistung aus der Bedarfsorientierten Mindestsicherung (BMS) orientiert sich am Netto-Ausgleichszulagenrichtsatz in der Pensionsversicherung. Im Jahr 2012 beträgt die BMS monatlich € 773,25 netto für Alleinstehende bzw. Alleinerziehende und € 1.159,88 netto für (Ehe-)Paare. In diesen pauschalierten Mindeststandards ist bereits ein 25-prozentiger Wohnkostenanteil enthalten. Dieser entspricht bei Alleinstehenden und Alleinerziehenden einem Betrag von € 193,31 bzw. bei (Ehe-)Paaren einem Betrag von € 289,97. Die Leistung gebührt 12 mal pro Jahr.

Während die Schwelle der Armutsgefährdung (Daten für 2010)

- *für Einpersonenhaushalte netto 12.371 € pro Jahr beträgt, erreicht die Leistung aus der BMS einschließlich einem 25-prozentigen Wohnkostenanteil 8.823 € p.a., die Differenz beträgt 3.548 €;*
- *für Haushalte mit 2 Erwachsenen errechnet sich die Schwelle der Armutsgefährdung mit netto 18.556 € pro Jahr, während die Leistung aus der BMS einschließlich einem 25-prozentigen Wohnkostenanteil 13.918 € p.a. ausmacht; die Differenz beträgt 4.638 €.*

Aus dieser vereinfachten Rechnung kann geschlossen werden, dass man mit dem bundeseinheitlichen Satz der Mindestsicherung um deutlich mehr als 25 Prozent unter der jeweiligen Schwelle der Armutsgefährdung bleibt. Die Bekämpfung der Armutsgefährdung mit einem durch politischen Beschluss doch substanziell unter der Schwelle der Armutsgefährdung liegenden Betrag der BMS scheint diesbezüglich nicht gelungen zu sein; die empirische Evidenz dürfte bei der „verstärkten Bekämpfung und Vermeidung von Armut und sozialer Ausschließung" wohl zu wenig berücksichtigt worden sein. Dazu kommt noch, dass die Armutsgefährdungslücke in Österreich mit 30 Prozent vergleichsweise tief ist; dies bedeutet, dass das Medianeinkommen der Armutsgefährdeten noch deutlich unter dem Betrag der BMS liegt und damit das postulierte Ziel für mehr als die Hälfte der von Einkommensarmut betroffenen Personen und Haushalte nicht erreicht wird. Dies könnte auch einer der Gründe sein, dass neben der bundesweit garantierten Mindestsicherung einige Bundesländer zur Bekämpfung der Armutsgefährdung zusätzliche Leistungen bieten, was jedenfalls Fragen der Gleichbehandlung sowie bezüglich der administrativen Effizienz der BMS aufwirft.

4.2. Risikomanagement

In seinen Positionen zur Verwaltungsreform kritisiert der RH, dass sich die vorhandenen Ansätze auf einzelne Kontrollmaßnahmen beschränken. Er empfiehlt, dem Risikomanagement zukünftig mehr Bedeutung beizumessen. Auch bei öffentlichen Unternehmungen waren die Maßnahmen zur Risikoidentifikation, ziffernmäßige Risikobewertung und Erarbeitung einer Risikomanagementstrategie vielfach unzureichend.[270]

Risiko wird allgemein definiert als Unsicherheit über den möglichen künftigen Eintritt eines Sachverhaltes. Die Unsicherheit kann in den Entscheidungen oder Maßnahmen der Entscheidungsträger in Politik, Verwaltung und Wirtschaft wurzeln, teils tritt Unsicherheit auch wegen Zufälligkeitsfaktoren und durch extern verursachte Umstände – z.B. Naturgewalten – auf. Risiken bestehen in vielen Lebensbereichen, so etwa im wirtschaftlichen, gesundheitlichen oder im Umweltbereich. Das Hauptrisiko im Wirtschaftsbereich ist

---

[270] RH 2011, S. 135.

die Zahlungsunfähigkeit von Unternehmen und damit deren Untergang. Zu den Umweltrisiken zählen die Gefährdung des Ökosystems, Risiken für die menschliche Gesundheit, Risiken für Unternehmen, wenn z.B. deren Produkte durch gestiegenes Umweltbewusstsein der Konsumentinnen und Konsumenten nicht mehr nachgefragt werden. Für den öffentlichen Sektor sind alle Arten von Risiken relevant, welche die Menschen und ihre Umwelt betreffen, darüber hinaus auch die Risiken für Fehlverhalten und schlechtes Funktionieren der öffentlichen Einrichtungen. Dies betrifft beispielsweise Risiken wie politische Fehlentscheidungen, ungenügende Haushaltsplanung, unterlassene Innovationen, das Risiko der missbräuchlichen Verwendung von personenbezogenen Daten sowie von Betrug in verschiedener Hinsicht. In Abbildung 12 werden einige dieser Risiken angeführt.

Abbildung 12: Typische Risiken im öffentlichen Bereich

Quelle: Intosai [271]*, S. 16*

Häufig wird Risiko als eine Gefahr, als eine mögliche negative Beeinträchtigung der durch eine Entscheidung angestrebten Ergebnisse verstanden. „Risk taking becomes associated with danger and is avoided".[272] Risiko kann jedoch auch positiv als Chance, als günstige Gelegenheit (opportunity) verstanden werden. Eine unerwartet

[271] Siehe www.issai.org. INTOSAI steht für „International Organisation of State Audit Institutions"; issais sind „international standards for state audit institutions".

[272] Brodtrick 2008, S. 296.

hohe Rate der Zustimmung für eine politische Entscheidung könnte gedanklich ebenso vorweg genommen werden wie eine hohe Rate der Ablehnung und daraus jeweils Schlüsse für das weitere Handeln gezogen werden.

Der rationale Umgang mit Risiken besteht jedenfalls darin, Risiken näher zu betrachten bzw. zu ergründen. Dies wird als *Risikomanagement*[273] bezeichnet. Es umfasst hauptsächlich die Teilbereiche der:

- Risikoidentifikation und -bewertung,
- Risikosteuerung (Vermeidung, Verminderung, Abwälzung, Streuung) und
- Risikokontrolle.

Die Identifizierung der Risiken gilt vielfach als schwierigster Teil des Risikomanagements, da zunächst die Tatsache, dass überhaupt ein Risiko vorliegt, erkannt werden muss. Bei bestimmten Risiken – schleichende Risiken genannt – besteht auch die Gefahr der Unterschätzung oder sogar der Verdrängung, da sie wenig auffällig sind oder über die Zeit oder räumlich weit verstreut auftreten.[274]

Verschiedene Risikoarten sind zu berücksichtigen, natürliche, technische, soziale und politische Risiken. Für die Risikoidentifikation gilt es, entsprechende organisatorische Vorkehrungen zu treffen – etwa bezüglich der Aufgaben und Inhalte von Controlling, Innenrevision u.ä. Einrichtungen, Abschluss von Versicherungen sowie der Informationsversorgung (z.B. Kennzahlen und Art der Berichtslegung).

Die Risikobewertung versucht, sodann das erkannte Risiko zu quantifizieren. Die Bewertung von Risiken wird sich an den möglichen Konsequenzen orientieren. Hierbei benötigt man i.d.R. Schätzungen über die Eintrittswahrscheinlichkeit und über das zu erwartende Ausmaß des Schadens.

---

[273] „Umfassendes Risikomanagement ist ein von Überwachungs- und Leitungsorganen, Führungskräften und Mitarbeitern einer Organisation bei der Strategiefestlegung innerhalb der Gesamtorganisation angewandtes Verfahren zum Erkennen der die Organisation möglicherweise beeinflussenden Ereignisse und zur Gewährleistung hinreichender Sicherheit bezüglich des Erreichens der Ziele der Organisation“ (Intosai, Richtlinien zur internen Kontrolle, S. 11).

[274] Brodtrick verweist diesbezüglich etwa auf die Straßenverkehrsunfälle, die täglich irgendwo passieren und nur wenig Aufmerksamkeit erregen, während ein Flugzeugabsturz mit mehreren Hundert Opfern stark wahrgenommen wird. Über ein oder mehrere Jahre gerechnet ist jedoch das Risiko im Straßenverkehr Opfer eines Verkehrsunfalls zu werden klar höher als im Flugverkehr (vgl. Brodtrick 2008, S. 296).

F. Malik[267] macht deutlich, dass für Risikomanagement nicht unbedingt komplizierte und wahrscheinlichkeitstheoretische Kalküle angestellt werden müssen, sondern folgende vier Arten von Risiken zu bedenken wären:

- Erstens das Risiko, das mit allem Wirtschaften (und öffentlichem Handeln) ohnehin immer verbunden ist;
- zweitens das darüber hinausgehende Risiko, das man sich leisten kann, das einen nicht umbringt, wenn es eintritt, und das man daher auch eingehen kann;
- drittens das Risiko, welches man sich nicht leisten kann, weil es zur Katastrophe führt, wenn der damit verbundene Sachverhalt eintritt, und das man daher unter gar keinen Umständen eingehen darf;
- viertens das Risiko, welches nicht einzugehen man sich nicht leisten kann, weil man keine Wahl mehr hat, keine Optionen – jenes Risiko also, das man schicksalhaft einzugehen hat.

Bei strategischen Entscheidungsprozessen in Politik und Verwaltung erweist sich jedoch, dass Ergebnisse der Risikobewertung nicht immer ausreichend berücksichtigt werden, z.B. im Fall unvollständiger oder nicht offen gelegter Kalküle. Bei einer OECD-Konferenz im Jahr 2008 über Risikomanagement wurde jedenfalls die häufig fehlende Integration von Risikomanagement in den politischen Entscheidungsprozess konstatiert.[276] Wie das Beispiel der japanischen Atomkraftwerke in Fukushima zeigt, müssen die politisch-administrativen Entscheidungsträger die Einhaltung von Kontrakten und Vereinbarungen in störanfälligen Bereichen bei Risiken mit starker Auswirkung besonders sorgfältig kontrollieren und hiebei auch persönliches Versagen von Akteurinnen und Akteuren auf beiden Seiten (Qualität der behördlichen Anordnungen, Einhalten der Anordnungen, von Vereinbarungen und Auflagen seitens der Betreiber) einkalkulieren. Allgemeiner formuliert geht es um die bereits genannte Klassifizierung der Risiken hinsichtlich der *Eintrittswahrscheinlichkeit* und hinsichtlich der *jeweiligen Auswirkungen*. Risiken mit weitreichenden negativen Auswirkungen (wie z.B. Versagen von Kühleinrichtungen in Atommeilern) und Risiken mit hoher Eintrittswahr-

275 Malik 2000, S. 218 f.

276 Nach einem Bericht vom Symposium on „Managing Risk in the Public Sector“ des Public Governance Committees der OECD am 17. April 2008 von Dearing.

scheinlichkeit (z.B. öffentliche Mehrfachförderungen in Österreich) benötigen besondere Kontrollverfahren und -mechanismen, somit einen erheblichen zusätzlichen Kontrollaufwand. Dieser kann in der Bekämpfung von potenziellem Behördenversagen, wie mangelnde Aufsicht, unzulängliche Korruptionsprävention, Unvereinbarkeit (etwa zwischen Fördermittelvergabe und gleichzeitiger Kontrolle) bestehen. Auch besondere politische Risiken wären durch einen Kontrollmechanismus anzuzeigen; dies wären Risiken, die sich auf das Ansehen von politischen Entscheidungsinstanzen, auf mögliche Rufschädigungen für Regionen und Staaten durch unzureichend abgesicherte Entscheidungen beziehen. Korrupte Regime können selbst zu Schäden für das demokratische System führen.

Beispiel bezüglich Risiken im öffentlichen Bereich:

Bei einer Konferenz zum Thema „Risk and Public Services" im Jahr 2007 wurden spezifische Risiken im öffentlichen Sektor diskutiert, wobei folgende Differenzierung von „politischen" Risiken bei der öffentlichen Aufgabenerfüllung verwendet wurde (siehe Tab. 16): a) systembezogenes Risiko (kollektive Versorgung versus individuelle Vorsorge), b) Risiko eines hoheitlichen Fehlverhaltens, c) Risiko einer politischen Rufschädigung.[277]

Tabelle 16: Spezifische Risiken im öffentlichen Bereich

Definition of „public service"	Example	Key risks
a) Services whose consumption is inherently collective in some way	Public goods, e.g. water supply, systems of justice	Systemic risk (of collective failure) – how much protection is sufficient?
b) Services that involve use of the state's powers of compulsion over and above tort or contract law	protection of children from parental abuse, property requisitioning	Risks of sovereign failure – i.e. misallocation of risk through legal power, the reduction of welfare when powerful lobby groups capture the state's legal power to transfer risk from one party to another for their own gain; to manage this kind of risk, corporate risk management frameworks will often be less important than legal and democratic process checks.
c) Services in which politics overrides markets	publicly run services that could readily provided by private markets as well, such as pubs, banks, leisure facilities	Political credit risks (of damage to political standing), i.e. a special kind of 'reputational' risk, namely the risks to politicians and other high officeholders of political blame when services fail.

Quelle: Hood/Miller 2009, S. 2f

277 Hood/Miller 2009, S. 2f.

4.3. Multilevel Governance – „Mind the gaps!"

Besondere Aufmerksamkeit im föderalen Österreich[278]verdient der instrumentelle Ansatz einer Mehrebenen-Governance, also einer Steuerung von Politikformulierung und -umsetzung horizontal (z.B. zwischen Ministerien, mehreren Gemeinden) oder vertikal (über die verschiedenen Ebenen von Gebietskörperschaften). Auch die Koordinierung der nachgeordneten oder ausgelagerten Einrichtungen von Gebietskörperschaften, wie öffentliche Fonds, Betriebe und Unternehmen, verschiedene Arten von Beteiligungen fällt unter die strategische Mehrebenen-Steuerung.

> Die Begründung einer Expertin für den Nutzen der Mehrebenen-Steuerung lautet: „Managing the relationship between levels of government, while not new, has become increasingly complex as countries continue to decentralise and also recentralise, fiscal, political and administrative competences."[271]

Die teils mangelhafte Abstimmung der Pläne und deren Ausführungen der mehr oder weniger autonomen subnationalen Gebietskörperschaften und deren Beteiligungen mit jenen der Zentralregierung kann auch für Österreich in verschiedener Weise konstatiert werden. Denn es besteht in einem föderal strukturierten Land, dessen öffentlicher Sektor hinsichtlich der Trägerschaft und Finanzierung von Aufgaben stark verflochten ist, zunächst eine qualitative Herausforderung. Weiters liegt wegen des hohen Zentralisierungsgrades der öffentlichen Finanzwirtschaft auch ein quantitatives Problem vor: In dem vergleichsweise kleinen Land bestehen knapp über 2.350 autonome Gemeinden, davon etwa 630 Kleingemeinden mit weniger als 1.000 Einwohnerinnen und Einwohnern, rund 750 Gemeindeverbände, die Infrastrukturanlagen für die jeweiligen Mitgliedsgemeinden errichten und betreiben, teils auch für die Erledigung von hoheitlichen Verwaltungsaufgaben (z.B. Standesamtsverbände) zuständig sind. Weiters bestehen an die 400 Gemeindebetriebe von einigem wirtschaftlichen Gewicht (z.B. Stadtwerke,

[278] Charbit (2011, S. 589 f.) definiert dies wie folgt: "Multi-level governance (MLG) … is the term used to characterize the relationship between public actors situated at different territorial levels. MLG therefore refers to the explicit or implicit sharing of policy-making authority, responsibility, development and implementation at different administrative and territorial levels..."

[279] Charbit 2011, S. 590.

Altenheime und Bauhöfe). Auch die Bundesländer führen im Rahmen ihrer Verwaltungen über 80 Bezirkshauptmannschaften, rund 170 Landesbetriebe (z.B. Spitäler, Pflegeeinrichtungen, Theater, Freizeitbetriebe, Immobiliengesellschaften,).

Aus der Sicht von Public Governance besteht die Problematik der Koordinierung eines guten Teils dieser Akteurinnen und Akteure vor allem bezogen auf strategische Ziele und strategische Optionen. Inhaltlich geht es hiebei etwa um die nachhaltige Nutzung knapper Flächen und anderer Ressourcen (z.B. naturbelassene Landschaft als Ausgleichsräume), um eine ausreichende Konsolidierung der Haushalte stark verschuldeter Gebietskörperschaften sowie um die Abstimmung der angepeilten Wirkungen des öffentlichen Handelns. Dies wäre nützlich etwa zum Abbauen unterschiedlicher Qualitäts- und Versorgungsgrade in den Bereichen der Kleinkinderbetreuung, des Bildungs- und des Gesundheitswesens, der kommunalen und regionalen Infrastruktur (z.B die in einigen Regionen unterentwickelten öffentlichen Verkehrssysteme) sowie zur Reduzierung der Vielfalt der Programme und Instrumente der Wirtschaftsförderung von Bund, Ländern und Städten.

Der folgende Befund für das Gesundheitswesen in Österreich von Probst zeigt nicht nur das Fehlen gemeinsamer und abgestimmter Ziele, sondern verweist auch darauf, dass sich die staatliche Planung nicht ausreichend am Bedarf der Bevölkerung orientiert und damit auch die evidenzbasierte Entscheidungsfindung zu verstärken wäre.

Statements von Josef Probst:[273]

- Österreich ist eines der wenigen Länder der Wohlstandswelt, das keine nationalen Gesundheitsziele entwickelt hat. Einzelne Bundesländer haben jedoch in unterschiedlicher Intensität und Qualität Gesundheitsziele formuliert. Es gibt aber keine nationalen Metaziele, die als Grundlagen für die Formulierung von Zielen in den Bundesländern gelten könnten. … In Österreich wird ohne Gesundheitsziele geplant und primär in Ressourcen- bzw. Versorgungseinheiten (z.B. Arztpraxen, Spitäler) gedacht.

- In Österreich erfolgt die Planung nicht nach realen Bedarfen der Bevölkerung. Derzeit wird der intramurale und extramurale Bereich völlig getrennt geplant, einzelne Schritte zu einer möglichen Vernetzung blieben bisher in den Ansätzen stecken.
- Darüber hinaus wird die Planung prinzipiell als Kapazitätenplanung aufgefasst, die sich an der Vergangenheit orientiert, nicht sektorenübergreifend und nicht ganzheitlich ausgerichtet ist.
- Der Staat kann nicht ohne die Mithilfe der Patientinnen und Patienten bzw. der Bevölkerung Gesundheit bereitstellen... Vor allem aber ist Empowerment wichtig, um gesunde Menschen durch Prävention und Gesundheitsförderung möglichst lange gesund zu halten.
- Die öffentlichen Spitäler, die politische Steuerung und die österreichischen Sozialversicherungen sind angehalten, eine gemeinsame Ausrichtung der Reformanstrengungen aktiv und unabhängig von den bestehenden Partikularinteressen voranzutreiben.

In diesem Zusammenhang kann es von Interesse sein anzumerken, dass zwischen Public Governance und Public Health grundsätzliche Übereinstimmungen zu finden sind. Dies betrifft nicht nur den instrumentellen Ansatz der evidenzbasierten Entscheidungsfindung, der vor allem im Gesundheitswesen bereits seit vielen Jahren verfolgt wird[282], sondern auch hinsichtlich tragender Prinzipien wie der Nachhaltigkeit, der Kohärenz und der Partizipation. Beispielsweise ist für „Public Health der Bedarf der Bevölkerung und von Bevölkerungsgruppen (maßgeblich). Partizipation ist ein tragendes Element auf der individuellen Ebene und in den Lebenswelten, diesen Bedarf zu ermitteln“.[283]

Das Koordinationsproblem ist seit Jahren in verschiedenen Aufgabenbereichen des öffentlichen Sektors, wie ÖV, Bildungswesen,

---

280 Charbit 2011, S. 590.

281 Die Statements stammen aus dem Beitrag von J. Probst, Österreichisches Gesundheitswesen 2011, S. 618 ff. Josef Probst ist Generaldirektor-Stellvertreter im Hauptverband der Österreichischen Sozialversicherungsträger.

282 Siehe hierzu etwa Brownson (1999, S. 86ff.).

283 Probst 2011, S. 614.

Gesundheitsbereich, Raumordnung evident. Teils bestehen hierfür im internationalen Kontext völkerrechtliche Verträge, im nationalen Bereich Vereinbarungen zwischen Bund und Ländern gemäß Art. 15a B-VG. Teils mangelt es jedoch an einer ausreichenden Abstimmung. Denn zum einen besteht nicht in allen Bereichen ausreichende Transparenz; so sind die Verflechtungen zwischen den öffentlichen Organisationseinheiten in verschiedenen Aufgabenbereichen und Finanzierungsfragen schwer überblickbar bzw. nur mühsam zu klären.

Zum anderen dürften auch Informationsdefizite gegeben sein, wenn diverse Organisationseinheiten der Bundesverwaltung über zu wenig Informationen zur Aufgabenerfüllung auf den subnationalen Ebenen und über die Verflechtungen in den Leistungsangeboten und bezüglich der Aufgabenfinanzierung zwischen Land und Gemeinden verfügen. Umgekehrt kennen verschiedene subnationale Gebietskörperschaften kaum die Wirkungs- und Leistungsziele auf der Ebene des Bundes. Auch die Ziele werden in verschiedenen Aufgabenbereichen zu wenig abgestimmt. Deshalb ist auch das Instrument der *„Lückenanalyse"* (siehe Abbildung 13), wie es z.B. von der OECD eingesetzt wird, nützlich, da die verschiedenen Arten der Informations- und Koordinierungsdefizite offenkundig und bearbeitbar gemacht werden können.

Während die Informationsdefizite und die oft zu wenig abgestimmten Ziele der drei staatlichen Ebenen (in Abb. 13 als policy gap bezeichnet) bereits kurz besprochen wurden, sollen zwei weitere Abstimmungsdefizite der Abbildung 13, die auch in Österreich bestehen, erläutert werden. Es geht um die „funding bzw. fiscal gaps", die durch das reformbedürftige System des österreichischen Finanzausgleichs bestehen, sowie um die Problematik der bestehenden räumlichen Verflechtungen, die über administrative Grenzen hinausgehen (als „administrative Lücken" bezeichnet).

Bisher werden die *fiskalischen Lücken* zwischen eigenen Abgabenerträgen einschließlich der Einnahmen aus dem Steuerverbund und den Ausgabenerfordernissen wirtschaftsschwacher subnationaler Gebietskörperschaften durch permanente Zuschüsse mehr schlecht als recht geschlossen; eine autonomie- und effizienzfördernde Ausstattung mit eigenen Steuerquellen für Länder und Gemeinden sowie eventuell territoriale Reformen für Gemeinden wären Ansätze für erfolgversprechende Reformen des Finanzausgleichssystems (siehe hierzu auch Teil IV).

Abbildung 13: Lückenanalysen zur Bestimmung von Koordinierungs- und Qualitätsdefiziten

Information gap	Asymmetries of information (quantity, quality, type) between different stakeholders, either voluntary or not » ***Need for instruments for revealing & sharing information***
Capacity gap	Insufficient scientific, technical, infrastructural capacity of local actors » ***Need for instruments to build local capacity***
Funding gap	Unstable or insufficient revenues undermining effective implementation of responsibilities at sub-national level or for crossing policies » ***Need for shared financing mechanisms***
Policy gap	Sectoral fragmentation across ministries and agencies » ***Need for mechanisms to create multidimensional/systemic approaches at the sub national level, and to exercise political leadership and commitment***
Administrative gap	"Mismatch" between functional areas and administrative boundaries » ***Need for instruments for reaching "effective size"***
Objective gap	Different rationalities creating obstacles for adopting convergent targets » ***Need for instruments to align objectives***
Accountability gap	Difficulty to ensure the transparency of practices across the different constituencies » ***Need for institutional quality measurement*** » ***Need for instruments to strengthen the integrity framework at the local level*** » ***Need for instruments to enhance citizen's involvement***

Quelle: Charbit 2011

Mit *administrativer Lücke* meint die Verfasserin die mangelnde Übereinstimmung von Gebieten, für die eine einheitliche strategische Entwicklungsplanung und Steuerung zweckmäßig wäre, mit den Territorien der in diesem Raum bestehenden Gemeinden, Bezirkshauptmannschaften und eventuell auch Bundesländer. Dies führt zu suboptimaler Planung sowie öfters zu vergleichsweise ineffizienten Investitionen und anderen öffentlichen Leistungen. Dabei werden die möglichen Einsparungen durch Skalenvorteile („economies of scale"), ebenso auch durch eine funktionsgerechte Raumordnung sowie einer auf den dichtbebauten Raum ausgerichteten Entwicklungspolitik nicht oder zu wenig genutzt.

Anschauungsbeispiel für eine solche eng verflochtene funktionale Region ist der Großraum der Stadt Salzburg, der sich über die Staatsgrenze bis weit über Freilassing im Westen und über die Grenze zu Oberösterreich im Osten erstreckt und neben der Landeshauptstadt zahlreiche Umlandgemeinden umfasst. Aus Sicht von Public Governance wären neben der Territorialreform (wie sie in Abbildung 13 zur Erreichung einer entsprechenden räumlichen Ausdehnung vermerkt ist) zumindest ein Planungsverband und/oder ein mehrere Verwaltungs- und Infrastrukturbereiche umfassender Gemeindeverband für die Überwindung der konkreten „administrativen Lücken“ zweckmäßig. Ähnliche Situationen bestehen in mehreren Agglomerationen, in denen neben der Kernstadt auch Randgemeinden, das Land, mehrere Bezirkshauptmannschaften sowie der Bund mit seinen verschiedenen Organisationseinheiten auf verhältnismäßig engem Gebiet tätig werden – und sich viel zu wenig abstimmen. Experten weisen allerdings darauf hin, dass „es nicht ausreicht, allein auf eine Verbesserung der in einer Stadtregion ablaufenden Planungs- und Entscheidungsprozesse zu setzen, sondern generell Stadtregionen im Gesamtsystem österreichischer Politik und Verwaltung zu installieren wären“.[284] Hiefür wäre jedenfalls die Etablierung einer spezifischen *Agglomerationspolitik* erforderlich.

Beispiel: ÖROK-Forderung nach einer Agglomerationspolitik in Österreich

Nicht erst heute greift die ÖROK diese Problematik auf. Im Österreichischen Raumordnungskonzept ÖREK 2011 werden die Notwendigkeit einer Agglomerationspolitik betont und mehrere Handlungsfelder definiert. Ein solches Handlungsfeld betrifft Stadtregionen, die zukunftsorientiert zu positionieren sind:[285]

„Stadtregionen sind wachsende und auch in Zukunft bedeutsame Siedlungselemente, als politische oder rechtliche Einheit sind sie jedoch nicht existent. Mehr denn je gilt es daher, darüber zu beratschlagen, wie Stadtregionen abzugrenzen sind, gemeinsam auftreten und rechtlich verankert werden können, welche städtebaulichen Konzepte aus Gründen der Nachhaltigkeit anzuwenden sind, und welche funktionellen Aufgabenteilungen innerhalb einer Stadtregion stattfinden sollen. Die zukunftsorientierte Positionierung von Stadtregionen, eingebettet auch in neue Modelle der Regional Governance und des finanziellen Ausgleichs, zielt insbesondere auf einen fairen Interessenausgleich zwischen Kernstadt und Umland ab und beinhaltet: regelbasierte und kooperative Verkehrs- und Siedlungsentwicklung; Sicherung und Stärkung der Funktionsfähigkeit der Kernstadt bzw. der Kernstädte; komplementäre Aufwertung und funktionale Anreicherung des Umlandes.“ Weitere Handlungsfelder gemäß ÖREK 2011 sind das Installieren einer Kooperations-

[284] Wirth/Schantl 2012, S. 16.

[285] ÖREK 2011, S. 84.

plattform sowie das Entwickeln stadtregionaler Governance-Modelle.

Auch die *„Verantwortlichkeitslücken"* (accountability gaps) werden im Diagnosewerkzeug berücksichtigt, da sie besondere Bedeutung für die Beteiligung von Bürgerinnen und Bürgern haben. Sie bieten Motivation, für einen wirkungsvolleren, an den Notwendigkeiten aller Stakeholder orientierten und effizienteren Mitteleinsatz zu sorgen.[286]

4.4. Evaluierungen – Zweck, Vorgangsweisen, Beispiele

Eine praxisbezogene Definition für Evaluation[287] lautet: „Evaluation ist die systematische Erhebung und Analyse von (nicht routinemäßig verfügbaren) Informationen über ein bestimmtes Projekt oder Programm, um dieses kritisch würdigen zu können."[288] Evaluieren bedeutet somit beobachten, analysieren, interpretieren und einschätzen, was bei der Planung einer Strategie, eines Programmes oder eines Projektes, während deren/dessen Umsetzung oder erst nach dem Abschluss geleistet werden kann. Monitoring unterscheidet sich von Evaluierung, denn es bedeutet, bestimmte Situationen oder Ereignisse mit Hilfe der Erhebung von Daten zu beobachten. „Monitoring ist das routinemäßige Check-up eines Projektes oder einer Situation"[289] und bildet einen Teil eines Evaluationsprozesses.

Die Evaluierung folgt dem Prinzip des Management-Kreislaufs, wonach bereits zum Abschluss einzelner Phasen des Kreislaufs (wie Planung, Durchsetzung und Umsetzung) Erhebungen und Einschätzungen durchgeführt werden können. Eine Form der ex-post-Evaluierung (bei Abschluss der Planungsstufe) bildet die wirkungsorientierte Folgenabschätzung – welche europaweit forciert wird – bei Regelungsvorhaben und sonstigen Vorhaben. In Österreich ist sie seit längerem, zuletzt noch umfassender als bisher im § 17 BHG 2013 geregelt. Danach sollen im Vorfeld von Entscheidungen u.a.

---

[286] „The accountability challenge results from the difficulty to ensure the transparency of practices across different constituencies and levels of government. It also concerns possible integrity challenges of policy-makers involved in the management of public investment." (Charbit 2011, S. 593).

[287] Nach Schweizer Bundesamt für Gesundheit, Leitfaden für die Planung von Projekt- und Programmevaluation, Bern 1997, S. 12. Für weitere begriffliche Grundlagen und Publikationen siehe auch DeGEval – Gesellschaft für Evaluation e.V. unter www.degeval.de.

[288] Schweizer Bundesamt 1997, S. 12.

[289] Schweizer Bundesamt 1997, S. 12.

finanzielle, wirtschafts-, umwelt- und konsumentenschutzpolitische Auswirkungen sowie Effekte auf Kinder und Jugendliche abgeschätzt und dargestellt werden.[290] Ebenso bedeutsam wären Evaluierungen nach Abschluss von Maßnahmen, von Programmetappen oder von Projekten insgesamt. Hiefür besteht nach Ansicht des Rechnungshofes die Notwendigkeit

- der Verstärkung der Evaluierung von Wirkungen,
- des Einsatzes neuer Instrumente zur Rechenschaftspflicht gegenüber den allgemeinen Vertretungskörpern,
- die Ergebnisse von Verwaltungsreformprojekten regelmäßig zu evaluieren.[291]

Beispiel zur Evaluationsarbeit des Rechnungshofes:
Die Prüftätigkeit des Rechnungshofes erfolgt insbesondere im Rahmen von Wirtschaftlichkeitsprüfungen (performance audits); diese bilden meist ex-post-Evaluierungen.[292] *Der Rechnungshof evaluiert generell auch seine Leistungen und Wirkungen. Interne Evaluierungen des Prüfungsprozesses sind vorgesehen. Um auch die externe Sichtweise in diese Evaluierung einzubeziehen, führte der Rechnungshof eine Kundenbefragung durch und unterzog sich einem „Peer Review".*

Je nachdem, in welcher Phase des Management-Kreislaufs die Evaluierung erfolgt, kann damit zu verbesserten Zielen und/oder einer verbesserten Konzeption von Projekten, von Leistungsprozessen beigetragen und innerbetriebliches Lernen verstärkt werden. Oft steht auch die Prüfung der tatsächlich erreichten Performance (z.B. Leistungsqualität, Leistungsmenge, subjektive und gesellschaftliche Wirkungen) einer Maßnahme, eines Projektes im Vordergrund. Damit werden die politischen Programme und Maßnahmen jedenfalls auf ihre Wirksamkeit geprüft, wofür insbesondere die Nütz-

---

[290] Die entsprechenden Verordnungen sind bereits in Kraft (BGBl. II Nr. 489-498/2012). Ein IT-Tool soll den Legistinnen und Legisten die Arbeit erleichtern. Dennoch sind nach wie vor Fragen der praktischen Umsetzbarkeit offen, wenn die teilweise sehr detaillierten Wesentlichkeitskriterien nur aufgrund vorhandener valider Daten bewertet werden können, deren Existenz oft nicht gesichert ist.

[291] Rechnungshof 2011, S. 133 f.

[292] Die Evaluierungskriterien (Prüfungsmaßstäbe) des RH sind die gesetzlichen Grundsätze der Sparsamkeit, Wirtschaftlichkeit und Zweckmäßigkeit auf der Grundlage der Ordnungsmäßigkeit und Rechtmäßigkeit (Art. 126b Abs. 5 B-VG). Aufgrund der Haushaltsreform werden zukünftig die neuen Grundsätze der Haushaltsführung – Wirkungsorientierung, Effizienz, Transparenz und „true and fair view" – als Prüfungsmaßstäbe eine zentrale Rolle spielen.

lichkeit für die Leistungsempfängerinnen und -empfänger betrachtet werden muss. Im Idealfall wird bereits im Vorhinein festgelegt, welchen Zwecken die ex-ante- oder ex-post-Evaluierung dienen und an Hand welcher Kriterien dies geprüft werden soll. Da es viele verschiedene Interessen zu berücksichtigen und manchmal nur Teilaspekte der Leistungserbringung, aber auch komplexe Wirkungen zu prüfen gilt, ist es zweckmäßig, die Ziele der Evaluierung entsprechend zu konkretisieren und deren Durchführung zu planen. Dabei sollen die jeweils gegebene Ausgangslage (Problemstellung), zentrale Prämissen (z.B. bezüglich wirtschaftlicher, sozialer, demografischer Umstände, die den Programmen, Projekten zu Grunde gelegt werden) und die angestrebten (vereinbarten) Ergebnisse im Voraus festgelegt und dokumentiert werden.

Klären des Evaluierungsauftrages

Grundsätzlich ist zu klären, welche Zwecke mit der beabsichtigten Evaluierung verfolgt werden. Soll z.B. die Qualität, die Problemlösung für bestimmte Zielgruppen der zu prüfenden Maßnahme oder des Reformprojektes im Vordergrund stehen (Prüfung der direkten Auswirkungen, z.B. einer öffentlichen Wohnungsförderung für eine Zielgruppe)? Oder soll eine umfassende, gesamtwirtschaftliche Abschätzung der Maßnahme erfolgen? Eine umfassende Prüfung schließt auch das Ermitteln der indirekten Auswirkungen ein, z.B. auf jene Gruppen, die von der Maßnahme ausgeschlossen bleiben, oder die Reaktionen anderer Akteurinnen und Akteure; im Fall des Einkommenstransfers zur Wohnungsförderung könnten etwa die Preise der Wohnungen und/oder die Preise für Bauleistungen steigen.[293]

Man wird sich also zu entscheiden haben, ob die Ergebnisse aus Sicht

- der Entscheidungsträgerinnen und -träger,
- der jeweils mit dem Vollzug von Maßnahmen beauftragten Bediensteten[294],

---

[293] Das Schweizer Bundesamt für Gesundheit (Leitfaden 1997, S. 13) setzt aus vier Gründen auf Evaluation: 1. um Strategien und Maßnahmen zu verbessern, bzw. diese besser an die Bedürfnisse ihrer Zielgruppen anzupassen, 2. um bei der Planung von Maßnahmen fundierte Entscheide fällen zu können, 3. um verschiedene Optionen zu überprüfen und 4. um über die Verwendung öffentlicher Gelder Rechenschaft abzulegen.

[294] In einem Prüfbericht des Rechnungshofes (Reihe Wien 2010/2, Sozialhilfe der Stadt Wien, TZ 13) wurde festgestellt, dass regelmäßig die Arbeitsauslastung der Mitarbeiter evaluiert wurde, jedoch die Evaluierung der Nachhaltigkeit und Wirksamkeit der erbrachten Serviceleistungen ausgeblieben ist.

- der Bürgerinnen und Bürger, einzelner Interessensgruppen, oder
- der Gesellschaft insgesamt

erarbeitet werden sollen. Weiters gilt es zu entscheiden, welche Kriterien der Evaluierung verwendet werden. Mögliche Kriterien wären z.B. das Ausmaß der Erreichung der ursprünglich gesetzten Ziele (z.B. Wirkungsziel, Leistungsziel) gemessen an den jeweiligen vereinbarten Indikatoren. Mögliche andere Kriterien einer Evaluierung könnten die ökonomische Nachhaltigkeit (volks- oder regionalwirtschaftliche Vorteilhaftigkeit durch Gegenüberstellen von Kosten und Nutzen im weitesten Sinn), der Beitrag zur Verwaltungsmodernisierung (z.B. Veränderung der Organisationskultur, der Perspektive des organisationellen Lernens) sein.

Sodann geht es um die Frage, wer die Evaluierung durchführt. Sind es die ausführenden Dienststellen der öffentlichen Verwaltung selbst, liegen Selbst-Evaluationen vor. Führen die Innenrevision oder die externen öffentlichen Kontrolleinrichtungen (Rechnungshöfe, Beauftragte für bestimmte Prüfgebiete, Patientenanwälte, Ombudsmänner) oder externe Expertinnen und Experten die Evaluierung durch, handelt es sich um eine Fremd-Evaluation. Selbst-Evaluationen können hinsichtlich Objektivität, Reichweite und methodischer Qualität begrenzt sein, da sich die Projektverantwortlichen oft stark mit ihrem Projekt und dessen Erfolg identifizieren. Bei Fremd-Evaluationen liegt ein wichtiger Aspekt auch darin, den Bediensteten der ausführenden Organisationseinheiten die Ergebnisse so zu vermitteln, dass sie von Betroffenen zu Beteiligten werden. Dies würde etwa bedeuten, den Prozess der Evaluierung konsensual zu gestalten, um die Lern- und Verbesserungsperspektive zu berücksichtigen. Hierzu dient auch die Kombination von Selbst- und Fremdbewertung oder das Heranziehen von Benchmarking. Werden verschiedene externe Stellen mit der Evaluierung derselben Materie beauftragt, wird also beispielsweise ein Gegengutachten eingeholt, geht es dagegen um die Objektivierung der Prüfergebnisse. Und last but not least, wird auch die Evaluierungsmethodik sowie Dauer, Intensität und Kosten der Evaluierung zu überlegen sein. Es bestehen verschiedene Methoden, die sich vor allem nach dem Zweck der Evaluierung richten. Grundsätzlich steht für die Evaluierung das gesamte verfügbare Instrumentarium von Sozial- und Naturwissenschaften zur Verfügung. Wenn jedoch die für die Evaluierung bereitgestellten Mittel sehr knapp gehalten werden, beeinträchtigt dies die Methodenwahl und meist auch das Resultat der Evaluierung. Hauptsächlich verwendete Instrumente von Evaluationsstudien im sozialwissenschaftlichen Bereich sind strukturierte Befragungen (Fragebogen, Tiefeninterviews), (qualitative) Fallstudien und Assessments, quantitative statistische Analysen.

In den USA sowie in diversen öffentlichen Organisationen in Europa, z.B. in Deutschland, in der Schweizer Bundesverwaltung und in der EU-Kommission werden Standards für Evaluierungsstudien verwendet. Die Deutsche Gesellschaft für Evaluierung[295] hat bereits im Jahr 2001 25 Standards aus den Bereichen Nützlichkeit, Durchführbarkeit, Fairness und Genauigkeit von Evaluationen vorgelegt. Sie richten sich sowohl an Evaluatorinnen und Evaluatoren als auch an Personen und Einrichtungen, die Evaluationen in Auftrag geben, sowie an Beteiligte und Betroffene im Bereich des Evaluationsgegenstandes.

Beispiele für Nützlichkeitsstandards der DeGEval:
Die Nützlichkeitsstandards sollen sicherstellen, dass die Evaluation sich an den geklärten Evaluationszwecken sowie am Informationsbedarf der vorgesehenen Nutzer und Nutzerinnen ausrichtet.

N 1 Identifizierung der Beteiligten und Betroffenen: Die am Evaluationsgegenstand beteiligten oder von ihm betroffenen Personen bzw. Personengruppen sollen identifiziert werden, damit deren Interessen geklärt und so weit wie möglich bei der Anlage der Evaluation berücksichtigt werden können.

N 4 Auswahl und Umfang der Informationen: Auswahl und Umfang der erfassten Informationen sollen die Behandlung der zu untersuchenden Fragestellungen zum Evaluationsgegenstand ermöglichen und gleichzeitig den Informationsbedarf des Auftraggebers und anderer Adressaten und Adressatinnen berücksichtigen.

N 5 Transparenz von Werten: Die Perspektiven und Annahmen der Beteiligten und Betroffenen, auf denen die Evaluation und die Interpretation der Ergebnisse beruhen, sollen so beschrieben werden, dass die Grundlagen der Bewertungen klar ersichtlich sind.

N 8 Nutzung und Nutzen der Evaluation: Planung, Durchführung und Berichterstattung einer Evaluation sollen die Beteiligten und Betroffenen dazu ermuntern, die Evaluation aufmerksam zur Kenntnis zu nehmen und ihre Ergebnisse zu nutzen.

---

[295] DeGEval, Standards für Evaluation, 2008; unter www.alt.degeval.de/calimero/tools/proxy.php?id=19074.

Kritische Einschätzung der Evaluierungspraxis und Verbesserungsansätze

Für Österreich liegen neben öffentlichen Prüfberichten von Rechnungshöfen des Bundes und einiger Länder nur wenig zugängliche Evaluierungen vor.[296] In einer Untersuchung von Bergsmann/Spiel (2009) wird auf Basis von strukturierten Interviews eine Einschätzung der Evaluierungspraxis in österreichischen Bundesministerien vorgenommen. Ziel der Erhebungen war es zu klären, was die Interviewpartnerinnen und -partner unter Evaluation verstehen, welche Umstände für die Evaluierungsarbeit jeweils gegeben sind, ob Standards verwendet werden und welchem Zweck die Evaluierungen dienen.

Die Autorinnen gelangten zu folgendem Resumé ihrer Untersuchung: „In sum, the results show high variety across the Austrian Federal Ministries conceming knowledge and usage of evaluations ranging from neither knowledge nor evaluation practice to high knowledge and high practice of evaluations. In order to establish evaluation standards … in Austrian federal policy, a lot of work needs to be done. In addition, the institutionalisation of evaluations should be promoted.“

Eine aktuelle in Frankreich im Zuge der „Révision générale des politiques publiques (RGPP)“[297], nämlich im Rahmen des 5. Fortschrittsberichts aus 2011 erarbeitete Kritik zum Stellenwert von Evaluierungen großer öffentlicher Investitionsprojekte, zeigt ähnliche Schwachstellen.[298] Es werden generell unzulängliche Vorgangsweisen und Methoden der sozio-ökonomischen Evaluierung bei öffentlichen Investitionen und Modernisierungsmaßnahmen (z.B. IKT-Politik), und zwar sowohl bei ex-ante- als auch bei ex-post-Evaluierungen festgestellt. Häufige Mängel betreffen die strategischen Analysen und Optionen, die Entscheidungsprozesse und fehlende

---

[296] Siehe beispielsweise die „Evaluierung des Instruments der Flexibilisierungsklausel“ von Hammerschmid u.a. aus 2008.

[297] Die RGPP ist ein umfassendes Modernisierungsprojekt der französischen Staatsverwaltung, das seit dem Jahr 2007 läuft. Die Ziele des Projektes sind (i) Verbessern der Leistungen für die BürgerInnen und BenützerInnen, (ii) Erhöhen der Effizienz der Staatsausgaben und (iii) Modernisierung der Personalwirtschaft und Personalentwicklung. Mit diesem Projekt wird die große Budget- und Haushaltsreform aus dem Jahr 2001 (LOLF), welche seit 2006 voll in Kraft getreten ist, ergänzt und vertieft. Siehe RGPP: 5ème conseil de modernisation des politiques publiques, mars 2011, unter www. rgpp.modernisation.gouv.fr.

[298] RGPP: 5ème conseil de modernisation des politiques publiques, mars 2011.

Evaluierungsstandards. Vorschläge zur Verbesserung betreffen die generelle Verpflichtung zur Vornahme einer Evaluation bei allen größeren öffentlichen Projekten und jeweils einer Gegenexpertise bzw. einer Fremd-Evaluierung sowie eine Harmonisierung der methodischen Standards innerhalb und zwischen den Ministerien.

Ferracci/Wasmer[299] kritisieren die französische Praxis in ähnlicher Weise; sie unterstreichen darüber hinaus die meist zu große Nähe der evaluierenden Stellen zu den politischen Entscheidungsträgern: „Les institutions publiques ou les services ministériels en charge de l'évaluation sont trop proches des centres de décisions, de mise en oeuvre et, in fine, du pouvoir politique lui-même."

Im folgenden Beispiel werden zusammengefasste Ergebnisse einer mustergültigen und veröffentlichten Evaluierung eines wichtigen Instrumentes der Verwaltungsmodernisierung in der österreichischen Bundesverwaltung angeführt.

Beispiel für Ergebnisse der Evaluierung des Instruments der Flexibilisierungsklausel.... (Auszüge aus Hammerschmied u.a. 2008)

- *Die Evaluierung ... zeichnet... ein in Summe tendenziell positives Bild. Die Flexibilisierungsklausel, primär eine Maßnahme zur Flexibilisierung des Budgetvollzugs, ist ... nicht nur als Budgetinstrument zu sehen, sondern bedingt gleichzeitig weitreichende Lern- und Entwicklungsprozesse in Hinblick auf ein neues Verwaltungsbewusstsein und die Etablierung neuer Formen der Verwaltungssteuerung. Im Einklang mit internationalen Erfahrungen erweist sich die Flexibilisierung des Haushaltswesens somit als wesentlicher Hebel einer nachhaltigen Verwaltungsmodernisierung.*

- *Die ... Bundesverwaltung greift mit dem Instrument der Flexibilisierungsklausel zwar wesentliche Elemente internationaler Modernisierungstrends auf, setzt diese allerdings vergleichsweise zögerlich um. So stellen die 18 involvierten Dienststellen heute, nach einer Laufzeit von 8 Jahren, nur 1,2 Prozent der Beschäftigten im Bund mit einem Budgetvolumen von 120 Mio. € dar.*

- *Die Flexibilisierungsklausel führt generell zu einem sparsameren Umgang mit finanziellen Ressourcen bei gleichzeitiger Verbesserung bzw. Ausweitung der erbrachten Leistungen und entspricht*

[299] Ferracci/Wasser 2011, S. 106.

somit dem Prinzip eines gesteigerten „value for money“ für die Steuerzahlerinnen und Steuerzahler.

- *Verbesserungspotential im Sinne einer konsequenteren Realisierung des Flexibilisierungsgedankens besteht in Hinblick auf die Ausgestaltung und den Einsatz der neuen Steuerungsinstrumente, das Verhältnis zwischen Dienststelle und Fachressort, Personalpolitik und -management ...*
- *Strategische Vorgaben und die Klarheit der Spielregeln von Seiten der Ressorts erweisen sich häufig als unzureichend....*
- *Ein zentraler Kritikpunkt betrifft die bis heute fehlende Flexibilisierung im Bereich des Personalmanagements. Dies bezieht sich v.a. auf die geringe Autonomie der Dienststellen in Hinblick auf die Handhabung von Überstunden, Werkverträgen, befristeten / projektbezogenen Dienstverträgen sowie den fachlichen Einsatz der Mitarbeiterinnen und Mitarbeiter.*

(Fremd-)Evaluation stärkt demokratische Prinzipien

Abschließend soll die Bedeutung der Evaluation öffentlicher Programme, Projekte, Kernprozesse für demokratische Prinzipien angesprochen werden. Die Evaluierungsstandards der DeGEval[300] enthalten diesbezüglich Standards zum Thema Fairness, so etwa für den Schutz individueller Rechte, für vollständige und faire Überprüfung, für eine unparteiische Durchführung und für eine Offenlegung der Ergebnisse. Zu einer fairen Überprüfung gehört u.a. der Einsatz von geeigneten Methoden zur Feststellung der Kausalität von ergriffenen Maßnahmen und ermittelten Ergebnissen. Ebenso entsprechen auch Regressionsanalysen zur Feststellung statistischer Zusammenhänge, „natural experiments“ sowie Schätzungen nach „difference in difference“-Modellen zur Überprüfung von Politikmaßnahmen oder ökonometrische Methoden nach dem Modell der „regression discontinuity“ dem Stand der Technik.[301] Wie bereits angemerkt sichern Selbst-Evaluationen nicht immer die gebotene Objektivität; dies wegen möglicher „Befangenheit“ oder wegen Mängel bei der erforderlichen Qualität der eingesetzten Methoden.

Demokratiepolitisch von Bedeutung ist weiters die Offenlegung der Ergebnisse von Evaluationen. Die damit gegebene Transparenz

---

[300] DeGEval 2008, S. 11 f.

[301] Ferracci/Wasmer 2011, S. 58 ff.

ermöglicht u.a. eine wissenschaftliche Debatte bezüglich der Angemessenheit der verwendeten Methoden und der Interpretation der Ergebnisse. Auch Erkenntnisse für Politik und Verwaltung – etwa hinsichtlich realistischerer Prämissen und verbesserter Vorgangsweisen – können aus dem öffentlichen Diskurs, an dem auch Betroffene mitwirken, gewonnen werden. Durch die Gegenüberstellung von Selbst-Evaluierungen mit ihren meist gegebenen Beschränkungen hinsichtlich der Reichweite, der eingesetzten Methoden sowie der Einschätzungen auf der einen und von Fremd-Evaluationen auf der anderen Seite wird auch der generelle gesellschaftliche Wissenstand und die politische Diskussion über das öffentliche Handeln bereichert. „Erstere Evaluierungsform ist meist Teil der offiziellen Argumentation, während Zweitere es den Bürgerinnen und Bürgern erlaubt – unterstützt durch eine wissenschaftliche Debatte –, mehr Klarheit über das politisch-administrative Handeln und dessen Konsequenzen für die (Interessensgruppen und die Gesellschaft, Ergänzung durch d. Verf.) zu erhalten.“[302]

5. Resumé

Public Governance ist vielschichtig und kann als Analysekonzept, aber auch als Reformkonzept verwendet werden. Erfasst sind dabei sowohl die Organisationen selbst als auch ihre Tätigkeit des Steuerns und Koordinierens und die Art und Weise, wie diese Tätigkeit ausgeübt wird. Je nach dem Fokus wird beim Begriffsverständnis eher das Steuerungssystem in den Vordergrund gestellt[303], das Zusammenwirken von Staat und Gesellschaft betont[304] oder es werden zentrale Werte wie Offenheit, Partizipation, Effektivität (EU) unterstrichen. Als generelle Wertebasis von Public Governance gilt das Bekenntnis zu Grundwerten wie dem Schutz der Menschenrechte, der Sicherung der Demokratie und von sozialer Gerechtigkeit. Public Governance geht davon aus, dass staatliches Handeln am Gemeinwohl orientiert sein soll. So kann die Auseinandersetzung mit dem Begriff von Gemeinwohl (Public Value) als Wesenselement von Public Governance gesehen werden. Unter Einbeziehung von Bürgerinnen und Bürgern sind ein gemeinsames

---

302 Ferracci/Wasmer 2011, S. 70 (übersetzt durch d. Verf.).

303 Jann/Wegrich 2010, S. 23.

304 Mayntz 2010, S. 39.

Verständnis und Prioritäten zu entwickeln, an deren Verwirklichung dann auch gemeinsam gearbeitet wird. Gleiches gilt für die Definition etwa von Gleichstellungszielen oder von sozialer Gerechtigkeit.

Good Governance verwirklicht bestmöglich die Leitgedanken von Public Governance. Bürgerinnen und Bürger sowie Akteurinnen und Akteure der Zivilgesellschaft werden in die Politikformulierung und -umsetzung eingebunden. Ein neues Verständnis gemeinschaftlicher Aufgabenerfüllung führt zu vermehrter Nutzung des Potenzials von Einzelnen bzw. nichtstaatlichen Institutionen (Co-Planing, Co-Production und Co-Evaluation) und verteilt auch die Verantwortung zwischen bestimmten Mitwirkenden.

Der Staat sorgt für die notwendigen Rahmenbedingungen, aktiviert, koordiniert und moderiert die Partizipations- und Abstimmungsprozesse. Er verstärkt nachhaltig den Bereich der strategischen Planung, er baut strategische Instrumente wie etwa evidence-based decision making aus und entwickelt strategische Agilität, um eine stabile oder verbesserte nachhaltigen Performance zu sichern. Verstanden als quantitativ messbare staatliche Aktivitäten zielt diese darauf ab, die Lebensqualität für alle Menschen zu sichern oder zu verbessern. Nachhaltigkeit umfasst dabei sowohl ökonomische als auch soziale und ökologische Aspekte. Wirkungsorientierung und Kohärenz, insbesondere vor dem Hintergrund wechselseitiger Abhängigkeiten im internationalen Kontext, aber auch national zwischen Gebietskörperschaftsebenen, sind dabei wesentliche Erfolgsfaktoren einer nachhaltigen staatlichen Performance.

Um fehlendes Vertrauen in die Lösungsfähigkeit des Staates wiederzugewinnen ist auf die demokratische Legitimation von Entscheidungen besonders zu achten. Dabei sind nicht nur demokratische Instrumente auszubauen, sondern es ist auch in der Praxis die nötige Kohärenz von „Reden" und „Tun" sicherzustellen.

Im besten Fall sind diese Leitgedanken und die dazugehörigen Grundwerte in der Bundesverfassung oder im jeweiligen Regierungsprogramm niedergelegt.

Welche strategische Option ein Staat wählt, wird vom zeitlichen Kontext, aber auch von nationalen Grundwerten und Handlungsnotwendigkeiten beeinflusst. Es wird damit keine allgemein gültige Definition für Public Governance oder auch Good Governance geben, sondern jeweils spezifische Ansätze, die bestmöglich zur Lösung aktueller gesellschaftlicher Probleme beitragen.

Traditionelle bürokratische Handlungsformen reichen nicht mehr aus, die komplexen Anforderungen an Staat und Verwaltung zu bewältigen. *Eine* Steuerungsalternative dazu bieten die Ideen und Instrumente von Public Management, die durch verstärkt betriebswirtschaftliches Denken und eine Öffnung zu mehr Wettbewerb die staatliche Aufgabenerfüllung verbessern. Ergänzt wird Public Management um eine weitere Steuerungsform des Public Governance, bei der das gesellschaftliche Umfeld in die staatliche Problemlösung integriert wird.

Die besonderen Merkmale von Public Governance können im Vergleich zum Konzept des Public Management wie folgt dargestellt werden:

Tabelle 17: Merkmale von Public Management und Public Governance

Elemente öffentlicher Aufgabenerfüllung	**Public Management**	**Public Governance**
Leitidee	Dienstleistungsorientiert, kompetitiv, minimalistisch	Entwicklungs- und konsensorientiert, empathisch, demokratisch
Werte	ökonomisches, rationales Kalkül; häufig auch „mehr privat, weniger Staat"	Demokratie, Transparenz, Kohärenz, Gerechtigkeit, Integrität, Schutz von Schwachen und Minderheiten
Ziele	Effizienzsteigerung, Sicherung der Leistungen bei begrenzten Ressourcen	Lösung gesellschaftlicher Probleme, sozialer Ausgleich; Schaffung von Gemeinwohl
Ausrichtung der Steuerung	Output	Outcome und Impact

Fokus der Betrachtung	Innerorganisatorisch, aber tlw. geöffnet gegenüber den Kundinnen und Kunden und gegenüber horizontalem Wettbewerb	Interorganisational, offen für horizontale und vertikale Interaktion
Organisation der Entscheidungs- und Umsetzungsprozesse	Dezentralisierung und Zusammenführung von Fach- und Ressourcenverantwortung; Abstimmung zwischen Politik und Verwaltungsführung	Beteiligung der Stakeholder an Entscheidungs- und Umsetzungsprozessen; Koordination der Aufgabenerfüllung in Netzwerken und Partnerschaften
Hauptinstrumente	Betriebswirtschaftliche Instrumente unterstützt durch Marktmechanismen	Partnerschaftliche Aufgabenerfüllung, Bürgerbeteiligung, Wirkungsorientierung, strategische Planung und Steuerung

Der Nutzen von Public Governance besteht darin, dass die Handlungsoptionen von Staat und Verwaltung erweitert werden[305]:

- Die *Problemsicht* wird breiter, wenn nicht nur die Effizienz, sondern auch die Effektivität und die Kohärenz als Anforderungen erkannt werden.
- Damit verbunden ist ein höheres *Informationsniveau,* das eine größere Rationalität von Entscheidungen mit sich bringt und die Wertevielfalt besser berücksichtigen kann. Dies ermöglicht einen verbesserten Schutz von Minderheiten.[306]
- Die *Perspektive* erweitert sich, wenn nicht mehr nur innerorganisatorisch, sondern auch interorganisatorisch und vermehrt unter Einbeziehung von Bürgerinnen und Bürgern und NGOs agiert wird. Nicht nur in der Planung – was vielfach bereits geschieht –, sondern auch bei Entscheidungen, bei der Leistungserbringung selbst (Co-Production) und bei einer nachträglichen Evaluierung (Co-Evaluation) können Qualität und Nutzen durch Zusammenarbeit gesteigert werden.
- Die *Lösungen* werden anspruchsvoller und gewinnen an Qualität, wenn die verschiedenen Steuerungsformen (Bürokratie, Markt, Netzwerke) kombiniert werden, basierend auf institutionellen Arrangements, die entweder rechtlich definiert oder durch Vereinbarungen zwischen den öffentlichen und privaten Akteuren festgelegt sind. Dabei geht es nicht um kurzfristige Leistungsauf-

305 Vgl. Jann/Wegrich 2010, S. 195.

306 Vgl. Mayntz 2010, S. 43.

träge, sondern um den Aufbau einer langfristigen Kooperationsbeziehung.[307]

Es sollten jedoch auch die Risiken von Public Governance nicht außer Acht gelassen werden. So steht jede Art der kooperativen Aufgabenerfüllung vor spezifischen Schwierigkeiten. Wollen sich die mitwirkenden Akteurinnen und Akteure etwa auf eine Problemdefinition oder auf gemeinsame Ziele einigen, sind diese „Verhandlungsprozesse“ von widerstreitenden Interessen oder unterschiedlichen Wahrnehmungen geprägt. Öffentliche Aufgabenerfüllung unter Public Governance-Gesichtspunkten sieht sich daher wegen der Mischung aus gegensätzlichen und gemeinsamen Orientierungen zwangsläufig mit Konflikten konfrontiert, was die Entscheidungsfindung erschwert. Die Gefahren bei Verhandlungslösungen reichen von Entscheidungsblockaden – insbesondere bei freiwillig eingegangenen Beziehungen – bis hin zu lediglich suboptimalen Kompromisslösungen oder Einigungen auf Kosten Dritter.[308] Public Governance bietet Ansatzpunkte für einen Umgang mit diesen Konflikten, wenn das Erreichen angestrebter Wirkungen gegenüber Eigeninteressen in den Vordergrund rückt und das Bemühen um Kohärenz die Wechselbeziehungen deutlich macht und zur Einsicht verhilft, dass gemeinsame Lösungen letztlich für alle Beteiligten nützlich sind.

Zu möglichen Risiken weist Brodtrick auf die Ambivalenzen von Innovation und Verantwortlichkeit hin. Einerseits ist Innovation unerlässlich für eine Weiterentwicklung von Organisation und eine Verbesserung öffentlicher Aufgabenerfüllung, andererseits tendieren Verwaltungen dazu, Innovationen nicht ausreichend zu fördern, um die Risiken neuer Lösungen zu minimieren. Auch die Verantwortlichkeit hat zwei Seiten: der/die Verantwortliche wird zur Rechenschaft gezogen und es werden möglicherweise Sanktionen verhängt, wenn die Ziele nicht erreicht werden. Die zweite Seite von Verantwortlichkeit ist jene für das Lernen aus Fehlern und das Streben nach Verbesserungen. Im Kontext von Public Governance bedeutet dies, sich gezielt mit solchen Ambivalenzen auseinanderzusetzen und beide Seiten entsprechend zu berücksichtigen. Dominieren etwa in einer Organisation Risikovermeidungsstrategien, indem eine Fülle von Regelungen zwar Risiken minimieren sollen,

---

[307] Vgl. Jann/Wegrich 2010, S. 193.

[308] Vgl. Mayntz 2010, S. 44.

dabei jedoch kaum Platz für neue Ideen und Lösungen bleibt, so gilt es, diese Regeln kritisch zu hinterfragen und das Innovationspotenzial verstärkt zu fördern.

Zum Umsetzungsstand von Public Governance auf den verschiedenen Ebenen von Gebietskörperschaft gibt es kein aktuelles Gesamtbild. So hat Österreich auch bis dato die Chance für einen OECD-Governance-Review nicht genutzt, Evaluierungen bzw. Darstellungen einzelner Umsetzungsmaßnahmen liegen nur punktuell vor.[309] Eine Studie des KDZ aus dem Jahr 2005 zum Stand von Public Governance in der Bundesverwaltung hat ergeben, dass zwar der Bekanntheitsgrad der einzelnen Elemente relativ hoch war, jedoch etwa aktive Bürgerbeteiligung, Kooperationen zwischen privaten und öffentlichen Akteuren oder auch standardmäßige Evaluierungen noch ausbaufähig waren.[310] Obwohl auf kommunaler Ebene heute schon teilweise hochentwickelt, bestehen gegenüber vermehrter Bürgerbeteiligung auf Länder- und Bundesebene noch immer Vorbehalte. Zu vermehrter Kooperation etwa mit Einzelnen liegen für den Gesundheitsbereich strategische Festlegungen vor, die den Menschen als eigenverantwortlichen Gestalter seiner persönlichen Lebenswelt sehen. Inwieweit die Umsetzung gemeinsam mit den Betroffenen gelingt, bleibt abzuwarten. Aus der Positionierung Österreichs im OECD-Better-Life-Index werden Defizite insbesondere in den Bereichen Gesundheit, Umwelt und Bildung deutlich, die sich auch mit den anerkannt dringendsten Reformfeldern decken. Wirkungsorientierung als Basis für nachhaltige staatliche Performance etabliert sich durch das neue Haushaltsrecht zumindest auf Bundesebene, es besteht jedoch weiterer Entwicklungsbedarf.

Auch aus den OECD-Governance-Reviews lassen sich für Österreich Defizite und Ansatzpunkte für Reformen erkennen, selbst wenn die Einschätzungen und Empfehlungen der OECD für andere Länder gelten. Dies wird von den OECD-Experten etwa für den Finnland-Review sogar ausdrücklich festgehalten, wenn Alter/Jacobzone konstatieren: „While Austria and Finland differ in significant respects and history, many of the findings in the Finland-Review could certainly be of help in the context of medium term strategic thinking. The two economies have a number of similarities

[309] Siehe z.B. die Praxisbeispiele in „Gutes Regieren“ oder auch eine KDZ-Studie aus dem Jahr 2010 zum Stand von PM auf Städte- und Gemeindeebene, die teilweise Aspekte von Public Governance behandelt hat.

[310] Siehe nähere Ausführungen in Dearing 2011, S. 204.

as well, and sharing best practice across countries is often a key element to drive positive change."[311]

Die Verfasserinnen und Verfasser sehen insbesondere Handlungsbedarf beim

- Bekenntnis zu Grundwerten des Regierungssystems (z.B. Orientierung der öffentlichen Aufgabenerfüllung an Public Values)
- Ausbau der strategischen Agilität zur Sicherung nachhaltiger Performance des Staates (z.B. neues Dienstrecht nach den Prinzipien von Public Governance)
- gemeinsamen Problemlösen aller betroffenen Gebietskörperschaften (z.B. Staatsreform und Reform des Finanzausgleichs)
- Verbessern von Kohärenz und Effektivität staatlicher Aufgabenerfüllung (z.B. Ausbau der Wirkungsorientierung auch auf andere Gebietskörperschaften zumindest in Teilbereichen wie etwa Gesundheit)

Im abschließenden Teil werden für ausgewählte Bereiche mögliche Lösungsansätze beschrieben, die als Diskussionsbeitrag auf dem Weg zu Good Governance dienen sollen.

[311] Alter/Jacobzone 2011, S. 112.

Referenzen

Adamovich, Ludwig/Funk, Bernd-Christian/Holzinger, Gerhart/ Frank, Stefan: Österreichisches Staatsrecht. Grundlagen. Band 1, Wien 2011.

Alter, Rolf/ Jacobzone, Stéphane: Public Management and Governance. An OECD Perspective. In: Bauer/Biwald/Dearing (Hrsg.): Gutes Regieren. Konzepte – Realisierungen – Perspektiven. Wien – Graz 2011, S. 114 – 127.

Arbter, Kerstin/Trattnigg, Rita: Öffentlichkeitsbeteiligung – ein Motor für eine moderne Politik- und Verwaltungsführung. In: Bauer/Biwald/Dearing (Hrsg.): Gutes Regieren. Konzepte – Realisierungen – Perspektiven. Wien – Graz 2011, S. 262 – 276.

Bauer, Helfried/Rossmann, Bruno: Stabilitätspolitik in der Europäischen Union. Die neue Steuerungsarchitektur und ihre Umsetzung in Österreich. In: Klug, Friedrich (Hrsg.): Wahrung und Stärkung der Gemeindeautonomie. Linz 2012, S. 185 – 221.

Bauer, Helfried/Drexler, Rosmarie/Maimer, Alexander: „Voneinander – miteinander lernen" Ein Weg zur „Lernenden Verwaltung" am Beispiel dreier Bezirkshauptmannschaften. In: Public governance. Öffentliche Aufgaben gemeinsam erfüllen und effektiv steuern. Wien – Graz 2005, 255 – 277.

Benz, Arthur/ Dose, Nicolai: Governance – Regieren in komplexen Regelsystemen. Wiesbaden 2010.

Benz, Arthur/Dose, Nicolai: Governance – Modebegriff oder nützliches sozialwissenschaftliches Konzept? In: Benz/Dose (Hrsg.): Governance – Regieren in komplexen Regelsystemen. Wiesbaden 2010, S. 13 – 33.

Bergsmann, Evelyn/Spiel, Christiane: Context, Standards and Utilisation of Evaluation in Austrian Federal Ministries. In: Fouquet/Measson (Hrsg.): L'évaluation des politiques publiques en Europe. Cultures et futurs. Policy and Programme Evaluation in Europe. Cultures and Prospects. Grenoble 2009, S. 187-198.

Biwald, Peter/Dearing, Elisabeth/Weninger, Thomas (Hrsg.): Innovation im öffentlichen Sektor. Wien – Graz 2008.

Biwald, Peter: Ganzheitliche Steuerung öffentlicher Verwaltungen. In: Biwald/Dearing/Weninger (Hrsg.): Innovation im öffentlichen Sektor. Wien – Graz 2008, S. 245 – 259.

Blum, Jürgen/Manning, Nick: Public Management Reforms across OECD countries. In: Bovaird/Löffler (Hrsg.): Public Management and Governance. 2. Auflage, London – New York 2009, S. 41 – 58.

Bovaird, Tony/Tizard John: Partnership Working in the Public Domain. In: Bovaird/Löffler (Hrsg.): Public Management and Governance. London – New York 2009, S. 233 – 247.

Bovaird, Tony: Strategic management in public sector organizations. In: Bovaird/Löffler (Hrsg.): Public Management and Governance. 2. Auflage, London – New York 2009, S. 61 – 79.

Bortz, Jürgen/Döring, Nicola: Forschungsmethoden und Evaluation für Human- und Sozialwissenschaftler. 4. Auflage, Berlin 2006.

Bos, Frits: What can Austria learn from the Dutch fiscal framework. In: Bauer/Pitlik/Schratzenstaller (Hrsg.): Reformen der vertikalen Aufgabenverteilung und Verwaltungsmodernisierung im Bundesstaat. Wien – Graz 2008, S. 163 – 176.

Brauner, Renate: Public governance – Realisierungen aus politischer Sicht. In: Bauer/Biwald/Dearing (Hrsg.): Gutes Regieren. Konzepte – Realisierungen – Perspektiven. Wien – Graz 2011, S. 159 – 167.

Brodtrick, Otto: Rückblick und Ausblick. Staaten erfolgreich lenken. In: Bauer/Biwald/Dearing (Hrsg.): Gutes Regieren. Konzepte – Realisierungen – Perspektiven. Wien – Graz 2011, S. 73 – 95.

Bouckaert, Geert/Ormond, Derry/Peters, Guy: A 90° Turn in the administration's Tasks and functions. Potential governance Agenda for Finland. Manuskript. o.O 2000.

Brownson, R.C. et al: Evidence-based decision making in public health. Journal of Public Health Management and Practice 5(5) 1999, S. 86 – 97.

Charbit, Claire: Governance of public policies in decentralized contexts: the multi-level approach. In: Bauer/Biwald/Dearing (Hrsg.): Gutes Regieren. Konzepte – Realisierungen – Perspektiven. Wien – Graz 2011, S. 580 – 599.

Cohn-Bendit, Daniel/Verhofstadt, Guy: Für Europa! Ein Manifest. München 2012.

Dearing, Elisabeth: Public Governance in der Bundesverwaltung – Erreichtes und aktuelle Herausforderungen. In: Bauer/Biwald/Dearing (Hrsg.): Gutes Regieren. Konzepte – Realisierungen – Perspektiven. Wien – Graz 2011, S. 202 – 225.

Dearing, Elisabeth: Public governance in der Bundesverwaltung. In: Gutes Regieren. Konzepte – Realisierungen – Perspektiven. Wien – Graz 2011, S. 202 – 225.

Drexler, Rosmarie: Qualitätsmanagement in der öffentlichen Verwaltung. In: Bauer/Biwald/Dearing (Hrsg.): Gutes Regieren. Konzepte – Realisierungen – Perspektiven. S. 228 – 237.

DeGEval – Gesellschaft für Evaluation e.V.: Standards für Evaluation. 4. Auflage, Mainz 2008.

Duelli, Martin: Innovation entsteht im Dialog. In: Biwald/Dearing/Weninger (Hrsg.): Innovation im öffentlichen Sektor. Wien – Graz 2008, S. 303 – 313.

Europäische Kommission, The Social Situation in the European Union 2009.

Ferracci, Marc/Wasmer, Etienne: État moderne, état efficace. Paris 2011.

Frank, Oliver/Rose, Christine: Umweltverträglichkeitsprüfungen für Bundesstraßen im Lichte von Public Governance. In: Bauer/Biwald/Dearing (Hrsg.): Gutes Regieren. Konzepte – Realisierungen – Perspektiven, Wien – Graz 2011, S. 462 – 475.

Hammerschmid, Gerhard/Egger-Peitler, Isabell/Höllerer Markus: Evaluierung des Instruments der Flexibilisierungs-klausel. Manuskript, Wien 2008.

Hartmann, Klaus: Zum Einsparungspotential durch Verwaltungsreformen. In: FIV – Führungsforum Innovative Verwaltung (Hrsg.): Zehn Jahre Führungsforum Innovative Verwaltung. Wien 2009, S. 23 – 25.

Hood, Christopher/Miller, Peter: Public Service Risks: What's distinctive and new? In: Economic and Social research council (Hrsg.): Risk and Public Service. London 2009, S. 2 – 3.

INTOSAI: Richtlinien für Normen zur internen Kontrolle im öffentlichen Sektor. Weitere Informationen zum Thema „umfassendes Risikomanagement". Intosai GOV 9130. Brüssel 2007.

Jann, Werner/Wegrich, Kai: Governance und Verwaltungspolitik. In: Benz/Dose (Hrsg.): Public governance – Regieren in komplexen Regelsystemen. Wiesbaden 2010, S. 175 – 200.

Judt, Tony: Ill fares the land. London – New York 2010.

Klijn, Erik-Hans/Edelenbos, Jurian/Steijn, Bram: Trust in Governance Networks: Impacts and Outcomes. Rotterdam 2010.

Kretschmann, Winfried: Gastkommentar, NZZ 10.07.2012.

Krugman, Paul: Cárceles, privatización e influencia. In: "El País" v. 24.06.2012.

Leutner, Eva: NGOs im Dialog zwischen Politik und Bürgerinnen und Bürger. Erste Hilfe-Stationen, Katalysatoren, PartnerInnen? In: Bauer/Biwald/Dearing (Hrsg.): Public governance. Öffentliche Aufgaben gemeinsam erfüllen und effektiv steuern. Wien – Graz 2005, S. 362 – 381.

Löffler, Elke: Bürgerbeteiligung in europäischen Städten. Stand und Perspektiven. In: Bauer/Biwald/Dearing (Hrsg.): Public governance. Öffentliche Aufgaben gemeinsam erfüllen und effektiv steuern. Wien – Graz 2005, S. 281 – 294.

Löffler, Elke/Parrado, Salvador/Zmeskal, Tomas: Improving customer orientation through service chartas, Czech Republic 2007.

Löffler, Elke/Bovaird, Tony (Hrsg.): Public Management and governance, 2. Auflage, London – New York 2009.

Malik, Fredmund: Führen Leisten Leben, Stuttgart 2000.

Martin, Steve: Engaging with citizens and other stakeholders. In: Löffler/Bovaird (Hrsg.): Public Management and governance, 2. Auflage, London – New York 2009, S. 279-296.

Matzner-Holzer, Gabriele/Matzner, Egon: Querdenker für eine andere Welt. Wien 2011.

Mayntz, Renate: Governance im modernen Staat, in: Benz/Dose (Hrsg.): Governance – Regieren in komplexen Regelsystemen. Wiesbaden 2010, S. 37 – 48.

Menasse, Robert: Der europäische Landbote. Die Wut der Bürger und der Friede Europas. Wien 2012.

OECD: Fact-Book, 2010.

OECD: Public Governance Reviews – Finland: Working Together to Sustain Success. Paris 2010.

OECD: Government at a Glance. Paris 2011b.

OCDE: Examens de l'OCDE sur la gouvernance publique. France Une perspective internationale sur la Révision générale des politiques publiques, Examens de l'OCDE sur la gouvernance publique, Éditions OCDE. 2012.

Oppen, Maria: Potenziale öffentlich-privater Zusammenarbeit. In: Biwald/Dearing/Weninger (Hrsg.): Innovation im öffentlichen Sektor. Wien – Graz 2008, S. 314 – 326.

Oppen, Maria: Local Governance und bürgerschaftliches Engagement von Unternehmen. In: Bauer/Biwald/Dearing (Hrsg.): Public governance. Öffentliche Aufgaben gemeinsam erfüllen und effektiv steuern. Wien – Graz 2005, S. 342 – 361.

Österreichische Raumordnungskonferenz: ÖREK 2011. Wien 2011.

ÖGPP: Armuts- und Reichtumsbericht für Österreich. Wien 2009.

Pesendorfer, Konrad/Leitner, Ferdinand: Neue Zugänge zur Messung von Wohlstand und gesellschaftlichem Fortschritt. In: Wirtschaftspolitische Blätter 2010, S. 533 – 544.

Peters, Guy B.: Meta governance and Public Management. In: Stephen P. Osborne (Hrsg.): The New Public Governance. London und New York, 2010, S. 36 bis 51.

Probst, Josef: Verwaltungstheoretische Überlegungen zum österreichischen Gesundheitswesen. In: Bauer/Biwald/Dearing (Hrsg.): Gutes Regieren. Konzepte – Realisierungen – Perspektiven. Wien – Graz 2011, S. 600 – 620.

Rechnungshof: Reihe Wien 2010/2, Sozialhilfe der Stadt Wien.

Rechnungshofpositionen Verwaltungsreform 2011.

Reichard Christoph/Röber, Manfred: Konzept und Kritik des New Public Management. In: Schröter, E. (Hrsg.): Empirische Policy- und Verwaltungsforschung. Lokale, nationale und internationale Perspektiven. Opladen 2001, S. 371 – 392 .

Rossmann, Bruno: Zur Bedeutung der Governance im Rahmen der Reorganisation des Staates. In: Bauer/Biwald/Dearing (Hrsg.): Public governance. Öffentliche Aufgaben gemeinsam erfüllen und effektiv steuern. Wien – Graz 2005, S. 19 – 29.

Schedler, Kuno/Proeller, Isabella: New Public Management, 4. Auflage. Bern 2009.

Schedler, Kuno/Siegel, John Philipp: Strategisches Management in Kommunen. Düsseldorf 2005.

Schweizer Bundesamt für Gesundheit: Leitfaden für die Planung von Projekt- und Programmevaluation. Bern 1997. www.bag.admin.ch/evaluation/02357/02362/index.html?lang=de&download=NHz .

Stiglitz, Joseph E.: Le prix de l'inégalité. Paris 2012. (engl. Originaltitel: The price of inegality)

Struppe, Ursula/Benesch, Victoria: Integrations- und Diversity-Management am Beispiel der Stadt Wien. Bauer/Biwald/Dearing (Hrsg.): Gutes Regieren. Konzepte – Realisierungen – Perspektiven, Wien – Graz 2011, S. 375-391.

Thurnher, Armin: Der Ausschuss und die Käsekrainerpolitik: Sind wir ein Staat der Würstel? In: Der Falter 16/12 vom 18.4.2012.

Tschirf, Matthias: Governance – Einschätzungen aus politischer Sicht. In: Bauer/Biwald/Dearing (Hrsg.): Gutes Regieren, Konzepte – Realisierungen – Perspektiven. Wien – Graz 2011, S.413 – 420.

Van Dooren, Wouter/Bouckaert, Geert/Halligan, John: Performance Management in the public sector. London – New York 2010.

Wirth, Klaus/Schantl, Alexandra: Zukunft Stadtregionen. Forum Public Management, Nr. 2/2012. S. 16 – 18.

Links:

Alle Internetadressen *wurden am* 20. September 2012 abgerufen.

INTOSAI GOV 9130: www.issai.org

OGM-Vertrauensindex: http://www.ogm.at/index.php?option=com_content&view=article&id=152:vertrauensindex-institutionen&catid=47:studien&Itemid=89

ÖROK: www.oerok.gv.at

Reformdialog:www.reformdialog.at

Regierungsprogramm 2008-2013: http://www.austria.gv.at/DocView.axd?CobId=32965

http://www.europarl.europa.eu/brussels/website/media/Lexikon/Pdf/ Zivilgesellschaft.pdf

http://dx.doi.org/10.1787/9789264167605-fr

http://dx.doi.org/10.1787/9789264173262-en

http://wirtschaftslexikon.gabler.de/Definition/corporate-governance.html#definition

http://conventions.coe.int/Treaty/ger/Treaties/Html/001.htm

http://eurlex.europa.eu/JOHtml.do?uri=OJ:C:2010:083:SOM:DE:HTML

http://www.entwicklung.at/?id=69.

http://bka.gv.at/site/6363/Default.aspx.

www.partizipation.at

http://www.4qconference.org/liitetiedostot/4qc_sr_report.pdf

www.bmvit.gv.at

http://www.lebensministerium.at/umwelt/nachhaltigkeit.html

http://www.eipa.eu/files/File/CAF/ Brochure2006/German_2006.pdf

CAF: http://www.bka.gv.at/site/6361/Default.aspx.

www.alt.degeval.de/calimero/tools/proxy.php?id=19074

www. rgpp.modernisation.gouv.fr

IV. Modernisierungsperspektiven aus Sicht von Public Management und Governance

In diesem abschließenden Teil werden einige bereits angesprochene Reformprojekte näher erläutert, die auf Reformkonzepten von Public Management und Public Governance beruhen. Bei der Auswahl der Themen gab die mögliche Treiber-/Hebelfunktion für eine grundsätzliche Neuausrichtung der öffentlichen Aufgabenerfüllung den Ausschlag. Ausgehend von – in Wissenschaft und Praxis – festgestellten Defiziten dieser zentralen Reformvorhaben werden mögliche weitere Schritte und inhaltliche Ausrichtungen dargestellt. Wir verweisen auch auf bereits laufende Bemühungen, die teils kritisch kommentiert werden. Uns geht es auch darum, für anstehende Reformen weitere strategische Ansatzpunkte zu nennen, welche die Chancen für die Realisierung der Reformen erhöhen könnten. Allerdings werden hiebei auch andere Versäumnisse des bisherigen Modernisierungskurses in Österreich klar, nämlich nicht bis auf den Grund der Probleme vorzudringen, um zu dauerhaften Lösungen zu kommen oder um wenigstens festgefahrene Positionen zu lockern. Nicht zuletzt behandelt dieser Teil Wege zu einer neuen Verwaltungskultur, was zu mehr Mitverantwortung aller Akteurinnen und Akteure an einer effizienten und effektiven Aufgabenerfüllung führen soll. Ziel ist es letzlich, die kontinuierliche Weiterentwicklung von Politik und Verwaltung „aus eigenem Antrieb“ sicherzustellen. In diesem Sinn handelt es sich um abschließende Erörterungen, die über die Form resümierender Bemerkungen hinausgehen.

1. Public Value – Verstärken der Orientierung am Gemeinwohl

Politik und Management im öffentlichen Bereich sind der Demokratie und den Menschenrechten verpflichtet. Artikel 7 der Bundesverfassung besagt etwa, dass alle Bundesbürger vor dem Gesetz gleich sind. Vorrechte der Geburt, des Geschlechtes, des Standes, der Klasse und des Bekenntnisses sind ausgeschlossen. Niemand darf wegen seiner Behinderung benachteiligt werden. Die Republik (Bund, Länder und Gemeinden) bekennt sich zur Gewährleistung der Gleichbehandlung von behinderten und nichtbehinderten Menschen in allen Bereichen des täglichen Lebens sowie zur tatsächlichen Gleichstellung von Mann und Frau. Damit werden Grundwerte angesprochen, die sich auf positive oder erstrebenswerte Zustände sowie auf Vorgangsweisen beziehen, auf die eine Gesellschaft setzt, um das Zusammenleben sinnvoll zu regeln oder zu sichern. Werte sind nur allgemein definiert, wobei es verschiedene Kategorien von Werten gibt. Werte der Gesellschaft sowie solche von einzelnen: Individuen, Werte des öffentlichen Dienstes, also der Beamtenschaft, Werte der verschiedenen Religionsgemeinschaften.

Mit Gemeinwohl bezeichnet man die Gesamtinteressen eines Gemeinwesens: „Alles, was das Gemeinwesen als solches betrifft, und alles, worauf Menschen kraft ihrer Teilhabe an diesem Gemeinwesen einen Rechtsanspruch haben und nicht zum Gegenstand privater Interessen degradiert werden kann.“[312] In pluralistischen Gesellschaften bedarf es ständig einer Auseinandersetzung, worin diese Ansprüche und – teils gegensätzlichen oder einander ergänzenden – Interessen in einem Gemeinwesen bestehen. Ebenso ist darüber zu befinden, was für das Realisieren von Wertvorstellungen individuell oder gemeinschaftlich hingegeben oder eingesetzt werden muss. Damit sind Verzicht oder Einschränkungen von einzelnen Freiheitsrechten (z.B. Videoüberwachungen öffentlicher Flächen), Steuerleistungen, Zeiteinsatz der Bürgerinnen und Bürger sowie der Verzicht auf Maximierung individueller Interessen und Unterdrücken sozial schädlichen Verhaltens gemeint.

Public Value umfasst jenen Teil des Gemeinwohls, der als gesellschaftlicher Mehrwert, als Nutzen, als positive (externe) Effekte oder als Vermeidung negativer (externer) Effekte (z.B. Umweltbeeinträchtigungen) bzw. eines ansonsten entgangenen Nutzens (z.B. geringere Lebenserwartung sozial unterprivilegierter Gruppen) beim Erbringen von Leistungen entsteht. Die Betonung liegt auf tatsächlich entsteht, denn nicht alles, was seitens der öffentlichen Hand angestrebt wird, kann auch umgesetzt werden. Public Value wird meist durch das Handeln öffentlicher Akteurinnen und Akteure, die eine Versorgung mit öffentlichen und meritorischen Gütern im Sinn der jeweiligen politischen Ziele bieten, erzeugt. Zusätzlich sind auch konkrete Nutzen durch das Verhalten von privaten Akteurinnen und Akteuren, die seitens der Parlamente und/oder der Bürge-

---

[312] Liessmann 2011, S. 19.

rinnen und Bürger im Wege der Partizipation gefordert werden, Teile des Public Values.

1.1 Definition und Kategorien von Public Values

Public Value wird von einem der ersten Wissenschafter, die diesen Begriff in die Diskussion von Public Management und Governance eingebracht haben, nämlich von Moore, als Entsprechung zum „private value“ (z.B. „shareholder value“, d.i. nachhaltige Gewinnerzielung) im öffentlichen Bereich verstanden: „The aim of managerial work in the public sector is to create public value.“[313] Moore sieht es demnach als eine Aufgabe des Managements an, für eine entsprechende gesellschaftliche Wertschöpfung zu sorgen.

Talbot hat – unter Berücksichtigung von praktischen Ansätzen (so etwa jenen des großen britischen öffentlichen Medienunternehmens BBC) – eine Konkretisierung von Public Value vorgelegt: „Public Value bedeutet nicht nur den Aspekt der Wertschöpfung durch öffentliche Güter, die der Staat wegen Marktversagens bereitstellen muss, vielmehr auch das Handeln im Sinn bzw. die Umsetzung konkreter Werte, wie v.a. Gerechtigkeit, Gleichheit, Rechtschaffenheit und Transparenz, die der private Sektor nicht schaffen kann und will“.[314] Deutsche Übers. durch die Verf.) In einer später erschienen Publikation weist Talbot[315] darauf hin, dass Public Values nicht nur von öffentlichen, sondern auch von erwerbswirtschaftlichen oder Nicht-Regierungs-Organisationen erzeugt (oder vernichtet) werden können, in dem diese beispielsweise unerwünschte externe Effekte (z.B. Lärm, Verpackungsmüll) vermeiden (oder erzeugen). Allerdings tragen zu diesen Public Values auch die Behörden bei, wenn die Vermeidung oder Reduzierung von negativen externen Effekten auf Grund von staatlichen Vorschriften erfolgt.

Hill[316] interpretiert das Schaffen von Public Value als „Verwaltungshandeln, bei dem die Bewertung und Steigerung der Wertschöpfung von Tätigkeiten im Interesse des Gemeinwohls (öffentliches Interesse) stärker in den Mittelpunkt rückt.“

---

313 Moore 1995, S. 28.

314 Talbot 2005, S. 501.

315 Talbot 2010, S. 129.

316 Hill 2007, S. 373.

Eine umfassende Definition hat Bozeman[317] hervorgebracht. „Public values are those providing normative consensus about

(a) the rights, benefits, and prerogatives to which citizens should (and should not) be entitled;

(b) the obligations of citizens to society, the state and one another; and

(c) the principles on which governments and policies should be based".

Die unter (a) genannten (Vor-)Rechte (etwa für Anrainer, Einwohner, Behinderte, Rentnerinnen und Rentner und/oder für alle EU-Bürgerinnen und Bürger) und öffentlichen Leistungen (z.B. Sozialtransfers, Infrastruktureinrichtungen) sowie die unter (b) genannten Verpflichtungen und Gegenleistungen der Bürgerschaft orientieren sich überwiegend an *sachlichen Leistungs- und Wirkungszielen.*

Die unter (c) angeführten Grundsätze für Verhalten und Verfahren, wie Bürgerbeteiligung, Transparenz, dezentrale Verantwortlichkeit für Ergebnisse und Ressourceneinsatz, Prozessinnovationen in den einzelnen Organisationseinheiten sind dagegen stärker am jeweiligen Wertekonsens orientiert und bilden meist indirekte Wirkungen. Sie sind vermutlich mindestens so wichtig wie die Leistungen und direkten Wirkungen, denn sie schaffen Legitimation für einen Staat, der bei Bedarf lenkend eingreift, der über Vertrauen bei der Bürgerschaft sowie über ausreichende Kontroll- und Garantierechte verfügt.[318]

Kategorien von Public Values

Die Präzisierung von Public Values kann für die politisch-administrative Führung hilfreich sein, etwa durch Abwägen von Wirkungszielen oder von Strategien bezüglich ihrer Beiträge zu einzelnen Teilbereichen von Gemeinwohl. Auch Prozessinnovationen, Maßnahmen zur nachhaltigen Effizienzsteigerung u.ä.m. können im Hinblick auf damit erzielbare Verbesserungen von Teilnutzen (z.B. Kundenorientierung) in Frage kommen.

Deshalb könnte ein Ansatz könnte darin bestehen, die folgenden Ziele von Public Governance für die Differenzierung des gesell-

---

[317] Bozeman 2007, S. 132.

[318] Vgl. diesbezüglich die Ausführungen von Liessmann (2011, S. 18ff.) über die Notwendigkeit eines starken Staates speziell in Krisenzeiten.

schaftlichen Nutzens zu verwenden und bereits verfügbare oder leicht handhabbare Indikatoren für die Messung einzusetzen:

- *Gute Lebensqualität für alle:* Gute Lebensqualität wird von der EU mit objektiven Indikatoren gemessen, wie etwa Lebenserwartung, Altern bei guter Gesundheit, Beschäftigung, aber auch soziale Beziehungen oder politische Teilhabe.[319]
- *Sichern eines effektiven und effizienten Rechtsstaates:* Urteile und Bescheide müssen rechtsrichtig, verständlich und akzeptiert sein und in angemessener Zeit getroffen werden. Akzeptiert sind sie beispielsweise dann, wenn ein faires Verfahren stattgefunden hat, in dem allen Parteien Gehör geschenkt wurde und die vorgebrachten Anträge, Kommentare über mögliche unerwünschte Folgen entsprechend gewürdigt wurden und in die Entscheidung eingeflossen sind. Akzeptiert wird ein Bescheid oder Urteil aber nur, wenn es den staatlichen Organen gelungen ist, einen Interessensausgleich zwischen privaten und öffentlichen Interessen herzustellen. Ein entsprechender Indikator dafür ist z.B. die Rechtsmittelquote.
- *Bürgerbeteiligung:* Eine funktionierende Demokratie bedeutet eine interessierte und informierte Bürgerschaft, gute und rechtlich abgesicherte Instrumente zur Bürgerbeteiligung und eine entsprechende Offenheit von Politik und Verwaltung, das von den Bürgerinnen und Bürgern Vorgebrachte auch zu hören und aufzunehmen. Vor dem Hintergrund sinkenden Vertrauens in Staat und Verwaltung müssten sich Politik und Verwaltung den neuen Anforderungen stellen, da eine funktionierende Demokratie das Vertrauen in den Staat und seine Legitimation erhöht.[320] Als Indikatoren können etwa der Vertrauensindex oder der Grad der Teilnahme an ehrenamtlichen Tätigkeiten herangezogen werden.

Einen anderen Zugang zur Konkretisierung von Public Values bietet Bovaird[321], in dem er fünf Nutzungskategorien beschreibt: *„user value", „value for wider groups"* (family, friends) *„political value"* (through co-planning as support to democratic process), *„social value"* (creating social cohesion) und *„environmental value"* (sustainability).

---

[319] Vgl. dazu Europäische Kommission: The Social Situation in the European Union 2009. Luxemburg 2010. Zitiert nach Pesendorfer/Leitner 2010, S. 538f.

[320] Vgl. dazu Dearing: Verwaltungsreform 2008, S. 124 f.

[321] Bovaird 2008, S. 260.

Anhand dieser Kategorien wurden Public Values der gemeinnützigen Wohnungswirtschaft in Österreich zunächst modellhaft erfasst und in weiterer Folge auch teilweise konkret ermittelt.[322]

Beispiel des Wirkungs- und Indikatorenmodells für Public Values der Gemeinnützigen Wohnungswirtschaft

Das Modell besteht aus drei Hauptteilen:[315]

„1. Politische Nutzen, womit die übergeordneten politischen Zielsetzungen für staatliche Interventionen, wie Daseinsvorsorge, sozialer Ausgleich, ökonomische Stabilisierung, nachhaltige Raumentwicklung und ganz allgemein für eine Verbesserung der Lebensqualität beschrieben werden;

2. Nutzen für die Stakeholder („Stakeholder Value"), (womit) der Wert für die BewohnerInnen durch die Bereitstellung von leistbarem und qualitätsvollem Wohnraum mit hoher Wohnsicherheit und einer daraus resultierenden Wohnzufriedenheit, für die Bauwirtschaft durch die Errichtung der Gebäude (Beschäftigung und Beständigkeit) und für die Gewährleister und Finanziers (= Gebietskörperschaften als Fördergeber der Wohnbauförderung und Banken) abgebildet wird und schließlich

3. der Nutzen für das Umfeld und die Gesellschaft, der „Public Value", dem fünf Wirkungsdimensionen, nämlich die soziale, ökonomische, ökologische, räumliche und gesellschaftliche (Dimension, ergänzt durch d. Verf.) zugeordnet werden."

Werte als Basis der Differenzierung von Public Values

Ein anderer Weg zur Konkretisierung von Public Values würde sich durch das Heranziehen öffentlich akzeptierter Werte ergeben. Stützt man sich etwa auf einzelne Grundwerte, wie sie u.a. in der Bundesverfassung postuliert werden, ergäben sich beispielhaft folgende gesellschaftliche Nutzenkategorien sowie mögliche Indikatoren zu deren Erfassung:

---

322 Siehe hiezu die vom KDZ erarbeitete Studie des Österreichischen Verbandes gemeinnütziger Wohnbauvereinigungen – Revisionsverband und der Wohnbauförderungsabteilungen der Bundesländer (Biwald et al. 2012).

323 Biwald et al. 2012, S. 7.

- *Gleichheit* der Menschen, Respekt vor dem Individuum und damit Ausrichten des Handelns auf Chancengleichheit, Wertschätzung der sozialen und kulturellen Vielfalt; Indikatoren hiezu wären etwa Ergebnisse einschlägiger Bürgerbefragungen durch Meinungsforschungsinstitute;
- *Demokratiequalität,* die sich nicht nur durch mehr Elemente direkter Demokratie ergibt. Vielmehr erfordert eine höhere Qualität der demokratischen Regime auch bessere föderalistische Arrangements zwischen den Akteurinnen und Akteuren auf den verschiedenen staatlichen Ebenen, das Voranbringen einer postnationalen Demokratie auf der europäischen Ebene und „Weiterentwickeln des Sozialstaates als ein wesentliches Element im Prozess der europäischen Einigung" gemessen durch den Grad der Bürgerbeteiligung, die Teilnahme an geheimen Wahlen u. dgl.;
- *sozialer Zusammenhalt* der Gesellschaft durch ausreichende Umverteilung, Bürgerengagement (Ko-Produktion), Gemeinsinn und Solidarität[324]; Indikatoren wären etwa der Rückgang des Anteils der armutsgefährdeten Personen und die Reduzierung der Armutsgefährdungslücke (poverty gap);
- *Wirtschaftspolitische Qualität* durch Sichern des gesamtwirtschaftlichen Gleichgewichtes bei der Haushaltsführung von Bund, Ländern und Gemeinden, ausreichende Infrastrukturinvestitionen zur Zielerreichung der jeweiligen strategischen Ziele wie nachhaltig geordnete und koordinierte Haushalte; Indikator wäre ein zustimmender Bericht des Europäischen Rates zu den jährlichen Stabilitätsprogrammen und Nationalen Reformprogrammen der Republik und/oder positive Urteile des Österreichischen Instituts für Wirtschaftsforschung;
- *Optimismus* als ästhetische Kategorie, d.h. etwa verstärkte öffentliche Auseinandersetzung mit Zukunftsfragen, positive Einstellung zu Wandel, Reformen. Konkret könnte dieser Teil des Public Value als explizites Anstreben und Erreichen möglicher Verbesserungen in den Beziehungen zwischen politischen Vertreterin-

---

[324] Siehe Liessmann 2012, S. 174: „Freiwilligkeit, soziales Engagement, Hilfsbereitschaft, Freude an kommunikativen Tätigkeiten stellen nicht nur einen verschwiegenen Beitrag zur Wertschöpfung, nicht nur ein Reservoir für Lernchancen, nicht nur eine Kompensation der Defizite der Arbeitswelt dar, sondern auch darauf, dass Menschsein in einem anspruchsvollen Sinn auch davon abhängt, inwiefern es uns gelingt, der ökonomischen Erwerbsarbeit andere, gemeinschaftsbezogene Formen menschlichen Handelns … in die Entwicklung von gesellschaftlichen Zukunftsperspektiven einfließen zu lassen".

nen und Vertretern von Bund und Ländern sowie zur Bürgerschaft (im Sinn sozialen Lernens und als Dienst an den Bürgerinnen und Bürgern) verstanden werden. Indikator hiefür wäre etwa die Wahrnehmung der Bürgerinnen und Bürger bezüglich des Grades der Reformbereitschaft des Bundes, einzelner Länder und einzelner Gemeinden, der Sozialversicherungsträger sowie der diversen öffentlichen Unternehmungen.

Beispiel für eine an Grundwerten ausgerichtete Konkretisierung von Public Values des großen britischen öffentlichen Medienunternehmens BBC bieten die vor einigen Jahren publizierten Public Values der BBC (sie sind Resultat eines umfassenden Prozesses der Meinungsbildung).[325]

„The BBC creates public value in five main ways:

- *Democratic value: the BBC supports civic life and national debate by providing trusted and impartial news and information that helps citizens make sense of the world and encourages them to engage with it.*
- *Cultural and creative value: the BBC enriches the UK's cultural life by bringing talent and audiences together to break new ground, to celebrate our cultural heritage, to broaden the national conversation.*
- *Educational value: by offering audiences of every age a world of formal and informal educational opportunity in every medium, the BBC helps build a society strong in knowledge and skills.*
- *Social and community value: by enabling the UK's many communities to see what they hold in common and how they differ, the BBC seeks to build social cohesion and tolerance through greater understanding.*
- *Global value: the BBC supports the UK's global role by being the world's most trusted provider of international news and information, and by showcasing the best of British culture to a global audience.*

Auch der ORF hat eine Konkretisierung von Public Value vorgenommen.[326] Diese und andere Dimensionen können sowohl zur Formulierung einer übergeordneten „Makrosicht" von Public Value als

[325] Siehe BBC 2004, S. 8; abgerufen am 14.10.2012 unter http://downloads.bbc.co.uk/aboutthebbc/policies/pdf/bpv.pdf.

[326] Er unterscheidet zwischen individuellen Werten, einem Gesellschafts-, einem Österreich-, einem internationalen und einem Unternehmenswert. Näheres siehe: www.zukunft.orf.at.

auch zu detaillierteren Betrachtungen beitragen. In einer Mikro-Sicht wären sie eine Stütze für das Aufstellen oder Diskutieren von Zielen und/oder von Bilanzen über den Public Value, den einzelne Teilbereiche von Verwaltungen und von öffentlichen Betrieben erzeugen. In Form eines ex-post-Public-Value-Index (etwa analog zum Global-Corruption-Barometer von Transparency International) einzelner Bundesländer oder von Staaten könnte eine Makro-Sicht Beiträge zur Transparenz des öffentlichen Handelns und zu dessen Evaluierung, eventuell auch zu Vergleichen zwischen Staaten und Regimen leisten.

1.2. Messen der Public Values – Erkenntnis- und Transparenzgewinne?

Die hier zur Diskussion gestellten Kategorien von Public Value zeigen, dass es grundsätzlich möglich ist, den gesellschaftlichen Mehrwert auch im Rahmen der Bemühungen um Public Governance zu erfassen und strategisch zu steuern. Dabei hängt es vom jeweiligen gesellschaftlichen Grundkonsens oder von strategischen Zielen und Leitideen ab, welche Aspekte des gesellschaftlichen Mehrwerts und welche Wirkungskategorien im Vordergrund stehen. Somit ist das Konzept grundsätzlich offen und verlangt eine revolvierende Evaluierung und gegebenenfalls eine erneute Konkretisierung der jeweils wichtigen Nutzendimensionen.

Allerdings ist die Bewertung des Public Value nicht einfach, sind doch verschiedene Bewertungsprozesse und Wertdimensionen zu klären. Zunächst geht es um die Messbarkeit im instrumentellen Sinn. Aufgrund der Vielzahl unterschiedlicher Nutzergruppen, der öfters nur schwer abgrenzbaren Wirkungsbereiche und der fallweise komplizierten Wirkungszusammenhänge erscheint eine ausschließlich quantitative Messung des Public Value schwierig, fallweise sogar unmöglich.

In der folgenden Abbildung 14 werden verschiedene Möglichkeiten der Messung einzelner Kategorien von Public Value in einem konkreten Aufgabenbereich – der gemeinnützigen Wohnungswirtschaft – angeführt. Für die Wirkung einer „nachhaltigen Raumentwicklung" sind beispielsweise mehrere Teilnutzen ökologisch und raumordnerisch bedeutsam, die sich unterschiedlich gut messen lassen. Einige dieser Teilnutzen können mit relativ einfachen, meist vorhandenen Daten erfasst werden (z.B. die Reduzierung des Heizwärmebedarfes je m² Wohnfläche oder die Verminderung der Schadstoffemissionen im Rahmen von „Energieausweisen" bei Sanierungsvorhaben). Andere Teilnutzen (z.B. bauliche Verdichtung) können ebenfalls gemessen werden; allerdings liegen hiefür nicht immer gesicherte Daten vor, weshalb diese erst erhoben werden müssen. Schließlich erscheinen bestimmte – komplexere – Teilnutzen, wie z.B. eine verbesserte Standortqualität derzeit nur qualitativ beschreibbar bzw. erfassbar, da hiebei verschiedene Bewertungsverfahren eingesetzt werden müssen.

Abbildung 14: Auszug aus dem Wirkungsmodell der gemeinnützigen Wohnungswirtschaft: Beispiele für Indikatoren zu ökologischen und räumlichen Wirkungen (Teilnutzen)

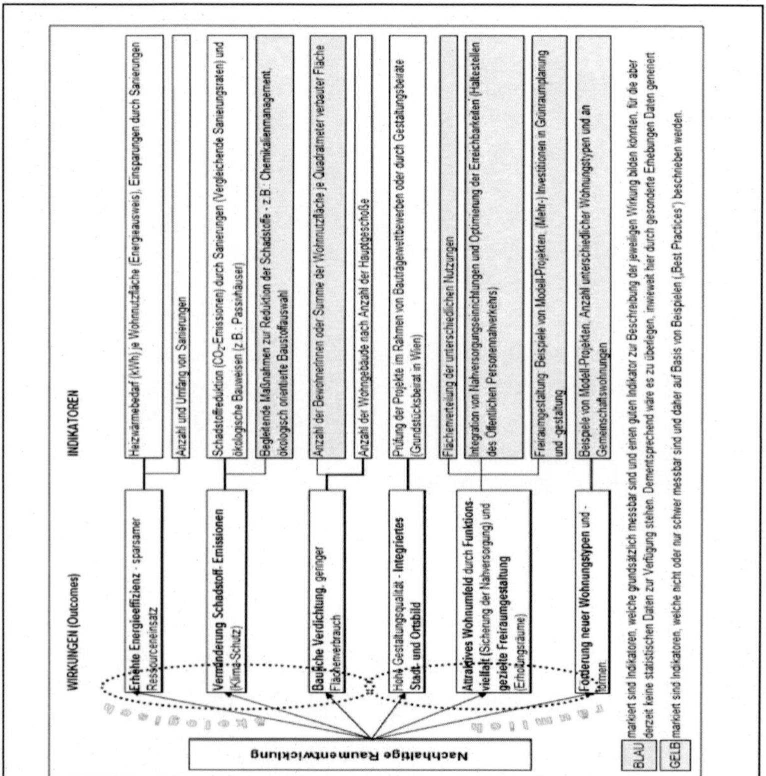

Quelle: Schantl/Hochholdinger 2011, S. 547.

Denn Standortqualität kann für einzelne Menschen ästhetisch erfahren werden; für andere Gruppen stehen vielleicht die praktische Erreichbarkeit verschiedener Einrichtungen zur Versorgung mit Gütern des täglichen Bedarfs im Vordergrund; aus politisch-sozialer Sicht ist unter Umständen die ethnische Durchmischung positiv usw. Ein eindeutiger objektiver Bewertungsprozess und ein entsprechender zusammengefasster Indikatorwert erscheinen deshalb manchmal nicht oder nur schwer leistbar.[327]

Ein anderes Beispiel für die Messung von Public Values bietet die britische BBC.[328] Sie hat sich bereits vor mehreren Jahren für vier verschiedene Beurteilungsansätze entschieden:

- *The BBC's Board of Governors will subject every new service ... to a public value test before approving its launch, including an independent evaluation of its likely market impact.*
- *Every BBC channel and service will be granted a Service Licence by the Board of Governors, setting out its remit, conditions and objectives. Significant variations to the licence would require agreement from the Board.*
- *Every three to five years, the Governors will commission an independent public value survey of 10,000 licence payers. This survey will form the core of a comprehensive audience-based assessment of the impact, value and effectiveness of the BBC's services. The Governors will publish the results of the survey.*
- *A new performance measurement framework will be adopted, based around four overall criteria: reach, quality, impact and value for money.*

In ähnlicher Weise schlägt das Center for Leadership and Values in Society der Universität St. Gallen vor, die Definition und Messung von Public Values durch Führungskräfte der jeweiligen Organisation sowie durch Vertreter gesellschaftlich relevanter Gruppen zu kombinieren: „On the basis of our research we have arrived at the

---

327 Meynhardt/Bartholomes (vom Center for Leadership and Values in Society an der Universität St. Gallen), www.http//www.esade.edu/public/modules.php?name=news&idnew=758&idissue=63&newlang=english) betont die Notwendigkeit, objektiv messbare gesellschaftliche Nutzen und verschiedene Erwartungen von Individuen zu verknüpfen: „All efforts to promote new PV must consider constituencies' expectations, i.e., what people really value. This does not necessarily mean abandoning shared internal performance measures as a basis, but calls for an extended consideration of fairly intangible measures as well. A differentiated steering approach comprising the three public value dimensions established here might be an interesting way to correct one-sided approaches.“ (Meynhardt/Bartholomes 2012, S. 1)

328 BBC 2004, S. 15.

following proposal for improved practice: quantitative feedback on perceived PV creation is necessary to align outcome-based public sector steering models with internal controlling measures. Only regular feedback on people's perceptions of PV can ensure responsiveness to local expectations. Such responsiveness may be a tightrope between administration and politics, but there is practically no sustainable alternative in a fast-changing environment."[329]

Die von Schedler/Siegel[330] geäußerte Kritik, wonach die Definition von Public Value unklar bleibt, kann somit nicht geteilt werden, weil an Hand der verschiedenen hier erläuterten Ansätze gezeigt worden ist, dass es jeweils auf die Organisationen ankommt, welche Dimensionen ihres öffentlichen Handelns als gesellschaftlicher Mehrwert in den Vordergrund gestellt werden. Weiters ist es erforderlich, geeignete Messvorgänge zu entwickeln; insbesondere geht es um das Kombinieren von objektiv feststellbaren Outcomeverbesserungen sowie von subjektiven Impactabschätzungen (z.B. auf Grund von Zufallsstichproben, durch Befragen von Mitgliedern einzelner gesellschaftlicher Gruppen). Dies kann zu einer manchmal heiklen Balance zwischen vordergründigen Legitimationsabsichten und politisch korrekter Einschätzung führen. Schedler/Siegel kann dagegen beigepflichtet werden, dass die Befassung mit den jeweiligen Public Values aus Gründen der Verwaltungsethik und damit auch aus Sicht von Public Governance nützlich erscheint.

2. Wirkungsorientierung als Lernprozess

Die Umsetzung von Wirkungsorientierung erfordert zuerst ein Befassen mit Werten und eine Konkretisierung der Public Values. Talbot versteht – wie weiter oben ausgeführt[331] – unter Public Value das Umsetzen konkreter Werte. Für Bozeman stellen Public Values einen normativen Konsens darüber dar, welche Rechte und Pflichten den Bürgerinnen und Bürgern zukommen und welche Prinzipien die Grundlage für staatliches Handeln bilden. Während durch konkrete öffentliche Leistungen meist sachliche Wirkungsziele direkt verfolgt werden, tragen Werte und Prinzipien wie Bürgerbeteiligung und Transparenz indirekt zu politisch gewünschten Wirkungen bei.

---

329 http//www.esade.edu/public/modules.php?name=news&idnew=758&idissue=63&newlang=english.

330 Schedler/Siegel 2005, S. 55.

331 Siehe Abschnitt 1.1, Teil IV in diesem Buch.

Ausgehend von Talbot, wonach Public Value das Handeln im Sinne bzw. die Umsetzung konkreter Werte bedeutet, wird der Zusammenhang zwischen dem Public Value und den Wirkungen öffentlichen Handelns deutlich. Ein erster Schritt in Richtung Wirkungsorientierung/Wirkungsziele ist es, sich über den Public Value zu verständigen. Wie bereits oben unter Pkt. 1 ausgeführt, versteht man darunter die Gesamtinteressen eines Gemeinwesens, wobei es in pluralistischen Gesellschaften ständig einer Auseinandersetzung bedarf, worin diese Interessen bestehen. Public Value umfasst jenen Teil des Gemeinwohls, der als gesellschaftlicher Mehrwert, als Nutzen und als positive Wirkung zum Ausdruck kommt. Gelangen die Akteurinnen und Akteure des öffentlichen Sektors zu gemeinsamen Werten, konkretisieren sie damit den Public Value für die Beteiligten.[332] Weiter verdichtet werden sie durch Wirkungsziele und -indikatoren. Dabei erzielen Werte wie etwa Bürgerbeteiligung oder Transparenz indirekte Wirkungen. Direkte Wirkungen werden hingegen durch konkrete öffentliche Leistungen hervorgerufen. In diesem Sinne fokussiert die Wirkungsorientierung nach dem neuen Hauhaltsrecht weitgehend auf direkte Wirkungen.

Die Umsetzung der Haushaltsrechtsreform des Bundes ist in vollem Gange. Dennoch bleiben Reformfelder offen, die der Wirkungsorientierung letztlich erst zu einem Durchbruch verhelfen müssen. Auf Länder- und Gemeindeebene sind erste Ansätze vorhanden[333] von der Etablierung einer wirkungsorientierten Aufgabenerfüllung sind diese Gebietskörperschaften aber meist weit entfernt.

So wird das Festlegen von Wirkungszielen nur von wenigen Kommunen praktiziert[334]. Auf Länderebene hat der steiermärkische Landtag am 13.11.2012 die Umsetzung einer Haushaltsrechtsreform genehmigt (Beschluß Nr. 521, www.landtag.stmk.at/cms/beitrag/11403607/58064506), die sich stark an die Haushaltsrechtsreform des Bundes anlehnt und damit auch die Wirkungsorientierung erstmals mit dem Budget 2015 einführen wird. Zum Unterschied von der Steiermark, wo die Wirkungsziele im Rahmen eines integrierten Planungsdokuments vom Landtag beschlossen werden, sind im Land Wien die Wirkungsziele nur als internes Steuerungsinstrument vorgesehen und werden daher weder vom Landtag beschlos-

[332] Wie bereits unter Pkt. 1 beschrieben können sich je nach Nutzergruppe unterschiedliche Public Values ergeben (z.B. politischer Nutzen, Stakeholdernutzen).

[333] Egger-Peitler/Heuböck 2012, S. 10 f.

[334] Tropper-Malz, 2012, S. 25 f.

sen noch veröffentlicht. (Lt. Aussage von Huemer bei der Bildungskonferenz des RH am 17.12.2012)

Eine Experteneinschätzung durch die WU konstatiert aufgrund einer Führungskräftebefragung insbesondere die Notwendigkeit einer Stärkung der dezentralen Ergebnis- und Ressourcenverantwortung, eine neue (Führungs-)Kultur und eine weitere Professionalisierung v.a. in der Fläche.[335]

Im Folgenden werden Defizite bei der bisherigen Umsetzung aus Sicht der Verfasser herausgegriffen und mögliche Verbesserungsansätze erläutert.

2.1. Neue Verwaltungskultur durch Dialog

Für eine nachhaltige Performance des Staates durch Wirkungsorientierung ist ein funktionierender Dialog zwischen den verschiedenen Akteurinnen und Akteuren unerläßlich. So könnte die Umsetzung des neuen Bundes-Haushaltsrechts zum Anlass genommen werden, den Dialog etwa zwischen den Gebietskörperschaften zu intensivieren. Ziel des Dialoges sollte es etwa sein, die in Teil III diagnostizierten Defizite von Multilevel Governance wie etwa Informations-, Finanzierungs- oder administrative Lücken zu überwinden.[336]

Wie bereits erwähnt, wäre am Beginn dieses Prozesses eine Diskussion über die von allen Gebietskörperschaftsebenen als wichtig erkannten Werte nützlich. Im Fall einer Einigung, etwa auf Transparenz als zentralen Wert, müßten künftig Verwaltungsentscheidungen oder -leistungen auf allen Ebenen transparent gemacht werden (z.B. Darstellung des Personaleinsatzes der jeweiligen Ebene nach gleichen Maßstäben und in Bezug zu den Leistungen). Dies fördert das gemeinsame Verständnis und eröffnet die Möglichkeit für vergleichendes Lernen.

In der Folge könnte dann auf gemeinsame Wirkungsziele, Maßnahmen und Indikatoren hingearbeitet werden. Hierbei geht es nicht darum, den Partnern bereits vorhandene Bundeslösungen aufzuzwingen (z.B. die Wirkungsziele der Ministerien einfach zu übernehmen), sondern auf Augenhöhe zu kommunizieren, regionale Sichtweisen und Spezifika zuzulassen, die Verantwortlichkei-

[335] Egger-Peitler/Heuböck 2012, S. 50 f.

[336] Siehe dazu Teil III Pkt. 4.3. – Mulitilevel governance.

ten zu klären und das Bewusstsein zu teilen, dass Erfolge nur gemeinsam erzielt werden können.

Auf Ebene der Bundesministerien überwiegt bei der Entwicklung der Wirkungsziele und Maßnahmen noch eine ressortzentrierte Sichtweise. Diese ist zwar verständlich, wird jedoch der Komplexität öffentlicher Aufgabenstellungen nicht gerecht. So bearbeiten etwa mehrere Ministerien das Thema „Gewalt gegen Frauen, Kinder und SeniorInnen". Die Wirkungsziele, Maßnahmen und Indikatoren lesen sich wie folgt:

Tabelle 18: Wirkungsziele und Maßnahmen zu „Gewalt gegen Frauen, Kinder und SeniorInnen"

Ressort	Wirkungsziel	Maßnahmen	Indikatoren
BKA	...Eindämmung der Gewalt durch Entwicklung, Umsetzung und Koordination frauen- und gleichstellungspolitischer Strategien der Bundesregierung	Sicherstellung der Beratung und Betreuung von gewaltbetroffenen Frauen in den Interventionsstellen gegen Gewalt	Abweisungsrate von Frauen in den Interventionsstellen
BMI	Verbesserter Schutz vor Gewalt, insbesondere gegen Frauen, Minderjährige und SeniorInnen	Effektive und zielgruppenorientierte Maßnahmen der Gewaltprävention werden mit Fokus auf „Gewalt gegen Frauen" umgesetzt, Schutz der Risikogruppen vor Gewalt	Wirksamkeit des Betretungsverbotes, Anzahl von Präventionsveranstaltungen und Anzahl der TeilnehmerInnen; Anzahl neuer KinderpolizistInnen pro Jahr
BMJ	Gewährleistung der Rechtssicherheit und des Rechtsfriedens (durch Vorschläge zur Anpassung und Weiterentwicklung des Rechtssystems im Hinblick auf die gesellschaftlichen und wirtschaftlichen Bedürfnisse	Erarbeitung von Gesetzesentwürfen und Umsetzung von gesetzlichen Maßnahmen zum Schutz von Kindern gegen Sexual- und Gewaltdelikte	Anzahl von Obsorge- und Besuchsrechtsverfahren; Anzahl von Verfahren nach §§ 208a STGB und 215a StBG
BMWFJ	...Vermeidung von physischer, psychischer und sexueller Gewalt an Kindern, Jugendlichen und Frauen	Förderung der Beratung von Familien in Krisensituationen; Förderung von Elternbildungsangeboten und Öffentlichkeitsarbeit	Besucher-, Teilnehmerzahlen

Quelle: Entwurf BVA 2013

In diesem Beispiel könnten die Erfahrungen des BMI bei Prävention und Verbrechensbekämpfung durchaus auch für die Beratung und Betreuung von Frauen in den Interventionsstellen gegen Gewalt hilfreich sein, das BMJ wird für die Entwicklung neuer gesetzlicher Regelungen zum Thema auch das Know-How der Polizei und der Interventionsstellen nützen können. Durch einen vertieften Dialog verstärken sich die Maßnahmen im jeweiligen Bereich wechselseitig und tragen so zur Verbesserung der Gesamtwirkung bei.

Wenn mehrere Ministerien (UGs) zu einem Wirkungsziel beitragen oder beitragen könnten, wäre im Dialog zu klären, welche Anteile und Beiträge das einzelne Ministerium zum Ganzen leistet. Es sollten gemeinsame Begriffsbestimmungen vorgenommen und auch die gleichen Indikatoren festgelegt werden. Oft geht es aber nur um einen Erfahrungs- und Meinungsaustausch, der zukünftig die Festlegung des Wirkungsziels und der Maßnahmen erleichtert und die nötige Kohärenz sicherstellt. Dazu braucht es u.a. einen institutionellen Rahmen, ein entsprechendes Prozess-Know-How und Arbeitsbedingungen, die das Zusammenwirken der Ministerien als gleichberechtigte Partner fördern. Das BMG räumt dafür in Teil 2 der Anlage zu § 2 dem Bundeskanzleramt eine zentrale Zuständigkeit ein: „ ... Koordination der gesamten Verwaltung des Bundes .... Hinwirken auf die Wahrung der Einheitlichkeit der allgemeinen Regierungspolitik und auf das einheitliche Zusammenarbeiten der Bundesministerien in allen politischen Belangen... Hinwirken auf das einheitliche Zusammenarbeiten zwischen Bund und Ländern". Ergänzend dazu ist das BKA gem. § 68 Abs. 1 BHG 2013 für das ressortübergreifende Wirkungscontrolling zuständig. Ein aktives Umsetzen dieser gesetzlichen Bestimmungen ist gefordert, wenn man an einem gemeinsamen Verständnis arbeiten möchte, wie die öffentliche Aufgabenerfüllung möglichst wirksam und nachhaltig erfolgen kann.

2.2. Ergebnisverantwortung inhaltlich und organisatorisch festigen

Ein Blick in die Geschäftseinteilungen der Ministerien zeigt, dass sich die Einführung der wirkungsorientierten Verwaltungsführung nur in Ansätzen in der Aufbauorganisation niederschlägt. So hat etwa das BMUKK ein Globalbudget für Kunst und Kultur, das zumindest zwei Sektionen zugerechnet werden kann, für den gesamten Schulbereich gibt es auch nur ein Globalbudget für das drei Sektionen fachverantwortlich sind. Durch diese Zersplitterung bleibt unklar, wer nun für das Erreichen der Wirkungsziele wie verantwortlich ist. Ähnlich stellt sich der Bereich des BMLVS dar. Es gibt ein Globalbudget für den Sport, der einer Sektion zugeordnet werden kann, die gesamte Landesverteidigung ist neben der Zentralsektion „Steuerung und Service“ nur einem Globalbudget, zugeordnet. Dafür sind wieder mehrere Sektionen verantwortlich. Andere Ressorts wie etwa das BMI oder das BMLFUW haben die Globalbudgetgliederung zumindest so vorgenommen, dass sie den vorhandenen Sektionen weitgehend entsprechen. Dies macht die Verantwortlichkeit klarer, inwieweit die zuständigen Sektionsleiterinnen und -leiter auch tatsächlich einen entsprechenden Frei- und Gestaltungsspielraum haben, bleibt abzuwarten.

Zum Unterschied vom Bund wird im neuen steiermärkischen Haushaltsrecht die eindeutige Festlegung der Verantwortlichkeiten auf jeder Ebene des Budgets betont. (Pkt. 9.3.5 des Detailfachkonzepts vom 27.9.2012, S. 44)

Nach wie vor sind nämlich für Entscheidungen über den Ressourceneinsatz häufig die Präsidialsektionen zuständig, einige Ressorts haben ein Globalbudget, dem das gesamte Personal zugeordnet ist, der Sachaufwand bleibt im Fach-Globalbudget. Damit wird deutlich, dass die Verantwortung für das Erreichen der Wirkungsziele zumindest auf zwei Verantwortliche verteilt ist, den Fach- und den Ressourcenverantwortlichen. Die Chance, durch eine Zusammenführung von Fach- und Ressourcenverantwortung den Handlungsspielraum der Führungskräfte zu erhöhen und auch die Verantwortlichkeiten zu schärfen, wurde damit bis jetzt nur wenig genutzt. Will man die Wirksamkeit öffentlicher Aufgabenerfüllung zukünftig verbessern, so sind jedenfalls auch die organisatorischen Vorkehrungen dafür zu treffen. Zentrale öffentliche Aufgaben werden auch von ausgelagerten Einheiten bzw. anderen Gebietskörperschaften erfüllt. Durch die engen Aufgaben- und Finanzierungsverflechtungen wird es in Zukunft notwendig sein, die Wirkungsorientierung auch auf diese Bereiche auszudehnen und die Vorteile der neuen Steuerungsphilosophie breit zu nutzen.

Die Zielfindungspraxis erfolgt oft nach dem Motto „nur ja nicht zu viel vornehmen“. So werden tendenziell wenig engagierte Ziele festgelegt, um ihre Erreichung zu erleichtern. Bei Durchsicht der von den Ressorts angegebenen Zielvorgaben kann der Eindruck gewonnen werden, dass die angegebenen Zahlenwerte teilweise kaum über den Ist-Stand hinausgehen. Das BMI strebt z.B. für 2013 im OECD-Better-Life-Index einen Platz unter den 10 sichersten Ländern der EU an. Im Jahr 2011 lag Österreich bereits auf Platz 4. Die durchschnittliche Verfahrensdauer zur Gewährung von Pflegegeld beträgt 2011 für Neuanträge 58,3 Tage. Als Zielwert legt das BMASK für 2013 „weniger als 60 Tage" fest.[337] Grundsätzlich ist es zwar verständlich, wenn bei Zielvorgaben vorsichtig vorgegangen wird. Dennoch regen sich Zweifel an der Ernsthaftigkeit der Ziele, wenn diese bereits im Zeitpunkt der Festlegung nahezu erreicht sind. Zu ambitionierte Ziele können ebenso die Motivation der Mitarbeitenden beeinträchtigen. Auch sie werden von den Bediensteten nicht ernst genommen, weil sie ihr Erreichen als aussichtslos ansehen. Ziele sollten daher so gewählt werden, dass sie einen gewissen Anreiz bieten sich anzustrengen, die Leistungen zu verbessern oder innovative Ideen zu entwickeln. Im BMASK ist die Kultur schon weiter entwickelt. Dort gilt der Grundsatz: „Es ist besser ein engagiertes Ziel leicht zu verfehlen als ein wenig ambitioniertes Ziel überzuerfüllen". Dies entspricht eher einer wirkungsorientierten Steuerung und kann so ihren Nutzen erhöhen.

2.3. Verfassungsgebot der Gleichstellung einlösen

Gemäß Art. 51 Abs. 8 B-VG integriert die Wirkungsorientierung auch das Ziel der tatsächlichen Gleichstellung von Frauen und Männern. Damit werden die Gleichstellungswirkungen staatlichen Handelns und im Besonderen die Gleichstellungswirkungen der Budgetpolitik (Gender budeting) in den Vordergrund gestellt. Klatzer sieht wesentliche Ziele dieses Ansatzes in der Veränderung von Budgetpolitik, „um eine ausgewogenere Verteilung der öffentlichen Ressourcen und eine Verbesserung der Gleichstellungssituation sowie erhöhte Accountability (Rechenschaftspflicht) der Regierung im Hinblick auf deren nationale und internationale Gleichstellungsverpflichtungen ... zu erreichen".[338] Gemäß Art. 13 Abs. 3 B-VG haben Bund, Länder und Gemeinden bei der Haushaltsführung die tatsächliche Gleichstellung von Frauen und Männern anzustreben. Für den Bund wird dies in § 41 Abs. 1 BHG 2013 konkretisiert,

[337] Dies wurde auch von den Abgeordneten im Budgetausschuss am 7. und 8.11.2013 kritisiert.

[338] Klatzer 2011, S. 354.

indem die Angaben zur Wirkungsorientierung unter Berücksichtigung der tatsächlichen Gleichstellung von Frauen und Männern ... zu erstellen sind. Gemäß § 4 (3) der Verordnung gem. § 41 (2) BHG 2013 sollte zumindest eines der 5 Wirkungsziele pro Untergliederung (UG) ein Gleichstellungsziel sein. Dieses sollte insbesondere auf externe, gesellschaftspolitische Wirkungen ausgerichtet sein.

So sieht z.B. der BVA 2013 für die UG 16 – öffentliche Abgaben ein interessantes Wirkungsziel vor: „Die bessere Verteilung der Erwerbsarbeit wie auch der unbezahlten Arbeit zwischen Frauen und Männern wird durch das Abgabensystem unterstützt." Als Maßnahme ist der Abbau von negativen Erwerbsanreizen im Abgabensystem (bspw. Senkung des hohen effektiven Grenzabgabensatzes als Anreiz zur Vollerwerbstätigkeit) vorgesehen. Als Indikator wird das Verhältnis Vollzeit zu Teilzeit von Frauen und Männern angegeben. (Zielzustand 2013: 81 Prozent; Zielzustand 2015: 75 Prozent; Istzustand 2011: 87 Prozent aller ganzjährig Teilzeitbeschäftigten sind weiblich).

Dennoch hat sich in der praktischen Umsetzung die Definition eines Genderziels als eher schwierig herausgestellt. Der Versuch, als Ziel die Erhöhung des Frauenanteils in Gremien festzulegen, scheint nur bedingt zielführend; dann etwa, wenn dadurch auch zu erwarten ist, dass unmittelbar positive Auswirkungen auf die Berücksichtigung weiblicher Sichtweisen und Lebensumstände folgen. So finden sich in zwei UGs Ziele zur Erhöhung des Frauenanteils:

Tabelle 19: Wirkungsziele zur Erhöhung des Frauenanteils

UG	Wirkungsziel	Indikator
BMWFJ	Förderung von Frauen in Unternehmen, insbesondere Erhöhung des Frauenanteils in staatsnahen Betrieben (Management-, Vorstands-, bzw. Aufsichtsratspositionen) und Stärkung von deren Führungskompetenz (Gleichstellungsziel)	Frauenanteil an der Bundesquote der Aufsichtsratsgremien von Unternehmen, an denen der Bund mit 50 Prozent und mehr beteiligt ist und die im Bereich des BMWFJ (Eigentümervertretung) liegen; Zielzustand (2013): 25 Prozent Aufsichtsrätinnen in 6 (75 Prozent) von 8 Unternehmen (an denen der Bund mit 50 Prozent und mehr beteiligt ist und die im Bereich[Eigentümervertretung] des BMWFJ liegen). Istzustand (2011): 25 Prozent Aufsichtsrätinnen in 3 von 8 Unternehmen (an denen der Bund mit 50 Prozent und mehr beteiligt ist und die im Bereich [Eigentümervertretung] des BMWFJ liegen).

Bundes-ver-mögen	Anhebung des Frauenanteils in Aufsichtsräten von Unternehmen, die dem Beteiligungsmanagement des BMF unterliegen und an denen der Bund mit zumindest 50 Prozent beteiligt ist	Erhöhung des Anteils an Bundesvertreterinnen in den Aufsichtsgremien der genannten Unternehmen auf 25 Prozent (2013) (Istzustand: Der Anteil der Bundesvertreterinnen in den Aufsichtsgremien der genannten Unternehmen beträgt per 31. 12. 2011 16 Prozent)

Quelle: BVA 2013

Damit wird die Partizipationsmöglichkeit von Frauen erweitert und geschlechterspezifische Sichtweisen können in Unternehmensentscheidungen und die Ausübung von Kontrollrechten einfließen. Daraus können sich geschlechterspezifische Leistungsangebote (z.B: bei den ÖBB) ergeben.

Gleichstellungsziele und Maßnahmen dazu im BVA festzulegen, ist aber nicht der einzige Beitrag dazu, das Verfassungsgebot des Art. 13 B-VG umzusetzen. Vielmehr sind in einem breiteren (Governance-) Ansatz *Analysen der Gleichstellungswirkungen* vorzunehmen, die als Basis für strategische Steuerungsentscheidungen dienen (evidence based decision making).

Beispiel: So sieht der BVA 2013 für die UG 41 – Verkehr als ein Wirkungsziel die Sicherstellung der Gendergerechtigkeit in der Mobilität sowie eines gleichen Zugangs von Frauen und Männern zu allen Verkehrsdienstleistungen vor. Als Maßnahme ist die Durchführung von mindestens 2 weiteren spezifischen Genderanalysen und Veröffentlichung der Berichte bis 31.12.2013 vorgesehen, um den unterschiedlichen Bedürfnissen, Anliegen und Disparitäten insbesondere im Rahmen der wirkungsorientierten Verwaltung durch entsprechende Maßnahmen zukünftig verstärkt Rechnung zu tragen. In der weiteren Beschreibung der Maßnahme wird auf die Notwendigkeit von evidence based decision making hingewiesen, wenn es heißt: „Dazu bedarf es aber auch der Schaffung einer fundierten Wissensbasis und eingehender Analysen der jeweiligen Untergliederungen und Detailbudgets, um den jeweils erforderlichen Handlungsbedarf zu identifizieren und zu spezifizieren. So soll schließlich auch im Verkehrsbereich eine tatsächliche Gleichstellung von Frauen und Männern erreicht werden, weil wissenschaftliche Studien belegen, dass Frauen und Männer ein unterschiedliches Mobilitätsverhalten aufweisen."

In Wien ist „Gender Budgeting" schon weit entwickelt. So wird durch einen systematischen „Gender-check" über alle Budgetansätze analysiert, welcher Bedarf an Leistungen für welche Personengruppe besteht und damit die Zielgruppe für die geplanten Ausgaben bzw. Maßnahmenpakete definiert.[339]

Neben Gleichstellungszielen und Genderanalysen dienen auch *gendersensible Prozesse und Abläufe* dem allgemeinen Gleichstellungsgebot. Für Klatzer[340] bedeutet dies „wesentlich mehr, als ein paar Frauen mitreden zu lassen. Es bedeutet einen Kulturwandel und die Öffnung der Budgetprozesse, um bislang in budgetpolitischen Prozessen marginalisierten Gruppen und Interessen verstärkt Zugang zu gewähren." Dazu gehört das Einbinden von Vertreterinnen und Vertretern einer gleichstellungsbewussten Wissenschaft ebenso wie das Fördern des öffentlichen Diskurses über gleichstellungspolitische Dimensionen öffentlicher Politik.

Schließlich zählen auch *gleichstellungsorientierte Veränderungen und Steuerung von Politiken und Budgets* zur Umsetzung des Verfassungsgebotes gem. Art. 51 Abs. 8 und 13 Abs. 3 B-VG. So besteht in Wien die Pflicht zur Veröffentlichung von Gender-budgeting-Analysen. Dadurch wird die Transparenz erhöht und die Rechenschaftspflicht bei gleichstellungspolitischen Aktivitäten institutionalisiert.

Ein weiteres Beispiel für gleichstellungsorientierte Gestaltung von Politiken stammt aus dem Förderbereich in Wien. Dort integriert das ZIT-Zentrum für Innovation und Technologie Gender-Aspekte in die Technologieförderung etwa durch die Vergabe einer Zusatzprämie von 10.000,- € in der Förderschiene Forschung, wenn das eingereichte Forschungsprojekt von einer Frau geleitet wird. Ergänzt wird dies durch den Förderwettbewerb „Fempower" für Projekte, die von Frauen geleitet werden, an denen Frauen substanziell mitarbeiten oder die besondere genderspezifische Inhalte aufweisen. Im Jahr 2009 wurden dabei 9 Projekte mit insgesamt 1.020.000,- € gefördert.[341]

Insgesamt steckt die Umsetzung des Verfassungsgebotes der Gleichstellung in Verwaltungs- und Haushaltsführung trotz der positiven Ansätze des neuen Haushaltsrechts noch in den Kinderschuhen. Dies gilt insbesondere für die Umsetzung in die Fläche

339 Vgl. Frauenberger, in : Bauer/Biwald/Dearing 2011, S. 374.

340 Klatzer 2011, S. 357.

341 Frauenberger, in : Bauer/Biwald/Dearing 2011, S. 373.

(auch auf Länder- und Gemeindeebene), die Partizipationsmöglichkeit gleichstellungsbewusster Vertreterinnen und Vertreter der Zivilgesellschaft und die Institutionalisierung gendersensibler Politikgestaltung und -umsetzung.

2.4. Koordinierung, Konkretisierung und Kohärenz sind notwendig

Wegen des strategischen Charakters und der teilweise komplexen Inhalte können Wirkungsziele nur dann umgesetzt werden, wenn diese durch konkrete Ausprägungen verständlich, d.h. auf operationale Ziele und auf – möglichst leicht messbare – Kennzahlen beschränkt und aufeinander abgestimmt werden. Wie oben ausgeführt setzt die Konkretisierung eine gemeinsame Wertebasis und damit ein gemeinsames Verständnis der Public Values voraus. Erst dann kann die inhaltliche Konkretisierung der Wirkungsziele erfolgen.

Konkretisierung und Indikatorenbildung

Dazu existieren etwa in Finnland mehrere Zielebenen[342]: es sind dies z.B. für die Bildung die Ebenen der Entwicklungsstrategie (z.B. Weiterentwicklung des Bildungs- und Forschungssystems) und der generellen Wirkungsziele (z.B. Bildungsmöglichkeiten und Gleichberechtigung schaffen), die in weiterer Folge konkretisiert werden (konkretisiertes Wirkungsziel: bis 2015 soll der Anteil der 25-29-Jährigen, die zumindest Bildung im sekundären Bereich erhalten haben, von 85 auf 90 Prozent gesteigert werden). Unterstützend für eine Zielkonkretisierung wird das Indikatorensystem des „Findicator" eingesetzt.[343] Dieser enthält eine Fülle an statistischen Daten, die zu nationalen Schlüsselindikatoren führen. Ursprünglich wenig genutzt, wurden vom National Statistical Office und dem Prime Minister's Office im Dialog mit Politikerinnen und Politikern Erfolgsfaktoren für eine breitere Nutzung dieser Daten herausgearbeitet. So sind die Messgrößen heute aktuell, übersichtlich und verständlich dargestellt und ergänzt um Hintergrundinformationen zu den Aussagen. Damit bilden sie eine fundierte Basis für die Festlegung von politischen Zielen. Diese sind jedoch nicht in den Findicator integriert.

---

342 Zitiert nach http://www.bka.gv.at/site/6362/default.aspx (Abfrage 12.3.2011).

343 www.findikaattori.fi/en.

Ähnlich dazu sind im „National Performance Framework“ von Schottland auf einer staatlichen Website[344] 5 national geltende strategische Ziele (strategic objectives) angeführt[345], die in 16 Wirkungszielen (National Outcomes) konkretisieren, was Schottland in den nächsten 10 Jahren erreichen möchte. (Siehe Abbildung 15)

Abbildung 15: Nationale Wirkungsziele in Schottland

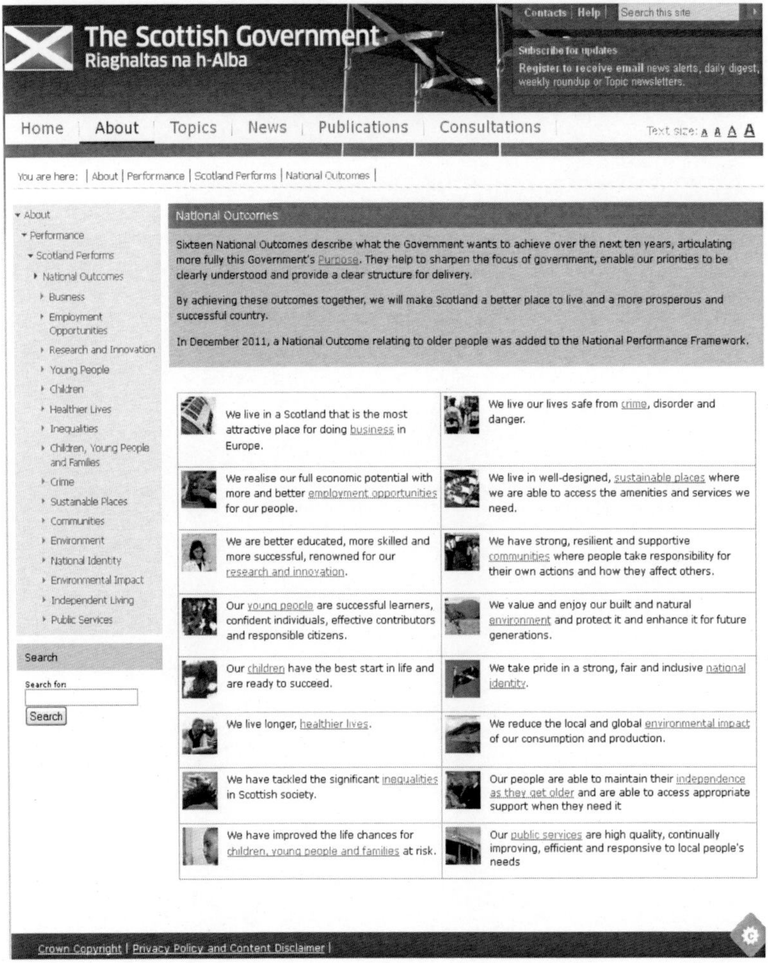

[344] http://www.scotland.gov.uk/About/Performance/scotPerforms/indicators (Abfrage 2.2.2013).

[345] Z.B. „We want to live in a Scotland at is safer and stronger: Help local communities to flourish, becoming stronger, safer place to live, offering improved opportunities and a better quality of life.“

Anders als im „Findicator“ verwendet Schottland in der Folge 50 nationale Indikatoren, die die Wirkungsziele konkretisieren und an denen Leistungen und Maßnahmen aller staatlichen Stellen und der Zivilgesellschaft ausgerichtet werden. Das in Abbildung 16 wiedergegebene Indikatorenset wird durch die nationale Statistik bearbeitet. Die Zielerreichung wird auf einen Blick im Internet transparent.

Abbildung 16: Das schottische System der Wirkungsziele und nationalen Indikatoren

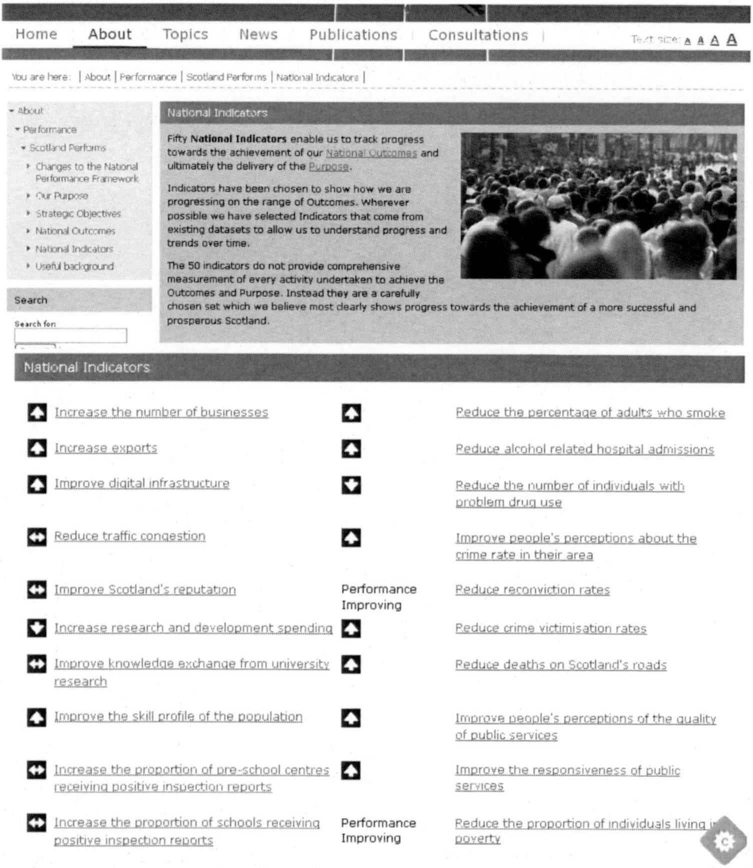

So hat sich Schottland u.a. als ein Wirkungsziel gesetzt, das Leben frei von Kriminalität, Unruhe und Gefahren zu halten. („We live our lives safe from crime, disorder and danger") Um dieses Ziel zu erreichen, wirken Polizei, Justiz, aber auch die Bürgerinnen und Bürger zusammen. 5 nationale Indikatoren sorgen für eine Konkretisierung dieses Ziels und die Messung der Zielerreichung. Einer der Indikatoren ist etwa „Improve people's perceptions of their neighbourhood." Der Status der Zielerreichung wird wie folgt beschrieben: „The percentage of people who rate their neighbourhood as a very good place to live increased by 4.8 percentage points from 51.1 Prozent in the baseline year of 2006 to 55.9 Prozent in 2011." Damit enthält das Ziel keine quantitative Zielgröße, sondern spricht nur von einer Steigerung. Ob eine solche eingetreten ist und wie hoch diese ausgefallen ist, wird im „current status" berichtet.

Auch dieses Beispiel zeigt, wie strategische Ziele kaskadenartig konkretisiert werden und Indikatoren dabei eine zentrale Rolle spielen. Die Einigung auf wenige, aussagekräftige Indikatoren – wie in Schottland praktiziert – verhindert die ausschließlich auf die eigene Organisation bezogene Umsetzung. Sie stellt eine intelligente Verknüpfung von Steuerungsgrößen dar und dient der Vermeidung einer zusätzlichen Steuerungsbürokratie. Die Transparenz, in Erfüllung der Rechenschaftspflicht, wird durch die Veröffentlichung im Internet gewährleistet.

Die Entwicklung von brauchbaren Indikatoren ist somit ein Erfolgsfaktor einer wirkungsorientierten Steuerung. Für die vielfach noch konstatierte geringe Nutzung von Indikatoren zu Steuerungszwecken und auch zu Lernzwecken sehen Egger-Peitler/Heuböck mehrere Ursachen. Einerseits hängt dies mit der mangelhaften Qualität und dem geringen Informationsgehalt der Ergebnisdaten zusammen bzw. mit fehlenden Bezügen zwischen Ergebnissen und Ressourcen.[346] Andererseits wird sie durch die individuelle Einstellung der Informationsnutzerinnen und -nutzer sowie durch die organisatorischen und individuellen Kompetenzen und Fähigkeiten zur Umsetzung der Ergebnisinformationen beeinflusst. [347]

---

[346] So auch für die Niederlande konstatiert von Egger-Peitler/Heuböck 2012 S. 20.

[347] Egger-Peitler/Heuböck 2012, S. 24 und 50.

Kohärenz sichern

Betrachtet man das zentrale Politikfeld „Bildung“ für sich, so werden die Gefahren fehlender Kohärenz deutlich.

EU 2020: Der Anteil der Schulabbrecher sollte auf unter 10 Prozent abgesenkt werden und mindestens 40 Prozent der jüngeren Generation sollten einen Hochschulabschluss haben.

EU-Leitprojekt: „Jugend in Bewegung“, um unsere Bildungssysteme leistungsfähiger zu machen und den Jugendlichen den Eintritt in den Arbeitsmarkt zu erleichtern.

Das Österreichische Reformprogramm 2011 nannte als Nationale Zielsetzung, bis zum Jahr 2020 die SchulabbrecherInnenquote auf 9,5 Prozent zu senken und den Anteil der 30- bis 34-jährigen, die ein Hochschulstudium abgeschlossen haben oder über einen gleichwertigen postsekundären Abschluss verfügen, auf 38 Prozent zu erhöhen.

Die wichtigsten Herausforderungen in diesem Bereich sind die Steigerung der Bildungsbeteiligung, die Erhöhung der Absolventenanzahl naturwissenschaftlich-technischer Studienrichtungen, die Verbesserung des Bildungsniveaus sowie die Senkung der SchulabbrecherInnenquote, die Verbesserung der Attraktivität und Durchlässigkeit der beruflichen Bildung.

Der Strategiebericht 2013-2016 sieht zwei sehr allgemein gehaltene Ziele vor: Erhöhung des Bildungsniveaus der Schülerinnen und Schüler sowie die Verbesserung der Chancen- und Geschlechtergerechtigkeit im Bildungswesen. Die Wirkungsziele im BVA 2013 sind zumindest gleichlautend.

Im Vergleich zu den EU-2020-Zielen und den Zielen des Nationalen Reformprogramms, die konkrete quantitativ messbare Ziele vorgeben, sind die Ziele im Strategiebericht und die Wirkungsziele im BVA 2013 wieder verallgemeinert und damit unbestimmter geworden. Die angeführten Maßnahmen konkretisieren zwar in Ansätzen die Wirkungsziele, der Beitrag zur Erreichung der Wirkungsziele ist jedoch nicht immer nachvollziehbar. In den Maßnahmen fehlt z.B. ein Hinweis bzw. überhaupt ein Zielwert für die Verringerung der Drop-out-Quote, die ein Kernpunkt in den EU-2020-Zielen und im Nationalen Reformprogramm ist. Kritisch erscheint es auch, dass im Strategiebericht 2013 – 2016 brennende Reformthemen wie etwa eine strukturelle Reform des Bildungsbereiches gar nicht vorkommen. Lediglich bei den erforderlichen Steuerungs- und Korrekturmaßnahmen zur Einhaltung der Obergrenzen wird die „laufende Überprüfung der Aufgaben und Steigerung der Effizienz der Bildungsverwaltung, darunter verstärktes Controlling und Stärkung der Verantwortung an den Schulstandorten (Umsetzung einschlägiger Empfehlungen des Rechnungshofes)" angesprochen. Hinweise auf bereits vorliegende Konzepte zu einer strukturellen Bildungsreform fehlen. Zudem wird bei der notwendigen Konkretisierung von strategischen Vorgaben eine Art „Rückzugsverhalten" in eine neue Allgemeinheit konstatiert. Dies verringert die Erfolgsaussichten für das Erreichen der Wirkungsziele. Die Chance, auf den Zug internationaler Programme aufzuspringen und ihn für die Umsetzung guter Bildungsqualität auf nationaler Ebene zu nutzen, wurde nicht ausreichend genutzt. Hier muß es Aufgabe des Parlaments sein, von der Bundesregierung Konkretisierungen zu fordern, die erst eine Umsetzung ermöglichen.

Programme als Querschnittsaufgaben, die das Zusammenwirken mehrerer Ressorts erfordern, verlangen auch entsprechende Programmbudgets, damit Maßnahmen und Ressourceneinsatz integriert werden können. Jedes Ressort muss die vorgesehenen Mittel ins Programmbudget einspeisen. Damit wird das Projekt gesichert. Das Programmbudget braucht eine vom Ressortprinzip abweichende Organisationsform. Die Programmleitung wird damit nicht nur verantwortlich für die Umsetzung der geplanten Maßnahmen, sondern auch für den Ressourceneinsatz. So kann ein Programmbudget Treiber für eine verbesserte Wirkungsorientierung werden und zu einem Bürokratieabbau beitragen. Solche Programmbudgets sieht das BHG 2013 derzeit jedoch nicht vor.

3. Public Governance im Personalmanagement

Eine Reform des öffentlichen Dienstes[348] braucht frischen Wind in Methoden und Inhalten. Zu vielfältig sind – trotz ähnlicher Ausgangslage – die einzelnen Dienstrechte, zu ausdifferenziert und detailliert die Regelungen. Zu sehr fokussiert sich die Reformdis-

[348] Mit „öffentlichem Dienst" wird hier die Gesamtheit der Mitarbeiterinnen und Mitarbeiter der Gebietskörperschaften bezeichnet, betont also den Personalaspekt und nicht die staatlichen Leistungen.

kussion auf rechtliche Aspekte, die vorher notwendige Diskussion einer näheren Ausgestaltung allgemein gehaltener Ziele und Strategien unterbleibt. Es wird an einzelnen Schräubchen des Dienstrechts gedreht, ohne eine klare Vision von einem zukunftsfähigen öffentlichen Dienst. Es existiert zwar ein „Leitbild der Bediensteten des Bundes“ aus dem Jahr 2000, dieses wird jedoch – bei einigen guten Ansätzen[349] – den heutigen Anforderungen nicht mehr gerecht. So heißt es etwa: „unser Ziel ist es, vorhersehbar, zuverlässig und nachvollziehbar zu handeln.“ Zwischenzeitlich wurde die wirkungsorientierte Verwaltungsführung gesetzlich verankert und damit das ergebnisorientierte Verwaltungshandeln in den Vordergrund gerückt. In diesem Sinne sieht das BMG ab 2013 bereits vor, dass die Bundesministerien „so strukturiert sind, dass sie den Grundsätzen der Wirkungsorientierung ... dienen.“ An einer Weiterentwicklung dieses Leitbilds ist derzeit offenbar nicht gedacht, da sein Wortlaut nur mehr im Behördenintranet abrufbar und damit die allgemeine Zugänglichkeit eingeschränkt ist.[350]

Noch immer ist das Wertesystem des öffentlichen Dienstes stark im hoheitlichen Staatsverständnis verankert.

So heißt es z.B. – ähnlich wie in anderen Dienstrechten[351] – in § 32 des geltenden LDG[352] zu den Dienstpflichten des Leiters einer Schule: Dieser hat darauf zu achten, „dass alle an der Schule tätigen Lehrer ihre dienstlichen Aufgaben gesetzmäßig und in zweckmäßiger, wirtschaftlicher und sparsamer Weise erfüllen. Er hat sie dabei anzuleiten, ihnen erforderlichenfalls Weisungen zu erteilen, aufgetretene Fehler und Missstände abzustellen und für die Einhaltung der Dienstzeit zu sorgen.“ Es gibt hingegen keine gesetzliche Bestimmung, die ein kundenorientiertes Handeln der Lehrerinnen und Lehrer vorgibt, was bedeuten würde, den Kindern und Jugendlichen bestmögliche Bildung zu vermitteln oder bei Bedarf zielgruppenspezifische Förderungen anzustreben. Die im § 32 LDG verankerte Führungskultur ist gekennzeichnet durch hierarchische Über- und Unterordnung sowie die Pflicht zur Kontrolle der rechtmäßigen Aufgabenerfüllung und sieht nicht vor, Fehler als Chance für Verbesse-

349 Z.B. „Wir sind bestrebt, den Menschen bei der Erledigung ihrer Angelegenheiten zu helfen, um Transparenz, Vertrauen und Verständnis zu fördern.“... „Wir suchen den Dialog mit den Menschen.“

350 http://www.oeffentlicher-dienst.intra.gv.at/index.html.

351 Ähnlich auch § 45 BDG oder § 5b VBG.

352 Landeslehrer-Dienstrechtsgesetz.

rung zu sehen, Vergleiche mit anderen Schulen ähnlichen Schultyps zuzulassen oder gar zu suchen, um voneinander lernen zu können.

Diese gesetzlichen Regelungen muten wie aus einem vergangenen Jahrhundert an. Zwischenzeitlich ist Österreich jedoch Teil einer internationalen Gemeinschaft geworden, ist Wirkungsorientierung im BHG 2013 verankert, ist der Nutzen von Wettbewerb auch innerhalb des öffentlichen Dienstes anerkannt und gilt dezentrale Fach- und Ressourcenverantwortung als Motor für Eigeninitiative und Verbesserung der Leistungsfähigkeit. Wenn auch Reformen des Public Management gewisse Impulse für einen moderneren öffentlichen Dienst gebracht haben,[353] scheint doch das Dienstrecht in Teilbereichen erstarrt und die Vision von einem guten öffentlichen Dienst zunehmend unklar geworden.

Im Folgenden soll gezeigt werden, wie Leitgedanken von Public Governance[354] auch der Reform des öffentlichen Dienstes neue Impulse geben können. Dabei sind die Akteurinnen und Akteure der verschiedenen Personalverantwortungsbereiche aufgerufen, ihren Beitrag zu leisten:

- Jede Führungskraft sorgt für „die Vereinbarung klarer Arbeitsziele, die Förderung der Mitarbeiterinnen und Mitarbeiter, die Stärkung eigenverantwortlichen Handelns und das Anerkennen von Engagement und Leistungen.“ (Leitbild für die Bediensteten der Bundesverwaltung)
- Die Präsidialsektion hat innerhalb jedes Ressorts für förderliche Arbeitsbedingungen ihrer Fachbereiche zu sorgen, Unterstützung bei der Personalführung zu gewähren (z.B. Leitfäden für Mitarbeitergespräche, Durchführung von Ausschreibungen) und bei Bedarf einen Ressourcenausgleich zwischen den Fachbereichen (Globalbudgets) zu organisieren. (Geschäftseinteilungen der Ressorts)
- Nicht zuletzt hat die zentrale Personalkoordination im BKA die Aufgabe, durch eine umfassende Personalbewirtschaftung (Personalplan, Arbeitsplatzbewertungen), ein entsprechendes Personalcontrolling, gemeinsame Personalentwicklungsmaßnahmen (z.B. Job-Börse, Verwaltungsakademie) und legistische Rahmenbedingungen für ein gewisses Maß an Einheitlichkeit und damit

---

[353] Z.B. Kundenorientierung, Einführung von Mitarbeitergesprächen, Führen mit Zielen etc., siehe dazu die Ausführungen im Teil II dieses Buches.

[354] Z.B. Strategische Kompetenz als Erfolgsfaktor, Demokratiequalität durch Beteiligung.

auch für Gerechtigkeit bei Besoldung und Aufgabenverteilung zu sorgen.[355]

3.1. Vision eines modernen öffentlichen Dienstes

In Anbetracht radikal geänderter Rahmenbedingungen für den öffentlichen Dienst von heute ist es in erster Linie notwendig, sich auf neue Werte zu besinnen und altbewährte auf ihre Tauglichkeit zu prüfen, sie der Mitarbeiterschaft und der Öffentlichkeit gegenüber transparent zu machen und das Personalmanagement danach auszurichten. Schon 2001 hat die OECD einen Werteverfall im öffentlichen Sektor konstatiert und „Leadership“ als Weg zu „good public governance“ bezeichnet.[356] Dabei wird auf den Konnex zwischen allgemeinen, verfassungsgesetzlich verankerten Werten, wie etwa Gewaltenteilung oder Transparenz hingewiesen, die für die Entwicklung der Werte für den öffentlichen Dienst zu berücksichtigen sind.

Public sector leadership for the 21 St century (OECD):

„A common complaint is lack of dedication to the underlying values of public service and the interests of the citizens served. A common response seems to be the attempt to promote a certain kind of leadership.

Leadership is a critical component of good public governance, which is a major theme for current OECD work. Governance can be briefly described as the way in which the underlying values of a nation (usually articulated in some way in its Constitution) are “institutionalised“. This has formal aspects such as separated powers, checks and balances, means of transferring power, transparency, and accountability. However, for these values to be actualised, they must guide the actions of public officials throughout the system. They must be imbedded in culture. In this regard “leadership“ is the flesh on the bones of the Constitution. It is at the heart of good governance.“

Diese neuen Werte basieren auf den oben beschriebenen Elementen von PM und den Leitideen von Public Governance und sind als

355 Vgl. Teil 2 der Anlage zu § 2 BMG Abschnitt A.

356 http://www.oecd.org/governance/publicemploymentandmanagement/2434104.pdf.

Teil der Vision eines modernen öffentlichen Dienstes gedacht, die handlungsleitend für die öffentlich Bediensteten wirken. Dazu zählen etwa die in Abb. 17 angeführten und knapp erläuterten Werte.

Abbildung 17: Mögliche Werte für einen modernen öffentlichen Dienst

Werte	Bedeutung für „gutes Regieren"
Mitarbeiterinnen und Mitarbeiter, die selbstbestimmt agieren können	d.h. mit einem gewissen Maß an Eigenverantwortung innerhalb eines vorgegebenen Rahmens (rechtlich, budgetär). Dies schafft Arbeitszufriedenheit, hebt die Leistungspotenziale der Mitarbeitenden und steigert die Leistungsfähigkeit der Organisation. Damit verbunden muss ein gewisser Bestandschutz sein, der den Bediensteten die nötige Sicherheit gibt. Das FIV sieht einen notwendigen Bestandschutz nicht als Privileg, „sondern als eine Schutzmaßnahme gegen tatsächlich drohende ungerechtfertigte (politische) Einflussversuche zur Sicherung der Rechtsstaatlichkeit... Dabei ist zu prüfen, welche der verschiedenen Sicherungsinstrumente (etwa Bestandschutz- oder Objektivierungsmaßnahmen) tatsächlich erforderlich sind, wie hoch die Bestandschutzintensität und wie groß der zu schützende Personenkreis ist."[353] Jedenfalls sind aber die eigenständigen Aktivitäten der Mitarbeitenden durch eine nachgängige Kontrolle zu begleiten. Unerwünschtes Verhalten braucht Konsequenzen für den einzelnen/die einzelne, für Vorgesetzte und für die Organisation. Gedacht ist dabei nicht an eine Bestrafung, sondern an ein Lernen aus den Fehlern.
Kritische und innovative Mitarbeiterinnen und Mitarbeiter sind erwünscht und werden gefördert	„Grundidee ist, dass der kritische Beamte, der sich nicht nur als Werkzeug seiner Vorgesetzten versteht, erwünscht ist und zur offenen Diskussion über politische Fragen gut beitragen kann."[354] Kritisches Bewusstsein und innovative Ideen verschaffen der Verwaltung die notwendige strategische Agilität, die sie braucht, um ihre Performance nachhaltig zu verbessern.[355] Von den Führungskräften sollten sie zugelassen und gefördert werden. Auch die Bediensteten tragen Mitverantwortung für die Qualität der Aufgabenerfüllung, für die Kultur in ihrer Organisation und letztlich auch für die staatliche Performance. Sie zeigen diese Mitverantwortung durch ein Eigeninteresse an Neuem und an Weiterbildung und eine aktive Mitwirkung und durch Engagement bei der kontinuierlichen Verbesserung der öffentlichen Aufgabenerfüllung.
Wirkungsorientierung ergänzt das Streben nach effizienter Aufgabenerfüllung	Nicht nur die Anzahl der erbrachten Leistungen (z.B. Verkehrskontrollen), sondern auch die damit erzielten Wirkungen (z.B. höhere Verkehrssicherheit) gewinnen für die Führungskräfte und die Mitarbeitenden an Bedeutung. Die Vorgesetzten sind dabei verantwortlich dafür, dass qualitativ gute Ziele entwickelt werden und die Rahmenbedingungen für die Aufgabenerfüllung unterstützend sind. Die Mitarbeiterinnen und Mitarbeiter erkennen den Unterschied zwischen Leistungen und Wirkungen und ihren Beitrag zum Erzielen der gewünschten Wirkung.

[357] FiV-Position 2010, S. 11.

[358] Kucsko-Stadlmayer, in: GÖD-Zeitung 5/2012, S. 15.

[359] So auch u.a. das VwGh-Erkenntnis VwSlg 13461A/1991, wonach Kritik an der eigenen Behörde durch einen Beamten nicht nur durch das Grundrecht auf Meinungsfreiheit geschützt anzusehen ist, sondern auch als notwendiges Mittel zum Optimieren der Verwaltung.

Kundenorientierung gegenüber den Stakeholdern	Kundenorientierung gehört im Lichte der oben dargestellten rechtlichen Regelungen, in denen dieser Wert noch wenig ausgeprägt ist, besonders betont und gemeinsam mit den Betroffenen näher ausgestaltet. Auch die Mitarbeiterschaft gehört zu den Stakeholdern. „Kundenorientierung" ihnen gegenüber drückt sich aus in entsprechender Information und Kommunikation bei organisatorischen und individuellen Entscheidungen, im Vertrauen auf die Fähigkeiten und Kenntnisse der Mitarbeitenden und nicht zuletzt auch in einer Achtung der Menschenrechte auf Gleichheit, Fairness, Würde jedes und jeder Einzelnen.
Vergleichs-/Wettbewerbsorientierung hebt Verbesserungspotenziale	Die Monopolstellung öffentlicher Verwaltungen kann wirksame Problemlösungen behindern, indem sie auf Wissen und Erfahrungen anderer Verwaltungen und das Lernen voneinander verzichtet. Wenn die Leistungserbringung den zweckmäßigen Formen von Wettbewerb ausgesetzt ist, kann sie zu einem effizienteren Ressourceneinsatz führen.

Dieser Katalog möglicher Werte kann nicht einfach übernommen und rechtlich „verordnet" werden. Vielmehr braucht es in Diskussionen zwischen Politik, Verwaltungsmanagement und den öffentlich Bediensteten eine vertiefte Auseinandersetzung mit diesen Werten. Gelebte Kundenorientierung würde aber auch bedeuten, dass die Werte für einen modernen öffentlichen Dienst mit den Bürgerinnen und Bürgern, Interessensvertretungen oder NGOs diskutiert werden, um zu erfahren, wofür die Menschen letztlich bereit sind, Steuern zu zahlen.

3.2. Personalmanagement braucht Strategic Agility

Ausgehend von den neu definierten bzw. weiterhin akzeptierten Werten bedarf es einer Strategie, mit der ein leistungs- und wirkungsorientiertes sowie ein agiles und flexibles öffentliches Handeln gefördert wird. Damit verbunden ist ein entsprechender Kulturwandel, der etwa von Kunden- und Mitarbeiterorientierung geprägt ist, die Aspekte männlicher und weiblicher Lebensumwelten gleichermaßen berücksichtigt und kooperative Aufgabenerfüllung fördert.

Wie im Teil II zur strategischen Schwäche in der österreichischen Verwaltung bereits angesprochen, fehlt auch für das Bundespersonal eine umfassende Personalstrategie.[360] Es fehlen daher Antworten auf aktuelle Fragen, z.B. wie man verhindert, dass Lehrerinnen und Lehrer wegen Burn-out frühzeitig in Pension gehen, wie man

[360] In der Schweiz zeigt eine Umfrage bei den Reformprojektleitungen, dass nur 16 Prozent der Befragten angeben, dass in ihrer Verwaltung eine Personalstrategie existiere, 42 Prozent geben an, dass erste Ansätze dazu vorhanden seien. (Thom/Ritz 2008, S. 321)

erreicht, dass mehr Männer Kindergärtner und Volksschullehrer werden oder wie man die umfangreichen Pensionsabgänge in Bildungsbereich und in der Exekutive decken wird. Lediglich Ansätze dafür sind im Regierungsprogramm 2008 und im Strategiebericht 2013-2016 enthalten.

So werden im Regierungsprogramm 2008 als strategische Leitgedanken für einen modernes, zeitgemäßes und allgemein anwendbares Dienstrecht „die starke Eigen- und Führungsverantwortung, Ergebnisorientierung, Leistungshonorierung und Flexibilität" genannt. Zudem sollen „die Durchlässigkeit und Kompatibilität des öffentlichen Dienstes mit externen Bereichen und eine Laufbahn- und Aufstiegsentwicklung, über verschiedene Gebietskörperschaften und Bereiche hinweg, stark gefördert und diesbezügliche Barrieren möglichst rasch entfernt werden".[361]

Der Strategiebericht 2013 – 2016 unterstreicht die Notwendigkeit zur Personalkonsolidierung durch Reduzierung des Personalstandes in der Bundesverwaltung. Dazu heißt es auf S. 10: „Die Personalpolitik des Bundes wird äußerst restriktiv sein. Bis 2014 erfolgt im Bundesdienst ein Aufnahmestopp. 2015 und 2016 wird nur die Hälfte der Pensionierungen nachbesetzt werden. Lehrerinnen und Lehrer, Exekutive, Justizwache und Finanzpolizei sind von Personalkürzungen ausgenommen."

Die Entwicklung der Personalkapazität des Bundes von 2013 bis 2016 ist wie folgt geplant:[362]

Tabelle 20 : Entwicklung der Personalkapazität des Bundes von 2013 bis 2016

	2013	2014	2015	2016
Gesamtsumme (Personalkapazität Bund)	133.438	132.003	131.368	130.867

Quelle: Strategiebericht des Bundes 2013 – 2016

Weiters gibt es 2013 eine Nulllohnrunde, im Jahr 2014 nur eine moderate Gehaltsanpassung. Darüber, wie die Personaleinsparungen zu erreichen sind, finden sich keine Angaben. Während das

[361] Regierungsprogramm 2008, S. 255 f.

[362] Im Finanzrahmen der Jahre 2013 bis 2016 wurde die Aufstockung der Planstellen in der Justiz im Zusammenhang mit der Schwerpunktsetzung der Bundesregierung im Justizbereich zur Bekämpfung der Korruption und Wirtschaftskriminalität berücksichtigt. Strategiebericht 2013 – 2016, S. 109.

Regierungsprogramm noch inhaltliche Vorgaben enthält, konzentriert sich der Strategiebericht lediglich auf die Reduktion der Personalausgaben und der Planstellen in Personalplan. Eine eigene Strategie zum Personalmanagement des Bundes insgesamt, die über das „Nicht-Nachbesetzen“ hinausgeht, ist nicht enthalten.

Auf der Suche nach Konkretisierung stößt man auf ein Wirkungsziel des Bundeskanzleramts als zuständige Koordinierungsstelle: “Weiterentwicklung und Modernisierung des öffentlichen Personal-, Organisations- und Verwaltungsmanagements zur Sicherstellung einer effektiven und effizienten Erbringung der öffentlichen Leistungen im Interesse des Gemeinwohls.“ Weiter heißt es in den Angaben zur Wirkungsorientierung, dass die Mobilität erhöht werden soll. Die tatsächliche Gleichstellung von Frauen und Männern im Dienstrecht erkannt und bewältigt werden, der Rechtsstaat garantiert und stakeholdergerechte Lösungen (d.h. für Bürgerinnen und Bürger, Abgeordnete, Politik, Unternehmen, NGOs) geboten werden sollen. Diese Angaben sind nach wie vor wenig ausgeführt, Ansätze für eine Konkretisierung etwa der Mobilitätsförderung könnten wie folgt aussehen.

Mehr Mobilität im Bundesdienst

Der in den Maßnahmen des Globalbudgets erwähnte Ausbau der Jobbörse ist zwar eine unterstützende Maßnahme, um echte Mobilität zu erreichen, bedarf es – bei der Starrheit des öffentlichen Dienstes – jedoch viel grundsätzlicherer Reformen. So wurde Anfang der 1990er Jahre das System der bundesweit flächendeckenden Arbeitsplatzbeschreibungen geschaffen, das die Basis für die Einstufung in die unterschiedlichen Besoldungsgruppen bildete. Ziel war damals, eine bundesweit einheitliche und faire Besoldung auf Basis des Grades der Verantwortlichkeit und des erforderlichen Wissens/der Denkleistung, die mit einem Arbeitsplatz verbunden sind. Bei kritischer Betrachtung ist mit zunehmender Ausdifferenzierung, nach nun 20-jährigem Bestehen dieses Systems, eine Verfestigung der Strukturen eingetreten, die in hohem Maße mobilitätshemmend wirkt. Dienststellen- oder auch Ressortwechsel finden meist nur auf gleich- oder höherwertige Stellen statt. Im Sinne eines evidence based decision making wäre dieses System nach 20 Jahre zu evaluieren, der Entwicklung der Fluktuationsraten gegenüberzustellen und aus den Ergebnissen eine Adaptierung vorzunehmen. Dies könnte etwa durch eine Generalisierung von Richtverwendungen, geschehen, die gleichermaßen die Einheitlichkeit der Bundesbesoldung gewährleistet, aber auch die Mobilität erleichtert. Auf Seiten der Bediensteten lässt es die hohe Arbeitsplatzsicherheit im öffentlichen Dienst als gerecht erscheinen, dass eine höhere Mobilität der Mitarbeiterinnen und Mitarbeiter erwartet werden kann, als in der allgemeinen Arbeitswelt. Das betrifft insbesondere die Übernahme neuer Tätigkeitsbereiche am selben Arbeitsplatz, aber auch die Bereitschaft, örtlich mobil zu sein.[363]

Die Abschaffung des Homogenitätsgebotes für die Dienstrechte der Länder im Jahr 2003 hat zu einer Vervielfachung der Anzahl der Dienstrechte geführt. Ein Blick in einzelne Dienstrechte der Länder zeigt weitreichende Parallelitäten der Regelungen ebenso wie mobilitätsrelevante Unterschiede. So scheint auch in dieser Frage eine kritische Reflexion angebracht. Im Rahmen des „Reformdialogs" hat sich die zuständige Bundesministerin dafür eingesetzt, zumindest die Weichen für eine längerfristige Vereinheitlichung der Dienstrechte auf Bundes-, Landes- und Gemeindeebene zu stellen.[364] Auch der Rechnungshof hat durch die Abkehr vom Homogenitätsprinzip ein Erschweren der Mobilität zwischen den Gebietskörperschaften konstatiert, insbesondere weil sich die Pragmatisierungs- und Beförderungsrichtlinien von Bund und Ländern unterscheiden.[365]

Ein Lösungsansatz für den Zielkonflikt zwischen dem Streben der Länder nach Selbständigkeit und dem Streben des Bundes nach Einheitlichkeit könnte in einer großräumigen „Entschlackung" von Detailregelungen und in einer Beschränkung auf wenige grundsätzliche Vorgaben bestehen. Dies bedeutet ein einheitliches Dienstrecht für alle bei weitreichenden Ausgestaltungsmöglichkeiten in Personalmanagement und -entwicklung durch die Länder. Daraus würde auch ein Wettbewerb der Arbeitsbedingungen bei den einzelnen Dienstgebern resultieren, Verwaltungen mit beispielsweise mehr Mitgestaltungsmöglichkeiten, Innovationsfreude und Telearbeitsplätzen wären dann attraktiver als traditionelle Verwaltungen.

---

363 FIV-Positionen 2010, S. 11.

364 „Die Presse" vom 10. 9. 2012.

365 RH-Positionen Verwaltungsreform 2011, S. 139.

Personalentwicklung Neu

Strategieorientiertes Personalmanagement benötigt geeignete Vorgaben und Ziele betreffend die Qualifikation, die Motivation und die Veränderung der Humanressourcen.[366] Dabei geht es nicht nur um neue Arbeitsinhalte, die zu vermitteln sind (z.B. das neuen Haushaltsrecht), sondern auch um einen neuen Zugang zum Lernen. Als Leitgedanken für eine Personalentwicklung nach den Grundsätzen von Public Governance könnten Innovation, Internationalität und Interdisziplinarität gesehen werden. Das Konzept der Verwaltungsakademie, Bedienstete aus unterschiedlichen Ressorts und Bereichen in Seminaren zusammenzuführen und damit eine Plattform für den Austausch zu bieten ist, ist hier ein richtiger Schritt. Insbesondere auf der Ebene des obersten Verwaltungsmanagements besteht jedoch insofern Handlungsbedarf, als deren geringe Beteiligung an Weiterbildungsveranstaltungen Anlass geben sollten, über neue Formen des Lernens für diese Ebene der Mitarbeiterschaft nachzudenken. Da ein Großteil des Lernens auch für die Führungskräfte am Arbeitsplatz stattfindet, könnten der Austausch konkreter Arbeitserfahrungen oder vermehrtes Kooperieren bei der Aufgabenerfüllung adäquatere Lernformen darstellen.

Im Rahmen des FIV werden beispielweise zielgruppenspezifische Formen des „Lernens" angeboten: auf Studienreisen findet ein praktischer Erfahrungsaustausch mit gleichrangigen Führungskräften statt, in den FIV-Themenforen diskutieren Sektionschefinnen mit Landesamtsdirektoren und Bezirkshauptfrauen höchst interessiert und lernbereit miteinander. Damit zeigt sich, dass diese Zielgruppe offenbar unter ihresgleichen und in exklusiver Runde lieber und besser „lernt" als bei Frontalvorträgen und in Großkonferenzen.

Innovative Formen des Lernens fördern auch innovative Lösungen.

Im Rahmen des Projektes „Qualitätsstandards für Bezirksverwaltungsbehörden" wurden Fachleute aus Bezirkshauptmannschaften in Österreich eingeladen, in ihrem Fachbereich Qualitätstandards zu entwickeln. Bei mehreren Großgruppenveranstaltungen von bis zu 80 Teilnehmerinnen und Teilnehmern war großes Engagement zu beobachten, das Verständnis und die Offenheit für Lösungen der anderen wuchs im Laufe der zwei Tage und die Stimmung kann als sehr konstruktiv, wertschätzend und lernfreudig beschrieben werden.

---

[366] Thom/Ritz 2008, S. 324.

Führungskräfteschulungen, in denen abstrakt über Führungsstile diskutiert wird, muten heute fast schon antiquiert an. Vielmehr ist es aktuell notwendig, sich als Führungskraft aktiv mit Werten und Wirkungszielen auseinanderzusetzen und die Verantwortung für die Mitarbeiterinnen und Mitarbeiter im Dialog zu konkretisieren.

Interdisziplinarität des Arbeitens erweitert den Horizont, erhöht die Arbeitsfreude und verbessert das Arbeitsergebnis. Sie ist aber auch ein Gebot der Stunde, wenn ökonomische Auswirkungen rechtlicher Regelungen abzuschätzen, technische Neuerungen in rechtliche Regelungen umzusetzen oder Verständnis für Bedürfnisse von Migrantinnen und Migranten bei der Gestaltung von Leistungsangeboten gefordert sind. Insbesondere das Finden einer gemeinsamen Sprache zwischen den Disziplinen, eines gemeinsamen Verständnisses der Problemstellungen, ist für eine gute Lösung von besonderer Bedeutung. Diese Interdisziplinarität wird nicht nur durch Fachvorträge im jeweils anderen Berufsfeld erreicht, sondern vielmehr durch den Dialog zwischen den Gruppen.

Internationalität und die Schnittstelle zwischen dem Bund, den Ländern und Gemeinden gewinnen in einer Zeit zunehmender wechselseitiger Abhängigkeit immer mehr an Bedeutung. Wirkungen sind besser zu erzielen, wenn die Beiträge und Verantwortlichkeiten der einzelnen Akteure bekannt sind, mögliche Zielkonflikte bearbeitet und die Umsetzungsmaßnahmen miteinander abgestimmt werden. Der Blick über die Grenzen der eigenen Organisation wird in Österreichs Verwaltungen oft noch zu wenig gewagt. Neben Schulungen etwa über das Funktionieren der EU kann Personalentwicklung sinnvoll auch im Rahmen gemeinsamer Projekte oder auch durch Auslandsaufenthalte und Praktika in den jeweils anderen Organisationen zum Ziel gelangen. Damit wird eine Kultur der Offenheit und ein Verständnis für die wechselseitigen Zusammenhänge und die Potenziale partnerschaftlicher Aufgabenerfüllung gefördert.

Ein neues Setting für die Reform des öffentlichen Dienstes

Eine Reform des öffentlichen Dienstes wird in der Öffentlichkeit meist als zähes Ringen zwischen dem Dienstgeber Bund und der GÖD über ein neues Dienstrecht wahrgenommen. Ein erster Schritt für ein neues Setting wäre die Erkenntnis, dass zuerst eine Personalstrategie für den Bundesdienst zu entwickeln ist und erst danach die Vorgaben daraus im Dienstrecht umzusetzen wären. Erst wenn man sich z.B. darauf einigt, dass das Pensionsantrittsalter auch von Exekutivbeamtinnen und -beamten erhöht werden soll und dass dafür neue Berufsbilder von Polizistinnen und Polizisten 50+ zu entwickeln sind oder wenn man sich darauf verständigt, dass Lehrerinnen und Lehrer „Zwischenaufenthalte" in der Privatwirtschaft einlegen, um neue Erfahrungen zu sammeln und vom teilweise belastenden Schulalltag befreit zu werden, sind dienstrechtliche Vorkehrungen möglich.

Bei der Entwicklung einer bundesweiten Personalstrategie wären nicht nur alle Ministerien und die GÖD, sondern auch „Kundinnnen und Kunden" des öffentlichen Dienstes, wie etwa das Parlament oder NGOs, einzubeziehen. Schritte in die richtige Richtung zeigt der Beiratsbericht „Perspektiven des öffentlichen Dienstes".[367] Im öffentlichen Dienst geht es primär um eine gute Aufgabenerfüllung, es geht um Leistungen und Wirkungen und damit um die Einbeziehung der Gesichtspunkte der Leistungsempfängerinnen und -empfänger. Dazu wären auch Defizite im strategischen Management abzubauen, z.B. durch verstärkte Evaluierung, auch als Co-Evaluierung, teilweise schon verkrusteter Personalinstrumente oder auch ein verbessertes Risikomanagement.

Schnittstelle zwischen Politik und Verwaltung

Zu der bereits bekannten Problematik von Steuerungsdefiziten an der Schnittstelle zwischen Politik und Verwaltungsmanagment[368] hat Gratz in einer vertiefenden Studie Bundesministerinnen und -minister, Kabinettsmitglieder und Sektionschefinnen und -chefs befragt. Darin stellen Regierungsmitglieder und Kabinettschefs die gegenwärtige Situation der Nahtstellen zwischen Politik und Verwaltung als weitgehend problemfrei dar. Die übrigen Befragten sehen die Situation kritischer, am kritischsten die Bundesbediensteten aus der Mitte der Verwaltungshierarchie.[369]

Insgesamt trifft Gratz die Aussage, „dass derzeit kein Kraftfeld besteht, das Veränderungen oder Reformen an der Nahtstelle zwischen Politik und Verwaltung erwarten lässt". Dies sagt zwar etwas über die fehlende Veränderungsbereitschaft aus, nicht jedoch über die objektive Notwendigkeit von Reformen in diesem Bereich.

---

[367] Siehe http://www.bka.gv.at/DocView.axd?CobId=44129.

[368] Siehe dazu Teil I und Gratz, 2012.

[369] Gratz 2012, S. 18.

Allein die hohen Kosten großer Ministerkabinette bei gleichzeitiger „Vergeudung“ bereits bestehender Expertise durch die Mitarbeitenden in der Verwaltung und die fehlende Kraft zur Veränderung deuten auf ein ungünstiges Kosten/Nutzen-Verhältnis hin. Dazu kommt, dass nachhaltige öffentliche Aufgabenerfüllung einen wirksamen Personaleinsatz erfordert, d.h. vorhandenes Personal so einzusetzen, dass Kenntnisse, Fähigkeiten und Erfahrungen der Mitarbeitenden aktiv genutzt werden. Ein Lösungsansatz für das Spannungsfeld zwischen Politik und Verwaltung wäre eine Konzentration der jeweiligen Partner auf „ihre“ Aufgabenbereiche und ein gemeinsames Gestalten jener Bereiche, für die beide zuständig sind. Dies würde bedeuten, dass strategische Planung und die Definition von Wirkungszielen und -indikatoren in die Verantwortung beider Partner fällt, für die Gestaltung und Bearbeitung politischer Prozesse die Bundesministerinnen und -minister sowie ihre Kabinettsmitglieder zuständig sind, für die spezifische Fachlichkeit und Professionalität des Ressorts das Verwaltungspersonal.

Folgende konkrete Verbesserungsvorschläge wurden im Rahmen der Studie entwickelt:[366]

- Bundesministerinnen und -minister leiten ihre Ressorts strategisch, unmittelbar und kompetent;
- sie nützen die Chancen aus dem neuen Haushaltsrecht des Bundes;[367]
- sie führen mit ihren Sektionsleiterinnen und -leitern Mitarbeitergespräche;[368]
- die Kabinette werden nach dem Vorbild der europäischen Kommission verkleinert;
- es gibt einen Code of Conduct für Kabinettsmitglieder und Spitzenbeamtinnen und -beamte;
- es existiert ein laufendes, gut gepflegtes Besprechungssystem an den Nahtstellen zwischen Politik und Verwaltung.

---

370 Nach Gratz 2012, S. 26.

371 Wie bereits bei der Dezentralisierung der Fach- und Ressourcenverantwortung in Teil II behandelt bedeutet dies: „Jede Ministerin ist ihre eigene Finanzministerin, jeder Minister sein eigener Finanzminister.“

372 Jeder Kommissarin, jeder Kommissar hat maximal 6-8 Referentinnen bzw Referenten, von denen die Hälfte aus der Mitarbeiterschaft der Kommission kommen muss; Gratz 2012, S. 15.

Diese Vorschläge – als erste Schritte in die richtige Richtung – umzusetzen, kann bei etwas gutem Willen auf beiden Seiten wohl kein Problem sein.

3.3. Demokratisierung der Führungs- und Organisationskultur

Ähnlich wie bei den Bürgerinnen und Bürgern bedeutet Demokratisierung des öffentlichen Dienstes eine Beteiligung der Mitarbeiterschaft an der Entscheidungsfindung. Diese Beteiligung setzt voraus, dass die Mitarbeitenden seitens ihrer Vorgesetzten gleichmäßig und ausreichend informiert werden. Dies ermöglicht einen Interessenausgleich und faire Entscheidungen und bewirkt höhere Akzeptanz von Entscheidungen über Ziele und die Ausgestaltung der Leistungen, aber auch von Entscheidungen über organisatorische und personelle Veränderungsmaßnahmen. So führen etwa Abberufungen von Funktionen, die per SMS oder im Nachhinein im Aktenweg mitgeteilt werden, eher zu Rechtsmitteln, als wenn mit Betroffenen offen kommuniziert und neue Alternativen angeboten werden. Personalvertretungen können in diesem Zusammenhang als Einrichtungen mittelbarer Verwaltungsdemokratie bezeichnet werden, die sinnvollerweise – insbesondere in Veränderungsprozessen und bei Einzelfällen – an der Entscheidungsfindung mitwirken.

Auch die Qualität der Entscheidung und damit der Aufgabenerfüllung wird verbessert, wenn die Erfahrungen und das Know-How der Mitarbeitenden genutzt wird. Hier ist jedoch die unmittelbare Beteiligung und nicht jene über Personalvertretungen sinnvoller. Durch ihre Partizipation werden die Potenziale der Mitarbeiterschaft besser genutzt. Das Zulassen von unterschiedlichen Beiträgen erhöht die Qualität der Leistungen (organisationsbezogen) und das Engagement der Mitarbeiterinnen und Mitarbeiter (individuell).

Die Beteiligung der Mitarbeitenden kann – analog zur Bürgerbeteiligung – als “Schule des Zusammenlebens“ gesehen werden. Im Zuge von Projekten z.B. zur Strategieentwicklung oder von Organisationsreformen kann durch eine ernsthafte Mitarbeiterbeteiligung das Wissen über die Fähigkeiten von Kolleginnen und Kollegen verbessert, das Verständnis für die Organisation und das Bewusstsein über die zukünftigen Herausforderungen erhöht werden. So wird eine Kultur des gemeinsamen Verantwortungsbewusstseins, der Toleranz gefördert.

Wirkungsorientierung erfordert Demokratisierung

Wirkungsorientierte Verwaltungsführung erfordert eine Dezentralisierung von Verantwortung. Damit erhöht sich für die Mitarbeiterinnen und Mitarbeiter die Möglichkeit für verstärkte Selbstbestimmung und Eigeninitiative. Die Mitarbeitenden sind nicht als Planungsobjekte der Vorgesetzten zu sehen, sondern als individuelle Persönlichkeiten, die Potenzial für Leistungsverbesserungen bereitstellen. Die entsprechende Personalentwicklung muss das Ziel verfolgen, Mitarbeitende zu erhalten, die nicht bloß „kritiklos dienen", sondern sich selbstbewusst und aktiv einbringen. Seitens der Vorgesetzten braucht es Ermutigung und Vertrauen in die Fähigkeiten der Mitarbeiterinnen und Mitarbeiter. Kritik und innovative Ideen sind nicht als Gefahr, sondern als Chance zur Weiterentwicklung und Leistungsverbesserung zu sehen. Seitens der Bediensteten bedarf es eines entsprechenden Engagements, der Bereitschaft sich weiter zu qualifizieren, Verantwortung zu übernehmen und sich gegebenenfalls auch zu verändern. Eine Dezentralisierung von Verantwortung bedeutet für die Vorgesetzten ein Abgeben von Macht. Andererseits verteilt sich aber auch die Verantwortung auf mehrere Personen. Eine mögliche Kritik, dass geteilte Verantwortung zu unklaren Verantwortlichkeiten führt, kann entkräftet werden, indem genau festgelegt wird, für welche Teile oder Prozessschritte der jeweilige Partner/die jeweilige Partnerin die Verantwortung trägt.

Organisatorisch betrachtet erfordert Wirkungsorientierung aber auch eine neue Aufgabenverteilung zwischen Personal- und Fachabteilung.[373] Wenn Führungskräfte in bestimmten Fachbereichen für die Erfüllung von Leistungs- und Wirkungszielen verantwortlich sind, so müssen sie auch über die entsprechende Ressourcenverantwortung verfügen. Sie brauchen innerhalb des vorgegebenen Rahmens Planungssicherheit, müssen die zur Aufgabenerfüllung wesentlichen Personalentscheidungen treffen und innerhalb ihres Bereiches für Ressourcenausgleich sorgen können. Es bedarf daher einer Neuorientierung traditioneller Personalstellen, die sich über kurz oder lang auf Beratung und Unterstützung der Fachbereiche zurückziehen werden müssen.

---

[373] Thom/Ritz 2008, S. 325.

3.4. Nachhaltigkeit in der Personalbewirtschaftung sichern

Eine nachhaltige Personalbewirtschaftung in der Verwaltung stellt die Leistungsfähigkeit des Staates im Hinblick auf die Umsetzung zentraler politischer Ziele sicher. Den Staat trifft dabei eine besondere Verantwortung. Ökonomische Nachhaltigkeit bedeutet wirksamen Personaleinsatz, d.h. die richtigen Leute am richtigen Arbeitsplatz einzusetzen. Je rascher sich die Anforderungen ändern, umso mehr ist Mobilität und „Capacity building" im Sinne eines Aufbaus von neuem Wissen und neuen Fähigkeiten gefordert. Mobilität braucht – wie oben beschrieben – entsprechende Rahmenbedingungen, aber auch seitens der Bediensteten die Bereitschaft, sich weiterzuentwickeln, durch Aus- und Weiterbildungen ebenso wie durch Wechsel auf neue Arbeitsplätze. Notwendig sind jedoch auch Ziele und Strategien, um zu wissen, in welche Richtung Mobilität notwendig und Kapazitätsaufbau erforderlich ist. Neben dem bereits behandelten Strategiedefizit in der Personalbewirtschaftung des Bundes besteht ein weiteres Manko in der überwiegenden Binnenorientierung des Personalmanagements. Seine Zielgruppe umfasst primär die Mitarbeiterinnen und Mitarbeiter und die Politik. Das ist zwar auf den ersten Blick legitim, lässt jedoch die Grundausrichtung des Staates, nämlich gesellschaftlichen Mehrwert (Public Value) zu erzeugen, in den Hintergrund treten. Verfolgt man die Diskussionen um ein neues Lehrerdienstrecht, so scheint es primär um die Rechte und Pflichten der Lehrerinnen und Lehrer zu gehen. Was für die Schülerinnen und Schüler erreicht werden soll, bleibt offen. Insbesondere beim Schaffen rechtlicher Rahmenbedingungen sollte dieser Aspekt durch eine strategische Festlegung im Vorfeld berücksichtigt werden.

Aufgrund konkreter Einsparungsziele des Bundes konnte für die Steuerung ihrer Umsetzung ein nunmehr gut entwickeltes Personalcontrolling aufgebaut werden. Monatlich werden die Entwicklungen der Personalstände, Fluktuationsraten, Pensionierungsdaten an die politischen Entscheidungsträgerinnen und -träger übermittelt und dienen so als Entscheidungsgrundlage für weiterführende Maßnahmen. Dies stellt ein durchaus positives Beispiel für „evidence based decision making" dar, wenn diese Daten auch genutzt werden. Zudem sieht das BHG 2013 für den neuen Personalplan einige Möglichkeiten für mehr Flexibilität und eigene

Gestaltungsmöglichkeit der Ressorts vor. Gemäß § 44 Abs. 5 können zur zweckmäßigen Personalbewirtschaftung variable Pools eingerichtet werden, innerhalb derer das Ressort eigenständig Planstellen einrichten kann.[374] Dies fördert die Möglichkeit, notwendige Bezüge zwischen Personaleinsatz und Aufgabenerfüllung zu verstärken, ein zentrales Element wirkungsorientierter Verwaltungsführung.

Handlungsbedarf wegen Überalterung des Bundespersonals

Sieht man staatliche Performance auch im Bereitstellen von ausreichendem und entsprechend qualifiziertem Personal, so wird eine der größten Herausforderungen der nächsten Jahre der signifikante Personalschwund durch Pensionierungen sein. In einer Studie des BKA gehen die Prognosen etwa davon aus, dass in der Sicherheitsexekutive bis 2020 mit 8.000 bis 10.000 Personen rund ein Drittel der aktiven Bediensteten in Pension gehen werden. Bei den Lehrerinnen und Lehrern liegt dieser Anteil sogar bei 45 Prozent.[375] Die OECD stellt die Ausgangslage in einem internationalen Vergleich dar:[376]

Die y-Achse in Abbildung 18 zeigt, wie viel Prozente der Bediensteten über 50 Jahre alt sind, also in Österreich ca. 33 Prozent. Die x-Achse gibt Auskunft darüber, wie viele Posten nachbesetzt werden. In Österreich sind dies knapp jeder 2., in Italien etwa nur jeder 4., in Spanien überhaupt nur jeder 10. Daraus wird deutlich, wie brisant das Problem der Überalterung im öffentlichen Dienst ist. Diese wird durch den Personalaufnahmestopp (aktuell im Bund bis 2014) weiter gefördert.

Einsparungsmaßnahmen nach dem „Rasenmäherprinzip" sind nur eine suboptimale Lösung dafür, die Personalkosten in den Griff zu bekommen. Auch Thom/Ritz sehen dadurch das notwendige Gleichgewicht der Personalstruktur gefährdet und beurteilen dies als „äußerst ungünstig".[377]

---

374 Diese Pools werden durch eine Summe von Planstellen und Personalcontrollingpunkten (Berücksichtigung qualitativer Aspekte) definiert. Die Bereiche, in denen variable Pools bestehen, sind in § 121 Abs. 20 BHG 201 angeführt.

375 BKA, Altersstruktur des Bundespersonals, 2007, S. 3.

376 OECD – Government at a Glance 2011b, S. 49.

377 Thom/Ritz 2008, S. 312.

Abbildung 18: Durchschnittsalter im öffentlichen Dienst

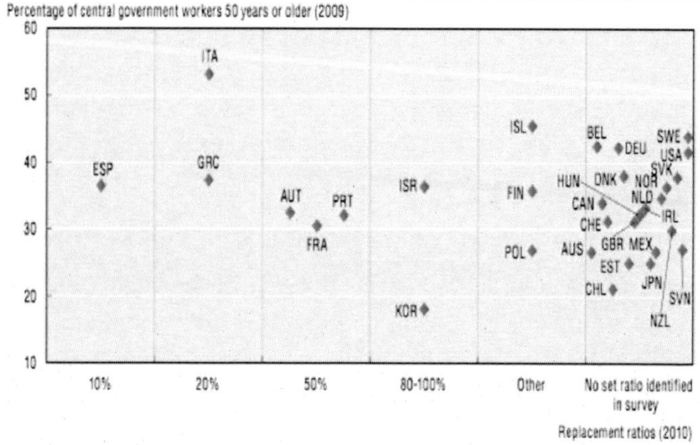

Note: The Czech Republic and Turkey have also set replacement ratios (less than 50% of departing workers will be replaced in both of these countries) but are not included in the figure due to missing data on the age profile of their workforces.

Vor diesem Hintergrund wird es notwendig, Strategien zu entwickeln, wie man

- Anreize für Mitarbeiterinnen und Mitarbeiter setzt, länger im Dienst zu bleiben,
- Rahmenbedingungen schafft, die älteren Bediensteten eine gute Arbeitsleistung ermöglichen und
- Wege aufzeigt, die mit weniger Personalressourcen trotzdem eine qualitative gute öffentliche Aufgabenerfüllung sicherstellen.

Die Anreize für einen längeren Verbleib im Erwerbsleben können monetären Charakter haben (d.h. es ist finanziell attraktiver, im Dienst zu bleiben, als in Pension zu gehen). Oft ist es aber auch die Kultur in einer Organisation, die Einstellung gegenüber älteren Kolleginnen und Kollegen sowie der Umgang der Vorgesetzten mit den älteren Mitarbeitenden, die die Motivation und damit eine Entscheidung über den Pensionsantritt beeinflussen. In diesem Sinne kommt ein Expertenteam der EIPA zur Erkenntnis, dass es unerlässlich ist, ein altersbewusstes Personalmanagement aufzubauen, das insbesondere die gleich wertschätzende Behandlung älterer Bediensteter forciert,[378] d.h. das Diskriminierungsverbot gemäß Antidiskriminierungsrichtlinie der EU[379] ernst nimmt. Auch die teilweise vertretene Meinung, ältere Bedienstete seien wegen rückläufiger Leistungsfä-

[378] Bossaert u.a. 2011, S. 18 ff.

[379] Richtlinie 2000/78/EG des Rates veröffentlicht im Amtsblatt Nr. L 303 vom 02/12/2000.

higkeit eher zu entlasten, sollte relativiert werden. Nach Thom/Ritz[380] bilden nicht „die tiefe Arbeitsbelastung, sondern vielmehr die unausgeschöpften Leistungspotenziale und die nicht genutzte Leistungsbereitschaft den Kern der Problematik einer fehlenden Leistungsmotivation".

Damit verknüpft sein sollten entsprechende Rahmenbedingungen, die in einem ganzheitlichen Ansatz Maßnahmen für gute Arbeitsbedingungen, ein hohes Maß an Selbstbestimmtheit und Anerkennung innerhalb der Organisation kombinieren. Gute Arbeitsbedingungen für ältere Bedienstete können z.B. gesundheitspräventive Maßnahmen ebenso umfassen wie Führungskräfteschulungen zum Umgang mit dieser wertvollen Ressource oder auch abwechslungsreiche Tätigkeiten für die Mitarbeiterinnen und Mitarbeiter. Ältere Bedienstete haben in der Regel viel Erfahrung, insbesondere über das „Wie" der Aufgabenerfüllung. Daher kann ihnen mit gutem Gewissen mehr Eigenverantwortung und Selbstgestaltungsmöglichkeit eingeräumt werden. Möglichkeiten einer flexiblen Arbeitszeitgestaltung (z.B: Teleworking oder Altersteilzeit) werden teilweise bereits praktiziert und könnten ausgebaut werden. Die Anerkennung der Leistungen älterer Kolleginnen und Kollegen kann durch das Sichtbarmachen ihrer Beiträge zur Gesamtleistung geschehen oder auch durch das Betrauen mit besonders verantwortungsvollen Tätigkeiten, die das Vertrauen in die Fähigkeiten dieser Mitarbeiterinnen und Mitarbeiter sichtbar machen. In der Fülle an Handlungsmöglichkeiten wird deutlich, wie sehr sich die Maßnahmen wechselseitig beeinflussen. Bei einem klugen Einsatz können die einzelnen Maßnahmen als „Treiber" für eine nachhaltige Personalbewirtschaftung wirken.

Abschließend gesagt wird eine gemeinsame Anstrengung von Politik und Verwaltung, aber auch von den Mitarbeiterinnen und Mitarbeitern selbst notwendig sein, um die Herausforderungen eines „immer älter werdenden" öffentlichen Dienstes in den Griff zu bekommen. Ähnliches dazu bemerkt auch der Economist „This painful truth is no longer new in the rich world.... Older people are going to have to stay economically active longer than governments currently envisage: and that is going to require not just governments, but also employers and workers to behave differently."[381]

---

380 Thom/Ritz 2008, S. 308.

381 Ausgabe vom 7. April 2011 zitiert nach Bossaert u.a. 2011, S. 3f.

Stärken der Kohärenz im Personalmanagement

Ein weiterer Ansatz zur Verbesserung der staatlichen Performance ist die Stärkung der Kohärenz in der Personalführung. Bei der öffentlichen Aufgabenerfüllung sind die Wechselbeziehungen zwischen den Gebietskörperschaften äußerst vielfältig. In der Personalgestion ist davon wenig zu spüren. Es herrscht nach wie vor ein „Silodenken", jede Ebene betreibt ihr eigenes Personalmanagement. Eine (noch fehlende) umfassende Strategie, die auch das Personalmanagement der Länder und Gemeinden mitumfassen sollte, braucht eine höhere Akzeptanz von strategischer Arbeit auf allen Ebenen. Diese kann nicht durch Zwang von oben, sondern eher durch Dialog zwischen den Akteurinnen und Akteuren oder durch gemeinsame Projekte gefördert werden. Die Erkenntnis, dass erhöhte Mobilität auch zwischen den Gebietskörperschaften dazu beitragen kann, Personal wirksam einzusetzen, könnte ein umfassendes strategisches Bewusstsein stärken. Macht man den Nutzen für alle Beteiligten deutlich, so ließen sich doch auch Partner bzw. Partnerinnen zumindest für ein Pilotprojekt gewinnen.

Während auf Bundesebene die Steuerungsdaten durch regelmäßige Berichte transparent gemacht werden, sind die Personaldaten auf Länder- und Gemeindeebene nach wie vor uneinheitlich, was Maßeinheiten, Darstellungsumfang und Bewertung des Personalstandes betrifft.[382] Dies hat u.a. zur Folge, dass Österreich weitgehend nur Bundesdaten etwa an die OECD liefern kann, was die Qualität internationaler Vergleiche beeinträchtigt. Ein weiterer Nachteil der fehlenden Harmonisierung von Personaldaten liegt darin, dass ein Lernen voneinander kaum möglich ist. Nach wie vor scheuen österreichische Verwaltungen auf allen Ebenen die Transparenz über Personalstand und Personaleinsatz und vergeben damit die Chance, Potenziale für einen wirksameren Personaleinsatz zu erkennen. Dies ist umso weniger verständlich, als damit auch Potenzial für eine Personalkostenreduktion gegeben wäre und die Verwaltungen den Einsparungen nach dem „Rasenmäherprinzip" ohnehin skeptisch gegenüberstehen.

Kohärenz erzeugt wird aber auch innerhalb der Ressorts, der Ämter der Landesregierungen und der Gemeindeverwaltungen, indem u.a. entsprechendes Wissen um internationale Vorgaben, um die Wirkungsziele und Maßnahmen im eigenen Bereich verbreitet

---

[382] Problemanalyse des Arbeitspakets 7 – Effizienz der Verwaltung S. 29, in: www.rechnungshof.gv.at.

und flächendeckende Mitarbeitergespräche geführt werden, in denen diese Ziele und Vorgaben für die einzelnen Mitarbeiterinnen und Mitarbeiter konkretisiert werden. Dabei geht es nicht nur um Schulungen und schriftliches Informationsmaterial, sondern auch um die aktive Auseinandersetzung über die Bedeutung dieser Vorgaben für die Organisation und die Einzelnen.

4. Den Finanzausgleich grundsätzlich neu ausrichten

Tiefgehende Reformen des Finanzausgleichs werden seit langem von einzelnen Expertinnen und Experten in Österreich sowie von supranationalen Organisationen (OECD, IWF) gefordert, wobei sowohl bezüglich der Problemanalyse als auch der inhaltlichen Stoßrichtung der erforderlichen Reformen weitgehende Einigkeit besteht. Die seitens einzelner Vertreterinnen und Vertreter von subnationalen Gebietskörperschaften bei den periodisch wiederkehrenden Finanzausgleichsverhandlungen geforderten Veränderungen betreffen dagegen meist zusätzliche Mittel sowie notwendige rechtliche Anpassungen, beziehen sich jedoch kaum auf die reformbedürftigen Strukturen.

Immerhin wurden im Jahr 2010 zentrale Reformbereiche und -ansätze im Auftrag des Bundesministeriums für Finanzen von Expertinnen und Experten mehrerer Institute aufgearbeitet und auch hinsichtlich der Reformstrategie konkretisiert. Neben grundsätzlichen Überlegungen zu Reformoptionen und Reformstrategien (Bröthaler u.a. 2011) standen eine verstärkte Aufgabenorientierung bei der Mittelverteilung (Bauer u.a. 2010), Gemeindestruktur und Gemeindekooperationen (Pitlik u. a. 2010) und Transfers und Kostentragung (Biwald u. a. 2010) im Fokus der Bearbeitungen. Bevor diese und andere Reformansätze hier erörtert werden, gilt es jedoch, Sinn und mögliche Ausprägungen des Finanzausgleichs darzulegen.

4.1. Ziele, Strukturen und Probleme des geltenden Finanzausgleichs in Österreich

Der Finanzausgleich (FA) bildet das zentrale Steuerungssystem der Finanzwirtschaft im Bundesstaat. In der Literatur wird Finanzausgleich heute übereinstimmend als „Zuordnung der öffentlichen Aufgaben, Ausgaben und Einnahmen auf die verschiedenen Gebietskörperschaften im Staatsaufbau“[383] und damit in einem *weit gefassten Sinn* definiert. Angesichts der Globalisierung, der Nachhaltigkeitserfordernisse des Wirtschaftens und der Anwendung von Managementprinzipien im öffentlichen Sektor gilt es, auch in der Praxis den Finanzausgleich umfassend und dynamisch zu interpretieren. So sollte etwa die Aufgabenverteilung zwischen der nationalen und der supranationalen Ebene und die föderale Ordnung der öffentlichen Finanzen als Teil eines Finanzausgleichssystems verstanden werden, ebenso wie dessen Flexibilität im Interesse eines effektiven und effizienten Mitteleinsatzes. Auch Evaluierungen des Standes der Aufgabenerfüllung in den diversen Bereichen sowie das Ausrichten der Mittelflüsse an politischen Prioritäten und Strategien erscheinen erforderlich.

Die Praxis befasst sich dagegen meist mit dem Finanzausgleich in *einem engeren Sinn*, in dem sie die Aufgabenverteilung als gegeben betrachtet und lediglich über die Regelung der Einnahmenverteilung (einschließlich Ausgleichsmaßnahmen) die Finanzierung der Aufgaben der Gebietskörperschaften sicher zu stellen trachtet. Der Finanzausgleich wird dabei *statisch interpretiert*, in dem etwa die unterschiedliche Dynamik von Aufgaben der einzelnen staatlichen Ebenen im Zeitablauf sowie die wechselnde Intensität der Aufgabenerfüllung (man denke an wachsende oder stagnierende Regionen oder an unterschiedliche Präferenzen und Erfordernisse von Bevölkerung und Wirtschaft an einzelnen Standorten) ausgeblendet werden. Bei diesem eingeschränkten Verständnis von Finanzausgleich geht es den FA-Partnern vorrangig um das „Wahren von Besitzständen“ der einzelnen staatlichen Ebenen und Gebietskörperschaften (Länder, Gemeinden), also das Sichern bisheriger Anteile am gesamten Steueraufkommen oder nach Möglichkeit um deren Erhöhung, wenn man dafür über ausreichend Macht verfügt.

Der Finanzausgleich in Österreich wird durch ein System von Verfassungsgrundsätzen, Zielen und Strategien sowie aus einer Vielzahl von bundes- und landesgesetzlichen Regelungen gebildet. Dazu zählen vor allem das Finanzausgleichsgesetz (FAG) des Bundes (derzeit FAG 2008, BGBl. I 103/2007, idF BGBl. I 1/2012), bundes- und landesgesetzliche Regelungen zur Finanzierung der öffentlichen Krankenanstalten und landesgesetzliche Vorschreibungen der Ko-Finanzierung von Landesaufgaben durch die Gemeinden (z.B. im Bereich der Sozialhilfe).

[383] Zimmermann/Henke 2005, S. 193.

Welche Ziele wären mit dem Finanzausgleich zu verfolgen?

Generell werden heute mit dem Finanzausgleich in vielen OECD-Staaten und in der EU mehrere Ziele verfolgt. Dazu zählen vor allem das

- Sichern eines angemessenen Wirtschaftswachstums, das der steigenden Bevölkerungszahl, aber auch den zunehmenden Ansprüchen der Menschen an die Qualität der öffentlichen Aufgabenerfüllung und der ökologischen Nachhaltigkeit gerecht wird;
- Herbeiführen einer als gerecht empfundenen Zuweisung von Mitteln an die einzelnen staatlichen Ebenen und an die einzelnen Länder und Gemeinden, um damit die Grundlage zu einer möglichst gleichmäßigen Versorgung von Bevölkerung und Wirtschaft mit Einrichtungen und Diensten bilden zu können; dies wird auch als horizontale Verteilungsgerechtigkeit zugunsten finanzschwacher Länder und Gemeinden bezeichnet;
- rechtzeitige Übergehen auf neue Schwerpunkte öffentlicher Leistungen (wie z.B. Pflege und Altenbetreuung, Erreichung des Kyoto-Ziels durch Ausbau des regionalen und interregionalen Infrastrukturangebots, Neuausrichtung der Wohnbauförderung an Klimaschutzzielen);
- Setzen von Anreizen für Strukturverbesserungen, um den wirtschaftlichen Einsatz der knappen Ressourcen sichern zu helfen.

Diesen sinnvollen Zielen verschreibt sich die österreichische Praxis nur sehr eingeschränkt. Denn lediglich zwei Ziele werden explizit verfolgt: Das eine ist das vordergründige Finanzierungsziel, wonach jede Ebene einen möglichst hohen Anteil am Gesamtaufkommen an Steuern anstrebt; das zweite gilt dem „Herstellen horizontaler Verteilungsgerechtigkeit zugunsten finanzschwacher Länder und Gemeinden"[384], was auch als Finanzkraft- oder Ressourcenausgleich bezeichnet wird. Dagegen finden Wachstums- und Konsolidierungsziele sowie Aufgaben- und Effizienzorientierung (z.B. durch Zusammenführen der Aufgaben-, Ausgaben- und Einnahmenverantwortung) kaum oder nur geringe Berücksichtigung, was eines der schwerwiegenden Probleme der österreichischen Finanzwirtschaft bildet.[385] Auf weitere Probleme wird im nächsten Abschnitt hingewiesen.

[384] Rossmann, 2008, S. 308.

[385] Siehe hiezu ausführlicher Bauer 2012a.

Österreichs Finanzausgleich ist ein *Mischsystem*: Die subnationalen Gebietskörperschaften verfügen nur über eine bescheidene eigene Abgabenhoheit[386] (in Form eigener Landes- und Gemeindeabgaben), wobei die Gemeinden keine Steuergesetze beschließen können, sondern für die eigenen Abgaben bundes- oder landesgesetzliche Ermächtigung benötigen. Den Großteil der finanziellen Mittel beziehen Bund, Länder und Gemeinden aus einem Steuerverbund, welcher die wichtigsten nationalen Steuern, d.s. die gemeinschaftlichen Bundesabgaben umfasst. Diese hebt der Bund ein und teilt den Ertrag mit den anderen Gebietskörperschaften. Weiterer Teil dieses Mischsystems sind mehrere Zuweisungen (intragovernmentale Transferzahlungen), von „oben nach unten" (z.B. vom Bund an Gemeinden), aber umgekehrt auch von „unten nach oben" (von Gemeinden an das jeweilige Land). Mit den Transferzahlungen soll v.a. die „fiskalische Lücke" eines Teils subzentraler Gebietskörperschaften, die zwischen den zu erfüllenden Aufgaben und den zugewiesenen Steuereinnahmen besteht, geschlossen werden.

Problembereiche

Zu den zentralen Problembereichen (Systemmängeln) zählen:

- das Ausblenden der faktischen Trägerschaft der kostspieligen öffentlichen Aufgaben bei der Festlegung der Mittelverteilung in den jeweiligen FAG's (vor allem verschiedene Aufgaben im Sozial-, Bildungs- und Gesundheitsbereich) und damit zusammenhängend die unzureichende Ausstattung der subnationalen Gebietskörperschaften mit eigenen Steuerquellen;
- die geringe Entscheidungsbefugnis der Gemeinden hinsichtlich der Höhe der Steuersätze und der Bemessungsgrundlagen bei den beiden wichtigen Gemeindeabgaben (Grundsteuer, Kommunalsteuer);
- die zunehmenden Verflechtungen bei der Aufgabenfinanzierung (Ko-Finanzierung von Aufgaben einer staatlichen Ebene durch eine andere), insbesondere zwischen Land und Gemeinden,

[386] Unter Abgabenhoheit (auch Gesetzgebungshoheit bezeichnet) versteht man das Recht einer Gebietskörperschaft, ein Steuerobjekt mit Abgaben zu belegen (Objektkompetenz), was auch die Gestaltung der Vorschriften zur Ermittlung der Bemessungsgrundlagen und des Tarifs einer Steuer einschließt. Gesetzgebungshoheiten stellen somit auf die rechtlichen Freiheitsgrade bei abgabenpolitischen Entscheidungen ab. Davon zu unterscheiden ist die Ertragshoheit, welche das Recht der gebietskörperschaftlichen Einheiten am finanziellen Aufkommen der Abgaben regelt.

- die Ausweitung von intragovernmentalen Transferzahlungen im vertikalen FA-Gefüge (Bund zu Ländern, zwischen Land und den jeweiligen Gemeinden).

Neben den genannten Systemmängeln bestehen auch eindeutige finanzpolitische Schieflagen der FA-Regelungen, nämlich v.a. die nur wenig ausgewogene Ausrichtung an allokativen (aufgabenbezogenen) Zielen bei gleichzeitiger Dominanz des Ziels des Ressourcenausgleichs sowie das Fehlen ausreichender Anreize für subnationale Gebietskörperschaften, die verfügbaren finanziellen Mittel effizient und effektiv – z.B. durch *Benchlearning,* umfassende Kooperationen – einzusetzen.

4.2. Prämissen, Ziele und strategische Ansätze einer Reform des Finanzausgleichs[387]

Rahmenbedingungen

Eine grundlegende Reform des Finanzausgleichs sollte insbesondere von drei Rahmenbedingungen ausgehen.

- Es ist – entgegen der heutigen Praxis – ein umfassendes Verständnis von Finanzausgleich erforderlich; es gilt sowohl die Verteilung von Kompetenzen und Aufgaben zwischen den Gebietskörperschaften als auch die aufgabenpolitische und finanzwirtschaftliche Dynamik auf den einzelnen gebietskörperschaftlichen Ebenen zu berücksichtigen.
- Der Finanzausgleich sollte zu einer höheren – als heute gegebenen – Verantwortlichkeit der einzelnen Gebietskörperschaften für eine effiziente und wirkungsvolle Aufgabenerfüllung beitragen. Damit wird das Prinzip der fiskalischen Äquivalenz angesprochen, wonach jene Bürgerinnen und Bürger, die bestimmte Leistungen empfangen, auch für deren Finanzierung aufkommen müssen.[388]
- Die Abgabenquote soll durch die Umstellung auf einen neuen Finanzausgleich nicht erhöht werden.

---

[387] Für eine ausführlichere Behandlung dieser Fragen siehe Bauer/Schratzenstaller 2011.

[388] Siehe Zimmermann/Henke 2005, S. 499.

Zentrale Ziele einer Reform des Finanzausgleichs

Grundsätzlich geht es – wie die OECD im Österreich-Bericht 2009 ausführt – um die Umsetzung des fiskalischen Äquivalenzprinzips. „A greater harmonisation of financing and spending responsibilities across all levels of government, and granting more responsibility and accountability to all public sector spending agencies, would help promote good governance and better management of public finances.“

Aus Sicht der nationalen Experten[389] sollten folgende Ziele den Kern der Reformen ausmachen:

- Verstärkte Ausrichtung an Zielen, insbesondere in Hinblick auf zentrale wirtschaftspolitische Strategien (z.B. neue Wachstumsimpulse, Klimaschutz, Haushaltskonsolidierung) sowie zur Sicherstellung des gesamtwirtschaftlichen Gleichgewichts (gemäß Art. 13 Abs. 2 B-VG);
- weitgehende Herstellung von fiskalischer Äquivalenz sowie von Transparenz und Verantwortlichkeit der öffentlichen Akteure für Resultate (Leistungen, Wirkungen) und für den Mitteleinsatz;
- Stärkung der subnationalen Finanzautonomie, insbesondere der Abgabenautonomie, und damit einhergehend ein Abbau des Steuerverbunds sowie der Mischfinanzierungen und der Transferverflechtungen.

Strategische Ansatzpunkte

Ein bedeutender Ansatzpunkt für fundamentale Reformen im Finanzausgleich wäre der Übergang auf ein neues *Föderalismusmodell*, also eine explizite Entscheidung für zeitgemäße föderale Beziehungen, welche nicht nur eine Neufassung der Kompetenzverteilung zwischen Bund und Ländern, sondern auch eine erhöhte Verantwortung für das Aufbringen der Steuermittel und etwa ein Abgehen von der „prinzipiellen Defensivhaltung der Länder gegenüber Veränderung“[390] umfassen würden. Denn das jeweilige föderale System wäre mit einem darauf abgestimmten Finanzausgleich maßgeblich umzusetzen.

Dieses neu ausgerichtete Föderalismusmodell sollte sich nach Vorstellungen von Ökonomen generell an einem „solidarischen

---

[389] Siehe Bröthaler u.a. 2011.

[390] Pelinka 2012.

interregionalen Wettbewerbsföderalismus"[391] orientieren. Mit einer dosierten Verstärkung des Wettbewerbs zwischen den Ländern sollten politische Entscheidungen möglichst bürgernah und präferenzgerecht getroffen werden. Der Wettbewerb bezieht sich aber nicht nur auf die Qualität der Versorgung der Bürgerinnen und Bürger sowie der Wirtschaft mit Einrichtungen und Diensten, sondern auch auf die Höhe und Art der Besteuerung, die zur Finanzierung der Leistungen erforderlich sind. Durch eine Ausweitung der Abgabenhoheit der Länder, durch eine transparente Aufgabenverteilung und Ausgabenverantwortung („Wer bestellt, bezahlt") und durch die Möglichkeit eines Vergleichs von Nutzen-Kosten-Relationen zwischen den Bundesländern könnten auch günstige institutionelle Voraussetzungen für einen solidarischen und innovativen Entwicklungsprozess geschaffen werden.

Allerdings wird es nicht genügen, modellbezogene ökonomische Überlegungen zu Grunde zu legen. Vielmehr sind auch politisch-praktische Erwägungen erforderlich, so etwa hinsichtlich einer zeitgemäßen Interpretation der Grundanliegen föderalistischer Ordnung – politische Machtverteilung, Demokratiegewinne, Sozialverträglichkeit und ökonomische Vorteilhaftigkeit. Pelinka verlangt beispielsweise eine bessere Balance zwischen „Effizienzgewinnen und Demokratievorteilen".[392] Effizienzgewinn steht dabei für (Re-)Zentralisieren von Aufgaben auf einer höheren staatlichen Ebene, auf der etwa Nutzenspillovers und Einsparungen durch Skaleneffekte im Gegensatz zu räumlich begrenzten Gemeinden internalisiert und leichter genutzt werden können. Demokratievorteile würde Pelinka dann als gegeben sehen, wenn eine öffentliche Aufgabe im Sinn des Subsidiaritätsprinzips möglichst nahe bei den Bürgerinnen und Bürgern, also stärker dezentralisiert als heute. erfüllt würde. Jedoch könnten durch institutionelle Vorkehrungen und Vereinbarungen zwischen den Gebietskörperschaften auch andere Wege einer modernisierten föderalen Ordnung erreicht werden. So wäre mehr Demokratie zum Beispiel durch mehr Transparenz und Bürgerbeteiligung bei Planung und Durchführung von Aufgaben zu erreichen. Auch Wahlen könnten unter besseren Rahmenbedingungen stattfinden, wenn anstelle eines Vergleichs von Wahlparolen auch aussagekräftige Leistungsvergleiche zwischen ähnlichen Gemeinden in

---

391 Thöni 2008, S. 221.

392 Pelinka 2007, S. 146.

einem Land oder zwischen Ländern ermöglicht werden. Es ginge dabei um das Gegenüberstellen von Leistungen und Wirkungen für die Bürgerschaft insgesamt oder für einzelne Gruppen, die besonders auf öffentliche Leistungen angewiesen sind. Unter Effizienzgewinnen muss nicht unbedingt eine Verschiebung der Aufgabenverteilung zum Bund und von den Gemeinden zum Land verstanden werden, denn auch durch institutionelle Vorkehrungen, wie z.B. des Vergleichens und Lernens voneinander (benchmarking), durch Kooperationen von Aufgabenträgern zur Erreichung von nachhaltigeren Wirkungen (z.B. signifikante Verbesserung der Gesundheitsvorsorge oder der Reduktion von Mobilitätserfordernissen in einer gesamten Stadtregion), durch Innovationen in der politisch-administrativen Organisationskultur kann effizientere und effektivere Aufgabenerfüllung auch auf den subnationalen Ebenen erreicht werden.

Die *Planung und Gestaltung des Reformprozesses* ist ein weiterer strategischer Bereich. Wie jüngere internationale Erfahrungen (z.B. Schweiz, Deutschland) zeigen, sollte das gesamte Finanzausgleichsgefüge in die Reform einbezogen werden. Eine Beschränkung auf punktuelle oder marginale Reformen würde die fundamentalen Probleme nicht beseitigen und den vielfältigen Interdependenzen zwischen den Teilbereichen des Finanzausgleichs nicht gerecht werden. Wichtig ist darüber hinaus eine Entkoppelung von den regelmäßigen Verhandlungen des auf jeweils eine Periode von vier bis sechs Jahren befristeten *Finanzausgleichsgesetzes* des Bundes. Diese Verhandlungen lassen wegen des jeweils vorgesehenen knappen Zeitraums sowie des inhaltlich beschränkten Fokus (Festlegung der detaillierten Finanzströme zwischen und innerhalb der Gebietskörperschaften auf Basis der geltenden Regelungen) im Prinzip nur inkrementelle Veränderungen in Teilbereichen des Finanzausgleichs zu. Die Neuausrichtung des Finanzausgleichs sollte darüber hinaus unter Einbeziehung von Politik, Verwaltung, Wissenschaft und interessierter Öffentlichkeit erfolgen. Auch eine geeignete Ausgestaltung von Übergangsregelungen erscheint wichtig; denn u.U. helfen Übergangsregelungen, die Akzeptanz bei den beteiligten Gebietskörperschaften zu sichern.[393]

[393] Dies konnte jedenfalls am Beispiel des Neuen Finanzausgleichs in der Schweiz beobachtet werden (siehe Frey 2005).

Funktionsanalysen und Evaluierungen: In zentralen inhaltlichen Bereichen wären Funktionsanalysen durchzuführen, mit deren Hilfe die Aufgaben-, Ausgaben- und Finanzierungsverantwortung der verschiedenen (öffentlichen) Körperschaften betrachtet werden. Es geht dabei v.a. um die Analyse von Entscheidungsbefugnissen und der jeweiligen Verantwortlichkeit, sowie der diversen Transaktionen und Finanzierungsverflechtungen mit anderen Ebenen und Akteuren. Erforderlich sind solche Funktionsanalysen vor allem in den stark verflochtenen Aufgabenbereichen, wie dem Gesundheits- und Bildungswesen, dem Öffentlichen Personennahverkehr, der Pflege und Altenbetreuung sowie der sozialen Mindestsicherung. Auch Evaluierungen sind von zentraler Bedeutung. Einerseits sind der Reformprozess sowie die Auswirkungen der Reform gegenüber der bisherigen Mittelaufteilung einer regelmäßigen Evaluierung zu unterziehen. Dies ermöglicht erstens das Erkennen möglicher Schwachstellen der Reformmaßnahmen und rechtzeitiges Gegensteuern sowie zweitens die Einschätzung der allokativen und distributiven Wirkungen der Maßnahmen. Andererseits sind als wichtiges Element eines neuen Finanzausgleichs die Wirkungen des Finanzausgleichs selbst zu evaluieren: Regelmäßige Evaluierungen schaffen die erforderliche Informationsgrundlage für die Beurteilung der Gesamtwirkungen des Finanzausgleichs, und sind eine wesentliche Voraussetzung für weitere effiziente politische Entscheidungen.

4.3. Inhaltliche Eckpunkte einer Reform des Finanzausgleichs

Ausbau der eigenen Abgabenhoheit der Länder und Gemeinden – Reduzierung des Steuerverbundes

Hierzu liegen diverse in- und ausländische Studien vor, die bereits seit Jahren eine Erweiterung der Steuerhoheit bzw. die stärkere Nutzung des Abgabenerfindungsrechts der Länder sowie eine Umwandlung von gemeinschaftlichen Bundesabgaben in ausschließliche Landesabgaben (z.B. Grunderwerbsteuer, Bodenwertabgabe, Kraftfahrzeugsteuer, motorbezogene Versicherungssteuer) sowie bundesgesetzlich geregelte Zuschläge der Länder zu Stammabgaben des Bundes, wie etwa zur Einkommensteuer, zur Diskussion stellen. Auch zu den ausschließlichen Gemeindeabgaben bestehen verschiedene Reformvorschläge, so beispielsweise bezüglich der Bemessungsgrundlagen, der Steuerbefreiungen und der Steuersätze (Hebesätze) bei der Kommunalsteuer und der Grundsteuer sowie bezüglich des Ausbaues von Gebühren, Beiträgen (insbesondere für die lokale Infrastruktur) und von umweltbezogenen lokalen Abgaben.[394]

Ein weiterer Eckpfeiler der grundsätzlichen Reform des Finanzausgleichs betrifft den Steuerverbund (d.s. die gemeinschaftlichen Bundesabgaben, an denen die drei staatlichen Ebenen teilhaben). Dieser wurde in den vergangenen Jahrzehnten stark ausgeweitet, dementsprechend reduziert wurde der Anteil der jeweiligen eigenen Abgaben des Bundes und vor allem jener der Gemeinden. Dies hat beachtliche Konsequenzen auf der Ebene der Gemeinden, teils auch der Länder, da die eigenen Abgaben nach dem Prinzip des örtlichen Aufkommens anfallen.[395] Dagegen werden die Mittel des Steuerverbundes überwiegend nach der Einwohnerzahl bzw. nach dem abgestuften Bevölkerungsschlüssel verteilt. Für eine reformierte Verteilung der Ressourcen des Steuerverbundes soll durch teilweise Anwendung des Prinzips einer *aufgabenorientierten Mittelverteilung* im vertikalen und im horizontalen Finanzausgleich ein besserer Konnex zu differenzierten Aufgaben und unterschiedlichen Stückkosten hergestellt werden.

Im horizontalen Finanzausgleich etwa besteht der Ansatz der Aufgabenorientierung darin, neben durchschnittlich ähnlichen Lasten der Aufgabenerfüllung von Gebietskörperschaften (Basisaufgaben, die öfters nach einem Einwohnerschlüssel finanziert werden) auch überdurchschnittlich hohe Versorgungserfordernisse und Sonderlasten für einzelne Bundesländer und Gemeinden bzw. für Gemeindegruppen zu identifizieren und nach objektiven Kriterien zu finanzieren. In einzelnen Staaten mit reformiertem Finanzausgleich werden hierzu oft struktur- und leistungsbezogene Kriterien gewählt; daran sollte sich auch Österreich orientieren:

Beispielsweise könnte ein Lastenausgleich für die Länder im Bereich Bildung teils nach dem Kriterium Volkszahl, teils nach dem Indikator Anzahl der Schülerinnen und Schüler in berufsbildenden Schulen (Sonderlast), im Bereich Gesundheit zum Großteil nach der Volkszahl und für den Risikoausgleich (Sonderlast) auf der Grund-

---

394 Siehe hierzu detaillierter Bauer u.a. 2012.

395 Dies bewirkt oft große Differenzen in den Pro-Kopf-Einnahmen wirtschaftlich gut bzw. wirtschaftlich ungünstig strukturierter Gemeinden.

lage der Verteilung der Bevölkerung nach Alter und Geschlecht, im Bereich technische Infrastruktur überwiegend als Sonderlast nach der vereinbarten Länge des Straßennetzes und der Angebote des öffentlichen Verkehrs erfolgen.[396]

Abbau der Transferabhängigkeit von Ländern und Gemeinden

Durch Aufgabenentflechtungen, Ausbau der Abgabenhoheit sowie im Weg einer aufgabenorientierten Verteilung von Mitteln des Steuerverbundes können die in der österreichischen Praxis bestehenden Transfers des sekundären Finanzausgleichs sowie die zahlreichen vertikalen Transfers zwischen Land und Gemeinden (teils sekundärer, teils tertiärer Finanzausgleich) zu einem großen Teil beseitigt werden; dies würde z.B. die Landesumlage, die Umlagen für Sozialhilfe oder zur Krankenhaus-Abgangsdeckung sowie Zuschüsse zu Investitionen der Gemeinden betreffen.

Eine Reform der Transfers würde jeweils nur einen einzigen Transfer zum *Ressourcenausgleich* für Länder und Gemeinden vorsehen und sich auf wenig, zeitlich beschränkte allokative Transfers zur Abgeltung von Sonderlasten und zur Förderung von Effizienzeffekten beschränken können.

Der grundsätzliche Mechanismus des Ressourcenausgleichs besteht darin, dass die überdurchschnittlich hohe Finanzkraft einzelner Länder bzw. Gemeinden, die sich aus dem Aufkommen an eigenen Abgaben der Länder und der Gemeinden – eventuell auch unter Einbeziehung eines Teils der Mittel des Steuerverbundes – ergibt, abgeschöpft und den Ländern oder Gemeinden mit unterdurchschnittlicher Finanzkraft zugeführt wird. Damit wird ein ausreichender horizontaler Ressourcenausgleich befürwortet, womit ein Beitrag zur Entflechtung der finanziellen Beziehungen zwischen den verschiedenen staatlichen Ebenen und für eine verstärkte Verantwortlichkeit der einzelnen Akteure für die Aufbringung der Mittel geleistet werden soll. Das Ausmaß des Ressourcenausgleichs ist politisch festzulegen. Hiebei wäre zu beachten, dass die Finanzkraftdifferenz nicht vollständig ausgeglichen wird, damit für die finanzkraftschwächeren Gebietskörperschaften Anreize für eigene wirtschafts- und strukturpolitische Maßnahmen zur Stärkung der eigenen Finanzkraft bestehen bleiben und für die finanzkraftstärkeren Gebietskörperschaften negative Anreize zur

396 Siehe hiezu ausführlicher die Studie von Bauer u.a. 2010 a sowie Strohner/Schuh 2012.

Erhaltung und Ausschöpfung der eigenen Finanzkraft vermieden werden.

Der grundsätzliche Ansatz für allokative Transfers besteht darin, zentralörtliche Funktionen und andere räumliche Spill-overs durch zweckgebundene Transfers mit anteiligem Eigenbeitrag der empfangenden Ebenen abzugelten. (H. Pitlik, 2008). Horizontale, also Vereinbarungen zwischen den betroffenen Gebietskörperschaften derselben Ebene wären allerdings einem System vertikaler Zuweisungen vorzuziehen. Mit der Abgeltung von Spill-overs sollen Kosten- und Qualitätsvorteile durch die Mitversorgung von Bevölkerung und Wirtschaft benachbarter Bundesländer und/oder Gemeinden ausgelöst und/oder mögliche suboptimale Angebotslagen vermieden und last but not least Anreize für deren Bereitstellung geboten werden.

Die hier erläuterten möglichen strategischen Ansatzpunkte einer grundlegenden Reform des österreichischen Finanzausgleichs bilden eine anwendungsorientierte Ausführung finanzwissenschaftlicher Grundsätze kombiniert mit praktischen Bezügen zu der nationalen und internationalen Reformdebatte sowie einschlägigen Erfahrungen. Eine Reform des Finanzausgleichssystems ist wegen der bestehenden vielfachen Interdependenzen jedoch kompliziert – und zugleich einfach, da nur wenige Grundsätze zur Anwendung kommen müssen, die aufeinander aufbauen. Angesichts der wissenschaftlichen Fundierung und der anderswo erwiesenen Brauchbarkeit der Vorschläge kommt es bei der Systemreform v.a. darauf an, eine vertiefte föderalismus-, demokratie- und finanzpolitische Diskussion zu führen und die Bereitschaft für Reformen zu sichern.

5. Gesundheitsreform mit Gesamtsteuerung

Im Folgenden wird der aktuelle Ansatz zu einer umfassenden Gesundheitsreform dahingehend betrachtet, ob und wie zentrale Ideen des Governance-Modells umgesetzt wurden und wo Entwicklungspotenzial besteht.

Zum Reformbedarf

Der Gesundheitsbereich ist einer der zentralen Reformfelder in Österreich. Zahlreiche Publikationen und Analysen bestätigen dies.

Auch Befragungen der Bevölkerung ergeben einen hohen Reformbedarf. Nach einer GFK Umfrage im Sommer 2011 wünschten sich 82 Prozent der Befragten Reformen im Gesundheitsbereich.[397]

Nach Eurostat (2008) liegt in Österreich, trotz einer hohen Lebenserwartung bei Geburt von fast 80 Jahren, die *Lebenserwartung in gesunden Jahren* unter 60 Jahren.[398] Die OECD konstatiert für Österreich hohe Gesundheitsausgaben im internationalen Vergleich.[399] Kritisiert wird seitens der OECD u.a., dass der institutionelle Aufbau des Systems zu fragmentiert ist.[400]

Eine weitere Auseinandersetzung mit den Inhalten der Gesundheitsreform ist nicht vorgesehen.

Das zentrale Problem im österreichischen Gesundheitssystem ist ein Steuerungsproblem, nicht so sehr ein Ressourcenproblem, es fehlt auch nicht an qualifiziertem Personal. Die Erstellung der Leistungen, das Erzeugen von Wirkungen, die Sicherung der Finanzierung ist auf verschiedene Akteurinnen und Akteure in Bund und Ländern, bei den Sozialversicherungen und bei privaten Anbietern verteilt (siehe Abb. 19). Eine klare Gesamtverantwortung scheint nicht gegeben zu sein.

Die Steuerungsproblematik entsteht einerseits aufgrund der Zersplitterung, andererseits aufgrund vorhandener, dysfunktionaler Verflechtungen. So wirkt etwa das Land über die Landesgesundheitsfonds auf die Spitalsversorgung und die Gesundheitsförderung ein, die Sozialversicherung dagegen finanziert zu einem großen Teil die Spitalsleistungen und steuert ebenfalls Gesundheitsförderung, Fachärzte und Rehabilitationseinrichtungen. Der Bund wiederum hat vielfache Finanzierungsaufgaben, kann jedoch kaum inhaltlich steuernd – etwa über Koordinierung oder über die Bundesgesundheitsagentur – auf die Landesgesundheitsfonds einwirken.

---

[397] Mehr als drei Viertel der Befragten hat das Gefühl, dass im Gesundheitssystem die „linke Hand nicht weiß, was die rechte tut“, also jede Abstimmung fehlt. Siehe: http://www.sozialversicherung.at/portal27/portal/esvportal/channel_content/cmsWindow?p_pubid=652225&action=2&p_menuid=2745&p_tabid=2.

[398] Eurostat Jahrbuch 2008, S. 193. In Schweden liegt dieser Wert bei rund 70 Lebensjahren.

[399] Lt. OECD Economic Survey Austria 2011, S. 82 lag Österreich 2011 mit einem Anteil von 11 Prozent des BIP, davon 8,6 Prozent öffentliche Ausgaben, im oberen Bereich.

[400] OECD Wirtschaftsberichte Österreich, Gesamtbeurteilung und Empfehlungen, 2011, S. 23.

Abbildung 19: Verteilung der Kompetenzen

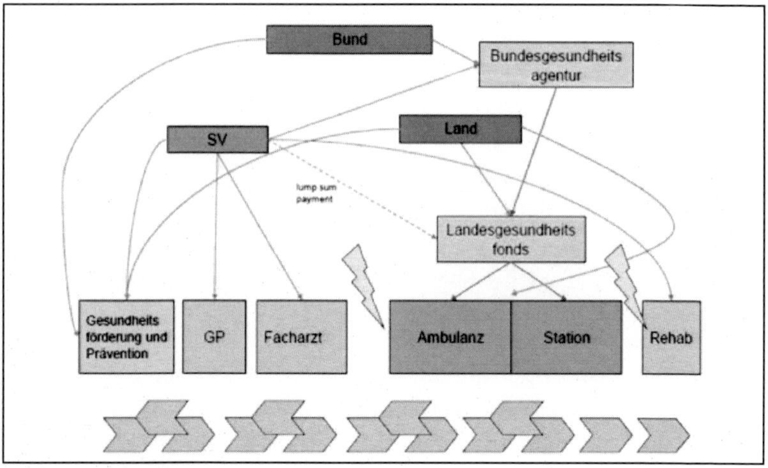

Quelle: Hauptverband

Neben der Kompetenz- und Aufgabenvielfalt bestehen in der Planung gravierende strukturelle Mängel. Dies zeigt sich etwa bei der Standortplanung von Spitälern, wenn 4 Krankenhäuser mit einem Investitionsvolumen von 1,5 Mrd. € in einem Umkreis von 60 Kilometern gebaut werden.[401] Auch verhindert das Fehlen von Zielen eine ganzheitliche Rahmen- und Finanzplanung. Die staatliche Planung „folgt häufig Wünschen und nicht einem realen Bedarf."[402]

Der Schwerpunkt der Gesundheitsleistungen liegt noch immer in der Reparaturmedizin, das System ist zu sehr auf die Leistungserbringung im Krankenhaus ausgerichtet. Die OECD hält dazu fest, dass „das Gesundheitssystem hochwertige Behandlungen zu geringen Kosten bieten könnte, wenn eine bessere Balance zwischen dem vermehrten Einsatz von Hausärzten und -ärztinnen, von ambulanten und stationären Behandlungen, von Rehabilitationsmaßnahmen und von Pflege gefunden werden kann."[403]

Der Rechnungshof empfahl in diesem Zusammenhang, die in der Art. 15a-Vereinbarung vorgesehene, integrierte und daher alle Leistungsbereiche umfassende Planung der Leistungsangebote (stationärer, ambulanter, Rehabilitations- und Pflegebereich) vollständig

401 Probst 2011, S. 600.
402 Probst, 2011, S. 601.
403 OECD, 2011, S. 25.

umzusetzen.[404] Fehlende Daten (keine Diagnosecodierung im niedergelassenen Bereich) verhindern evidenzbasierte Entscheidungsfindung. So enthält der Diabetesbericht 2004 mit Ausnahme von Kindern und Jugendlichen keine Daten zur Inzidenz[405] des Typ-II--Diabetes. Auch die Daten aus dem Mikrozensus Gesundheit geben aufgrund der Methodik (z.B. nicht altersstandardisiert, keine Unterscheidung zwischenTyp-I und Typ-II-Diabetes) nur Hinweise auf die tatsächliche Prävalenz.[406]

5.1 Public Health Ansatz für eine neu konzipierte Steuerung

Das international verbreitete Public Health-Konzept[407] ist stark von Public Governance geprägt. Dies betrifft nicht nur den instrumentellen Ansatz der evidenzbasierten Entscheidungsfindung, sondern gilt auch hinsichtlich tragender Prinzipien wie der Nachhaltigkeit, der Kohärenz und der Partizipation. Das gemeinsame Ziel aller Akteurinnen und Akteure im Gesundheitsbereich, für ein längeres selbst bestimmtes Leben bei guter Gesundheit zu sorgen, bringt Klarheit über die Ausrichtung der Steuerung. Nach dem Verständnis von Public Health ist vor allem eine Ergänzung der Krankenversorgung um Gesundheitsförderung und Prävention erforderlich. So kann die angestrebte Wirkung von mehr Lebensjahren bei guter Gesundheit besser erreicht werden.

Maßnahmen, insbesondere bei den Aufgaben der Gesundheitsförderung und der Prävention erfordern die Beteiligung der Menschen als Individuen, als Gruppen (Jugendliche, überlastete Frauen, Suchtgefährdete) und der Bevölkerung in ihren regionalen Lebenswelten. Eine interdisziplinäre und intersektorale Zusammenarbeit soll die Beeinflussung der verschiedenen Gesundheitsdeterminanten[408] ermöglichen.

Aus Abbildung 20 ist ersichtlich, dass die öffentliche Hand insbesondere bei der sozioökonomischen Umwelt, bei den Lebens- und Arbeitsbedingungen, aber auch bei den sozialen und kommunalen

---

[404] RH-Berichte Reihe Bund 2011/3, S. 247 und 2010/5, S. 29f.

[405] Anzahl der Neuerkrankungen.

[406] Krankheishäufigkeit; http://www.oedg.org/pdf/Diabetesbericht_I.pdf S. 65.

[407] Public Health verbindet wissenschaftliche, organisatorische und politische Anstrengungen mit dem Ziel, die Gesundheit von Populationen oder definierten Teilpopulationen zu fördern und die Gesundheitssysteme bedarfsgerechter und wirtschaftlicher zu gestalten. Vgl. Noack, H. in: Schwartz, F. W. et al., 2003.

[408] Das sind bestimmende Einflussfaktoren auf die Gesundheit wie z.B. Lebens- und Arbeitsbedingungen oder soziale Netzwerke.

Netzwerken, wenn auch in unterschiedlicher Intensität, beteiligt ist. Beim Lebensstil ist der Anteil der Eigenverantwortung der einzelnen Person vergleichsweise hoch, dennoch gestaltet der Staat die Rahmenbedingungen (z.B. wenn er es den Eltern durch ausreichende Kinderbetreuung ermöglicht, einer Arbeit nachzugehen).

Der *„Health in all Policies"- Ansatz*[409] fordert das Engagement und die Mitwirkung der Verantwortlichen aller Politikfelder, aber auch aller Bürgerinnen und Bürger. Die Bevölkerung soll an Planung, Umsetzung sowie an der Evaluierung gesundheitlicher Entscheidungen und Maßnahmen partizipieren.[410] Die umfassende Reformpolitik sieht mehrere aufeinander abgestimmte Phasen vor.

Abbildung 20: Gesundheitsdeterminanten

Quelle: Fonds Gesundes Österreich 411

Mehrere Phasen der neuen Steuerung, also eines strategisch angelegten Reformprozesses, sind schon durchlaufen worden oder in Arbeit. Diese sind der Masterplan (vom Herbst 2010), die Rahmengesundheitsziele (Mai 2012), eine politische Vereinbarung über ein partnerschaftliches Zielsteuerungssystem (Juni 2012) sowie die politische Einigung auf eine Art. 15a-Vereinbarung.[412] Schließlich liegen mit dem Budget des Bundes für 2013 auch erstmals Wirkungsziele vor, die auf Kohärenz zu den Rahmengesundheitszielen geprüft werden können.

---

409 Bedeutet in etwa „politikfeldübergreifende Gesundheitspolitik".

410 Probst 2011, S. 613.

411 http://www.fgoe.org/presse-publikationen/downloads/fotos-grafiken/infografiken/gesundheitsdeterminanten-farbe-gezeichnet/?searchterm=GEsundheitsdeterminanten.

412 Im Ministerrat beschlossen am 15.1.2013.

„Masterplan Gesundheit" der Sozialversicherung

Ausgehend von der Vision eines längeren, selbstbestimmten Lebens bei guter Gesundheit sieht der Masterplan statt einer institutionell ausgerichteten Steuerung und Finanzierung eine patientenorientierte Versorgung vor. Gleichzeitig steht er für einen Paradigmenwechsel von einer individuellen Reparaturmedizin zu einer ganzheitlichen Verbesserung der Bevölkerungsgesundheit. Der Masterplan wurde auf Initiative des HSV erstellt[413] und spiegelt Leitideen von Public Governance wieder, was aus Tabelle 21 ersichtlich ist.

Tabelle 21: Forderungen des Masterplans 2010 im System von Public Governance

Forderungen im Masterplan 2010	Beiträge zu den Leitideen von Public Governance
Initiieren eines Prozesses zur Entwicklung von nationalen, politikfeldübergreifenden Gesundheitszielen	Klare, operationalisierbare Ziele, auf die sich alle Beteiligten einigen, sind die Basis für eine verbesserte Steuerung.
Ausbau der Prävention und Gesundheitsförderung in allen Politikbereichen	Wirksamkeit staatlicher Maßnahmen im Gesundheitsbereich wird erhöht; Arbeiten in Partnerschaften
Planung, Steuerung und Qualitätssicherung auf gesamtösterreichischer Ebene (strategische Rahmenplanung muss sich an den anerkannten Grundsätzen einer evidence based health policy und am tatsächlichen Bedarf orientieren)	Grundsätzliche Ausrichtung auf Patientenbedürfnisse; umfassender Steuerungsansatz auf Basis von evidence based decision making
Der/die selbstbestimmte eigenverantwortlich Versicherte muss aktiv mitwirken	Co-Planing und Co-Production haben hohen Stellenwert.
Qualität messbar machen: um den Wettbewerb der Besten zu nutzen, bedarf es sektorübergreifender Parameter für Prozess-, Struktur- und Ergebnisqualität; systematische Evaluierung durch ein unabhängiges Qualitätsinstitut; stärkt das Vertrauen der Bevölkerung	Lernen voneinander erhöht Effizienz und Wirksamkeit; Evaluierung als etablierter Bestandteil des Managementkreislaufs.
Langfristige und nachhaltige Finanzierung des Gesundheitswesens durch Klärung der Kompetenzen im B-VG, Sicherung des Leistungsniveaus und ausgeglichene Gebarung	Ökonomische Nachhaltigkeit, Kooperation zwischen den Akteurinnen und Akteuren; Qualitätssicherung, Bezug zwischen Leistungen, Wirkungen und Ressourcen

Quelle: nach Masterplan 2010

413 http://www.hauptverband.at/mediaDB/730577_MasterplanProzent20Gesundheit_ Langfassung.pdf .

Nach der Präsentation des Masterplanes gab es seitens der Expertinnen und Experten sowie in den Medien positive Reaktionen. Kritik kam von der Ärztekammer und einzelnen politischen Stakeholdern wegen nach ihrer Ansicht fehlender Einbindung in die Entwicklung der Reformvorstellungen.[414] Jedenfalls wirkt der Masterplan handlungsleitend für die folgenden Reformetappen.

Rahmengesundheitsziele

Im Auftrag der Bundesregierung begann im Jahr 2011 die Entwicklung der Rahmengesundheitsziele. Sie erfolgte im Sinne des „Health in all policies"-Ansatzes auf breiter Basis. An der 1. Bundesgesundheitskonferenz beteiligten sich mehr als 30 Institutionen (NGOs, Sozialpartner, mehrere Bundesministerien, Bundesländer u. a.). Mit 16. April 2011 wurde der Rohentwurf auf einer Internet-Plattform veröffentlicht. Mehr als 4000 Bürgerinnen und Bürger haben sich an der Diskussion via Internet beteiligt. Beiträge aus den unterschiedlichen Politikfeldern sollten berücksichtigt werden. Bei der 2. Bundesgesundheitskonferenz im Mai 2011 wurde das Ergebnis vorgestellt. (www.gesundheitsziele-oesterreich.at)

Während der Masterplan vorwiegend aus einer etablierten Expertenorganisation des Gesundheitsbereichs stammte, waren an der Entwicklung der Rahmengesundheitsziele alle wesentlichen Stakeholder beteiligt. Dies erhöht – im Sinne von Public Governance – die Akzeptanz der Ziele und verbessert damit die Chancen für deren Umsetzung.

Das *strategische Gesamtziel* ist als quantifizierbarer Zielwert formuliert: „Die Rahmengesundheitsziele sollen konkret dazu beitragen, dass in den nächsten 20 Jahren die in Gesundheit verbrachten Lebensjahre im Durchschnitt um zwei Jahre steigen." Das ermöglicht ein begleitendes Monitoring und eine Evaluierung der Zielerreichung.

Im Vorfeld der Zieldiskussion wurden Grundprinzipien festgelegt, die sich aus der Online-Beteiligung und aus Inputs einer Ideenkonferenz ergaben. Als am wichtigsten anerkannt waren das Bekenntnis zum „Health in all policies"-Ansatz, die Förderung von Chancengleichheit sowie die Ressourcenorientierung. Damit konnte die folgende Reformarbeit auf einem Wertekonsens gegründet werden.

---

[414] Probst 2011, S. 608.

In den Rahmengesundheitszielen werden aufgrund der oben beschriebenen Evidenzen die Grundprinzipien verdichtet und näher beschrieben. Exemplarisch wird im Folgenden ein Ziel herausgegriffen, das in seiner Beschreibung zahlreiche Elemente von Public Governance aufweist:

Ziel 3: die Gesundheitskompetenz der Bevölkerung stärken

„Die Gesundheitskompetenz (Health Literacy) ist ein wichtiger Eckpunkt zur Förderung der Gesundheit und der gesundheitlichen Chancengleichheit der Bevölkerung. Sie soll die Menschen dabei unterstützen, im Alltag eigenverantwortliche Entscheidungen zu treffen, die ihre Gesundheit fördern. Dazu gilt es .... insbesondere bei benachteiligten Gruppen, die persönlichen Kompetenzen und das Verantwortungsbewusstsein zu stärken, den Zugang zu verständlicher, unabhängiger und qualitätsgesicherter Information zu erleichtern sowie das Bewusstsein für Gesundheitsvorsorge zu fördern. Im Gesundheitssystem soll die Rolle der Patientinnen und Patienten bzw. Nutzer/innen und damit auch die Patientensouveränität gestärkt werden....“

Hier geht es um Chancengleichheit in Gesundheitsvorsorge und -versorgung, ein Grundwert und gleichzeitig ein Kernziel von Public Governance. Benachteiligte Gruppen, wie Menschen mit Migrationshintergrund oder sozial Benachteiligte, haben nachweislich geringere Zugangsmöglichkeiten zur staatlichen Gesundheitsversorgung. Sie sollen sich im Gesundheits-, Bildungs- und Sozialsystem gut zurechtfinden und so – wie auch die übrigen Bevölkerungsgruppen – zu eigenverantwortlichem Gesundheitsverhalten motiviert werden. Dies ist auch ein Anwendungsbeispiel für Co-Production, wenn etwa Bürgerinnen und Bürger durch einen gesunden Lebensstil und die öffentliche Hand durch Arbeitnehmerschutzgesetze und entsprechende Kontrollen gemeinsam dazu beitragen, dass die Menschen länger gesund bleiben. Nicht zuletzt geht es auch um partnerschaftliche Aufgabenerfüllung innerhalb des öffentlichen Sektors, wenn etwa das Bildungsministerium durch Gesundheitserziehung in den Schulen, Sportvereine durch das Schaffen von Bewegungsmöglichkeiten und Krankenkassen durch die Finanzierung von Vorsorgeuntersuchungen für eine wirksame Gesundheitsförderung Jugendlicher sorgen.

Allerdings fehlen bis dato noch Indikatoren, welche die jeweilige Zielerreichung messbar machen. Die Arbeiten dazu sind jedoch im Gange.

Ein Hinweis auf das oben unter Pkt. 2 des Teils IV behandelte Indikatorensystem aus Schottland bietet sich an. Das schottische System[415] sieht für den Gesundheitsbereich Indikatoren vor, die für alle Akteurinnen und Akteure verbindlich sind.

Neue Projekte

Um die zu verstärkenden „Geschäftsfelder" Prävention und Gesundheitsförderung inhaltlich zu füllen, wurden Projekte (Konzepte) entwickelt. So werden z.B. im „Nationalen Aktionsplan Ernährung" neben integrierten Maßnahmen zur Prävention von ernährungsbedingten Erkrankungen die Datenbasis zur evidenzbasierten Vorgehensweise ausgebaut und Netzwerke auf allen Ebenen gefördert.

Eigenverantwortung der Einzelnen, sei es als Patientin/Patient oder als Versicherte/r wird, u. a. durch den Aufbau eines eigenen Gesundheits-Know-Hows, bessere Information oder die Stärkung der Selbsthilfegruppen unterstützt. Ausgehend von den Mängeln der Qualitätssicherung, wonach aussagekräftige Qualitätsberichte fehlen und zersplitterte Kompetenzen ein umfassendes Qualitätsmanagement verhindern, werden Schritte gesetzt, um die Qualität besser messbar zu machen.[416]

Politische Vereinbarung über ein partnerschaftliches Zielsteuerungssystem

In einer politischen Einigung vom Juni 2012 wurde eine *partnerschaftliche Zielsteuerung* und *ein Ausgabenpfad mit nominellen Ausgabenobergrenzen* bis 2016/2020 als Grundlage für ein gemeinsames Finanzzielsteuerungssystem vereinbart. Ziel ist es, „eine horizontal und vertikal integrierte – am Bedarf der PatientInnen aus-

---

[415] Improve children's dental health; increase the proportion of babies with a healthy birth weight; increase the proportion of healthy weight children; increase physical activity; improve self-assessed general health; improve mental wellbeing; reduce premature mortality; reduce emergency admissions to hospital; improve the quality of healthcare experience.

[416] Als wichtiger Indikator dient dabei die Operationshäufigkeit. Je öfter in einem Krankenhaus bestimmte Operationen durchgeführt werden, umso größer ist die Wahrscheinlichkeit des Erfolgs und einer Wiedergenesung der Patientin/des Patienten. Immer noch werden an zahlreichen österreichischen Spitälern mit geringer Patientenanzahl weniger als 4-5 Operationen in einzelnen Fachbereichen pro Jahr durchgeführt.

gerichtete – Planung und Steuerung innerhalb eines paktierten Ausgabenvolumens ... langfristig sicherzustellen.“[417]

Das Steuerungssystem soll sektorübergreifend sein und von Bund, Ländern und Sozialversicherung gemeinsam festgelegt und verantwortet werden. Es soll verbindliche Vorgaben zur Kooperation enthalten und Grundlage für den Österreichischen Strukturplan Gesundheit sein.

Inhaltlich geht es bei dem partnerschaftlichen Zielsteuerungssystem „um mess- und vergleichbare ...Versorgungsziele bezogen auf den Bedarf der Bevölkerung, um Planungswerte ... und Versorgungsstrukturen (intra- und extramural) ... um Qualitätsparameter ... und um eine Finanzzielsteuerung ... entlang des vereinbarten Ausgabendämpfungspfades.“

In diesem Sinne kann auch die vorgesehene „Parallelschaltung“ der Gesundheitsfinanzplanung und der Bundesfinanzrahmenplanung als Schritt in die richtige Richtung gesehen werden.

Am 11.12.2012 haben sich Bund, Länder und Sozialversicherung auf ein partnerschaftliches Zielsteuerungssystem geeinigt, die entsprechende Art. 15a-Vereinbarung wurde von der Landeshauptleute-Konferenz am 19.12.2012 und vom Ministerrat am 15.1.2013 beschlossen. Obwohl in der politischen Vereinbarung vom Juni 2012 explizit vorgesehen ist, dass „das gemeinsam zu vereinbarende Zielesystem ... insbesonderer outcome-orientierte und ... meßbare Versorgungsziele, Planungswerte, Versorgungsstrukturen ...“ enthalten soll, läßt die vorliegenden Art. 15a-Vereinbarung konkrete Vorgaben dazu vermissen. Vielmehr werden die allgemeinen Ziele wiederholt und die institutionellen Vorkehrungen für die Umsetzung sowie die Entscheidungsprozesse geregelt. Wenn für die Beschlüsse der Bundes- und Landeszielsteuerungskommissionen im Wesentlichen „Einvernehmlichkeit aller Partner“ vorgesehen ist und die Sanktion z.B bei Nichterreichung der festgelegten Ziele lediglich die Veröffentlichung eines Berichtes darüber vorsieht, bleiben Zweifel an der Zweckmäßigkeit dieser Art. 15a-Vereinbarung. Inwieweit es in den bis zum Juni bzw. September 2013 abzuschließenden Bundes- und Landeszielsteuerungsverträgen zu der geforderten Konkretisierung kommt, bleibt abzuwarten.

---

[417] Politische Vereinbarung über ein Partnerschaftliches Zielsteuerungssystem für das österreichische Gesundheitswesen und einen Ausgabendämpfungspfad für die öffentlichen Gesundheitsausgaben, 2012, S. 1.

Wirkungsziele im Bundesbudget 2013 für UG 24 – Gesundheit

Als ein nächster Planungsschritt auf Bundesebene kann der BVA 2013 herangezogen werden. Dieser enthält aufgrund des neuen Haushaltsrechts erstmals neben dem Budget auch 5 Wirkungsziele samt Maßnahmen und Indikatoren.

Das Bundesministerium für Gesundheit bezieht sich in seinen Angaben zur Wirkungsorientierung auf die laufende Gesundheitsreform und verweist in der Begründung für das Wirkungsziel auf „Parallelstrukturen, Über- und Unterversorgungen, Barrieren an den Schnittstellen, intransparente Finanzierungsströme und damit Effizienzverluste. Um dem entgegenzusteuern und eine bedarfsgerechte, flächendeckende Gesundheitsversorgung für alle BürgerInnen auch weiterhin gewährleisten zu können, bedarf es auf der Basis transparenter und vergleichbarer Informationen verstärkt wechselseitiger Abstimmungen, Anpassungen und koordinierter Zusammenarbeit innerhalb des Systems (integrierte Gesundheitsversorgung)."

Das dazugehörige Wirkungsziel lautet daher: „Im Rahmen der Gesundheitsstrukturpolitik Sicherstellung einer auf höchstem Niveau qualitätsgesicherten, flächendeckenden, leicht zugänglichen und solidarisch finanzierten integrierten Gesundheitsversorgung für die Bevölkerung, ohne Unterscheidung nach Bildung, Status und Geschlecht." Die kürzlich geschlossene Art.15a-Vereinbarung ist als Schritt zur Erreichung des Wirkungszieles angeführt, ebenso die Planung aufeinander abgestimmter Leistungsangebote, die Weiterentwicklung von Qualitätssicherungssystemen, ... von leistungsgerechten, sektorenübergreifenden Finanzierungsmodellen.

Als Indikatoren werden Krankenhausaufenthalte je 100 EinwohnerInnen und der Anteil ausgewählter tagesklinisch erbrachter Leistungen angeführt. Dabei sollen die Krankenhausaufenthalte von 27 (2010) auf 25 (2013) gesenkt und die tagesklinisch erbrachten Leistungen von 20,7 Prozent (2010) auf 25 Prozent (2013) erhöht werden.

5.2 Stärken und Entwicklungsfelder der Governance von Public Health

Von außen betrachtet können der Masterplan, die Einigung über Rahmengesundheitsziele und die politische Vereinbarung über das partnerschaftliche Zielsteuerungssystem als wichtige Schritte zur gesamtheitlichen Steuerung positiv bewertet werden. Einige Kommentare zu zentralen Elementen des Systems sollen dies begründen sowie allfällige Möglichkeiten zu Verbesserung zeigen.

Ziele und Indikatoren

Der „Health in all policies"-Ansatz und die Kunden-/Patientenorientierung sind bei den *Rahmengesundheitszielen* deutlich erkennbar. Sie sind jedoch sehr allgemein gehalten. Ein derzeit laufender Prozess zur Operationalisierung sieht u.a. die Erarbeitung von Landesgesundheitszielen vor. Ergebnisse dazu sind noch nicht bekannt.

Eine notwendige Konkretisierung etwa durch die gemeinsame Festlegung von *Indikatoren* (ähnlich wie in Pkt. 2 des Teils IV für Finnland und Schottland beschrieben) ist bis dato nicht erkennbar. Für eine verbesserte Steuerung bräuchte es wenige zentrale Indikatoren, auf die alle hinwirken. In Schottland ist einer davon der „Anteil der Fünfjährigen, die keine Zahnschäden aufweisen". In der Begründung für die Auswahl heißt es, dass die Zahngesundheit ein wichtiger Indikator für die allgemeine Gesundheit ist.[418] Dazu tragen Kindergärten mit Zahnputzkursen ebenso bei, wie die staatliche Bereitstellung von Fluortabletten oder die Eltern mit gesunder Ernährung.

Weitere Möglichkeiten für eine Konkretisierung der Rahmengesundheitsziele bestünden einerseits in der Art. 15a-Vereinbarung, andererseits im Weg der Wirkungsziele und Maßnahmen, die nach dem neuen Haushaltsrecht für das BFG 2013 vorgesehen sind.

Die Artikel 15a-Vereinbarung zeigt wenig Fortschritt bei der Konkretisierung und Indikatoren fehlen weiterhin. Auch das entsprechende Wirkungsziel im BVA 2013 ist sehr allgemein gehalten: „Im Rahmen der Gesundheitsstrukturpolitik Sicherstellung einer auf höchstem Niveau qualitätsgesicherten, flächendeckenden, leicht zugänglichen und solidarisch finanzierten integrierten Gesundheitsversorgung für die Bevölkerung, ohne Unterscheidung nach Bildung, Status und Geschlecht."

Das konkrete strategische Gesamtziel der oben behandelten Rahmengesundheitsziele, wonach die in Gesundheit verbrachten Lebensjahre in den nächsten 20 Jahren im Durchschnitt um zwei Jahre steigen sollen, scheint nicht mehr auf. Wenn auch Kennzahlen vorhan-

---

418 „Dental health is also widely used as an ‚indicative measure' of children's general health. This is because it reflects a key ‚outcome' of good parental care during the pre-school period." http://www.scotland.gov.uk/About/Performance/scotPerforms/indicator/dental.

den sind, so sind diese doch wieder an der „Reparaturmedizin" ausgerichtet, die Lebenserwartung an gesunden Jahren ist nicht als Indikator vorgesehen. Somit ist im Gesundheitsbereich die notwendige Kohärenz der Pläne nicht ausreichend gegeben.

Neben anderen Akteurinnen und Akteuren (Länder, Gemeinden, NGOs) tragen weitere Bundesministerien zur Verwirklichung des „Health in all policies"-Ansatzes bei:

- *Beispielsweise sieht das BMLVS in seinem Wirkungsziel 5 vor, „durch gezielte Aufklärung und Förderung von geeigneten Maßnahmen mehr Menschen in Österreich zur Ausübung gesundheitsfördernder Bewegung (zu) animieren". Indikator hiefür ist der Prozentsatz der sportlich inaktiven Bevölkerung, basierend auf einer Gesundheitsbefragung der Statistik Austria.*[419]
- *Im Leitbild der UG 20 – Arbeit heißt es: „Wir verbessern Sicherheit und Gesundheitsschutz am Arbeitsplatz durch Bewusstseinsbildung und effiziente Durchsetzung des ArbeitnehmerInnenschutzes."*[420] *Das Wirkungsziel 5 lautet: „Schutz der Gesundheit und Sicherheit der ArbeitnehmerInnen", als Indikator werden die Krankenstandsquote und die Quote der Arbeitsunfälle angegeben.*[421] *Bei entsprechender Koordinierung, insbesondere auch bei einer Einigung auf gemeinsame Indikatoren, könnten sich die Maßnahmen der einzelnen Akteurinnen und Akteure wechselseitig verstärken und so Treibereffekte für die Zielerreichung auslösen.*

Mehrebenen - Governance

Die Verflechtungen zwischen den drei staatlichen Ebenen und den Einrichtungen der Sozialversicherung stellen im Gesundheitsbereich ein besonderes Problem dar. In diesem Zusammenhang wird auf den im Teil III Pkt. 4 dargestellten instrumentellen Ansatz einer Mehrebenen-Governance, also einer Steuerung von Politikformulierung und -umsetzung horizontal (z.B. zwischen Ministerien, mehreren Gemeinden) oder vertikal (über die verschiedenen Ebenen von Gebietskörperschaften) hingewiesen. Aus der Sicht von Public Governance besteht die Problematik der Koordinierung eines guten Teils dieser Akteurinnen und Akteure vor allem darin, sie auf

---

[419] BVA 2013, S. 142.

[420] BVA 2013, S. 179.

[421] BVA 2013, S. 181.

strategische Ziele und strategische Optionen auszurichten, d.h. solche Ziele einvernehmlich aufzustellen, sie umzusetzen (wobei die einzelnen Akteurinnen und Akteure im operativen Bereich über Spielräume verfügen müssen) und das Erreichte periodisch zu evaluieren. Dies wäre im Gesundheitswesen z.B in Form des Setzens gemeinsamer Qualitäts- und Versorgungsgrade gegeben.

Dies ist in der vorliegenden Art. 15a-Vereinbarung zwar vorgesehen, die konkrete Festlegung der Versorgungsgrade ist jedoch noch offen. Dabei wären entsprechende Fortschrittsberichte und eine Evaluierung der tatsächlichen Ergebnisse in den unterschiedlichen Regionen und für unterschiedliche Bevölkerungsgruppen zielführend.

Das von der OECD entwickelte Diagnoseinstrument der „Lückenanalyse" ist auch für den Gesundheitsbereich nützlich, um die Defizite im Zusammenwirken zwischen den Gebietskörperschaftsebenen offenkundig und bearbeitbar zu machen.[422] Zum einen besteht nicht in allen Bereichen ausreichende Transparenz, vielmehr liegen „Informationslücken" vor. Dies ist beispielsweise deshalb der Fall, weil die Verflechtungen zwischen den öffentlichen Organisationseinheiten und Fragen der Finanzierung schwer überblickbar bzw. nur mühsam zu klären sind. Zum anderen dürften Informationsdefizite gegeben sein; so wäre ein Informationsaustausch über die Wirkungs- und Leistungsziele der verschiedenen staatlichen Akteurinnen und Akteure zweckmäßig. Auch die „administrative Lücke" ist für den Gesundheitsbereich relevant: Stimmen die Gebiete, für die eine einheitliche strategische Entwicklungsplanung und Steuerung zweckmäßig wäre, mit den Plänen der in diesem Raum bestehenden Gemeinden, Bezirkshauptmannschaften und eventuell auch Bundesländer nicht überein, führt dies zu suboptimaler Planung sowie eventuell zu ineffizienten Investitionen oder zu fehlenden öffentlichen Leistungen überhaupt.

Unzulängliche Koordinierung im Rahmen des partnerschaftlichen Zielsteuerungssystems

Die Koordinationsprobleme im Gesundheitsbereich sind angesichts der Fülle an Akteurinnen und Akteuren seit Jahren evident und bleiben trotz einzelner Fortschritte bei der Zielfindung bestehen. Dazu ist festzuhalten, dass eine Aufgabenreform und die dauer-

[422] Siehe dazu die Ausführungen in Teil III, Pkt. 4.3.

hafte Klärung von Kompetenzen (Föderalismusreform) noch immer ausstehen und damit die Probleme im Gesundheitsbereich verschärft werden.

Mehr Bezug zu den Ansätzen von Public Governance könnte Hilfe für Lösungen bieten.

- Wie bereits in Teil III, Pkt. 1 ausgeführt, kombiniert Public Governance verschiedene Steuerungsformen, v.a. Hierarchie, Markt und Netzwerk. Mit den Rahmengesundheitszielen wurde eine netzwerkartige Kooperation begonnen, die auf politischer Ebene durch die Vereinbarung vom Juni 2012 fortgesetzt wurde. Wenn einheitliche Qualitätsstandards künftig vergleichendes Lernen ermöglichen sollen, müsste ein „marktnaher" Steuerungsansatz in Form einer „managed competition" genutzt werden. Hierarchische Steuerungsformen wiederum sind eher für die Vollziehung von Gesetzen oder auch für die Einhaltung von Finanzierungsvorgaben geeignet. Das Bewusstmachen der Potenziale der unterschiedlichen Steuerungsformen und ihre koordinierte Nutzung könnten dem Reformprozess wichtige Impulse geben.[423]
- Eine weitere Leitidee von Public Governance besteht in der Einbindung der Bevölkerung und anderer gesellschaftlicher Akteurinnen und Akteure in die Problembewältigung. Das bisherige Scheitern einer Gesundheitsreform ist in dieser Sicht nicht nur als Staatsversagen, sondern als „gesellschaftliches Versagen" zu sehen. Wie schon oben angesprochen, soll es unter einem Governance-Ansatz niemandem erlaubt sein, sich aus der gesellschaftlichen Verantwortung zu stehlen.[424] Dies gilt gleichermaßen für die Interessenvertretung der Ärzte wie auch für die Gesamtheit der Bürgerinnen und Bürger. Ein Weg aus der Reformblockade wäre die verstärkte Beteiligung der Bürgerschaft, wodurch auch die Ärztinnen und Ärzte einbezogen werden und damit die soziale, politische und administrative Kohäsion gestärkt wird.

Das Besondere an dem vereinbarten partnerschaftlichen Zielsteuerungssystem ist, dass nur wenige Entscheidungen „oktroyiert" werden können. Vielmehr müssen sie in direkter Interaktion der Beteiligten vereinbart werden. Im Geflecht staatlicher und nicht-

[423] Nach Jann/Wegrich (2010, S. 190) geht es jedenfalls um die Integration einer Vielzahl von Steuerungsinstrumenten und den Aufbau langfristiger Kooperationen in variablen Netzwerken.

[424] Jann/Wegrich, 2010, S. 184.

staatlicher Akteurinnen und Akteure wird es eine staatliche Aufgabe sein, das Regelwerk für die Steuerung festzulegen und die Umsetzung zu koordinieren.[425]

In diesem Sinne regelt der Art. 15a-Vertrag Organisation und Verfahren der partnerschaftlichen Zielsteuerung. Die Anforderungen an eine Koordinierung der vielen verschiedenen Gremien (z. B. Bundes-Gesundheitskommission, Bundes-Zielsteuerungskommission, Bundesgesundheitskonferenz und vergleichbare Organisationen auf Länderebene) sind hoch. Gemäß der Anlage zu § 2 des BMG ist das Bundesministerium für Gesundheit zuständig für die allgemeine Gesundheitspolitik, die Strukturpolitik und -planung sowie die Gesundheitssystementwicklung.

Gemäß Art. 11 der Art. 15a-Vereinbarung hat der Bundesminister für Gesundheit auch den Vorsitz in der Bundes-Gesundheitskommission und in der Bundes-Zielsteuerungskommission. Dies legt den Schluss nahe, dass das Ministerium für die Aufgabe dieses „Interaktionsmanagements" verantwortlich ist.

Ein weiteres Problem der vorgesehenen kooperativen Steuerung liegt darin, dass in Verhandlungssystemen in der Regel keine Harmonie herrscht (unterschiedliche Interessen, Problemsichten, Ziele). Es existiert eine Mischung aus gegensätzlichen und gemeinsamen Orientierungen, die eine Reihe typischer Gefahren in sich birgt.[426] Zum einen besteht die Möglichkeit von Entscheidungsblockaden, womit der Status quo erhalten bleibt und das Problem nicht gelöst wird. Zum anderen kommt es möglicherweise zu einer suboptimalen Kompromisslösung oder die Einigung erfolgt auf Kosten Dritter, die nicht an den Verhandlungen beteiligt waren.[427] Ein erster Schritt zur Lösung dieser Problematik ist das Bewusstmachen dieser Gefahren. Ein weiterer Schritt dazu könnten gezielte vertrauensbildende Maßnahmen sein.[428] Vertrauen entsteht jedoch nur bei entsprechendem Netzwerkmanagement und es braucht Zeit für seine Entwicklung. Es umfasst die Strategie und Organisation des Netzwerks, das Erkunden der unterschiedlichen Vorstellungen der Akteurinnen und Akteure, Intensivieren der Beziehungen und Kontakte zwischen den

---

425 Mayntz 2010, S. 43, nach Jann/Wegrich 2010, S. 192.

426 Dies wird von Mayntz (2010, S. 44) als eine potenzielle Schwäche von Public Governance bezeichnet.

427 Mayntz 2010, S. 44.

428 Den wesentlichen Nutzen einer stabilen Vertrauensbasis zwischen den Partnern in Netzwerken sieht Klijn (2010, S. 313ff.) darin, dass es Transaktionskosten reduziert, das Lernen voneinander und Innovation stimuliert sowie die Stabilität in den Beziehungen sichert.

Beteiligten und Vereinbarung von Regeln für die Interaktion. Für die Gesundheitsreform in Österreich könnte dies – nicht zuletzt im Lichte der aktuellen Diskussion mit Ärztekammer und Bundesländern – bedeuten, stärker auf die Vertrauensbildung durch professionelles Netzwerkmanagement zu setzen.

Der folgende Überblick über erkennbare Stärken und Verbesserungsbereiche der neuen strategischen Governance soll unsere Einschätzungen abschließen.

Tabelle 22: *Stärken und Verbesserungsbereiche im Überblick*

Governance Elemente	**Stärken**	**Verbesserungs-bereiche**
Strategischer Ansatz - instrumentell - kulturell	 + 0	 + +
Wertebasierung	+	+
Evidenzbasierte Entscheidungsfindung	++	+
Ziele: Wirkungsziele, konkretisierte Ziele auf den entscheidenden Ebenen	+	++
wesentliche Indikatoren und deren Messung	0	++
breiter gesellschaftlicher Ansatz	++	+
Bürgerengagement	0	+
Chancengleichheit	+	+
Steuerungsstruktur	0	++
Steuerungsinstrumente	+	++

Stärken: 0 = derzeit nicht beurteilbar; + = bereits einigermaßen gut ausgebildet; ++ = herzeigbar

Verbesserungsbereich: + Einiges wäre noch zu tun; ++ = entscheidende Schritte stehen noch aus

Aus den bisherigen Ausführungen wird die monströse Aufgabe einer Gesundheitsreform deutlich. Public Governance könnte die nächsten Schritte zu ihrer Umsetzung wie folgt fördern:

- *Ordnung schaffen durch Strategien:* Sie legen fest, welche Ansätze prioritär sind. Dabei sind solche mit Hebelwirkungen bedeutsam (z.B. Einigung auf wenige aussagekräftige Indikatoren).
- *Stärken der Wertebasis:* Deren Aufbau wurde mit den Grundprinzipien der Rahmengesundheitsziele begonnen, nächste Schritte einer Konkretisierung wären erforderlich. Im Prozess der Umsetzung der Rahmengesundheitsziele sollte die gesellschaftliche

Beteiligung weiter ausgebaut werden. Für ein Gelingen der Gesundheitsreform sind nicht nur die staatlichen Akteurinnen und Akteure, sondern auch die Zivilgesellschaft und jede/r Einzelne verantwortlich.

- *Zersplitterung weiter abbauen:* Jedes einzelne Spital wird für sich, als Teil der Landeskrankenhäuser sowie im Zusammenwirken mit Pflegeheimen oder auch mit Einrichtungen des Bundes Teil des neuen Steuerungssystems sein. Zur Verbesserung der Wirksamkeit von Gesundheitsdienstleistungen, aber auch von Steuerungsentscheidungen bietet sich eine regionale Koordinierung an. Damit können regionale Besonderheiten berücksichtigt und die Komplexität von Problemstellungen und ihrer Lösungen reduziert werden.
- Es bedarf einer konsequente Operationalisierung auf allen Ebenen.

6. Resumé

Im abschließenden Teil werden einige Beispiele für bisher nicht oder unzureichend reformierte Bereiche öffentlichen Handelns erörtert. Es geht dabei v.a. um das Aufzeigen von Bezügen zwischen Strategien und Instrumenten von PM und Public Governance auf der einen und die sachlichen Reformerfordernisse auf der anderen Seite.

Festlegen von Public values (Gemeinwohl)

In früheren Jahrzehnten war ein weitgehender Konsens über das Verständnis von Gemeinwohl gegeben. Heute erscheint eine zukunftsorientierte Bestimmung der public values, welche die einzelnen Leistungsbereiche sowie der gesamte öffentliche Sektor anstreben, für mehr Transparenz und Bürgerorientierung zweckmäßig. Dies gilt auch für das Erarbeiten von Wirkungszielen und -indikatoren. Mögliche Dimensionen von public values können sich auf Grundwerte beziehen, ebenso auch aus Strategien und Sachzielen herausgeschält werden.

Wirkungsorientierung als Lernprozess

Der Weg in Richtung Wirkungsorientierung führt über gemeinsame Werte und damit eine Konkretisierung von Public Values. Ein

Diskurs darüber zwischen Bundesministerien und auch zwischen Bund, Ländern und Gemeinden ist notwendig. In der Folge geht es u.a. um das Entwickeln eines gemeinsamen Begriffsverständnisses und die Einigung auf Wirkungsziele und wenige Indikatoren, anhand derer alle beteiligten Organisationen ihre Wirkungen messen. Der große Vorteil gemeinsamer Indikatoren besteht in der intelligenten Verknüpfung von Steuerungsgrößen, die dabei hilft, zusätzliche Steuerungsbürokratie zu vermeiden. Das Lernen voneinander und aus postiven Beispielen ist dabei ein wichtiger Erfolgsfaktor.

Das Verfassungsgebot der Gleichstellung in den Art. 51 Abs. 8 und 13 Abs. 3 B-VG ist nur in Ansätzen umgesetzt. Zukünftig wird es um bessere Partizipationsmöglichkeiten gleichstellungsbewusster Vertreterinnen und Vertreter der Zivilgesellschaft und um die Institutionalisierung gendersensibler Politikgestaltung und -umsetzung gehen.

Public Governance im Personalmanagement

Das geltende Dienstrecht ist noch stark in der Vergangenheit verhaftet. Bevor man an eine Reform des Dienstrechts geht, braucht es eine Einigung auf neue Werte. Alte Werte sind auf ihre Tauglichkeit zu prüfen. Dazu ist ein breiter Dialog notwendig, der auch die Kundinnen und Kunden der Verwaltung (z.B. Parlamente, NGOs) einschließt.

Für das Bundespersonal fehlt eine umfassende Personalstrategie, die Antworten auf aktuelle Fragen gibt, z.B. wie Mobilität auch zwischen den Gebietskörperschaften erhöht werden kann.

Die derzeit rund 30 Dienstrechte gehören zu einem einheitlichen Dienstrecht zusammengeführt, das den Bundesländern weitreichende Ausgestaltungsmöglichkeiten in Personalmanagement und -entwicklung einräumt.

Verstärkte Wirkungsorientierung auch im Dienstrecht erfordert eine Dezentralisierung von Verantwortung. Damit lassen sich Eigengestaltungsmöglichkeit und Selbstbestimmtheit erhöhen. Kritische und innovative Mitarbeiterinnen und Mitarbeiter sind nicht Gefahr, sondern bieten Chancen für eine Weiterentwicklung und Leistungsverbesserung. Leitgedanken einer neuen Personalentwicklung könnten Innovation, Internationalität und Interdisziplinarität in Methoden und Inhalten sein.

Neuausrichtung des Finanzausgleichs

Das österreichische System des Finanzausgleichs ist hochgradig reformbedürftig, da es den Grundprinzipien von zeitgemäßem Management und Public Governance längst nicht mehr entspricht. Allerdings ist eine Reform – obwohl sachlich weitgehend geklärt – wegen mangelnder Bereitschaft von Bund und Ländern, die Aufgaben- und Kompetenzteilung neu auszurichten sowie den Föderalismus zu demokratisieren, blockiert. Dies betrifft das Verhältnis zwischen Land und Gemeinden ebenso wie die Bereitschaft zu Kosten/Nutzen-Vergleichen zwischen unterschiedlichen Länderpolitiken im Interesse der Bürgerinformation.

Es gilt – im Interesse von Wirtschaft und Gesellschaft – zunächst ein Grundvertrauen zwischen Bund und Ländern in Fragen der territorialen Strukturen sowie der Aufgaben- und Finanzmittelteilung aufzubauen und in einem offenen Verfahren die strategische Neuordnung auch mit der Zivilgesellschaft partnerschaftlich zu entwickeln.

Neue Steuerung im Gesundheitswesen

Aus dem herrschenden institutionsorientierten Denken ergeben sich gravierende, bisher nicht gemeisterte Steuerungsprobleme. Mit Hilfe von Governance-Grundsätzen und -Instrumenten wurden ein Leitbild, ein Wirkungsziel, Rahmengesundheitsziele, ein langfristiger Finanzierungspfad sowie jüngst eine Art. 15A-Vereinbarung zur gemeinsamen strategischen Steuerung beschlossen. Der damit in den Grundzügen zwischen Bund, Ländern und Sozialversicherungen erarbeitete integrative Ansatz der Gesundheitsreform ist grundsätzlich positiv zu bewerten. Es konnte ein Wertekonsens erreicht werden, der insbesondere ein Bekenntnis zum „Health in all Policies"-Ansatz enthält. Ob mit der vorliegenden Art. 15a-Vereinbarung der organisatorischen Zersplitterung im Gesundheitswesen wirksam begegnet werden kann, bleibt vorerst offen. Das vorrangige Wirkungsziel, wonach in den nächsten 20 Jahren die in Gesundheit verbrachten Lebensjahre im Durchschnitt um 2 Jahre steigen sollen, ist gut, findet aber weder im Wirkungsziel des BMG im BVA 2013 noch in der Art. 15A-Vereinbarung seinen Niederschlag. Offen ist auch die Festlegung von Indikatoren zur Messung der Wirkung sowie die konkrete Einhaltung der vereinbarten Begrenzung der finanziellen Ressourcen.

Referenzen

Bauer, Helfried (2012a): Verstärkte Zielorientierung des Finanzausgleichs – ein Plädoyer. In: Kahl, Arno (Hrsg.): Offen in eine gemeinsame Zukunft. Wien 2012, S. 235 – 262.

Bauer, Helfried/Biwald, Peter/Haindl, Anita/Pitlik, Hans/Schratzenstaller Margit: Ausbau der Gemeindesteuern zur Stärkung der Gemeindeselbstverwaltung – Argumente und Optionen. In: Klug, Friedrich (Hrsg.): Wahrung und Stärkung der Gemeindeautonomie. Linz 2012, S. 266-295.

Bauer, Helfried/Schratzenstaller, Margit: Ausgewählte Reformerfordernisse im österreichischen Finanzausgleich. In: Biwald/Bußjäger/Pitlik/Schratzenstaller (Hrsg.): Koordinierung der Finanzpolitik im Bundesstaat. Wien – Graz, 2011, S. 114 – 131.

Bauer, Helfried/Biwald, Peter/Bröthaler, Johann/Getzner, Michael/Hochholdinger, Nikola/Reis, Sebastian/Schuh, Ulrich/Strohner, Ludwig (2010 a): Grundsätzliche Reform des Finanzausgleichs: Verstärkte Aufgabenorientierung. Manuskript Wien, 2010.

Biwald, Peter/Hochholdinger, Nikola/Schantl, Alexandra/Haindl, Anita: Schaffung von Public Value – Zentrale Aspekte und strategische Konsequenzen am Beispiel der gemeinnützigen Wohnungswirtschaft. Wien, 2012.

Biwald, Peter/Bauer, Helfried/Bröthaler, Johann/Getzner, Michael/Mitterer, Karoline/Schratzenstaller, Margit (2010 b): Grundlegende Reform des Finanzausgleichs: Transfers und Kostentragung. Manuskript Wien, 2010.

BKA (Hrsg.): Die Altersstruktur des Bundespersonals – Implikationen und Vorschau bis 2020. Wien 2007.

BKA (Hrsg.): Personal des Bundes 2011. Wien 2011.

Bovaird, Tony: Basing Strategy in the pubic sector on the concept of public value. In: Biwald/Dearing/Weninger (Hrsg.): Innovation im öffentlichen Sektor. Wien – Graz 2008, S. 260 – 270.

Bossaert, Danielle/Demmke, Christoph/Moilanen, Timo: The impact of demografic change and its challenges for the workforce in the European public sectors. EIPA Working Paper. Maastricht 2012.

Bozeman, Barry: Public Value and Public Interest. Counterbalancing Economic Individualisms. Washington DC 2007.

Bröthaler, Johann/Getzner, Michael/Pitlik, Hans/Schratzenstaller, Margit/Biwald, Peter/Bauer, Helfried/Schuh, Ulrich/Strohner, Ludwig: Grundlegende Reform des Finanzausgleichs: Reformoptionen und Reformstrategien. Manuskript Wien 2011.

Dearing, Elisabeth: Braucht es Innovation in der Verwaltungsreform? In: Biwald/Dearing/Weninger (Hrsg.): Innovation im öffentlichen Sektor. Wien – Graz 2008, S. 387 – 395.

Egger-Peitler, Isabell/Heuböck, Klemens: Führungskräftebefragung zum gegenwärtigen Stand der Verwaltungssteuerung und Wirkungsorientierung in Österreich. Wien 2012, abrufbar unter www.fiv.at.

EUROSTAT Jahrbuch 2008.

Frauenberger, Sandra: Gender budgeting in Wien. In: Bauer/Biwald/Dearing (Hrsg.): Gutes Regieren. Konzepte – Realisierungen – Perspektiven. Wien – Graz 2011, S. 366 – 374.

Frey, René L.: Standortwettbewerb und neuer Finanzausgleich. In: ders. (Hrsg.): Föderalismus – Zukunftstauglich?! Zürich 2005, S. 11 – 42.

Gratz, Wolfgang: Und sie bewegt sich doch. Wien 2011.

Gratz, Wolfgang. Die Organisation eines Systems ist die Organisation der Unterschiede. Zur Ausgestaltung der Nahtstellen zwischen Politik und Bundesverwaltung in Österreich. Kurzfassung, Wien 2012.

Heinisch-Hossek, Gabriele. In: „Die Presse“ vom 10. 9. 2012.

Hill, Hermann: Public Value Management. In: Brüggemeier, Martin/Schauer, Reinbert/Schedler, Kuno (Hrsg.): Controlling und Performance Management im Öffentlichen Sektor. Bern 2007, S. 373.

Jann, Werner/Wegrich, Kai: Governance und Verwaltungspolitik. In: Benz/Dose (Hrsg.): Public governance – Regieren in komplexen Regelsystemen. Wiesbaden 2010, S. 175 – 200.

Klatzer, Elisabeth: Neue Qualität im Public Management und good Governance. In: Bauer/Biwald/Dearing (Hrsg.): Gutes Regieren. Konzepte – Realisierungen – Perspektiven. Wien – Graz 2011, S. 353 – 365.

Klijn, Erik-Hans/Edelenbos, Jurian/Steijn, Bram: Trust in Governance Networks: Impacts and Outcomes. Rotterdam 2010.

Kucsko-Stadlmayer, Gabriele: Meinungsfreiheit im Beamtenverhältnis. In: GÖD-Zeitung 05/2012, S. 12-15.

Liessmann, Konrad P.: Lob ohne Grenzen. Wien 2012.

Liessmann, Konrad P.: Der Staat – Wie viel Herrschaft braucht der Mensch? In: Liessmann, Konrad P. (Hrsg.): Der Staat. Wie viel Herrschaft braucht der Mensch? Wien 2011, S. 7 – 25.

Mayntz, Renate: Governance im modernen Staat. In: Benz/Dose (Hrsg.): Governance – Regieren in komplexen Regelsystemen. Wiesbaden 2010, S. 37 – 48.

Meynhardt, Timo/Bartholomes, Steffen: How Public Value Matters to People: Empirical Evidence from Germany. In: Public – Newsletter of the Institute of Public Governance & Management, Nr. 26/2012, S. 1.

Moore, Mark, H.: Creating Public Value. Strategic Management in Government. Cambridge (Ma) 1995.

Negt, Oskar.: Gesellschaftsentwurf Europa. Göttingen 2012.

Noack, Horst: Gesundheitssysteme bedarfsgerechter und wirtschaftlicher zu gestalten. In: Schwartz, F. W. et al.: Das Public Health Buch. Urban & Fischer 2003.

OECD Economic Survey AUSTRIA 2011.

OECD: Government at a Glance, Paris 2011b.

OECD Wirtschaftsberichte ÖSTERREICH, Gesamtbeurteilung und Empfehlungen, 2011.

Pelinka, Anton: Die Verhinderer. In: Die Zeit Nr. 21, 16.05.2012.

Pelinka, Anton: Föderalismus für das 21. Jahrhundert – Perspektiven der Weiterentwicklung. In: Steger, Friedrich M. (Hrsg.): Baustelle Bundesstaat. Wien 2007, S. 119 – 153.

Pesendorfer, Konrad/Leitner, Ferdinand: Neue Zugänge zur Messung von Wohlstand und gesellschaftlichem Fortschritt. In: Wirtschaftspolitische Blätter 2010, S. 533 – 544.

Pitlik, Hans/Wirth, Klaus/Lehner, Barbara: Gemeindestruktur und Gemeindekooperation. Manuskript Wien, 2010.

Pitlik, Hans: Theoretische Eckpunkte einer grundlegenden Reform des aktiven Finanzausgleichs. In: Bauer, Helfried (Hrsg.): Finanzausgleich 2008, S. 411 – 428.

Positionen des Führungsforums Innovative Verwaltung zur Reform der öffentlichen Verwaltung in Österreich.Mai 2010; www.fiv.at.

RH-Berichte Reihe Bund 2011/3.

RH-Berichte Reihe Bund 2010/5.

Rossmann, Bruno: Der Finanzausgleich braucht einen Paradigmenwechsel – Stärkere Zielorientierung erforderlich. In: Bauer, Helfried (Hrsg.): Finanzausgleich 2008, S. 307 – 322.

Schantl, Alexandra/Hochholdinger, Nikola: Public Value der gemeinnützigen Wohnungswirtschaft. In: Bauer/Biwald/Dearing (Hrsg.): Gutes Regieren. Konzepte – Realisierungen – Perspektiven. Wien – Graz 2011, S. 543 – 554.

Schedler, Kuno/Siegel, John: Strategisches Management. Zürich 2005.

Trohner, Ludwig/Buch, Ulrich: Reform des Physikalischen Ausgleichs in Österreich. Stärken in Bezugnahmen auf die Aufgaben von Ländern und Gemeinden: WIFO Monatsberichte 12/2012, S. 931-341.

Talbot, Colin: Performance Management. In: Ferlie, Ewan/Lynn, Laurence Jr./Pollitt, Christopher (eds.): Oxford Handbook on Public Management. Oxford 2005, S. 491 – 517.

Talbot, Colin: Theories of performance – organizational and service improvement in the public domain. Oxford u.a. 2010.

Thom, Norbert/Ritz, Adrian: Public Management. Innovative Konzepte zur Führung im öffentlichen Sektor. Wiesbaden 2008.

Thöni, Erich: Finanzierung öffentlicher Aufgaben – einige grundlegende Bemerkungen zum ungenutzten Beitrag der österreichischen Länder. In: Biwald/Dearing/Weninger (Hrsg.): Innovation im öffentlichen Sektor (FS H. Bauer). Wien – Graz 2008, S. 210 – 222.

Tropper-Malz, Bernadette: Controling in Österreichs Kommunen. In: KDZ-Form Public Management 3/2012, S. 25-27.

Zimmermann, Horst/Henke, Klaus-D.: Finanzwissenschaft. 9. Auflage, München 2005.

Links:

BBC public values 2004: http://downloads.bbc.co.uk/aboutthebbc/policies/pdf/bpv.pdf

Findikator: www.findikaattori.fi/en

Bundesintranet: http://www.oeffentlicher-dienst.intra.gv.at/index.html

Beiratsbericht „Perspektiven für den öffentlichen Dienst": siehe http://www.bka.gv.at/DocView.axd?CobId=44129

OECD: http://www.oecd.org/governance/publicemploymentandmanagement/2434104.pdf

Rechnungshof: www.rechnungshof.gv.at

Führungsforum Innovative Verwaltung: www.fiv.at

Schottland Wirkungsziele und Indikatoren: http://www.scotland.gov.uk/About/Performance/scotPerforms/indicator/dental

Masterplan: http://www.hauptverband.at/mediaDB/730577_MasterplanProzent20Gesundheit_ Langfassung.pdf

Diabetesbericht: http://www.oedg.org/pdf/Diabetesbericht_I.pdf

Hauptverband der Sozialversicherungsträger: http://www.sozialversicherung.at/portal27/portal/esvportal/channel_content/cmsWindow?p_pubid=652225&action=2&p_menuid=2745&p_tabid=2

Center for Leadership and Values in Society (Universität St. Gallen): http//www.esade.edu/public/modules.php?name=news&idnew=758&idissue=63&newlang=english

www.zukunft.orf.at

http://www.bka.gv.at/site/6362/default.aspx (Abfrage 12.3.2011)

http://members.aon.at/wolfganggratz/Nahtstellen%20Politik%20Verwaltung%20Gratz%20Kurzfassung.pdf

http://www.fgoe.org/presse-publikationen/downloads/fotos-grafiken/infografiken/gesundheitsdeterminanten-farbe-gezeichnet/?searchterm=GEsundheitsdeterminanten

http://www.scotland.gov.uk/About/Performance/scotPerforms/indicator

1. Abbildungsverzeichnis

2. Tabellenverzeichnis

Index

A

B

C

D

E

F

G

H

I

K

L

M

N

O

P

Q

R

S

T

U

V

W

Z

Kurzbiografien

Dr. Helfried Bauer ist Finanzwissenschafter und befasst sich mit Public Management und Governance in Forschung und Lehre. Er leitete rund 35 Jahre das KDZ-Zentrum für Verwaltungsforschung.

Dr. Elisabeth Dearing ist Verwaltungsjuristin, war 18 Jahre Leiterin der Abteilung Verwaltungsreform im Bundeskanzleramt und als Vortragende u.a. an der FH Campus Wien-Public Management tätig. Seit 2010 ist sie Abteilungsleiterin im Rechnungshof.